難民の
ソーシャル・キャピタルと
主観的統合

在日難民の生活経験への社会福祉学の視座

［著］森恭子

現代人文社

謝　辞

　本書は平成28年度日本女子大学大学院人間社会研究科社会福祉学専攻後期課程に提出した学位論文「在日難民の生活経験とソーシャル・キャピタル」を加筆修正したものである。完成に至るまで多くの方々のご協力及びご支援をいただいた。ここに深く感謝を申し上げたい。

　はじめに本研究の調査にご協力して下さった16人の難民及び難民認定申請者の方々には多大なる感謝の意を表したい。一人一人のお名前を述べることはできないが、それぞれの方々は壮絶な経験を有し、母語でない日本語で一生懸命語ってくれた。ときには過去の辛い状況を思い出され涙を誘ってしまうこともあった。また日本の制度に関する不条理や現状が好転しない憤りを嘆かれることもあった。難民という背景をもつ人々にとっては、プライベートの事情を話すことはとても勇気がいることだったと思う。彼らの内なる声に耳を傾け、彼らが必死で生きてきた証を、本論で十分に伝えることができたかどうかは正直、自信がない。しかし、彼らの語った思いに報いる気持ちで、私なりに精一杯努めたつもりである。本当に心より感謝申し上げたい。

　また、本調査のために難民の方々をご紹介下さった民間支援団体の特定非営利活動法人難民支援協会、社会福祉法人日本国際社会事業団及びカトリック東京国際センターの職員の方々にも御礼を申し上げたい。職員の方々は日常の支援業務でご多忙にもかかわらず、調査のコーディネート役を引き受けて下さった。ときには家庭訪問に同行して下さったり、難民の方々の語りに対して補足説明をして下さったりなど、多くのご尽力を賜った。

　博士論文の指導では、指導教授として日本女子大学人間社会学部の木村真理

子教授からは、多大なるご助言及びご指導をいただいた。木村教授は、私の関心を博士論文としての研究水準へと高めていく道筋を作って下さった。教授との対話を通じて、私の行き詰った思考回路はひも解かれ、思考は深みを増し、ときにはユニークな着想も得ることができた。今さらながら研究の意味、研究への姿勢や向き合い方なども教えていただき、今後の更なる研究の礎を築くことができたと思う。また研究指導のみならず、精神的にも支えていただいた。博士論文を最後まで仕上げることができたのも、ひとえに教授の温かい励ましの御蔭である。教授の門を叩いたのは、かれこれ15年以上前になるが、忍耐強く、寛大な心で見守って下さった。感謝の気持ちでいっぱいである。衷心より御礼申し上げる。また、沈潔教授と増田幸弘教授には、博士論文の副査及び学内審査委員として、山形大学名誉教授内藤辰美教授と関西学院大学武田丈教授には、博士論文の学外審査委員として、丁寧に論文をお読み下さり、有益なご助言をいただくとともに過分なる評価を頂戴した。皆さまに深く感謝申し上げる。

　そして、木村教授の大学院ゼミのメンバーの人たち、とくに埼玉県立大学の河村ちひろ准教授、日本大学の山田祐子教授に御礼を申し上げたい。それぞれ博士論文の執筆に取り組むアカデミックな仲間であるが、本研究への多くの助言や刺激をいただき、本調査結果の分析についても協力していただいた。彼女たちと何度も議論を重ねながら、本研究のより深い洞察を得ることができた。また研究に挫折しそうになる私をいつも励まして下さり、二人は私にとって強力なサポーターであった。さらに私の同僚である文教大学の大塚明子教授には、本論の草稿を熟読していただき、社会学の観点からも多くの示唆をいただいた。皆さまに本当に感謝申し上げたい。

　このたび私の奉職する文教大学の学術図書出版助成を受けて、学位論文を書籍として刊行することができた。こうした機会を与えて下さり深甚なる感謝の意を表したい。

　最後に、本書出版に際して、多大なる御協力をいただきました（株）現代人文社の木野村香映様、北井大輔様に心より感謝を申し上げる。

森恭子

要　約

　本研究は在日難民及び難民認定申請者（難民／申請者）の生活経験と彼らのソーシャル・キャピタル（SC）に関する研究である。海外では難民のSCが社会統合との関連で研究され、また福祉領域では2000年前後からコミュニティワークの分野で注目され始めている。しかし、日本では難民のSCと社会統合の研究及び、その両者に関わるソーシャルワーク実践についての研究は発展途上といえる。
　したがって本研究は①難民／申請者が経験してきた生活問題・課題及び彼らの心情を明らかにすること、②難民／申請者のソーシャル・サポートネットワーク及びSCの特徴を示すこと、③難民／申請者のSCと社会統合の関係について、彼らの主観的統合（彼らが日本の一員と感じているかどうか）の側面から検討すること、④難民／申請者への福祉実践の示唆を提供すること、を目的とした。研究の方法は、質的研究方法を採用し、日本の関東地域に中長期的に居住する16人の難民／申請者に深いインタビューを実施した。

　先行研究と同様に、本調査結果は、難民／申請者が来日から現在に至るまで雇用、医療、住居等さまざまな生活部面において課題に直面していたことや、入国管理制度の管理下にある支配的な生活状況などを明らかにした。彼らの「生きづらさ」のネガティブな感情が語られ、日本の難民政策への改善が訴えられた。また制度のエスノグラフィから考察することで、難民／申請者の制度の適格性のなさや制度間及び制度プロセスの接合点の欠如が、実際的な経験が生み出されてきたことを明示した。
　制度から排除された彼らのサポートネットワークの中心は、家族・同胞という同質なネットワークであり、一方、異質なネットワークには親切な日本人雇

用主や同僚、家主の存在がみられた。しかし、地域社会の福祉資源はサポート源としてはほとんど機能していなかった。彼らのSCの特徴は「仲間内の結合型SC」（同胞のみの交流）、あるいは「歪んだ橋渡し型SC」（秘密裡な職場や収容所での日本人とのつながり）と名付け整理された。また、SC構築の促進要因を「文化資本」、「社会的基盤」、「制度」としてまとめた。

SCの豊かさと主観的統合の高さは比例していないようであった。また主観的統合と互酬性の規範も、必ずしも関連があるとはいえず、主観的統合が低くても、互酬性の規範がみられた。

仮説として、難民／申請者は、制度や援助機関からの支配や制約的な垂直的な関係の中で生活し、依存的な生活を強いられ、ネガティブな感情を抱かざるをえない境遇にあったが、水平的及び双方向の関係が活発化すれば、自立的な生活が導かれ、ポジティブな感情や貢献的意識へと転換され、難民及び日本社会全体のSCが豊かになることにつながることを示した。また、福祉実践はそのために寄与できる可能性を十分にもっていることを示唆した。

目次

　　　　　　　　　　　　　　　　謝辞　・・・・・・i
　　　　　　　　　　　　　　　　要約　・・・・・・iii
　　　　　　　　　　　　　　　　表の一覧　・・・・・・xiii
　　　　　　　　　　　　　　　　図の一覧　・・・・・・xv

序章　　　　　　　　　　　　　　　　　　　　　　　1

1. 問題提起　　　　　　　　　　　　　　　　　　　　1
2. 問題へのアプローチ
   ソーシャル・キャピタル、主観的統合、制度のエスノグラフィの視点から　　4
3. 本研究の目的　　　　　　　　　　　　　　　　　　6
   (1) 難民／申請者が経験してきた生活問題・課題及び彼らの心情を明らかにする。
   (2) 難民／申請者のSCの特徴について解き明かす。
   (3) 難民／申請者のSCと社会統合との関連について分析する。
   (4) 難民／申請者への福祉実践への示唆を提示する。
4. 予測される結果　　　　　　　　　　　　　　　　　7
5. 本研究の意義　　　　　　　　　　　　　　　　　　8
6. 本書の構成　　　　　　　　　　　　　　　　　　　9

第1部　難民問題の背景・理論

第1章　研究の背景　　　　　　　　　　　　　　　13

第1節　　　　　　　　　　　　　　　　　　　　13
「難民」という対象　　「難民」の捉え方

1. 「迫害の理由」が争点となる「難民」　　　　　　　13

②　援助対象者としての「難民」：国民国家を超えた対象　　　　　　　　16

③　難民の特性　　　　　　　　21

第 2 節　　　　　　　　23
日本の難民政策と制度的諸問題　　福祉的側面からの視座

①　難民への政策的対応　　　　　　　　23
　(1) インドシナ難民への対応　(2) 個別に申請する難民への対応
　(3) 第三国定住難民への対応

②　難民の類型　　　　　　　　29

③　社会福祉制度から排除される「個別難民」　　　　　　　　33
　(1) 脆弱な法的地位と就労問題　(2) セーフティネットからの排除
　(3) メインストリームの社会制度からの排除　(4) 定住支援プログラムからの排除
　(5) 社会からの隔絶と追放 − 強制収容所と強制送還

④　制度の補完　　民間団体等による支援　　　　　　　　46

第 3 節　　　　　　　　48
日本の難民／申請者の生活実態に関する研究

①　経済的困窮と就労の実態　　　　　　　　49

②　住居の実態　　　　　　　　50

③　医療の実態　　　　　　　　51
　(1) 経済的困窮と消極的受療　(2) 精神的な疾患

④　強制収容所と強制送還の実態　　　　　　　　54
　(1) 強制収容所の実態　(2) 強制送還の恐れ

第 4 節　　　　　　　　57
諸外国の難民政策　　オーストラリアを中心に

①　諸外国の難民受入れ　　　　　　　　57

- ② オーストラリアの難民保護・定住支援体制　59
- ③ オーストラリアにおける難民の人権・生活問題　63
- ④ 難民のオーストラリア社会への貢献　66

第5節　67
小括

第2章 | 理論的枠組み　研究へのアプローチ　69

第1節　69
ソーシャル・キャピタル（社会関係資本）とは

- ① ソーシャル・キャピタルの概念　70
  - (1) ソーシャル・キャピタルとは何か　(2) ソーシャル・キャピタルの類型
- ② ソーシャル・キャピタルと社会福祉・ソーシャルワーク領域　75
  - (1) ソーシャル・ワークへのSCの活用 − 海外における議論
  - (2) 日本の社会福祉分野へのSCの活用 − 地域福祉分野の期待

第2節　88
社会統合　主観的プロセスとしての統合

- ① 社会統合の概念　88
- ② 難民の社会統合の領域とソーシャル・キャピタル　93
  - (1) 統合の指標　(2) 統合とソーシャル・キャピタルモデル
  - (3) 主観的プロセスとしての統合

第 3 節　　101
難民／申請者のソーシャル・キャピタルと社会統合に関する先行研究

1. 難民のソーシャル・キャピタル研究の動向　　101
2. 難民のソーシャル・キャピタル研究の知見　　102
    (1) 難民の SC 構築の難しさ　(2) 難民の結合型 SC がもたらす恩恵と不利益
    (3) 難民の橋渡し・連結型 SC を促進する仲介とその影響
    (4) 地域社会の SC　(5)SC と帰属意識　(6)SC の創造とその効果
3. 日本における難民の SC 研究　　111

第 4 節　　114
制度のエスノグラフィ

1. 制度のエスノグラフィとは　　114
2. 制度のエスノグラフィと社会福祉：ある難民青年の事例を通して　　117

第 5 節　　122
小括

第 2 部　難民の実像──16人の語り

第 3 章　研究方法　　127

1. 用語の定義　　127
    (1) 難民／申請者　(2) ソーシャル・キャピタル　(3) 主観点統合　(4) エスニック・コミュニティ
2. 研究の問い（リサーチ・クエスチョン）　　128

③ 研究の設計（リサーチ・デザイン） 129
④ 調査の概要 130
 (1) 調査協力者とデータ収集　(2) 調査方法　(3) 調査内容　(4) 倫理的配慮
⑤ データ分析方法とその適切性 135
⑥ 本調査の限界 136

第4章　調査結果　調査データの提示、結果の解釈及び分析　138

第1節　138
難民の生活とソーシャル・ネットワーク

① 来日経路・来日当初の滞在におけるネットワーク 139
② 生活基盤の形成とネットワーク 142
 (1) 住居に関わるネットワーク　(2) 雇用に関わるネットワーク
 (3) 語学の習得とネットワーク　(4) 医療保障とネットワーク
 (5) 子どもに関わるネットワーク
③ 管理された生活とネットワーク　オーソリティの闇と光 174
 (1) 収容所の生活とネットワーク　(2) 日常生活に忍び寄る管理
④ 情緒的・精神的な支えに関わるネットワーク 190
 (1) 「宗教」や「思想」の精神的な支え　(2) 海外にいる家族との心のつながり

第2節　194
難民のソーシャル・キャピタル

① 難民のソーシャル・ネットワークの特徴 194
② エスニック・コミュニティ内外の関係性 196
 (1) エスニック・コミュニティ内の関係
 (2) エスニック・コミュニティと日本社会との関係
③ 宗教的コミュニティ 205

- ④ 難民を支援する団体・機関に対する難民の認識　208
  - (1) フォーマルなサポーター：国際機関及び日本政府・関係諸機関
  - (2) セミ・フォーマルなサポーター：民間の支援団体・弁護士
- ⑤ 地域社会への関与　213
  - (1) 地方自治体とのつながり　(2) 地域社会の相談者・相談機関とのつながり
  - (3) 近隣とのつきあい　(4) 地域社会への参加
- ⑥ 難民の互酬性の規範　221
- ⑦ 難民のソーシャル・キャピタル形成　226
  - (1) 定住プロセスとSCの形成　(2) 難民のSCの特徴　(3) 難民のSC構築の要因と障壁
  - (4) 社会的橋渡し・社会的連結を促進する仲介者の未成熟

第3節　235
語りから浮かび上がる難民像　彼らにとって難民とは何か

- ① 難民としての表明　235
- ② 主観的難民像　239
  - (1) 難民という存在　(2) 難民が抱く「生きづらさ」の感情　(3) 難民としての誇り
- ③ 将来への展望　252

第4節　255
難民の主観的統合

- ① 日本の印象　255
  - (1) ポジティブな側面　(2) ネガティブな側面
- ② 日本社会での差別・排除の経験　258
- ③ 日本社会のメンバーとしての感覚　259
  - (1) 肯定的統合感 — 主観的統合の意識が高い
  - (2) 否定的統合感 — 主観的統合の意識が低い
  - (3) アンビバレントな感情　(4) 主観的統合の要素
- ④ ソーシャル・キャピタルと主観的統合　269

第 5 節
二国間の狭間で翻弄される難民　　　　　　　　　　　　　　　270

- ① 日本政府への訴え　　　　　　　　　　　　　　　271
  - (1) 安定した在留資格の要望　(2) 包括的な総合相談窓口の欠如
  - (3) 既存のサービスへの要望　(4) 法制度への不満
  - (5) 諸外国と比較された支援の格差　(6) 不確かな社会保障制度
  - (7) 無国籍問題への対応の欠如　(8) 困難な家族統合
- ② 自国の政府に対する見解　　　　　　　　　　　　277
  - (1) 自国の政府との対立　(2) 自国の政府の冷酷さ　(3) 自国の政府と日本の関係

第 5 章 ｜ 考察　　　　　　　　　　　　　　　　　282

- ① ソーシャル・キャピタルに関する考察　　　　　283
  - (1) SC の全体像　(2) SC 構築の促進要因　(3) 主観的統合と互酬性の規範
- ② 実際的な生活経験を解き明かす：
制度のエスノグラフィからの考察　　　　　　288
  - (1) 自然な成り行き　(2) 制度の適格性及び制度間の接合点の欠如
  - (3) 制度が引き起こす難民のワーク形成

※② の「実際的」に「アクチュアル」とルビ

終 章 ｜　　　　　　　　　　　　　　　　　　　294

- ① 結論　　　　　　　　　　　　　　　　　　　294
  - (1) 難民／申請者が経験した生活問題や課題
  - (2) 難民／申請者の生活問題とソーシャル・ネットワーク
  - (3) 一般の日本人・地域社会との関係
  - (4) 難民のソーシャル・キャピタル構築とその特徴
  - (5) 難民として日本社会で生きること、そして将来の展望
  - (6) 難民の主観的統合とソーシャル・キャピタルとの関連
  - (7) 日本政府及び自国政府への訴え
- ② 仮説　　　　　　　　　　　　　　　　　　　301

3 福祉実践への示唆　　　　　　　　　　　　　　　　　　　　303
　(1) 難民認定申請者の人権擁護とセーフティネットの保障
　(2) 人道配慮等による難民への継続的支援の必要性
　(3) ソーシャル・キャピタル構築の促進に向けて
　(4) 難民の自己実現と社会貢献に向けた人材育成
　(5) ソーシャルワーカー養成課程における国際的課題の学習の必修化

4 研究の課題　　　　　　　　　　　　　　　　　　　　　　312

■ 引用文献　　　　　　　　　　　　　　　　　　　　　　314

■ 付録　　　　　　　　　　　　　　　　　　　　　　　　329
　1　調査協力の同意書（日本語）
　2　調査協力の同意書（英語）
　3　調査協力の依頼書と承諾書（関係諸機関用）
　4　インタビューの主な質問項目
　5　日本の難民受入れと支援の動向（年表）

■ あとがき

表の一覧

■ 第1章

表 1-1
国際移民の概念的類型 ……………………………………………… 21

表 1-2
第三国定住難民の数 ………………………………………………… 29

表 1-3
難民の類型 …………………………………………………………… 30

表 1-4
類型別難民数の推移：1991(平成3)年～2016(平成28)年 ………… 34

表 1-5
難民認定申請者の国籍別内訳(上位10ヶ国)：
1982(昭和57)年～2015(平成27)年 …………………………………… 35

表 1-6
難民認定申請者・難民認定者・人道配慮の国籍別内訳(上位10ヶ国)：
1982(昭和57)年1月～2011(平成23)年12月末 ……………………… 35

表 1-7
年別 外務省保護費支給者数と難民認定申請者数 ………………… 40

表 1-8
各国における年別の難民申請数等の推移 ………………………… 58

表 1-9
オーストラリアの人道支援プログラム許可者
(2010-11から2014-15) ……………………………………………… 60

■ 第2章

表 2-1
コミュニティ実践の領域とSC ……………………………………… 81

表 2-2
統合の指標 …………………………………………………………… 94

表 2-3
統合の枠組みの指標 …………………………………………………… 94

表 2-4
社会的つながりの内訳 ………………………………………………… 95

表 2-5
難民定住におけるSCモデル …………………………………………… 97

表 2-6
統合の主な側面 ………………………………………………………… 100

■ 第3章

表 3-1
調査協力者の基本的属性 ……………………………………………… 131

■ 第4章

表 4-1
主観的統合の要因となる要素 ………………………………………… 268

図の一覧

■ 第1章

図 1-1
難民認定、補完的保護と「人道配慮」イメージ …………………………………… 20

図 1-2
難民認定の手続き（2005年入管難民改正法）…………………………………… 26

図 1-3
類型別難民数の推移：1991（平成3）年〜 2016（平成28）年 …………………… 36

■ 第2章

図 2-1
貧困地域の地域効果の説明としてのSCの生態学的グラウンデッドモデル …… 84

図 2-2
適応形態の4類型 ……………………………………………………………………… 89

図 2-3
制度のエスノグラフィのデザイン …………………………………………………… 117

■ 第4章

図 4-1
難民のソーシャル・サポート・ネットワーク ……………………………………… 195

図 4-2
収容経験と調査時点の滞在身分の内訳 …………………………………………… 226

図 4-3
モデル1　仮放免者のプロセス ……………………………………………………… 227

図 4-4
モデル2　人道配慮等在留許可者のプロセス ……………………………………… 228

図 4-5
モデル3　条約難民のプロセス …………………………………………………… 229

図 4-6
難民のSCの特徴 …………………………………………………………………… 230

図 4-7
難民のSC構築の促進要因と障壁 ………………………………………………… 233

図 4-8
肯定的な主観的統合の促進要因と障壁 ………………………………………… 270

■ 終 章

図 6-1
SC構築の支援枠組み ……………………………………………………………… 302

序　章

　日本の難民に関する研究は、主にインドシナ難民を対象とするものが多い。しかしインドシナ諸国以外の国・民族的背景をもつ難民や在日20年以上を経ても難民として認定されない人々が現実的に存在し日本社会で生活している。彼らを対象とした調査研究は必ずしも多くはない。とくに難民認定を申請している間は、日本での滞在身分は不安定であり、人間らしい諸権利を行使できず、また社会保障・福祉制度からの排除や制限を強いられる。そのような中で、彼らはいかにこの日本社会で生き抜いてきたのであろうか。またそこには誰があるいはどんな団体や機関が関与し、彼らの生活を支えてきたのであろうか。そして彼らは日本社会で生きることをどのように感じ、日本社会の一員という感覚を抱いているのだろうか。

1　問題提起

　難民と呼ばれる人々は世界中に散在している。歴史的には第二次世界大戦後、難民を保護する目的で制定された国際連合の「難民の地位に関する条約（Convention Relating to the Status of Refugees）」（1951年：以下、難民条約）によって、その存在が広く認知されるようになった。難民条約（第1条）では、難民とは「人種、宗教、国籍、政治的意見やまたは特定の社会集団に属する等の理由で、自国にいると迫害を受けるかあるいは迫害を受ける恐れがあるために他国に逃れた」人々と定義されているが、今日では後述するように、その理由については武力紛争や自然災害等も含め広く解釈されている。いわば難民は、

その語句が示すように「困難な生き方を強いられ」、「他国の庇護を求めざるを得ない」人々といえる。

日本では1975年に初めてベトナムからボート・ピープルが上陸したことを契機に、政府は1981年に「難民条約」に加入し、1978年から正式にインドシナ諸国（ベトナム、ラオス、カンボジア）から難民を受け入れ、難民の定住促進支援体制を整備した。インドシナ難民の受入れが終了する2005年までの間、11,319人のインドシナ難民が受け入れられたが[*1]、他方、インドシナ難民に代わり1990年代頃から新たな難民が日本に流入し定着し始めた。日本が難民条約に加入した1981年から2011年にわたる過去30年間に難民認定申請を行った者の合計は11,754人で、主な国籍はミャンマー4,215人、トルコ1,489人、スリランカ853人、パキスタン836人、イラン605人の順となっている[*2]。また2016年の難民認定申請を行った者（以下、申請者）は10,901人で過去最高を記録し、その国籍は79ヶ国と多岐にわたっている[*3]。

しかし、これらの人々は政府主導によって受入れが進められたインドシナ難民と違い、それぞれが個別に入国して難民申請を行い、日本の地域社会に散在しながら生活している。彼らは日本政府によるインドシナ難民への定住促進支援体制には組み入れられることなくとくに申請者の場合は、在留資格の不安定さによって既存の日本の社会制度や社会サービスの対象外として扱われる。日本政府の十分かつ適切な庇護がなく、日本社会の構成員としての生活保障やセーフティネットの権利を行使できない状況から、彼らが日常的に生活困難・課題に遭遇していることが容易に想定される。

こうした新たな難民及び難民認定申請者（以下、難民／申請者）の生活実態は、後述するように支援団体等の調査報告、事例、経験談あるいは報道により少しずつ明らかになりつつある。また筆者もビルマからの難民女性を対象とし

＊1　外務省「難民問題と日本国内における難民の受け入れ」（http://www.mofa.go.jp/mofaj/gaiko/nanmin/main3.html、2015年12月12日閲覧）。

＊2　法務省入国管理局「平成23年における難民認定者数等について」（別表5-(1)）平成24年2月24日（http://www.moj.go.jp/PRESS/090130-1.html、2015年12月12日閲覧）。

＊3　法務省入国管理局「平成28年における難民認定者数等について」（平成29年3月24日付）（http://www.moj.go.jp/nyuukokukanri/kouhou/nyuukokukanri03_00122.html、2017年5月10日閲覧）。申請者の国籍の上位は、インドネシア、ネパール、フィリピン、トルコ、ベトナム、スリランカ、ミャンマー、インド、カンボジア、パキスタンとなっている。ただし、申請者の急増は、近年の制度の改正等により、就労目的や経済的な理由で申請するいわゆる偽装難民の増加であるとの指摘もされているが、これについては、第1章で詳細を述べる。

た小規模な聞き取り調査を2009年に実施した（森・櫻井 2010）。このような報告や調査等を通して、彼らが医療、雇用、住居等のさまざまな生活困難に直面し、あるいは入管収容施設で不当な扱いを受ける等、日常生活のみならず将来への不安、精神的ストレスを抱えながら暮らしていることが徐々に垣間見られるようになってきた。

　しかし実証的な研究は少なく、また難民／申請者の日本社会での生きざまや生き抜いてきたプロセスそのものが十分に把握されているとは言い難い。自力での「サバイバル」を強要される彼らは、彼らなりのソーシャル・サポートやソーシャル・ネットワークを築き、それらを駆使しながら、長期間日本で生存・生活してきたことであろう。彼らはいかなる生活困難や課題に遭遇し、誰が（個人あるいは集団）どのように関与しながら、彼らの生活を支えてきたのだろうか。また、難民として日本社会で生きること、生きざるを得なかったことを彼らはどのように感じているのであろうか。これが本研究の第一の問題意識である。

　難民への支援では、同胞による共同体としてのエスニック・コミュニティが重要な役割を担っているといわれる（Valtonen, 2008:104; UNHCR 2010:35）。歴史的に難民を受け入れ、一定数の難民・移民が存在する欧米やオーストラリア等の先進諸国では、エスニック・コミュニティが成熟し支援的関係を築くことが容易かもしれない。しかし難民や移民の絶対数が少ない日本の場合は、エスニック・コミュニティが未成熟であり、支援的機能の役割を十分に果たしていない、あるいは果たせないことが想定される。むしろ彼らを受け入れたホスト社会である日本人たちとの関係が、彼らの生活を維持していく上で大きく関与しているかもしれない。彼らはどのような日本人と出会い、どのような関わりをしながら日本社会とつながり生活しているのであろうか。そして彼らの生きられた経験は肯定的（相互交流、参加、助け合い等）あるいは否定的（差別、偏見、孤立、排除等）なものなのであろうか。彼らの日本社会との関わりの様相を解き明かすこと——これが本研究の問題意識から派生する二つ目の関心事である。

2　問題へのアプローチ——ソーシャル・キャピタル、主観的統合、制度のエスノグラフィの視点から

　この関心は、難民のソーシャル・キャピタル（社会関係資本）[*4]と関連しており、「彼らのソーシャル・キャピタルはいかなるものか」とも言い換えることができるだろう。ソーシャル・キャピタル（以下、SC）は、近年、人々の社会関係に着目する概念として、研究・政策・実践上においてさまざまな領域で世界的にも注目されている。SCは、ソーシャル・サポートやソーシャル・ネットワークの概念の延長上、あるいはそれらを包含する概念として認識され、SCの代表的論者であるパットナムは、SCを「調整された諸活動（人々の協調行動）[*5]を活発にすることによって社会の効率性を改善できる、信頼、規範、ネットワークといった社会組織の特徴」（=2001:207）と定義している。彼の定義を踏まえ社会科学の領域ではSCは「信頼や規範及び社会的ネットワーク」として広く認知されているといえよう（新井 2011:118）。ソーシャルワークの分野でも、後述するようにSCは精神的及び身体的健康の予防と対処に関連しながら、周辺的なマイノリティの人々あるいは近隣や地域社会をエンパワーするミクロ及びマクロな介入の中に組み込まれるようになっている（Dominguez 2008）。また日本でも2000年半ば以降、とくに地域福祉分野でSCの活用が期待されている（所 2007; 竹川 2008; 山村 2010, 2012等）。

　長期にわたって生活している難民／申請者は、日本社会で生きる上で日本人と関係をもちながら、SCの構成要素である信頼、規範、ネットワークを大なり小なり育んでいるのではないだろうか。そしてそれは、一方的な関係ではなく難民と日本人の双方向の関係であり、必然的に社会統合（社会的統合）[*6]（social

---

[*4]　ソーシャル・キャピタルを直訳すると「社会資本」ということになるが、日本語で社会資本というと、道路、橋梁、空港、港湾等のハードのインフラ（社会基盤＝社会的間接資本：Social overhead capital）を指すのが一般的とされる。「社会関係資本」、「人間関係資本」、「市民社会資本」といった意訳もみられるが、いずれも定着するに至っていないので（山村 2012:31）、本研究では「ソーシャル・キャピタル」という表現をそのまま使用する。

[*5]　内閣府の報告書では「人々の協調行動」と記されている（内閣府 2003:7）。

[*6]　日本の外国人問題を取り扱う研究文献では「社会的統合」、そして日本における諸外国の移民研究の文献では「社会統合」の用語を使用している場合が多くみられる。本研究では「社会統合」という用語を使用しているが、論者が「社会的統合」を使用している場合はそちらを引用して記述する。

integration）や社会的排除・包摂（social exclsion／inclusion）と関連すると想定される（Spicer 2008）。海外の難民研究では、2000年以降、SCと社会統合の研究が注目され、SCの一つの側面である橋渡し（bridges）が、ホスト社会の社会統合の促進に大きく貢献することが期待されている（森 2013）。橋渡しは、人種、民族、階級等の異なる人々を結びつけ、移民やマイノリティ集団を既存の一般の社会サービスにアクセスできるよう統合し、近隣や地域社会に組み入れるものであり、それによって類似性（同一性）が拡大され、孤立したコミュニティ（共同体）を開き、民族と別の集団間の対立を抑制するといわれている（Dominguez 2008）。このような社会的文脈を踏まえ、日本の難民／申請者のSCと社会統合の関連について検討すること――これが、本研究の三つ目の関心事である。

　その際、社会統合はさまざまな局面を含む概念であり、後述するように法的、経済的、政治的等のさまざまな領域からの客観的な統合指標による統合の有様が検討されている。しかし、本研究では統合の主観的な側面を重視することにした。すなわち難民／申請者自身が、日本社会に統合していると感じているか、彼らの日本社会への所属の感覚はどのようなものなのかという彼らの主観的な感情面からの統合（「主観的統合」と称す）について焦点を絞る。これは個人と専門分業化された制度との社会関係について、個人の主体的側面から生活困難を捉えようとする社会福祉学の視点に通じていると考える。

　さらに、本研究では難民の生活経験、SC及び社会統合について考察する上で、重要な視座を提供する「制度のエスノグラフィ」を採用した。「制度のエスノグラフィ」は、質的調査方法であるインタビューや参与観察というフィールド調査の手法そのものというよりも、その人の経験と背後にある制度的な社会関係を意識しながら調査し、その問題にアプローチしていく視点を提供するものといえる。すなわち「制度のエスノグラフィ」は日常世界が社会関係によって組織化されているという見方から出発し、制度的過程（現在社会の組織化、調整、統制、支配、管理）によって、どのように日常世界が形作られ、決定されているのかを明らかにしようとする（瀧 2005）。とくにマイノリティ集団（社会的排除をされている人々、周辺的な人々）の日常生活のプロブレマティーク（問題含み、困難）が取り扱われる。本研究では、「難民／申請者」という、いわゆるマイノリティ集団を対象として取り扱い、周囲との関係ゆえに制約を受けざるを得ないといった彼らの規定された生活を描くことを試みようとする。彼らの生きられた現実世界がなぜそのようであるのかを説明する際に、「制度

のエスノグラフィ」を用いて現象にアプローチし説明することは有効であると考える。

3 本研究の目的

以上の問題提起及び問題へのアプローチを踏まえ、本研究の目的は以下に集約される。

(1) **難民／申請者が経験してきた生活問題・課題及び彼らの心情を明らかにする。**
1990年代からのインドシナ難民以外の新たな難民／申請者たちは、日本社会に定住して10年、20年を経ている者も多い。日本の社会福祉制度・社会サービスから排除あるいはそれらの利用が制限されている中で、彼らがどのような生活問題・課題に遭遇しているのか、また難民／申請者として生活する状況をどのように感じているかという心情について明らかにする。そして彼らの日常世界について「制度のエスノグラフィ」を用い説明する。

(2) **難民／申請者のSCの特徴について解き明かす。**
彼らの生活に関連しながら、彼らのSCの特徴について解き明かす。彼らがどのようなソーシャル・サポート・ネットワークと結びついているかについて、生活の部面に則して具体化する。彼らが、誰（具体的な人物・機関・組織等）から、どのようなプロセスでネットワークを獲得し、生活困難・課題を克服し生き抜いてきたのか、また彼らにとって、そうしたサポート・ネットワークは有効に機能したかどうかという彼ら自身の認識や評価について検証する。また日本の地域社会との接点や社会参加の有無について明らかにする。

(3) **難民／申請者のSCと社会統合との関連について分析する。**
彼らが獲得してきたSCを通して、社会統合との関連について検討する。社会統合における主観的統合、すなわち日本社会への帰属意識について焦点を絞り、SCの豊かさと主観的統合がどのように関連しているかを分析する。

(4) **難民／申請者への福祉実践への示唆を提示する。**
最後に、難民／申請者の生活経験やSCを踏まえ、彼らに対する社会福祉制度、社会サービスの在り方、及び福祉実践への示唆を提示する。難民／申請者の

SC構築やより良い社会統合に向けて、とくにコミュニティを基盤としたソーシャルワーク実践について提案する。

4　予測される結果

　本調査の予測される結果は以下のとおりである。
　第一に、彼らは来日当初から中長期的な滞在を経て現在に至るまでの間、安定した生活とは無縁であり、さまざまな生活課題を抱えていることが予測される。本論の中で詳細を記述するが、日本では申請者への滞在身分は不安定で、日本政府の生活保障はかなり制限されている。当人たちは、日常的な衣食住の生活費の確保のためには、自ら働かなければならないが、彼らの日本語の不自由さや滞在身分の不安定さは仕事の範囲を制約するであろう。結果的に単純労働で賃金が低い労働条件の悪い職場に従事するしか生きる方法がなかったと思われる。また、1990年代前後の日本経済が好調なバブル期には、非正規外国人就労者に紛れながら就職も容易だったかもしれない。しかし、その後の不況期及び非正規外国人就労者の取締りの強化とともに、就職も困難になったことが予想される。従って、来日当初から現在に至るまで、仕事が不安定な状態は、経済的にも苦しい状態を強いられ、そのことは日常的な生活費のみならず医療費や子どもの養育や教育費を支払うこと等にも悪影響を及ぼしていることが想定される。
　第二に、彼らのSCについては、同国人・同民族という同胞ネットワークが強く、そこでの厚い信頼や互酬性の規範が育まれていることが予測される。とくに仕事を探す場合は、日本語からの情報を得ることが難しい彼らにとっては、同胞ネットワークの口コミが情報源であることが想定される。また、いったん就職した場合、就職先の日本人雇用主や日本人の同僚者たちと上手く信頼関係を構築した場合は、難民／申請者たちが日常的に困ったときの良きサポーターとして機能しているかもしれない。彼らが来日して最初に知り合う日本人の多くは職場関係の人々であると思われるからだ。
　例えば、日本の場合、外国人が住居を借りるとき「保証人」が要求されるが、その「保証人」を雇用主や職場の同僚が肩代わりしていることが想定される。さらに、本論で述べているように2000年前後から、民間の難民／申請者の支援団体・機関が台頭し、同胞のサポートに加え、支援団体・機関あるいは難民問題に関心のある知識人や学生とのつながりは緊密になってきたと思われる。

第三に、彼らの地域社会における統合については、十分ではないことが予測される。彼らの住む地域住民とのつながりは希薄で、地域の資源に疎く、地域社会への積極的な参加がないことが想定される。民間の難民／申請者の支援団体・機関や知識人たちとの関係は活発になってきたと思われるが、しかし彼らの居住する地域社会の中での相互交流やサポーターの存在はみられないのではないだろうか。彼らは生活のために長時間働き、おそらく職場と住居の往復であり、地域社会を十分に知る余裕がなく、また仮に地域社会で日本語教室があったとしても通う時間もないだろう。そのため、いわゆる一般の日本人やメインストリーム（主流）の地域の福祉関係者は難民を知る機会を失っていると思われる。

　第四に、難民／申請者たちの主観的統合については、否定的な見解を抱いていることが予測される。彼らは中長期的に日本に滞在しているが、日本政府から十分な生活を保障されるわけでもなく、自助のみで生計を立てるしかない。しかし、彼らの職場は不安定で労働条件も悪く、常に失業に脅かされる貧困な生活を強いられていることが想定される。また、日本の難民認定者数は極めて少なく、いつ認定されるかは未定であり、また収容され送還される恐れも常につきまとっている。日本で彼らが安心・安全な生活を得られていない状態は、日本社会に好意的・肯定的感情を抱くことを困難にさせ、日本社会への帰属意識がもてないばかりではなく、逆に否定的な感情を植え付けてしまっているのではないかと懸念される。彼らが、日本は難民を快く受入れず排除しているという感覚を抱いたとしても当然かもしれない。しかしその一方で、日本人とつながっているという橋渡し型のSCが高いならば、主観的統合に関する否定的な感情も和らいでいることも想定される。

5　本研究の意義

　先行研究レビュー（詳細は第1章及び第2章）を踏まえ、以下に本研究の意義を整理する。

(1)　日本のインドシナ難民以外の難民／申請者の生活問題・課題を明らかにした調査研究は少なく、質的調査研究はほとんどない。彼らは10～20年日本で定住生活している実態があるにもかかわらず、日本社会の中では「顔がみえない」マイノリティ集団であるといえよう。本研究は、彼らの複雑、多面的な生活状

況、生き抜いてきたリアルな経験の一端を提示することができる。

(2) 難民／申請者のSCと社会統合に関する質的調査研究は、諸外国では近年注目されつつある。本研究が、そうした視点から日本の難民／申請者の質的調査研究をすることは、この分野の研究の蓄積に貢献すると思われる。本研究から日本社会の状況（制度的な定住促進支援が未整備、難民数が少ない等）と欧米先進諸国の状況（一定レベルの定住促進支援があり、難民数が多い等）によるSCの相違点を明らかにすることができる。

(3) 難民／申請者の現実世界や彼らのSCの様相を明らかにすることは、難民／申請者に対する福祉実践や社会制度の在り方を検討することに貢献すると思われる。彼らのSCを知ることは、ソーシャルワーカーを含めた社会福祉関係者が、SCを実践において有効に活用することを可能にすると考える。例えば、地域社会での具体的な「参加」の有無や程度を知ることで、「孤立」や「排除」の側面にアプローチし、コミュニティを基盤とした支援体制を図ることが可能となる。

6　本書の構成

　本書は、第1部と第2部に分かれ、序章と終章を含み7章から構成されている。第1部は、主に先行研究のレビューにあたる部分であり、第2部は、本研究の質的調査の具体的方法及び結果・考察に関する部分である。第1部にかなりの頁数を割いているが、難民問題を考える際に、その背景や関連する主要概念を念頭にいれておく必要があると思われた。第1部だけでも読みごたえのあるものになっていると思う。
　第1章「研究の背景」では、難民／申請者が、社会福祉の対象となる要素をもつ特定集団であることを明確にし、次に彼らに対する日本の制度上の福祉的対応を概観した。制度の不備が引き起こす人権侵害や福祉的利益を十分に享受できない制度の欠陥を述べ、それに関連する日本の難民／申請者の生活実態についての研究をまとめた。また諸外国の難民の受入れ体制にも若干触れながら、国際社会における日本の難民政策レベルについても言及した。第2章「理論的枠組み」では、SCと社会統合についての概念について述べ、難民／申請者のSCと社会統合についての先行研究からの知見を整理した。また本調査結果の

考察をする上で、重要な視座を提供する「制度のエスノグラフィ」の概念とその事例について説明した。第3章では、本研究における調査方法について述べた。研究の問いを設定し調査設計及び分析方法を示した。第4章では、収集したデータの結果について、本研究の関心事に沿って分類・提示し、結果の解釈を試みた。第5章では、調査結果を踏まえ難民／申請者のSCについて考察を深めるとともに、「制度のエスノグラフィ」を用いながら難民／申請者の実際的な経験を制度と照らし合わせ考察を行った。最後に終章では、本研究の結論をまとめ、仮説を提示するととともに、援助実践への示唆と今後の研究の課題について提起した。

第1部

難民問題の背景・理論

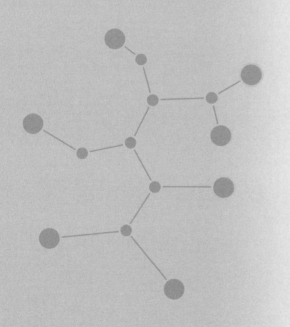

第1章　研究の背景

　「難民」とは何か――どのような特性をもつ集団（population）として認識され、なぜ社会福祉学上の関心にのぼるのだろうか。それは「難民」が、社会生活上の困難を生じやすい集団、社会的ニーズの高い集団、そして社会的排除を受けやすい周辺的（marginal）な集団として認識されるからといえる。

　本節では、「難民」とは何か、どのような特性をもった集団なのかについて整理し、社会福祉援助の介入が必要な対象集団であることを明確にする。そして日本における「難民」の法制度上の扱われ方を俯瞰する中で、社会福祉学の視座から制度上の欠陥を明らかにし、それに関連した難民／申請者の生活実態に関する先行研究を整理する。また、諸外国の難民受入れ体制と難民の生活実態について、とくに難民受入れに実績のあるオーストラリアの状況に若干触れながら、国際社会における日本の難民政策の水準について検討する。

第1節　「難民」という対象――「難民」の捉え方

1　「迫害の理由」が争点となる「難民」

　「難民」を定義するのは難しく、複雑な意味合いを帯びた多義的な用語ともいえる。しかし、その言葉から連想される共通する普遍的なイメージは、「自らの生活の場（居住区域／居所）を追われ、苦境・困難に陥り、異郷の地に庇護・

保護を求める人々」と言い表されるだろう。「難民」という用語は、古くは16世紀半ばから使用されたともいわれているが、人類は歴史上、このような人々を常に生み出してきたといえる（小泉 1998）。

とはいえ現代福祉国家において、このような「難民」に対して現実的かつ具体的な庇護または保護を与える側の立場からすれば、身分の不明瞭な者に対しては具体的な援助対象者として容認し難く、「難民」としての厳密な定義を要求することになる。なぜなら社会福祉制度・政策の成熟した社会では、援助対象者あるいは対象集団（Population Group）とみなされるためには、保護や援助を受ける資格の有無については、当人の主観的な必要性だけではなく、それ以上に客観的必要性が問われるからである（武川 2001）。当人が「難民であり庇護・保護が必要である」と主張したとしても、それが直ちに認められるわけはない。「なぜ居住区域（自国）を逃れ、強制的に追われることになったのか」、「なぜ庇護・保護が必要なのか、本当に必要なのか」等、受入れ国民を納得させるに十分な客観的な理由や証拠が重要になる。

国際社会で広く採用されている標準的な難民の定義は、1951年国際連合が採択した難民条約[*2]に規定されているものである。この難民条約は、主に第二次世界大戦の被害により母国での生活が困難になった人々を保護することが目的で制定され、これにより、歴史及び政策上、難民が世界的に関心をもたれるようになった。

難民条約の第1条A2では、難民とは以下のように規定されている。

> 「人種、宗教、国籍もしくは特定の社会的集団の構成員であることまたは政治的意見を理由に迫害を受けるおそれがあるという十分に理由のある恐怖を有するために、国籍国の外にいる者であって、その国籍国の保護を受けられない者またはそのような恐怖を有するためにその国籍国の保護を

[*1] 他者への救援の思いとして「庇護」と「保護」の用語が使用されるが、池田は、それぞれの理念の歴史的変遷の詳細を論じ、その違いを以下のように区別している。すなわち「庇護」は強制移動の被害者を自らのもとに受け入れて救うが、そこでは受入れ先となる国が基準になっている。一方「保護」は、被害者のもとへ誰かが出向いて救い、救われる人が逆に基準となる、としている。そして今日では、庇護は各国が行い、保護は国家のみならず国際機関やNGOが連携して担うものとされる（池田 2014:23）。

[*2] 1967年1月31日、国際連合の「難民の地位に関する議定書（Protocol Relating to the Status of Refugees）」（難民議定書）の両方を統合したものが難民条約と呼称される。

受けることを望まない者」

すなわち、まとめると以下の要件の者になる。
(a) 人種、宗教、国籍若しくは特定の社会的集団の構成員であること又は政治的意見を理由に、迫害を受けるおそれがあるという十分に理由のある恐怖を有する者
(b) 国籍国の外にいる者
(c) その国籍国の保護を受けることができない、又はそのような恐怖を有するためにその国籍国の保護を受けることを望まない者

この条約上の基準に該当する人々は通常「条約難民」（conventional refugee）と呼ばれる。「条約難民」においては「迫害を受けるおそれがあり、国籍国の保護が受けられない、あるいは恐怖のために望まない、という理由なので庇護・保護が必要」とみなされ、さらに、この「迫害」については「人種、宗教、国籍、政治的意見が原因による迫害」と限定されている。「条約難民」の定義は、難民の定義の中でも、難民を狭く解釈しているとし、しばしば「狭義の難民」といわれる。

一方、逃亡や迫害の理由の範囲を、地域紛争、武力衝突、対外戦争、自然災害、飢饉、伝染病等に拡大したり、また必ずしも国籍国の外にいることに限定しない等、緩やかに難民を規定する捉え方もある。例えば、1969年アフリカ統一機構（OAU）「難民の地位に関する議定書（議定書）」やラテン・アメリカ諸国による1984年「カルタヘナ宣言」の地域レベルの文書では、地域紛争や対外戦争等により強制移動された人々も含まれると規定し、難民の定義を広く解釈している。

OAU難民条約の規定（OAU条約第Ⅰ条(2)）
「『難民』とはまた、外部からの侵略、占領、外国の支配または出身国若しくは国籍国の一部若しくは全体における公の秩序を著しく乱す事件の故に出身国または国籍国外に避難所を求めるための常居所地を去ることを余儀なくされた者にも適用される」。

カルタヘナ宣言（Ⅲ条(3)）
「この地域において採用が勧告される難民の定義とは、1951年の難民条

約と1967年の同条約の議定書の定義の要素に加え、暴力が一般化・常態化した状況（generalized violence）、外国からの侵略、内戦、重大な人権侵害や公の秩序を著しく乱すその他の事情によって、生命、安全または自由を脅かされたため自国から逃れた者をも含むものである」。

しかし、こうした国際条約や宣言によって「難民」が定義されているとはいえ、現実的には、難民条約では条約上の難民の定義に該当する者の難民認定や難民の地位に付随する権利と資格の享受を確保するための第一義的な責任は、締約国である受入れ国にある。そのため条約難民の基準である「迫害を受けるおそれがあるという十分に理由のある恐怖を有する者」の判定は、当該受入れ国の作業、すなわち難民認定制度の中で実施されることになる。しかし制度の中では客観的及び主観的要素の両方が含まれており、とくに立証責任を負わされている申請者自身が客観的要素を立証することがきわめて難しいとされる（渡邉 2014; 関 2012; 本間 1990）。通常、難民は身一つで自国を逃れ、証明するものを十分に用意しているわけではないからである。「条約難民」の認定は、どれほど客観的な証拠が集められ、いかに当人が難民性を主張できるかにかかっているが、それは当該受入れ国の裁量に大きく左右されている。

2　援助対象者としての「難民」：国民国家を超えた対象

受入れ国側の難民認定制度では、「迫害やその理由」が「難民」認定の争点となり、それが当人の「難民性」の有無とみなされる（渡邉 2014）。「難民性」があると認められた難民については、受入れ国は難民条約及び議定書に基づき、難民の生活を保障しなければならない。例えば、職業に従事する権利（17条）、福祉に関する権利（20条：配給、21条：住居、22条：公の教育、23条：公的扶助、24条：労働法制及び社会保障）、行政上の援助（25条）、移動の自由（26条）、身分証明書（27条）等の権利を保障する義務がある。

しかし、ここでは「難民性有り」⇒「生活保障」の順番となり、「社会的ニーズ（必要）」⇒「生活保障」という順番ではない。すなわち社会生活上の困難を抱え、保護や援助を必要としているという現実味を帯びた、いわば「リアルな福祉対象者」として「難民」が捉えられているわけではない。

「難民」が受入れ国において「リアルな福祉対象者」となりにくいのは、「よそ者（外国人）であることが一つの原因として浮かび上がる。近代福祉国家では、

通常、国家がその国民の福祉の第一義的な責任を負い、国民の生活を保障するという枠組みが前提となっている。また国際社会においても、国際的保護の必要性を検討する際には、本来は国民として享受しうるはずの処遇が剥奪されている、という考えが底をなしており、そのため「難民の地位に関する条約」という正式名称が示すように、国家という政治共同体の構成員たる地位を失った者に、一定の要件を満たせば難民「地位」を与えることで「国際的保護に値する者」となることができる（阿部 2014）。当人が国民たる地位を失うことがイコールその国の福祉を享受できない証となり、また何らかの「地位」が判明されなければ、国際的保護の対象及び当該受入れ国の福祉対象者とはなりにくい。難民の場合は既述のとおり、難民としての立証が困難なことがあり、直ちに当該国の庇護・保護の対象としては扱われることは難しい。難民の該当性がないと判断された者や認定審査中で「難民」であるかどうか不確かな者は、通常、当該国の制度上の援助対象からは排除される。しかし、現実問題として難民性の立証をしている間にも、彼らの日常生活は連続的なものであり直面する生活問題や課題は立ち止まってはくれない。社会福祉援助の「現実性の原理」[*3]（岡村 1983）を踏まえれば、当時者の生活問題は、単なる理論的説明ではすまされない現実的課題であり、現実的に利用できる条件による解決あるいは代償的方法によって充足させる等、何らかの解決方法が要求される。

　国際社会では国民国家を超越して国連を中心に、人権・人道上の見地から世界人類を保護・支援する取組が理念・実践レベルで歴史的に展開されてきた。[*4] 世界人権宣言の第14条では「1．すべて人は、迫害からの避難を他国に求め、かつ、これを他国で共有する権利を有する」とし、「難民」についても国際保護の観点から、「難民」をより広義に「援助対象者」として捉えている。

　例えばUNHCRでは、UNHCRの事務所規定等に基づき、UNHCRの任務の中で援助対象者（POC：Person of concern）を位置づけている（UNHCR東京 2004；

---

*3　社会福祉の提供するサービスは、生活問題の実際的解決をそのうちに含む必要があり、現実に利用しうる条件の中で解決できないような対策は、理論的に正当なものであっても、社会福祉的援助としては無意味である。援助者は対象者に対して正しい現実認識と現実的な生活態度をもち援助しなければならない（岡村 1983:102）。

*4　舘（2014）は、両大戦間期の難民問題では「人権」概念がなく、難民が政治的・宗教的・民族的迫害が原因で基本的権利を奪われ、出身地域を追われた能動的主体とはみなされていなかったとし、その後の法学者の議論と第二次大戦の経験を経た世界人権宣言が、国際社会の中における個人を「国際的同情の対象から国際法の主体へ」と転換させたとする（舘 2014:56）。

UNHCR 2011:19-26)。POCには、
　①マンデート難民（Mandate refugee：UNHCR事務所規定及び難民条約の定義を満たす者としてUNHCRが判断した者）、
　②紛争や無差別な暴力、あるいは甚大な人権侵害や公けの秩序を著しく乱す事件から逃れている者（拡大マンデート難民）、
　③庇護希望者（Asylum-Seekers）、
　④無国籍者（Stateless Person）、
　⑤帰還民（Returnees）、
　⑤国内避難民（Internally Displaced Person）等が含まれている。

　ここでは、③の庇護希望者も「潜在的な難民」とみなされ、地位が最終的に決定されるまでの間はUNHCR任務の下に置かれるとしている。
　「潜在的な難民」にみられるように、条約難民には該当しない者を「事実上の難民」や「類似難民」（神坂 2014a）として捉え、「補完的保護」（complementary protection/subsidiary protection）[*5]という概念をもって、国際的保護を受ける者の範囲を拡充しようとする法的潮流がある（阿部 2014）。補完的保護の定義やその内容については、国際的に統一された見解があるわけではないが、その概念の中枢をなす共通する要素として広く認知されている要素は、一つは、条約難民としての保護を受けないという要素、もう一つは紛争や重大な人権侵害等の様々な理由で、国籍国（無国籍者の場合は常居所を有していた国）への返還が不可能あるいは望ましくないという要素、といわれている（神坂 2014:143）。補完的保護の国際的な動向は、神坂（2014a, 2014b, 2015）の論文に詳しいが、2000年頃から各国では補完的保護の法律やシステムが整備されつつある。そ[*6]

[*5]　国際的には一般的に、complementary protectionの用語が使用されており、欧州ではSubsidiary protectionという分類が設けられ、それに相応する用語として使用されているが、どちらも日本語の訳語としては「補完的保護」として区別なく訳されているようである（神坂 2014a:140）。
[*6]　例えば、カナダは2002年施行の移民及び難民保護法によって「保護を必要とする者（persons in need of protection）」という新類型を新設し、オーストラリアは2011年に移民修正法が成立し、保護査証（protection visa）の供与により補完的保護の法制化を図ったとされる（阿部 2014）。

の中でも欧州連合の補完的保護は、欧州連合の2004年資格指令[*7]及び2011年資格指令[*8]を通して、ヨーロッパ内の難民保護の共通化を図り、難民と補完的保護受益者（beneficiaries of subsidiary protection）との保護の隔たり（プロテクション・ギャップ）の見直しを図る等の具体的な施策を展開してきている。国家の枠を超えたヨーロッパ域内の統一した保護という観点や差別なく保護及び支援を提供するという平等的な視点は、単なる難民性を超えて、生活者としての難民の保護や支援の必要性が認識されてきているといえよう。ただし、阿部（2014：7）が指摘しているように、補完的保護制度は難民の地位の境界を押し広げており評価できるものの、新たな「地位」（境界）の設定ゆえに、なお残る排除の論理があることは否めず、国家を超えた国際人権保障には十分に至っていないといえよう。

　日本でもこのような補完的保護に類する施策がみられる。詳細は後述するように、例えば条約難民には該当しない者の中で「人道的な配慮が必要なものとして特に在留を認めた者」に対して、在留特別許可を付与し日本での滞在を認めたり、また申請者に対して限定的・制限的な保護を提供したり等がある。しかし補完的保護について制度的な明確な規定があるわけではない。そのため特定非営利法人なんみんフォーラム及び全国難民弁護団連絡会議は、包括的な補完的保護を制度化することを政府に提言している[*9]。そこでは、補完的保護の対象を人権諸条約上の保護を必要とする[*10]者や難民条約上の難民の該当性を満

[*7] 正式には「難民または国際的保護を必要とする者としての第三国国籍者または無国籍者の資格及び地位と、付与される保護の内容の最低基準に関する2004年欧州連合理事会指令」（Council Directive 2004/83/EC of 29 April 2004 on Minimum Standards for the Qualification and Status of Third-country Nationals or Stateless Persons as Refugees or as Persons who Otherwise Need International Protection and the Content of the Protection Granted）。

[*8] 正式には「難民または補完的保護を享受する資格を有する者の統一的地位と、付与される保護の内容のための、第3国国籍者または無国籍者の補完的保護の受益者としての資格の基準に関する2011年欧州議会及び欧州連合理事会指令」（Directive 2011/95/EU of the European Parliament and of the Council of 13 December 2011 on Standards for the Qualification of Third country Nationals or Stateless Persons as Beneficiaries of International Protection, for a Uniform Status for Refugees or for Persons Eligible for Subsidiary Protection, and for the Content of the Protection Granted (Recast))。

[*9] 「『難民認定制度の見直しの方向性に関する報告』の具体的施策に関する提言」（2015年5月29日）http://www.jlnr.jp/statements/2015/jlnr_statement-full_20150529_j.pdf、2016年9月25日閲覧）。

[*10] 拷問等禁止条約（3条1項）、強制失踪条約（16条1項）、自由権規約（6条、7条）を含む人権諸条約上のノン・ルフールマンの権利が含められることとしている。

図1-1 難民認定、補完的保護と「人道配慮」イメージ

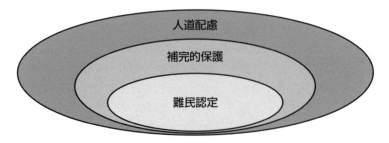

（出典）特定非営利活動法人なんみんフォーラム・全国難民弁護団連絡会議（2015）「難民認定制度の見直しの方向性に関する検討結果（報告）」の具合的施策に関する市民社会の提言（要旨）、1頁。

たさない者も対象として補完的保護の該当要件を法制化し、そして難民と同等の保護及び権利を与えることを要求している。なお提言の中では、補完的保護の対象以外の人権上の保護が必要な人々についても（例えば、人身取引の被害者や無国籍者等）、人道上の配慮により安定した在留資格と十分な保護を与え、包括的な保護・支援の対象とすることが提案されている（**図1-1**）。

こうした補完的保護に向けて国内外で動きがみられるように、従来の「難民」枠を拡大し「事実上の難民」、「類似難民」、「潜在的な難民」等と呼ばれる人々についても国際的保護や援助対象者として捉えること自体は、もはや国際社会上の通念となりつつある。

他方でこうした見識は、「難民」を「可哀想な人」というラベル化の定着や難民に対する負のイメージの助長を招くおそれがある懸念がある（小泉 1998:15）。日本が過去に受け入れたインドシナ難民の中にも、常につきまとう難民弱者イメージに嫌悪感を抱き、そこから脱却したいと切望する者もいる[*11]。特定の「集団」として一括りにすることは、レッテルを張り「スティグマ」を助長する側面をもっていることは否めない。しかし社会福祉の政策レベルにおいては「高齢者」、「障害者」等、便宜上、特質をもつ人口集団として捉え、支援の対象とし社会サービスを展開することは政策上の合理性がある（三浦 1987）。そして政策上の「集団」に対する支援するアプローチと同時に、実践レベルの支援で

[*11] 例えば、在日ベトナム難民の中には「アフリカの難民と同じようにみられるのがつらい」と感じ、早く「難民」のイメージから抜けたいと思っている者がいること等があげられる（川上 1999:366）。

は、対象者を「個別」で捉え支援するアプローチがあり、それは福祉援助方法では当然重視されている手法でもある[*12]。また、現代の社会福祉の目的は、援助は「保護」を与えるだけではなく、むしろ「自立」を支援することであることは社会福祉専門職の中では広く認識されており（京極 2002）、当時者を弱者として捉えず、彼らのもつ強さを活かすストレングス・アプローチは、現代の社会福祉やソーシャルワーク実践の中で定着しているといえよう。したがって「福祉の対象者」を「福祉依存者」や「社会的弱者」と結びつけてしまう旧態依然の見方は見直されるべきである。

3　難民の特性

「難民」（庇護希望者を含む）は、国境を超えて（あるいは国の領域内で）移動する「移民」（Valtonen 2008：4）の中の一つの類型として捉えられる。しかし、人口学的集団としての「難民」といわゆる一般的な移民の根本的な違いは、自国を離れるという移動（移住）の動機の違いにあるといわれている。すなわち、一般的な移民はその動機が「自発的（voluntary）」であるが、難民は「強制的（forced）」あるいは「非自発的」（involuntary）」であるとされる（Potocky-Tripodi

表1-1　国際移民の概念的類型

滞在期間	移住の動機	
	自発的	強制的
永住	移民 国際養子	残虐行為の犠牲者 難民 人身取引の被害者
一時滞在	留学生 旅行者 専門職者 出稼ぎ労働者 季節労働者	アサイラムシーカー（庇護希望者） 災害被災者 自然災害 人的災害

（出典）Potocky-Tripodi,M（2008），Immigrants and Refugees, Encyclopedia of Social Work 20th ed., NASW Press New York：Oxford University Press, p.441.

＊12　ソーシャルワーク実践の基礎をなすバイスティックの7原則には「個別化」が掲げられている。

2008:442; Valtonen 2008:4-5)。一言に移民といってもさまざまなタイプがあり、全米ソーシャルワーカー協会（NASW）のソーシャルワーク事典の中で、ポトッキー・トリポディは、国際移民（international migrants）を**表1-1**のように分類している。この分類された人口集団は合法または非合法の滞在資格を含んでおり、またこれらの分類はどちらかに厳密に区別されるわけでもなく、また時間の経過とともに他の区分に移動する場合もある。

　既述したとおり、難民は政治的な迫害や紛争、人権侵害、自然災害、気候変動等により、不本意（unwilling）に自国や居住地を追われて別の地に移動せざるを得ない集団であり、積極的に移動を希望したというわけではない。また移民と違って、いつでも母国に帰国できるわけではない。ただし厳密には、難民がすべて「強制移動民（forced migrant）」であることは言い難く、「自発的／強制的」移動が混在する「混在移動（mixed migtation）[13]」による「難民と移民の中間者[14]」とする見解もみられるようになってきている（橋本 2014; 墓田 2014）。

　しかし、移住に至る理由や動機について「自発的／強制的」な区別は、定住において質的に異なるニーズをもつ別々の集団としてみなされる傾向がある（Valtonens 2008:4）。強制的な移民として区分される「難民」はその「脆弱性（vulnerability）」が際立ち、強制的移住そのものは、自発的移住に比べて、身体的・精神的な苦痛をともなうリスク要因となる（Valtonen 2008:12）。難民の場合、自国（あるいは移住前の地）での体験（例えば、拷問や恐怖、長期化する紛争）によるトラウマや逃避・避難にともなうストレス、自国の家族・友人との分断による孤立感・喪失感や残してきた家族への罪悪感等があるかもしれない。また「自発的／強制的」移住の差は、移動先での出発点の意識の差――「前向き／後ろ向き」であるかどうか――にも影響する。自発的移民の場合は、一般的によりよい生活、よりよい収入、よりよい教育の機会等を求めて他国に移住をする等、その出発点は不安よりむしろ希望に満ち溢れている。しかし難民の場合、避難先は予期せぬ目的地であったり、事前準備なく新しい移住先で計画性のない生活を開始せざるを得なかったり、「帰国の神話」にしがみついたり等、

---

*13　混在移動について、橋本（2014）は以下のように定義している「難民、庇護申請者、人身取引被害者、密航者、経済移民や他の移住者によって、同時並行的、複合的に同様の移動方法により異なる目的のために、しばしば非正規な形で行われる（国境を超えた）移動のこと」（橋本 2014:246）。

*14　例えば、明白な迫害は受けていないが、内政の混乱を背景に生計手段を求めて移住を決意するような者等（墓田 2014:11）。

後ろ向きな態度は、本人の思い通りにならない不満やフラストレーションを募らせるともいえる。また自発的移民は、しばしば移住先で既に家族や同郷人のソーシャル・ネットワークをもち、積極的にそれらにアクセスし活用することが容易であるため、それによって強制移民よりは定住が促進されやすい（Valtonen 2008:14）。さらに一般的な移民と違い、とくに政治難民の場合は彼ら自身の自国から迫害を受ける恐れがあるため、受入れ国での大使館や領事館の保護・支援を受けることができない（石井 2010:10）。

　以上、難民／申請者は、国民国家を超えた福祉援助の対象者と十分にみなされ、また難民の特性を鑑みても、自発的に移住した一般的な移民よりも、より福祉ニーズが高いと考えられる。しかし、彼らの具体的な保護や援助は、受入れ国の難民資格要件の基準を満たしているかによって判断される傾向がある。次節では、日本の難民資格要件とそこから生じる福祉の制度的排除の詳細を明らかにする。

第2節　日本の難民政策と制度的諸問題——福祉的側面からの視座

　難民及び難民政策を論じる上で留意すべき点は、難民は制度上さまざまな種類に分けられ、それによって政策上の待遇が異なっていることである。日本の場合、歴史的な経緯と関連し、難民は主に3つに大別される。すなわち、1970年代に日本政府が受け入れたインドシナ難民、インドシナ難民以外の個別に難民認定申請をする人々、2010年以降に開始された第三国定住難民である。

1　難民への政策的対応

(1)　インドシナ難民への対応

　日本の難民受入れは、1975年5月に米国船に救助されたベトナム難民が初めて上陸したことを契機に始まる。ベトナム戦争終結以降、インドシナ三国（ベトナム・ラオス・カンボジア）での急速な社会主義化や内戦状態を背景に、新体制下の迫害を恐れる大量の難民が国外に脱出し、各国に流入していく中で、日本も国際社会の責務を担うことになった。

　日本政府は、1978年からインドシナ三国からの難民（以下、インドシナ難民）

の定住受入れを決定し、1981（昭和56）年10月3日に難民条約に、1982（昭和57）年1月1日に難民議定書に加入した。加入にあたって、従来の出入国管理法令は「出入国及び難民認定法（以下、入管難民法）」と改称され、新たに難民認定制度が導入された。そして、法務省の入国管理局の所管の下、難民認定制度が運用され難民の該当性が判断されることになった。正式に難民として認定された者は、日本で安定的に在留できることになり、また難民の保護を保障するために、日本の社会保障関係法令の国籍要件の撤廃等の国内法整備が進んだ。これにより、難民のみならず、在日外国人に対して、国民年金、社会保険、児童扶養手当等の日本国民と同一待遇の保障が確立していくことになった（高藤1999）。

インドシナ難民については、難民認定制度によって個別に難民性を審査されることなく、最初から「定住者」の在留資格が付与され、特別な定住支援策が実施されてきた。これは、国連が、1975年の国連総会で、インドシナ三国から脱出する難民については、一括して「インドシナ難民」という集団として捉え、緊急性や人道的立場にたって保護するように各国にも協力を要請したことによる（川上2001）。

1979年には、外務省管轄下でアジア福祉教育財団「難民事業本部」（現、公益財団法人アジア福祉教育財団難民事業本部／Refugee Assistance Headqurters、以下RHQ）が発足し、インドシナ難民の定住促進の事業が委託され、一連の支援体制が整備されることになった。同本部の下に、姫路定住促進センター（兵庫県姫路市：1971年開設、1996年閉所）、大和定住促進センター（神奈川県大和市：1980年開設、1998年閉所）、国際救援センター（東京都品川区：1983年開設、2006年閉所）が設置され、そこで日本語教育、職業紹介、職業訓練、社会適応指導、住居の確保を伴う職業斡旋、入所後のアフターケア等がおこなわれた。しかしこれは短期間で定住初期を対象としたプログラムであったため、必ずしも十分な支援体制ではなかったことも指摘されている（西野・倉田2002; 荻野2014）。家族呼び寄せを含めたインドシナ難民の受入れ事業は2005年度末まで続き、約1万1000人の難民が受け入れられた。現在では大規模な支援は終結・縮小され、インドシナ難民定住者のアフターケアやコミュニティ支援が引き続き実施されている。

＊15　難民事業本部「本部のプロフィール　沿革」（http://www.rhq.gr.jp/japanese/profile/outline.htm、2012年6月4日閲覧）。

(2) 個別に申請する難民への対応

　一方、インドシナ難民以外の者は、難民認定制度の手続きに則り法務省入国管理局に個別に難民申請を行う必要がある。現行の難民認定手続きについて要約すれば、該当者が日本に入国後に入国管理局に難民認定申請手続きをすると、難民認定調査官によって事実確認の調査が行われ認定の許否が決定される。条約難民として認定された場合、難民認定証明書が発行されるが、不認定の場合は、通知を受けて異議を申請することができるという流れである[*16]（図1-2）。

　難民認定制度は1982年に創設されて以来、20年余変更することはなく、日本政府は申請者や条約難民について積極的な対応をすることはなかった。申請期間中は、安定した滞在資格も付与されず、また難民認定されたとしてもインドシナ難民のように特別な定住支援体制には組み込まれることはなかった。

　しかし、2002年5月に中国の瀋陽で起こった脱北者事件[*17]が契機となり、国内の条約難民及び申請者への処遇のあり方への議論が高まり、大幅な改革が着手されることになる。政府は関係行政機関を連携して難民をめぐる諸問題への対応を検討するために内閣の中に難民対策連絡調整会議を設立し（2002年8月7日閣議了解）、条約難民及び申請者への支援に関する具体的措置を図った。1979年7月に設置されたインドシナ難民対策連絡調整会議が廃止され、難民対策連絡調整会議に引き継がれた。

　法務省は2002年6月に法務大臣の私的懇談会「出入国管理政策懇談会」内に「難民問題に関する専門部会」を設置し、難民認定制度の見直しを図ることになった。2004年6月2日に「出入国管理及び難民認定法の一部を改正する法律」が公布され、段階的に施行されることになり、難民関係の規定については2005年5月16日に一括施行（以下、「2005年改正入管難民法」）された。この「2005年改正入管難民法」による従来との主な変更点としては以下のような事項があげられる（関 2012: 3）。

①申請段階について：60日要件の撤廃
②不服審査体制について：難民審査参与員制度の導入
③申請中・認定後の地位：難民認定手続きと退去強制手続きとの関連付けの

---

*16　法務省入国管理局　難民認定手続き案内（http://www.immi-moj.go.jp/tetuduki/index.html、2012年6月4日閲覧）。
*17　瀋陽事件とは、中国の瀋陽で北朝鮮出身の家族が日本領事館に庇護を求めたが、日本政府が最初に拒否したことに対して、国際的な非難を浴びることになった事件。

図1-2 難民認定の手続き（2005年入管難民改正法）

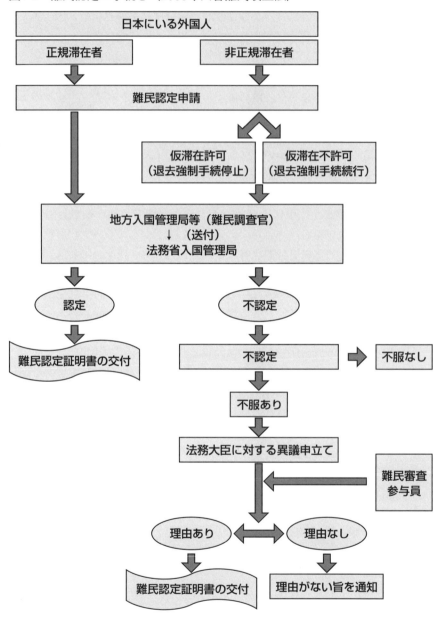

（出典）法務省「難民の認定に関する手続き」フローチャートを加筆修正。

規定が新設
　：申請中の仮滞在許可制度の新設
　：認定・不認定処分時の在留資格の付与制度の規定の新設

　①の60日要件（60日ルールとも呼ばれる）は、庇護希望者は上陸した日から60日以内に、または日本滞在中に難民となる事由が生じた場合には、その事実を知った日から60日以内に、難民申請を行わなければならない規定である[18]。60日要件を知らずに60日を超えて申請する者について、それのみを理由とし不認定とされる場合もあったが、60日ルールが撤廃されることにより、申請期間の徒過についての問題が解消されることになった。②の「難民審査参与員制度」は、一時審査で不認定となった人が異議を申し立てた場合に、従来は法務大臣が異議の採否について判断していたが、「参与員」という第三者の意見を聴く事が義務付けられたことである。これは、法務省の単独で実施されてきた難民認定手続きの透明性、公平性、中立性を目的としたものであった。さらに③によって、申請者の滞在資格については、申請中の間は「仮滞在許可書」が交付されることになり、日本での滞在が一時的に許可され法的地位の安定化が図られることになった。こうした一連の改革が行われたが、国内の難民認定制度をめぐる問題は数多く残っている（岩田 2011; 関 2012）。この点については後述する。

(3) 第三国定住難民への対応
　第三国定住は、UNHCRが難民問題の恒久的解決を図るために推奨している以下の3つの方法の中の1つに位置づけられている（UNHCR 2011:28）。
①自主帰還：難民が安全に、そして尊厳をもって自らの出身国に戻り、国からの保護を再び享受すること。
②庇護国社会への統合：難民が、受入れ国社会に法的・経済的・社会的に統合して、受入れ国政府からの保護を享受すること。
③第三国定住：難民が、難民へ定住の資格を与えることに同意した第三国へ、避難国から選ばれて送られること。

---

*18　旧入管難民法第61条2の第2項、難民認定申請について、「その者が本邦に上陸した日（本邦にある間に難民となる事由が生じた者にあっては、その事実を知った日）から六十日以内に行わなければならない。ただし、やむを得ない事情があるときは、この限りでない」と規定している。

第三国定住は、①の自主帰還や②の第一次庇護国（難民が最初に庇護を求めた国）での統合が難しい場合の解決策といえる。第一次庇護国が難民保護に関する国際法規の締結をしていないために統合が期待できない難民や難民キャンプで一時的に庇護を受けている難民等を、新たに受入れに合意した第三国へ移動させ、その第三国において難民が庇護あるいはその他の長期的な滞在権利を得られるようにすることである。これは世界的な規模で起こっている難民問題の負担を国際社会の責務として諸外国が適正に分担することをも意味している[19]。第三国定住プログラムに参加している諸国は2015年時点では33ヶ国である[20]。

　日本政府も国際貢献及び人道支援の観点から、2008年12月の閣議了解により「第三国定住」による難民の受入れについて、2010年度からパイロットケースとして受入れを開始した[21]。まずタイの難民キャンプに滞在するミャンマー難民の受入れを5年間試みた後、本事業は2014年の閣議了解によって継続されることが決定された[22]。2015年度からはマレーシアに一時滞在しているミャンマー難民について、年に1回、毎年30人前後の家族単位の受け入れを実施することになった（**表1-2**）。しかし、受入れ数は他の先進諸国と比べると格段に少ない[23]。例えば、2015年の主要受入れ国の人数は、アメリカ66,500、カナダ20,000人、オーストラリア9,400人、ノルウェー2,400人である[24]。

　第三国定住による難民は、日本に到着後、東京都内の定住支援施設においてRHQによる定住支援プログラム（日本語教育、社会生活適応指導、就職支援等）が約180時間提供される。また施設を退所後は6ヶ月は職場適応訓練が実施さ

＊19　UNHCRは第三国定住の機能の一つとして「第三国定住は国際連帯が目に見える形で表れたものであり、責任共有のための仕組みのひとつともなりうるものである。第三国定住は、諸国がおたがいの負担を共有するのに役立ち、一次庇護国に影響を及ぼす問題を少なくすることにつながる」と捉えてる（UNHCR 2011:36）。

＊20　2014年時点は27ヶ国（UNHCR 2015:26）。

＊21　内閣官房「第三国定住による難民の受入れに関するパイロットケースの実施について」（平成20年12月16日閣議了解）（http://www.cas.go.jp/jp/seisaku/nanmin/081216ryoukai.html、2016年7月11日閲覧）。

＊22　内閣官房「第三国定住による難民の受入れの実施について」（平成26年1月24日）（http://www.cas.go.jp/jp/seisaku/nanmin/pdf/140124ryoukai.pdf、2016年7月11日閲覧）。

＊23　難民キャンプで日本への第三国定住を希望する難民は少なく、2012年にはゼロであった。日本語の習得の難しさ、難民・移民コミュニティの少なさ等が影響しているかもしれない（瀧澤2016）。

＊24　UNHCR Global Resettlement Statistical Report 2013（http://www.unhcr.org/52693bd09.html、2015年12月12日閲覧）。

表1-2　第三国定住難民の数

No.	受入れ年	受入れ家族・人数	備考
1	2010（平成22）年	5家族27名	タイの難民キャンプから受入れ開始
2	2011（平成23）年	4家族18名	
3	2012（平成24）年	受入れなし	受入れ全家族が来日辞退
4	2013（平成25）年	4家族18名	
5	2014（平成26）年	5家族23名	
6	2015（平成27）年	6家族19名	マレーシアにいる一時滞在難民の受入れ開始
7	2016（平成28）年	7家族18名	

れる。[25]

2　難民の類型

　以上述べてきたように、歴史的経緯を踏まえると日本の難民政策はさまざまな形態をとっており、一口に「難民」といっても一様ではなく複雑である。「難民」は、難民の受入れ、難民認定の手続きや在留資格によって表1-3のように整理される。

　ここではまず「集団」を単位としての難民受入れ、あるいは「個人」を単位としての難民受入れによって分類しているが、日本政府によるそれぞれの待遇は大きく異なっている。これは日本に限らず第三国定住を受け入れている諸外国にも同様にみられるものである[26]。本研究では後述のとおり、福祉制度への排除が顕著である後者の「個人」による難民を主に調査対象としている。

　「集団」による難民の場合は、難民が大量に発生し国際的な保護を求める者の数や割合が大きいような場合に、諸外国やUNHCRが「一応の（prima

---

[25]　難民事業本部「事業」(http://www.rhq.gr.jp/japanese/profile/business.htm、2016年7月11日閲覧）および難民対策連絡調整会議「第三国定住による難民の受入れ事業の今後の方針について」（平成26年1月22日）。

[26]　例えばオーストラリアではオフショア（offshore resettlement：第三国定住）とオンショア（Onshore protection：オーストラリア本国で申請）として大別している（https://www.border.gov.au/Trav/Refu、2012年12月13日閲覧）。

表1-3　難民の類型

認定手続き	タイプ	説明	特別な定住支援サービス
集団	①インドシナ難民定住者	ベトナム、ラオス、カンボジア出身で日本が定住者として受け入れた者（1978～2005）	有（1979～2006）
	②三国定住難民	海外難民キャンプより日本政府がパイロット事業で定住者として受け入れた者（2010～）	有（2010～）
個人	③条約難民	難民条約等に基づき日本政府より難民として認定された者（1982～）	有（2003～）（＊1）
	④人道配慮等在留許可者	難民認定申請の結果、難民とは認定されなかったが、人道的な配慮等が必要なものとして在留が認められた者（1991～）	無
	⑤難民認定申請者	日本政府からの庇護を求め難民認定申請手続きをおこなっている者（1982～） (i)正規滞在者　：「特定活動」（6ヶ月） (ii)非正規滞在者：「仮滞在許可者」 　　　　　　　：「仮放免」	無（＊2）

（出典）古藤（2012）をもとに筆者作成。
＊1：1982年に難民認定制度が成立して以来、20年余を経た2003年4月からようやく条約難民に定住支援事業が開始された。
＊2：一部の申請者は外務省委託による保護措置の対象とされるが、定住支援とは言い難い。

facie）」基準で特定の集団に属する者に難民の地位を認めるというものである（UNHCR駐日事務所 2007, UNHCR 19-20）。日本では、インドシナ難民**表1-3**：①と第三国定住難民**表1-3**：②がこれにあたる。これらの難民は、既述のとおり来日後「定住者」としての地位が確保され、定住・永住を前提として保護ないし特別に定住のための支援が提供される。インドシナ難民については、すでに受入れは終了しているが、引き続き、定住をフォローする制度は提供されている。

　一方、「個人」による難民の場合は、個人が庇護を希望する国に難民認定の

ために個別に申請する難民である。申請者のうち、難民条約に該当し、難民の地位を得た者を「条約難民」表1-3：③ということが多く、この場合は特別な定住支援サービスを受ける資格をもつことができる。他方、条約難民には該当しないが、法務大臣から人道的な配慮等が必要だと判断され在留が認められた者表1-3：④がいる。これらの者については法務省入国管理局の難民認定者数等の統計上、1991年から「人道配慮による在留」としてカウントされている。[*27]2013年の統計からは「その他の庇護」として分類され、「難民の認定をしない処分をされた者のうち、入管難民法第61条の2の2第2項により在留特別許可を受けた者及び人道上の配慮を理由に在留が認められ在留資格変更許可を受けた者」[*28]と表現されるようになった。ここではそうした人々を便宜上「人道配慮等在留許可者」と呼ぶことにする。「条約難民」及び「人道配慮等在留許可者」の場合は、「定住者」または「特定活動」（1年／3年）の在留資格が付与され一定の滞在期間が保障されるが、永住が直ちに許可されるわけではない。

「難民認定申請者」表1-3：⑤は、いわゆる「潜在的な難民」といえる。図1-2の難民認定手続きのフローチャートで示したように、申請時に正規あるいは非正規滞在によって、その後の手続きの流れが異なり、同時に在留資格も異なる。例えば、「短期滞在」等で日本に入国し、在留資格のある間に難民申請した者は「特定活動」（6ヶ月）という在留資格が付与され、これを更新しながら滞在することができるが、他方、在留資格を既に失効した者（超過滞在者等）や非正規の旅券で来日する等の正規の在留資格を得ることができない者は、在留資格が無いままの滞在となる。ただし、在留資格の無い者については、審査を経て「仮滞在許可」が認められる場合もあり、退去強制手続きが停止される。「仮滞在許可」は、前述の2005年入管難民法改正により、非正規滞在である難民認定申請中の者の法的地位の安定化を速やかに図るものとして創設された。[*29]

[*27] 法務省入国管理局の統計に関するプレスリリース「難民認定者数等について」の各年をみてみると、例えば2004年は「人道的な理由を配慮し在留を認めた者」とは、難民不認定処分を受けた者について、引き続き本邦での在留を認める決定を行った者（平成18年度プレスリリース）、2007年は「人道的な理由を配慮し特に在留を認めた者」とは、難民不認定処分を受けた者について、個々の事情により引き続き本邦での在留を認める決定を行った者（平成20年度プレスリリース）となっている。

[*28] 法務省入国管理局、平成25年「平成24年における難民認定者数等について」の別表3「我が国における難民庇護の状況等」(http://www.moj.go.jp/content/000121479.pdf、2015年12月12日閲覧)。

[*29] 入管難民法第61条の2の4第1項。

しかしこれが認められるのは全体の約1割程度で極めて少ない。不許可の場合は、「仮放免」申請をし「仮放免」許可を得た場合は、地域社会の中で滞在することができる。このような類型以外にも、難民認定申請をせずに、非正規に滞在し、政府への庇護希望を表明していない人々も存在するかもしれないが、それについては把握する術もない。

　難民認定申請数等をめぐる動向を**表1-4～6**及び**図1-3**に示した（法務省発表資料により作成）。日本で個別に難民認定申請をしている人々の数は年々増加しているが、認定される数は少なく、人道配慮等在留許可者の数のほうが圧倒的に多くなっている。国籍別でみるとミャンマー、トルコの申請者は毎年上位を占め、ネパール、スリランカ、パキスタンの申請者数も近年増えている。トルコの場合はそのほとんどがクルド人といわれている。[*31]

　日本の難民認定基準について、法務省の第5次出入国管理計画（2015）の中で、日本政府は諸外国の認定数に比べて低いことは認めており、その原因について、日本と難民の出身国との歴史的関わりや言語等の文化の相違、地理的条件、難民認定判断が厳しすぎる等といった指摘があることが述べられている。しかし政府としての認定率の低さに対する見解を述べているわけではない。むしろ虚偽の申請というような難民認定制度の濫用を懸念し、その抑制が強調されており、国際社会の責務として難民の積極的な受入れや保護にはほとんど言及せず、「真に庇護すべき者とそうでない者を明確に区別」、「難民条約上の難民には該当しないものの、人道上の配慮が必要と認められる者については……検討していく」というような消極的な姿勢を示している。近年の難民申請者の急増の背景には、2010年3月の難民認定制度運用改正（正規の在留資格を持つ者が難民認定申請を行った場合、申請から6ケ月経過後は、希望があれば申請中は就労が許可されたこと）、2013年以降、東南アジア向けの査証（ビザ）の発給要件の大幅な

[*30] 2014年は仮滞在許可者111人／許可の可否を判断した人数901人（約12%）、2013年は95人／736人（約13%）、2012年は74人／701人（約10%）、2011年は71人／689人（約10%）、2010年は65人／558人（約12%）となっている。

[*31] クルド人は、トルコ政府からは民族として認められていないことから、差別や迫害を受けたり、生命の危険を感じ、90年代頃から多くのクルド人が日本に保護を求めて来日した。当時はトルコ－日本間の査証（ビザ）が不要で入国しやすかったことや日本への親近感などが、日本を選択した理由ではないかと言われている（クルド人難民二家族を支援する会 2005:162）。

緩和、難民認定審査中は強制送還されないこと等が、制度の濫用を招いたといわれている。非正規滞在者を助長する恐れがあり、政府としては慎重にならざるをえないことは否めないが、しかし、後述するように他の先進新諸国に比して難民認定率が格段に低いことは、国際社会における難民保護の責務を果たしているとは言い難い。また真の難民が長期にわたる申請中に就労を希望することは生活のために必要な要求であり、難民保護の問題と外国人労働者の問題は別の問題として取り扱う必要がある。真の難民から区別され就労目的や経済的理由のために来日する外国人労働者は、しばしば世間の非難の対象とされてしまうが、福祉的観点からみれば、彼らが母国で充実した自立生活をおくっているならば、日本にわざわざ出稼ぎにくる必要はない人たちであると見るべきだろう。外国人労働者の問題については、本書の主題ではないので、これ以上は述べないが、筆者は難民問題と並んで国際福祉領域での重要な課題と捉えている。

3　社会福祉制度から排除される「個別難民」

「集団」を単位とした「インドシナ難民」及び「第三国定住難民」の場合は、RHQを中心として、日本政府の保護及び定住支援策の下で、具体的な処遇がなされてきた経緯があり現在も継続中である。しかし、「個人」を単位とした難民（表1-3：③、④、⑤：以下、便宜上「個別難民」と称す）の場合は、十分な待遇が保障されているわけではない。ここでは「個別難民」に焦点を絞り、彼らが制度の狭間に置かれ、生活関連施策から排除されていることについて述べる。

---

*32　訪日観光客の増加を見込み、2013年6月に政府は観光立国推進閣僚会議において、タイ、マレーシア向けのビザは免除、ベトナム、フィリピン向けのビザを数次ビザ化（期限内であれば何度でも訪日できる）、インドネシア向け数次ビザの滞在期間の延長などを決定した。
*33　読売新聞2017年4月19日付、朝日新聞2017年2月11日付、毎日新聞2017年2月1日付。
*34　長年、難民認定問題に取り組んできた渡邉彰悟弁護士は、濫用者の問題は、日本の外国人労働者の受容の問題であり、難民認定制度と切り離して考えるべき問題で、まずは適正かつ迅速な「難民認定制度」の確立こそが、濫用防止につながるということを指摘する（弁護士ドットコムNews 2015年8月17日：https://www.bengo4.com/kokusai/n_3568/）。
*35　1980年代後半に、非正規外国人労働者（いわゆる不法就労外国人）が社会問題となっていたが、当時、筆者は福祉的視点からその問題を研究した。彼らの生活問題を、経済格差から生じる社会構造の視点から眺め、彼らの送出し国及び受入れ国の国民の生活問題も考慮しながら、中長期的かつ建設的な解決の方向を社会福祉の観点から示唆した（森1994）。

表1-4 類型別難民数の推移：1991（平成３）年〜2016（平成28）年

年	申請数	認定者	人道配慮等在留許可者
1991（平成３）	42	1	7
1992（平成４）	68	3	2
1993（平成５）	50	6	3
1994（平成６）	73	1	9
1995（平成７）	52	2	3
1996（平成８）	147	1	3
1997（平成９）	242	1	3
1998（平成10）	133	16	42
1999（平成11）	260	16	44
2000（平成12）	216	22	36
2001（平成13）	353	26	67
2002（平成14）	250	14	40
2003（平成15）	336	10	16
2004（平成16）	426	15	9
2005（平成17）	384	46	97
2006（平成18）	954	34	53
2007（平成19）	816	41	88
2008（平成20）	1599	57	360
2009（平成21）	1388	30	501
2010（平成22）	1202	39	363
2011（平成23）	1867	21	248
2012（平成24）	2545	18	112
2013（平成25）	3260	6	151
2014（平成26）	5000	11	110
2015（平成27）	7586	27	79
2016（平成28）	10901	28	97

(1) 脆弱な法的地位と就労問題

「条約難民」及び「人道配慮等在留許可者」の場合は、前述したように「定住者」または「特定活動」（１年／３年）の在留資格が付与され一定の滞在期間が保障され、就労することができる。しかし日本に永住したり帰化したりするためには、新たにそれらの申請をしなければならない。

「申請者」の場合は、2010年度から難民認定制度の運用が変更され、「特定活動」の在留資格が付与された申請者は、申請から６ヶ月以内は就労が禁止であ

表1-5　難民認定申請者の国籍別内訳（上位10ヶ国）：
　　　　1982（昭和57）年〜2015（平成27）年

順位	1982〜2011＊ (昭和57〜平成23年)		2012（平成24年）		2013（平成25年）		2014（平成26年）		2015（平成27年）	
1	ミャンマー	4215	トルコ	423	トルコ	658	ネパール	1292	ネパール	1768
2	トルコ	1489	ミャンマー	368	ネパール	544	スリランカ	845	インドネシア	969
3	スリランカ	853	ネパール	320	ミャンマー	380	スリランカ	485	トルコ	926
4	パキスタン	836	パキスタン	298	スリランカ	345	ミャンマー	435	ミャンマー	808
5	イラン	605	スリランカ	255	パキスタン	241	ベトナム	294	ベトナム	574
6	ネパール	434	バングラデシュ	169	バングラデシュ	190	バングラデシュ	284	スリランカ	469
7	バングラデシュ	356	インド	125	インド	165	インド	225	フィリピン	299
8	アフガニスタン	287	ナイジェリア	118	ガーナ	114	パキスタン	212	パキスタン	295
9	中国	278	ガーナ	104	カメルーン	99	タイ	136	バングラデシュ	244
10	インド	274	カメルーン	58	ナイジェリア	68	ナイジェリア	86	インド	229
総数		11754		2545		3260		5000		7586

＊昭和57年1月から平成23年12月末。

表1-6　難民認定申請者・難民認定者・人道配慮の国籍別内訳（上位10ヶ国）：
　　　　1982（昭和57）年1月〜2011（平成23）年12月末

順位	難民認定申請者		順位	難民認定者＊		順位	人道配慮者	
1	ミャンマー	4215	1	ミャンマー	307	1	ミャンマー	1558
2	トルコ	1489	2	イラン	69	2	中国	80
3	スリランカ	853	3	ベトナム	59	3	アフガニスタ	56
4	パキスタン	836	4	カンボジア	50	4	イラン	41
5	イラン	605	5	ラオス	48	5	トルコ	36
6	ネパール	434	6	アフガニスタ	26	6	パキスタン	34
7	バングラデシュ	356	7	イラク	6	7	スーダン	22
8	アフガニスタ	287	8	エチオピア	5	7	スリランカ	22
9	中国	278	8	コンゴ民主	5	9	バングラデシュ	19
10	インド	274	8	中国	5	10	エチオピア	17
	その他	2127		その他	18		その他	109
総数		11754			598			1994

＊難民認定者は意義申立手続きにおいて認定された者を含む。
（出典）法務省入国管理局　統計ホームページより筆者作成。

図1-3　類型別難民数の推移：1991（平成3）年〜2016（平成28）年

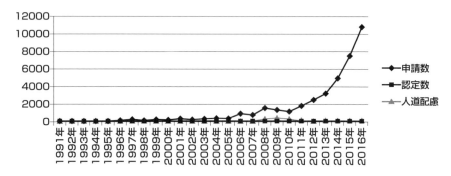

るが、その後は就労ができるようになった。しかし、在留資格の無い「仮滞在許可」、「仮放免」の者は、就労は許可されず、また制度的な経済支援はない。難民認定審査の処理には一定期間がかかるため、就労が許可されないことは必然的に彼らの生活手段が断たれることを意味する。2010年から審査の処理の期間[*36]が公表され、処理の迅速化が図られるようになり、近年の申請者については1年以内に処理されることが努められている[*37]。

しかしそれ以上の期間を要している者もいることは2015年8月の国会答弁[*38]で明らかになっている。また不認定になり異議申立てを行った場合は、さらに審査期間を要するが、その期間について法務省は公表していない。先の答弁によれば、2014年の異議申立て数は1176件であり、難民認定申請から異議申立ての処理までに要した期間の平均は約37ヶ月（3年1ヶ月）であった。そのうち

---

*36　処理期間とは、難民認定申請のあった日から処分日までの期間を指し、四半期毎に公表する平均処理（審査）期間とは、当該期間内に処理した難民認定申請案件に係る平均的処理期間をいう（法務省入国管理局「難民認定審査の処理期間の公表について」（http://www.moj.go.jp/nyuukokukanri/kouhou/nyuukokukanri03_00029.html、2015年12月8日閲覧）。

*37　2010年7月から四半期毎に、難民認定申請案件についての平均処理（審査）期間を公表し、処理の迅速化を図ることになった。それによれば2015年7月〜9月の平均処理期間は8.5ヶ月となっており、年別の平均では、2010年は約13.9ヶ月、2011年は7.1ヶ月、2012年は約5.8ヶ月、平成2013年が約5.9ヶ月、2014年は約7.6ヶ月となっている。

*38　第189回国会・質問第233号、参議院議員石橋通宏議員「我が国における難民認定の状況に関する質問主意書」（2015年8月10日）に対する答弁書第233号（2015年8月18日）によれば、2013年10月以前の申請者について現在も申請が継続している理由について尋ねたことに対し、「事実確認に時間が必要な案件であること、申請者からの立証資料の提出等に期間を要したこと、難民認定申請数の急増により難民認定申請に係る事務手続きが相当程度輻輳していること等である」と説明している。

異議申立てに理由があるとして難民の認定をした者の難民認定申請から難民認定までに要した期間の平均は約69.7ヶ月（約5年9ヶ月）、異議申立てに理由がないとして棄却した者の難民認定申請から棄却までに要した期間の平均は約37ヶ月（3年1ヶ月）とされている。従って、申請から異議申立ての期間を含めると、少なくとも3年は要することになる。

こうした認定や異議申立ての処理期間に申請者の就労が認められないことは、長期化するにつれ彼らの生活を脅かすものとなる。短期間であれば、申請者自身の貯蓄等や家族・親戚あるいは友人や知人等に依存することも可能かもしれないが、長期にわたるとそれは困難である。

(2) セーフティネットからの排除

セーフティネットともいえる生活保護制度は、「条約難民」及び「人道配慮等在留許可者」の場合は、日本に中長期滞在する外国人同様に、生活保護が準用という形で利用可能となっている。[*39]

他方、「申請者」の場合は、生活保護制度は利用できないが、代わりに外務省の保護措置が用意されている。保護措置は1982年7月の難民行政監察の勧告[*40]に基づき1983年から外務省の予算で保護措置業務が実施され、1995年からRHQに業務委託されることになった。その後、前述した難民対策連絡調整会議の中で、2004年7月8日に「難民認定申請者への支援について」の会議決定が発表されたが、これにより、政府は申請者のうち、とくに生活に困窮するものには、この保護措置を引き続き適切に活用することを基本方針として示した。

外務省の保護措置における保護費（以下、外務省保護費）の支給額は、1997年8月に改正されたが、その後消費税の導入や物価の変動等は考慮されず、2016年現在に至るまでほぼ変わらない設定となっている。外務省保護費は以下のとおりである（アジア福祉教育財団難民事業本部 2003:90）。

---

*39 「生活に困窮する外国人に対する生活保護の措置について」（昭和29年5月8日付、社発第382号厚生省社会局長通知）では「1 生活保護法（以下単に「法」という。）第1条により、外国人は法の適用対象とならないのであるが、当分の間、生活に困窮する外国人に対しては一般国民に対する生活保護の決定実施の取扱いに準じて左の手続きにより必要と認める保護を行うこと」とある。

*40 正式名称は、「難民条約により庇護の対象とされる難民が庇護を求めてきた時点から、第三国に出国するか又は日本での難民認定を受けるまでの間、衣食住に欠ける等保護を必要とする者に対し、必要な援護を行うための予算措置を講ずる等援護体制を整備する必要がある旨勧告」。

①生活費:12歳以上の大人一人につき日額1,500円、12歳未満の子供一人につき日額750円
②宿泊借料:単身者は月額40,000円、二人目月額10,000円を加算、三人目以降は月額5,000円を加算、一世帯の上限は月額60,000円
③宿泊借料:必要に応じ実費支給(入居に際して敷金、礼金等が必要な場合で、賃貸借契約書の提示がある場合に限る)
④医療費:各種公的手続に要する手数料、その他必要に応じ実費支給

　住居については、2003年12月からRHQは宿泊場所の確保が困難な申請者に対して、難民認定申請者緊急宿泊施設「ESFRA」(Emergency Shelter For Refugee Applicants)という新たな住居を提供していくことを開始した。これは東京都内の月極めタイプのアパートの部屋をRHQが借り上げ提供するものである。しかし、申請者の数に比してESFRAに入居できる数は極めて少ない。[*41]
　現場のソーシャルワーカーである古藤(2012:63-64)は、実務経験を踏まえ、外務省保護と生活保護制度を比較・整理し、外務省保護の不十分さを指摘している。それによれば、外務省保護は、生活保護のような根拠法がないこと、申請から決定までの期間が長いこと[*42]、生活費と住居費は地域差がないこと等を挙げている。また保護の範囲については、外務省保護費は、生活・住宅・医療扶助に限定されている。生活保護費のような教育や出産等の扶助はなく、生活扶助では母子加算等がない。住居扶助では一時扶助がないので賃貸物件での入居時や更新時の契約金を支払うことができない。さらに古藤は、東京及びその近郊の難民のモデル世帯をあげながら外務省保護費と生活保護費を比べたが(2012年7月時の基準額)、外務省保護費の支給額は低く、おおよそ6～7割差があると結論付けている。
　生活保護に比べて外務省保護費は十分とはいえないが、就労が許可されていない申請者にとっては、申請期間中の生計を支える命綱ともいえる制度である。また就労が可能な「特定活動」を付与された申請者であっても、公共の職業安

---

*41　開設当初は、単身者向4部屋(1室2名)、世帯向2部屋(4名用)を借り上げた(アジア福祉教育財団 平成15年度事業報告書)。また2005年1月の時点では、単身者用6部屋(1室2名)、家族用1部屋(4名入居可)で22名が入居(寺本 2005)。その後も部屋は借り上げられ、2012年度は25名が入居(同財団 平成24年度事業報告書)。

*42　外務省保護の場合、申請から決定までの期間は数ヶ月(緊急性が著しい場合は数週間)、一方、生活保護の場合は、14日以内に決定が通知される(古藤 2012:64)。

定所（以下、ハローワーク）を利用しての求職活動は可能だとしても、言葉の壁等により直ちに就職ができるとは限らない。実際に、就労許可があっても、雇用の場が確保できず生活困窮に陥り、外務省保護費を受給している者もいる（古藤 2012:65）。

しかし、生活保護制度と同様に、外務省保護措置も申請者すべてが対象ではない。外務省の定める保護要件に該当する者が対象となり、具体的にはRHQの調査により対象者が決定される。日本弁護士連合会によるRHQの照会結果[*43]によれば、保護費の支給要件は、以下のように説明されている。

①現金・預金その他の資産見積額の合計がRHQ が支給している生活費・住居手当の基準額（算定基準額）の合計に満たないこと。
②稼働していないこと（日雇い又は非常勤のアルバイトによる収入が算定基準額の合計の半額以下の場合も含む）。
③傷病、乳幼児の同伴等稼働できない事情があること又は求職の努力をしているが、安定した就職先を見出せないでいること。
④本人を扶養すべき、かつその能力を有する在日又は在外の親族等を有していないこと。
　(a) 原則 二親等までの在日又は在外の親族を対象
　(b) 例外 必要に応じ、その他の親族、知人等の支援を得られる可能性の有無を確認
⑤その他保護措置を実施することが不適当と認められる事情がないこと。

しかし、2009年に申請者の急増と審査機関の長期化により、15歳未満の子ども、妊婦、60歳以上の高齢者、重篤疾患患者を例外として、支給を求める人の半数にのぼる100人以上の申請者に対して支給が打ち切られる事態が生じた（小川 2010; 朝日新聞2009年7月24日付）。その後見直されたが、2010年4月以降、保護費の支給基準が変更になり、難民認定申請を2回以上行っている者は、1回目の申請における不認定処分についての地方裁判所係争中の場合を除き保護

[*43] 日本弁護士連合会「難民認定申請者の生活状況をめぐる制度の改善に関する意見書」（2009年6月18日）（http://www.nichibenren.or.jp/library/ja/opinion/report/data/090618_3.pdf、2015年12月8日閲覧）。

表1-7　年別 外務省保護費支給者数と難民認定申請者数

年	保護費支給者数(人)	平均保護受給期間	当該年の難民認定申請者数(人)
2010(平成22)	353	約11ヶ月	1202
2011(平成23)	357	約13ヶ月	1867
2012(平成24)	318	約14ヶ月	2545
2013(平成25)	320	約14ヶ月	3260
2014(平成26)	266	約15ヶ月	5000
2015(平成27)	160	約14ヶ月	7586

(出典) 第189回国会答弁書第233号を参考に筆者作成。

費の支給対象から外されることになった[*44]。すなわち、保護費を申請できる者は、①難民認定申請1回目の者、②1回目の不認定に対し異議申立てを行っている者、③1回目の申請の不認定処分が地方裁判所係争中で且つ難民認定申請を行っている者に限定された（浅川 2013:399）。RHQの保護措置に関する具体的な運用方法は公開されていないが、浅川（2013）は、その理由について、申請数の急増に伴う難民認定制度の濫用防止と不正受給防止のためと推察している[*45][*46]。

保護費支給対象者の実態については、先の2015年8月の国会答弁によれば、国籍は無国籍も含めて多岐にわたり、保護費支給者数と平均受給期間（2010年から2015年、それぞれ3月末日時点）については**表1-7**のとおりとなっている[*47]。

---

*44　第176回国会・質問第86号、衆議院議員山内康一議員「複数回申請者の難民認定状況に関する質問主意書」（2010年10月25日）（http://www.shugiin.go.jp/internet/itdb_shitsumon.nsf/html/shitsumon/a176086.htm、2015年12月8日閲覧）。

*45　急増の直接的要因として2005年以降は圧倒的にミャンマー国籍の申請者数が顕著であったこと、間接的要因として2003年以降、非正規滞在外国人の摘発が国の施策となり、摘発の開始時期と申請者数が急増した時期が重なっていることから、非正規就労外国人が、難民認定申請を濫用又は誤用し、日本滞在の長期化への道を模索した可能性も否定できないことを示唆する（浅川 2013:400-401）。

*46　2012年から2015年にかけてメディアで保護費の不正受給が頻繁に報道された（例えば朝日新聞2012年1月21日夕刊、読売新聞2012年2月23日夕刊、朝日新聞2014年10月26日朝刊、朝日新聞2015年3月11日朝刊等）。

*47　アジア福祉教育財団の事業報告書では、2012年度中は552名（内新規247名）、2013年度中は518名（内新規200名）、2014年度中は384名（内新規143名）と報告されている。

保護率[*48]については単純に算定することは難しいが、当該年の申請者数と比較してみても、申請数と比べてかなり支給対象数は低いといえる。

　以上、保護の要件は厳しく、申請者の十分な生活保障を支えるに至っていないことから、保護費を受給されない申請者は、自ら生活費を工面しなければならず、非正規就労を余儀なくされることも推察される。

(3) メインストリームの社会制度からの排除

　「条約難民」及び「人道配慮等在留許可者」は、日本人同様にメインストリームの社会福祉制度や行政サービスを活用できるが、申請者の場合は、その滞在身分によってそれらを享受できるか否かは異なってくる。とりわけ2012年7月から導入された「新しい在留管理制度」は、申請者の生活を大きく左右したといえる。

　改正入管難民法[*49]及び改正住民基本台帳法[*50]の施行（2012年7月9日施行）に伴い「新しい在留管理制度」が開始され、外国人住民票制度と在留カード制度が創設されることになった。それまでは日本に中長期滞在する外国人の在留情報は、入管難民法に基づく法務大臣と外国人登録法（以下、外登法）に基づく市町村の長の二元管理の下に置かれていたが、新しい制度では入管難民法に集約・一元管理されることになった。これにより外登法は廃止され、外登法の下で交付されていた外国人登録証明書はなくなった。中長期在留者[*51]については新たに在留カードが交付されるとともに新たに住民票が作成され住民基本台帳

---

*48 「平成25年行政事業レビューシート（外務省）：事業名・難民等救援業務」では、「難民認定申請者に対する保護措置実施数（月平均延）」は、2010年は386.7人、2011年は302.2人、2012年は318.6人であり、「年末における難民認定申請中の（異議申立ての者を含む。）の数に対する保護措置実施数の比率」は、2010年は14.3％、2011年は8.8％、2012年は6.9％となっている。（http://www.mofa.go.jp/mofaj/annai/yosan_kessan/kanshi_kouritsuka/gyosei_review/h25/h24jigyo/saisyu/pdfs/042.pdf、2015年12月8日閲覧）。

*49 入管難民法等の一部改正法（正式には「出入国管理及び難民認定法及び日本国との平和条約に基づき日本の国籍を離脱した者等の出入国管理に関する特例法の一部を改正する等の法律」）が2009年7月8日に成立し、15日に公布され、その結果、新たな在留管理制度に移行された。

*50 住民基本台帳法の一部を改正する法律。

*51 中長期在留者とは、入管難民法上の在留資格をもって我が国に中長期間在留する外国人で、次の①～⑥のいずれにもあてはまらない人とされる。①「3月」以下の在留期間が決定された人、②「短期滞在」の在留資格が決定された人、③「外交」又は「公用」の在留資格が決定された人、④ ①から③の外国人に準じるものとして法務省令で定める人、⑤特別永住者、⑥在留資格を有しない人。

に登録されることになった。

　新しい在留管理制度は、外国人の正確な情報を把握し、非正規滞在者等の対策を含め出入国管理行政に有効に活用し国民の信頼を高めるとともに、適法に在留する外国人の利便性の向上や、正確な情報を基盤とする台帳制度の整備により、地域の住民としての外国人に対する各種行政サービスの向上に積極的に貢献することを目的とした。[*52] 従来の外登法では、非正規滞在者も対象となり、登録を行えば自治体から外国人登録証明書が交付され、これらの証明書が預貯金口座の開設、不動産や携帯電話の契約、人権上の配慮による子どもの義務教育へのアクセスや予防接種、母子手帳発行等の行政サービスの提供がされていた（浅川 2013:403、朝日新聞2012年7月9日付）。しかし政府は、こうした証明書によって一般の人びとが誤解し、非正規滞在者の在留継続を容易にしていることを問題視していた。[*53] そのため、新しい在留管理制度では在留資格のない非正規滞在者には、在留カードが交付はされず、また住民登録の対象から除外されることになった。

　申請者の場合、本制度によって「特定活動」または「仮滞在」の者は、[*54] 外国人住民として外国人住民票の登録対象となり、居住する市区町村の行政サービスを受けやすくなったといえるが、他方「仮放免」者を含む非正規滞在状態にある申請者は、外国人住民票の登録及び在留カードの付与の対象外であるため、行政サービスの便益から排除される状態に置かれてしまったといえる（関 2012:16）。彼らは非正規滞在者と同様の扱いとなり、地域社会から消えた存在としてみなされてしまった（浅川 2013:404）。

　また市区町村の自治体と関連が深い国民健康保険の加入についても、本制度に伴い国民健康保険法施行規則等が一部改正（2012年7月9日施行）[*55] され、外国人住民の国保加入資格要件が変更となった。以前の資格要件は①1年以上の在留期間を決定された者あるいは②1年未満の在留期間を決定された者ののうち、客観的な資料等により、1年以上滞在すると認められる者であったために、申

[*52] 法務省「新たな在留管理制度に関する提言」(http://www.moj.go.jp/nyuukokukanri/kouhou/nyukan_nyukan44-11-3.html、2015/12/7閲覧)。
[*53] 同上。
[*54] 「仮滞在」の者については、「在留カード」は付与されない。
[*55] 「国民健康保険法施行規則及び高齢者の医療の確保に関する法律施行規則の一部を改正する省令（平成24年厚生労働省令第7号）と国民健康保険法施行規則第一条第一号の規定に基づき厚生労働大臣が別に定める者の一部を改正する件（平成24年厚生労働省告示第23号）。

請者の場合は、1年以上滞在するかどうかの判断は各自治体（市区町村）の裁量に任され自治体の格差が懸念されていた。[*56]　新しい資格要件では、3ヶ月以下の在留期間を決定された者であっても、資料等により、当該在留期間の始期から起算して3ヶ月を超えて滞在すると認められる者は、国民健康保険に加入できることになった。これにより「特定活動」や「仮滞在」の者については、この要件に該当し保険に加入できることになったが、依然として「仮放免」者を含む非正規状態にある者については原則加入できないままとなっている。

(4) 定住支援プログラムからの排除

　日本政府がインドシナ難民の受入れを決定した当初から、前述したようにインドシナ難民についてはRHQによる定住支援サービスが提供されていた。しかし「条約難民」については、難民認定制度の成立後20年余を経て、ようやくインドシナ難民同様に、定住支援プログラムが提供されることになった。これは国連人種差別撤廃委員会の日本政府への勧告や2002年に中国の瀋陽で起こった日本総領事館駆け込み事件等によって、日本政府の難民への対応が国際的に非難されたことが大きく影響していると思われる。[*57]　政府は2002年から条約難民に対しても定住支援策の措置を実施することを決定し、2003年度から国際救援センターへの入所を開始した。国際救援センターはインドシナ難民への処遇の縮小により2006年3月に閉所したが、RHQは4月には東京都内にRHQ支援センターを開設し、条約難民及びその家族を対象とした定住支援プログラムを実施し始めた。日本語教育、日本の社会制度や生活習慣・文化・保健衛生等に関する生活ガイダンスの実施、また希望者には就職先や職場適応訓練のあっせんが実施されている。2015年現在では、572授業時間（1授業時間＝45分）の日本語教育と120授業時間（1授業時間＝45分）の生活ガイダンスの計692授業時間のコースを提供しており、条約難民とその家族のコースは半年コース（前期／後期）か1年コースを選択できる。[*58]

　しかし条約難民として認められなかった「人道配慮等在留許可者」は、定住

---

*56　市役所との国民健康保険加入をめぐるソーシャルワーカーの交渉談は古藤（2010）に詳しい。
*57　委員会の2001年の最終見解では、インドシナ難民以外の他の難民に対して日本政府の援助が適用されていないことについて必要な措置をとるよう勧告している（http://www.mofa.go.jp/mofaj/gaiko/jinshu/saishu.html、2016年7月24日閲覧）。
*58　難民事業本部HP「RHQセンターで学ぶ難民」（http://www.rhq.gr.jp/japanese/know/rhq.htm、2015年6月7日閲覧）。

支援プログラムのような特別な支援は提供されていない。また彼らが申請中の間は、「難民」（いわゆる潜在的な難民）として、RHQや民間の難民支援団体のサービスの対象者とみなされていたが、「人道配慮等在留許可者」となった後は、もはや客観的には「難民」とみなされなくなり、難民としての支援対象枠から外れたと判断されてしまう懸念がある。

(5) 社会からの隔絶と追放——強制収容所と強制送還

出入国管理行政では、外国人が非正規入国や非正規残留等退去強制事由（入管難民法24条）に該当することになった場合、退去強制手続きが開始され収容がなされる。この収容には、①収容命令に基づく収容と②退去強制命令書に基づく収容の2つの場合がある。②の場合は、収容できる期間の制限が設けられていないとされている（東澤 2014）。収容場所には3タイプあり、以下のとおりである。

①入国者収容所（全国に3カ所）——東日本入国管理センター（茨城県牛久市）、西日本入国管理センター（大阪府茨木市）、大村入国管理センター（長崎県大村市）
②収容所（各地方入国管理局及びその支所に設置）
③出国待機施設（成田・中部・関西の各国際空港内）

これらは、一般的に強制収容所と呼ばれ、非正規入国者や非正規残留者と並んで、申請者や難民不認定者も収容の対象とされている。在留資格の無い申請者や「仮滞在」及び「仮放免」許可が出ない者については、退去強制令書の発付後は無期限の収容が可能となっている。収容されている者は「仮放免」の請求ができるが、その際は保障金を納めなければならない。保証金は300万円を超えない範囲内となっており、住居や行動範囲の制限が設けられている。[*59]

難民条約では、非正規入国・滞在である申請者であっても刑罰を科すことや強制送還を以下のとおり禁じている。

①避難国に非正規にいる難民（難民条約第31条）
　締約国は、その生命又は自由が第1条の意味において脅威にさらされて

[*59] 入管難民法第54条2「入国者収容所長又は主任審査官は、前項の請求により又は職権で、法務省令で定めるところにより、収容令書又は退去強制令書の発付を受けて収容されている者の情状及び仮放免の請求の理由となる証拠並びにその者の性格、資産等を考慮して、三百万円を超えない範囲内で法務省令で定める額の保証金を納付させ、かつ、住居及び行動範囲の制限、呼出しに対する出頭の義務その他必要と認める条件を付して、その者を仮放免することができる」とある。

いた領域から直接来た難民であって許可なく当該締約国の領域に入国し又は許可なく当該締約国の領域内にいるものに対し、非正規に入国し又は非正規にいることを理由として刑罰を科してはならない。ただし、当該難民が遅滞なく当局に出頭し、かつ、非正規に入国し又は非正規にいることの相当な理由を示すことを条件とする。

②追放及び送還の禁止（難民条約第33条ノン・ルフルマンの原則）

締約国は、難民を、いかなる方法によっても、人種、宗教、国籍若しくは特定の社会的集団の構成員であること又は政治的意見のためにその生命又は自由が脅威にさらされるおそれのある領域の国境へ追放し又は送還してはならない。

この「ノン・ルフルマンの原則」については、日本の入管難民法の第53条3にも盛り込まれている[60]。

またUNHCRの「庇護希望者の拘禁に関するガイドライン[61]」（UNHCR 2012）では、ガイドライン4.1において、拘禁は例外的措置であり、正当な目的がある場合にのみ正当化できるとし、たとえ入国が違法に行なわれたとしても拘禁は恣意的なものと考えられる、としている。

しかし、これらの規定に反して、日本では申請者への人権侵害ともいえる二つの非人道的な事件が大きく報道され国内外からの批判を受けることになった。

一つは、2001年10月3日に起こったアフガニスタン申請者の一斉摘発・収容事件である。これはアメリカの同時多発テロ事件（2001年9月11日）以降、テロへの警戒が強まる中で、難民認定申請中のアフガニスタン人9名が入管難民法に基づく退去強制手続きにより東京入国管理局に収容された事件である。彼らは不法入国や非正規滞在の疑いを理由に収容されたが、これに対して日本弁護士連合会や民間の難民支援団体等が声明文を出し抗議した（石川 2009:67）[62]。

---

[60] （送還先）第53条3前二項の国には、次に掲げる国を含まないものとする。1 難民条約第33条第1項に規定する領域の属する国（法務大臣が日本国の利益又は公安を著しく害すると認める場合を除く）。

[61] 正式名称は「庇護希望者の拘禁及び拘禁の代替措置に関して適用される判断基準及び実施基準についてのガイドライン」。日本弁護士連合会は「アフガニスタン人難民認定申請者の収容に関する声明」（2001年10月19日）を発表したり、「アフガニスタン弁護団」が結成され収容令書の執行停止を求めた。

[62] 日本弁護士連合会は「アフガニスタン人難民認定申請者の収容に関する声明」（2001年10月19日）を発表したり、「アフガニスタン弁護団」が結成され収容令書の執行停止を求めた。

二つ目は、クルド人座り込み・強制送還事件である（森 2005; クルド人難民二家族を支援する会 2005）。クルド人2家族が日本政府から不認定された抗議のために、2004年7月13日から9月22日まで72日間、国連大学ビル前で座り込みをしていたが、2005年1月18日に1家族の父子がトルコへ強制送還された。父子の家族（妻、娘3人、次男）が日本に残され家族が引き裂かれた状態となったために、この事件は多くの報道機関に取り上げられ世間の注目を集めることとなった。国連及び支援団体は、国際難民法上での「ノン・ルフルマン」の原則に反する行為にあたるとし異議を唱えた。[*64]

4　制度の補完――民間団体等による支援

　政府の支援体制が不十分な中で、民間の支援団体や弁護士・ボランティアが補完的な役割を果たし、難民／申請者へのきめ細かい支援を実施するとともに、政策提言等の積極的なソーシャルアクションを展開してきた。1990年代は、インドシナ難民以外の条約難民や申請者に特化した民間の支援団体は未成熟であったが、国際的な福祉問題や人権・人道上の問題を扱う団体・機関によって彼らの支援が行われてきたといえる。例えば「社会福祉法人日本国際社会事業団（International Social Service Japn：ISSJ）」、「アムネスティ・インターナショナル日本支部」（現在、社団法人アムネスティ・インターナショナル日本）、「社団法人日本福音ルーテル財団（Japan Evangelical Lutheran Association：JELA）[*65]」、「社会福祉法人さぽうと21」等が挙げられる（石川 2009:65-66）。「社会福祉法人日本国際社会事業団」は、二国間にわたる家族の問題についてソーシャルワーク実践を行っている団体であるが、インドシナ難民への支援のみならず、個別難民への支援も先駆的に行ってきた。しかし当時は条約難民の数は少なく、援助対象者の大半は申請者であったため利用できる社会資源は多くはなかった。

＊63　この父子の家族およびもう一家族（2歳と5歳の幼児を含む）が、2004年7月13日より9月22日までの72日間座り込みを続けた。その間、多くの支援者が集い、彼らの難民認定を要求する署名活動が展開され、6万人を超える署名が集められた。

＊64　例えばUNHCRは、日本政府の難民送還に対しての深い懸念を公式に発表した（http://www.unhcr.org/cgi-bin/texis/vtx/search?page=search&docid=41ed2b804&query=japan%20refoulement、2016年7月24日閲覧）。

＊65　1984年に個別の難民支援事業が外務省の要請で開始し、1989年に初めて申請者のための住居「JELAハウス」を提供する。（http://www.jela.or.jp/refugees/index.html、2015年11月15日閲覧）。

これらの支援団体は、連携しつつ政府にインドシナ難民以外の支援を訴えていたが、当時は難民の申請数や支援団体も少なく、政策提言や大規模なソーシャルアクションまでには至らなかったといえる。[66]

1990年代後半になってくると、申請者の増加を背景に、インドシナ難民以外の難民／申請者を中心に総合的に支援する国内初の専門組織として、難民支援協会（1999年7月設立、現在は認定NPO法人難民支援協会：Japan Association for Refugees：JAR）が誕生した。難民／申請者に特化して支援をするJARの登場により、日本国内の難民／申請者に注目が集まり国内の難民への関心が高まってきたといえよう。JARは直接的な難民への支援だけではなく、政策提言、調査、広報活動等幅広い事業展開を行っている。[67] その後2000年以降になると「カトリック東京国際センター（Catholic Tokyo International Center：CTIC）」も積極的に難民支援を行うようになったり、[68]「RAFIQ（在日難民との共生ネットワーク）」や「難民自立支援ネットワーク：Refugee Empowerment Network：REN）」等難民支援の団体が設立されたり等、さまざまな支援団体が登場してきた。そして2000年には、国内難民支援部会（Working Group on Refugee Assistance in Japan：RAJA）で支援団体の連携や情報交換が図られるようになり、2004年には「NPO法人レフュジー・カウンシル・ジャパン」が設立され、2008年には「NPO法人なんみんフォーラム（FRJ）」として支援団体のネットワークが拡大した。FRJは、UNHCRとも協力しながら、支援団体間の連携強化、政策提言、海外NGO国外との情報共有等を行っている。[69]

他方、弁護士らも難民／申請者に対する法的な関わりを通じ、日本の難民認定制度の障壁を感じながら難民事件に奮闘してきたといえる。1992年に「在日ビルマ人難民申請弁護団」が結成され、さらに1997年に「全国難民弁護団連絡会議」（以下、全難連）が設立され、弁護士たちの難民支援の連携・ネットワークが強化されることになった。個々の弁護士がビルマ弁護団、クルド弁護団等の弁護団に参加し支援活動を行ったり、情報共有、勉強会、声明・提言の発表、関係省

---

[66] 筆者は当事業団に1990年代初期から中期にかけてソーシャルワーカーとして勤務しており、政府や支援団体との議論の場で、インドシナ難民以外の難民保護・支援への政府の対応を要望していた。
[67] NPO法人難民支援協会HP参照（https://www.refugee.or.jp/jar/、2015年11月15日閲覧）。
[68] CTICは東京大司教区創立100周年記念事業として日本に滞在する外国人を支援するために設立された（http://refugee.ctic.jp/aboutctic/、2015年11月15日閲覧）。
[69] 現在、国内の正会員団体は15団体である（http://frj.or.jp/about、2015年11月15日閲覧）。

庁との意見交換実施等をしながら、日本の難民行政への変革に取り組んできた。[*70]
とくに長年の難民申請を阻む懸念事項となっていた60日ルール（難民が入国してから原則として60日以内に難民申請しなければならない）の2005年の入国管理法の改正による撤廃については、全難連の功績が大きいといえる（石川 2009:66）。

第3節　日本の難民／申請者の生活実態に関する研究

　インドシナ難民に関する調査に比べて、その他の条約難民や申請者の生活実態に関する大規模かつ包括的な生活全般についての調査はきわめて少ない。その理由として、条約難民や申請者数が小規模であることや、難民が可視化されにくい存在であること等があるだろう。難民は本人のみならず本国にいる家族・親戚の身の危険を案じ、自らが難民であることを明かすことに抵抗があることも予測される。そのため、調査対象として難民へアクセスすることの難しさがあるといえる。

　比較的規模の大きい生活実態調査として、財団法人アジア福祉教育財団難民事業本部（以下、「難民事業本部」）からの委託により、JARが実施した2つの聞き取り調査『難民認定申請者等に対する生活状況調査　平成13年度』（2001）（以下、『難民生活調査』）と『マンデート難民・POC・人道的配慮による在留を認められた者に対する生活実態調査』（2002）（以下、『POC調査』）がある。前者は、100名（難民25名、申請者75名）、後者は、50名（マンデート16名、POC24名、人道的配慮10名）を調査対象にしている。いずれも適正な就職先や住居の確保、社会・医療保険未加入、公的扶助制度の利用等について著しく困窮している状況が認められたことが報告されている。筆者はかつて、ビルマ人女性の生活問題・課題及び地域での社会資源の利用状況や地域住民との関係についての個別面接調査を実施した（森・櫻井 2010）（以下、『ビルマ難民女性調査』）。拙稿では、彼女たちが雇用、住居、医療、妊娠・出産、母子保健、子どもの教育費等のあらゆる側面で困難を強いられていること、そして年金がなく将来の老後に不安を抱いている実情を明らかにした。しかし、対象者の数が少なく（6人）、パイロット的な調査でもあり、調査の分析が十分ではなかったため、事例を提示した実態報告の域を出ていない。

---

*70　全国難民弁護団連絡会議HP参照（http://www.jlnr.jp/、2015年11月15日閲覧）。

以下、本節ではこれらの調査及びその他の調査研究・報告書、支援団体の定期刊行物、報道等を参考に具体的な事例を抽出しながら、難民／申請者の生活実態の様相を明らかにする。

1　経済的困窮と就労の実態

　『難民生活調査』（2001）によれば、調査時の2000年当時、調査対象者の約4割（39名）は失業中で、約6割（61名）は就労していた。うち申請者だけに限定してみれば、失業率はさらに高くなり、約半分（回答者74名のうち36名）を占める。申請者の約8割（58名）は、在留資格がないことも影響している。しかし、たとえ就労している者（61名）であっても、単純労働やサービス業に従事する者の割合が約7割（61名中42名）、パートの形態が約8割（61名中49名）、その平均月収は15.6万円、申請者に限定すれば12.8万円ときわめて低かった。就職・求人情報の入手方法は、同国人を通じての紹介が約4割（61名中24名）であり、公的サービスであるハローワークを利用した者は僅か4名であり、また日本語能力の不十分さにより十分に利用できないという声もあがっていた。さらに正社員で採用されている者を除けば、社会保険に加入している者は僅か2名であった。『POC調査』（2002）も同様な結果が示されている。調査対象者の約4分の1（回答者49名のうち12名）は就労しておらず、在留資格や日本語能力、高年齢等が影響していた。就労している者についても、生産工程・現業職（例えば大工、解体、運転手等）の3K（キタナイ、キツイ、キケン）労働やサービス業に従事する者が約8割以上（就労37名中32名）、また就労形態ではパート・アルバイトが約8割以上（30名）を占めていた。就労先確保については、同国人からの紹介が約半数（37名中20名）であり、人道配慮等在留許可者10名のうちハローワークの紹介は1名であった。

　以上2つの調査では、条約難民、マンデート難民、POC、人道配慮等在留許可者、申請者（マンデート・POC以外）等対象者に多少の違いはあるが、高い失業率、パート・アルバイト等の不安定雇用、生産工程・解体業・サービス業の従事者が高い割合を占めている。在留資格がないことが就労を阻むが、在留資格があったとしても、必ずしも就労につながっていないことも明らかになっている。森谷（2012）が実施した申請者12名の聞き取り調査（滞在期間3ヶ月〜8年、アフリカ圏とアジア圏の男女）でも、うち2名は就労を許可されていたが、実際に働いているのは1名で、収入は月に2〜3万円程度であった。筆

者の『ビルマ難民女性調査』(2010)では、調査対象者6名中、1名は申請者であったが、就労許可がなく親戚に頼っている状態であった。

支援者の立場からクライエントの悲痛な叫びも聞こえてくる。難民支援の最前線にいるソーシャルワーカーの古藤 (2012) は、クライエントから「入管からは絶対に働いてはいけない、と言われる」、「働いて捕まったら難民としてみとめてもらえなくなるのか」、「仕事ができないなら、銀行強盗をするしかないのか」、「"物乞い(を意味する表現)"で暮らしていかなきゃいけないのか」、「生きていけないから、いっそのこと収容所にもどしてほしい」、「自殺しろ、ということなのか」等、就労を許可されていない申請者から苦悩や葛藤を表す発言を受けていることを述べている。古藤は申請者が外務省保護費を受けられないならば、就労は選択肢ではなく「生存のための唯一の手段」とし、それを「非正規な就労」という問題として扱うのであれば難民の側ではなく、ダブルスタンダードをもうけた社会の側に問題があると厳しく非難する（前掲書:69）。

また西中 (2006) は、カレン族のKさんの事例を取り上げて彼の苦悩をつづっている。Kさんは長期間の収容後、就労を禁じられたが生きるために飲食店で働かざるを得なかった。しかしそれが入管に発覚して再収容されることになったという。Kさんは来日後10数年経ても悪夢から解放されていない状態が続いているという。

就労許可がなく外務省保護費を受給できない者の苦悩、そして保護費を受給されてもそれが十分でないこと、また就労許可をうけた申請者でさえ、低賃金で生活が苦しいこと等が浮かび上がる。

2　住居の実態

『難民生活調査』(2001) によれば、約4分の3（74人中55人）が集合住宅の借家に住んでおり、単身者のうち、部屋を共有している者は約6割（69名中44名）であった。月額家賃は、5万円以上7万5千円未満が最多（34名）であり、平均は4万1千円となっていた。住居確保では、約3割（100人中29名）が同国人の紹介により住居を確保している。公共住宅の認知度も低く（74名が知らない）、公共住宅の利用についての手続きの煩雑さ等が指摘されている。また住宅確保の際には、経済上の困難に加え、保証人確保の困難、同国人コミュニティ等の不在、外国人一般に対する差別等の対応・解決が極めて困難な場合も多いことも明らかにされている。この調査結果をうけ、申請者の居所・住環境のニーズ

に焦点を絞って、同財団による『難民申請者の住環境に関する状況調査』(2002)
(以下、『住環境調査』)が実施された。そこでは5人の申請者(中東あるいはアフリカ出身、20～50代男性)の聞き取り調査が行われた。居住先がなく野宿を経験したり、日本で知り合った同国出身者等の友人宅に同居したり等、数週間・数ヶ月で居所を変えざるをえない境遇が報告されている。『POC調査』(2002)においても住居形態は、民間賃貸集合住宅が全体の約4割(50名中37名)を占め、POCの者は家族以外の同居人と暮らしている者が4分の3(POC回答者23名中18名)を占めている。住居確保については、支援団体からの紹介が約3割(50名中17名)を占めており、またシェルター利用経験者も約半数(マンデート難民とPOC40名中18名)にのぼる。それは住居を借りる際の外国人差別や家主・不動産等の交渉の困難に影響していることがあるようだ。その他、敷金・礼金等の高額、自分のプライバシーが確保されないことでの住居をめぐる困難さが指摘されている。筆者の『ビルマ難民女性調査』(2010)でも6人中4名の女性は、同国人の友人や親戚等と同居し、狭い空間で暮らしており、広く独立した住居を求めていた。

難民支援の現場では、申請者の所持金が底をつき、真冬の極寒の中、1ヶ月路上生活を強いられた女性の事例(櫻井 2010:25)や、また2012年の冬にはホームレスに陥るケースが続出し、JARが確認しただけでも50件を超えたことが報告されている(田多 2013:112)。外務省保護費の支給決定の審査に長期間を要し、その間に多くの申請者が所持金を使い果たし、路上生活を強いられたという。2012年の申請者件数は2545件であり、初めて2000件を超え、前年比約36％の増加となった年であった。外務省保護費も追いつかず多くの申請者が路頭に迷うことになったといえよう。

来日して間もない、家族・親戚等頼る者がいない申請者への宿泊先が十分でないこと、住居確保の際の保証人や外国人差別等の問題があるといえる。

3　医療の実態

(1)　経済的困窮と消極的受療

難民の医療ニーズは高いが、無保険の実態がある。『難民生活調査』(2001)では、約8割近い難民が日本で病院を利用したことがあるが(100名中77名)、うち約7割(50名)は医療保険未加入者であり、病院を利用したことがない者のうち8割以上は未加入者(21名中17名)であった。また、『POC調査』(2002)

でも、調査対象者のうち約8割（50名中41名）は受診経験者であり、無保険者は約8割（40名）にのぼる。また受信できなかった理由として、「金銭的問題」や「医療保険がなかった」ことがあげられている。

　経済的困窮や無保険であることから医療費の負担を心配し、医療機関の受診を拒む難民の事例はいくつか報告されている。JARに1999年〜2005年に登録された申請者の750のケース記録から医療に関する項目を調査した森谷（2010）は、そのうち実際に医療機関を受診した人は142名であり、全体の約3割に当たる人に対して受診にかかる援助がおこなわれていると報告し（以下、『ケース記録報告』）、難民の支援において医療ニーズが高いことを指摘している。しかし、健康問題に不安を感じても、治療費を心配し、早期に相談に訪れることは少なく、胃潰瘍や十二指腸潰瘍、高血圧といった慢性的な病気を抱えている難民の多くがぎりぎりまで我慢して体調が相当悪くなってからようやく相談に訪れていることが記録から窺えるという（森谷 2010:25）。また、藤田（2010）は、ミャンマー難民に健康についての質問紙調査（調査対象35名）をしたが（以下『ミャンマー健康調査』）、受療行動についての設問（身体の不調を感じたり、病気を患ったりした際にはどのように対処するか）に対して、4分の1は「がまんする」（複数回答：「病院に行く」〔12回答〕「薬を買う」〔21回答〕、「がまんする」〔9回答〕）を選択していた。筆者の『ビルマ難民女性調査』（2010）でも、同様に、薬に頼ったり、日頃から病気にならないように自己管理を徹底したり、子どもを受診させたいがお金がないので我慢を強いらせたと涙ながらに語る者もいた。現場のソーシャルワーカーからも「病気になっても病院には行かない」といった経済的理由で治療をあきらめるクライエントたちに大勢出会ってきたことが報告されている（古藤 2010:46）。

　実際、高額な医療を請求される場合もある。『ビルマ難民女性調査』（2010）では、難民認定申請中の際に保険がなく、手術費用約90万円を全額自己負担した女性もいた。彼女は役所に確定申告をして税金も払っていることを主張し、国民健康保険への加入を切望したが結局加入できなかった。一方、保険に加入できた女性であっても、雇用が不安定で十分な生活費が賄えない中で、毎月の保険料の支払いがかなりの負担になっていた。『住環境調査』（2002）の調査対象者の5人のうち2人は入院経験があり、診療・入院費（それぞれ50万円、14万円）請求されたが、経済困窮のため調査時においては未払いの状態となっていた。

　また医療関係者の無理解も、受療を消極的にさせる要因にもなりかねなかっ

た。例えば、ビルマ人女性の報告では、流産の手術のために病院から長時間待たされ、あげくの果てに大勢の患者がいるから他に行くようにいわれ、健康保険もなくてお金払えるかと聞かれたり、日本人と同行すると病院の医者の態度が変わったり、自分の言いたいことを伝えられず医者のいうこともわからないジレンマ等が語られている（森 2010:43）。筆者の『ビルマ難民女性調査』でも、女性たちは病院に行くと、まず保険の有無を尋ねられ、断られたことも多かったことや、なるべく治療代を安くしてもらえる病院を探すことに奮闘していたことが聞かれた。その他、保護費があっても病院に行く交通費の負担の心配等もある（森谷 2011:106）。

(2) **精神的な疾患**

　難民は移住に伴うストレスに加え、母国でのトラウマ性の出来事や拷問経験、保健医療へのアクセスが不十分であったこと等により精神的健康上の問題がしばしば危惧される（UNHCR/WHO 1996; UNHCR 2010）。

　『難民生活調査』では、自分の精神的な健康状態について「どちらかといえばよくない」「よくない」と回答した者が約8割（回答者76名中64）以上を占めており、心身不良の理由として、「家族が心配」、「ストレス」、「将来の不安」、「母国のこと」、「難民申請のこと」、「収容・送還の不安」、「漠然とした不安」、「難民申請を待たされること」、「経済的不安」、「孤独感」、「老後・将来の不安」、「在留資格がないこと」等、多岐にわたっていた。同様に『POC調査』（2002）でも、精神的健康状態について、「よくない」、「どちらかといえばよくない」と回答したマンデート・POC難民は回答者全体の約85％（40名中34名）を占めていた。その多くが、入管に収容された経験や収容・送還される恐怖を語ったという。森谷の『ケース記録報告』（2010）では難民の症状として最も多かったのは、強い不安や憂うつな気分が続いて苦しい、眠れない等であった。また藤田の『ミャンマー健康調査』（2010）では、睡眠中に目覚めると回答した者が3割おり、憂鬱な気持ちになることがある（当てはまる、ときどき当てはまる）が約6割を占めていた。また、悩み事を相談する相手がいるほうが、快眠や健康と感じる傾向があり、相談者の有無とこころの健康の関連性を示唆している。筆者の『ビルマ難民女性調査』（2010）では、精神面について尋ねたところ、突然夫が収容されて、うつになって病院に通った女性や、母国に子ども（成年）を残している女性は、子どもの安否や日本に呼び寄せて暮らせるかどうかを憂慮していた。

野田ら（2013）が実施した主に精神保健福祉領域に関する聞き取り調査（調査対象者：インドシナ難民15名、条約難民15名、申請者20名）では、母国でのトラウマ体験として、ある者は、支援を受ける際のインタビューにおいて母国での古傷をえぐられることを語り、ある女性申請者はレイプされて妊娠したが我が子を育てられず母国に残してきた経験等が語られている。また、精神的な問題が身体的な痛さで表現されていることや、精神疾患が恥ずかしくて同国人コミュニティと交われないこと、統合失調症が母国では馬鹿呼ばわりされること等が述べられている（鵜川・野田 2013:82-83）。さらに森谷（2010）は、自身の聞き取り調査での難民のメンタルヘルスと移住過程（「移住前・出発」「移動過程」「移住（再定住）後」）の関係を分析しているが、それによると、移住前・出発の段階として、残した家族の安全に対する不安や、自分だけが逃げてきたという罪悪感に苛まれること、友人の殺害現場を目撃して憤りが隠せないといったトラウマを負う経験が語られている。また移動過程の段階では、行き先がわからず日本にきて難民申請のやり方もわからず路頭に迷って収容された女性の例が紹介されている。さらに、移住後の段階では、難民認定がされない不安や受診の際に話を聞いてもらえず睡眠薬だけ渡されることへの辛さ、母国と比べて社会的・経済的に地位が低下したことに対するやりきれない気持ち、家族内で夫と妻の立場が逆転してしまったことによる妻の不安等も述べられている。

経済的な困窮や包括的な医療福祉体制の未整備、通訳の手配がない、メンタルヘルスの問題を抱えながら、支援につながらない難民が多いことが推測される（鵜川・野田 2013）。

4 強制収容所と強制送還の実態

(1) 強制収容所の実態

強制収容所内の実態についての調査研究は少ないが、支援団体や弁護士団体を通じて収容者や退所者の発言等が報告・報道されている。以下にみるように、医療体制の不備を含めた施設内処遇や、長期間の収容・再収容及びそれらに伴う被収容者の心身への悪影響が問題として指摘されている。

山村（2004）は、茨城県牛久市の入国管理センターに長期間にわたって収容されている申請者に十分に診察・治療が行われず、母国での迫害経験に加えて、収容そのもの及び収容中での非人道的な扱い等による精神状態の悪化等を報告している（収容中及び仮放免後の申請者37名のうち、32名に何らかの自覚症状あり）。

また最近では、一連の収容施設での被収容者の病死事件等[*71]が発覚し、職員による医療放置、医療判断してしまう事例、被収容者の外部診療機関での診療を制限する事例等、入管の不適切な処遇が問題視されている[*72]。

　さらに、収容施設の収容期間については公式な統計は定かではないが、支援団体の報告等でその実態が垣間見れる[*73]。例えば、2009年では、収容施設の申請者及び難民不認定取消訴訟中の者は331人でそのうち少なくとも23人が1年以上にわたり収容されており、2010年では3人の未成年（16歳1名、17歳2名）の申請者が収容されていた[*74]。また、2012年には、6ヶ月以上の長期収容者は335名であり、前年11月11日時点に比して151名から2倍以上となっているが、そのうち、1年以上、1年半以上収容されている人数は、それぞれ75名（前年41名）、24名（前年12名）となっており、前年から大幅に増加していることが報告されている[*75]。未成年のみならず、2014年には、インドネシア人女性を妊娠中であることを認識していながら、仮放免にして在宅審査とする等の措置を取らず収容された事例も報告されている[*76]。西中（2006）の報告によれば、申請者の中には、許嫁を日本に呼び寄せたとたんに1年以上にわたり収容された人や、労災で大怪我を負ったまま収容され、その後地裁で勝訴したものの国側に控訴された男性、のべ2回4年にわたり入管に収容され、計3回も強制送還されそうになった上告中の男性、幼い子どもを抱えた妻が妊娠中に収容された男性、子どもの収容等が紹介されている[*77]。

　こうした収容の長期化にともない、収容所内の自殺やハンガーストライキ等も事件が起こっている。例えば、2010年2月と4月に牛久収容所で被収容者の自殺事件が起こり、他に数件の自殺未遂事件、2010年の西日本・東日本入国管

---

*71　例えば、2013年10月14日　ロヒンギャ難民Fさん死亡：東京入国管理局、2014年3月29日　イランAさん死亡：東日本入国管理センター、2014年3月30日　カメルーン人Wさん死亡：東日本入国管理センター、2014年11月22日　スリランカ人ニクルスさん死亡：東京入国管理局。
*72　仮放免の会HP、読売新聞2014年4月3日、23頁等。
*73　支援団体が発効する雑誌『難民研究ジャーナル』の「日本の難民動向分析」（巻末資料）。
*74　上記雑誌「日本の難民動向分析」（巻末資料）（小池 2011:129）。
*75　上記雑誌「日本の難民動向分析」（巻末資料）（田多 2013:112）。
*76　「仮放免の会」ホームページ。
*77　例えば、法務省職員の2004年に実施された「トルコ出張調査」の後、あるクルド人男性は地元警察から尋問を受け、身の危険を感じ、家族と出国し、日本で難民申請しようとしたが上陸拒否され、退去強制命令を受けて3歳と4歳の子どもを含む家族全員が、東日本入国管理センターに移され収容された。2名の子どもと妻は45日間、男性は1年4ヶ月もの間収容され、2005年の9月にやっと仮放免された事例も紹介されている（西中 2006:9）。

理センターの大規模なハンガーストライキや引き続き繰り返されるハンガーストライキも問題になっている[78]。

(2) 強制送還の恐れ

法務省は退去強制手続きを執った外国人の数については公表しているが[79]、そのうち難民に関連のある人々（申請中あるいは仮放免中の者等）の数値については不明である。

日本の難民の強制送還については、前述したクルド人座り込み・強制送還事件で注目を集めたが、その後も強制送還の例は続いている。日本政府は飛行機をチャーターし、2014年には、スリランカ人26名及びベトナム人6名を[80]、2015年にはバングラデシュ人22名を本国に集団送還した[81]。送還者の中には難民認定申請者や仮放免中の者等が含まれているとして、支援団体等は人権上の問題として抗議声明を出している[82]。

申請者の入管収容の場面に何度も立ち会った西中（2006）は、強制送還に対する絶望感を述べている。例えば、2004年の1月に5人のイラン人が入管から強制送還されたことについて、彼らが30年近く日本に滞在し退去強制令書発布を取り消す裁判の準備中だったり、日本人の妻子がいたり、様々な理由で帰国できず入管施設に2年以上収容されている人たちが大半だった。西中は収容所に面会に行き、強制送還されたことを入管職員から聞かされたときの行き場の遣りようのない怒りと虚しさは二度と味わいたくないと語る。

---

*78　共同通信2010年3月11日付、5月11日、朝日新聞5月26日付。

*79　2015年中に退去強制手続きを執った外国人は、1万2272人である（法務省入国管理局「平成27年における入管法違反事件について」2016/3/15付：http://www.moj.go.jp/nyuukokukanri/kouhou/nyuukokukanri09_00032.html、2016年7月16日閲覧）。

*80　山村淳平の「スリランカ難民申請者の集団強制送還」報告書に詳しい（http://migrants-refugees.com/pdf-report/deportation-1.pdf、2016年7月16日閲覧）。

*81　ロイター通信（2015年12月10日付：http://jp.reuters.com/article/bangladesh-idJPKBN0TT05020151210、2016年7月16日閲覧）。

*82　2014年12月26日には、移住労働者と連帯する全国ネットワーク（移住連）と日本カトリック難民移住者委員会（JCaRM）が、スリランカ人とベトナム人の強制送還に対して、2015年12月4日には、移住連、JCaRM、全国難民弁護団連絡会議、難民・移住労働者問題キリスト教連絡会が、バングラデシュ人の強制送還に対して合同で抗議声明を出している（http://www.jcarm.com/jpn/topic/1311info.html、2016年7月16日閲覧）。

第4節　諸外国の難民政策——オーストラリアを中心に

ここでは先進諸国の難民政策について触れ、国際社会における日本の難民政策の水準について明らかにする。各国の政策の詳細を述べることは筆者の力量を超えているので、ここでは筆者が主に研究対象としてきたオーストラリアに焦点を絞り、難民受入れ、難民への保護・定住支援、そして抱えている課題についてみる。

1　諸外国の難民受入れ

近年の先進諸国の難民申請者数及び認定者数は全国難民弁護団連絡会議の調査によると、**表1-8**のとおりとなっている。[*83] 2014年をみると、ドイツが173,070、アメリカ121,160、スウェーデン75,090、イタリア63,660、フランス59,030、イギリス31,260の順で申請者数が多い。括弧内は認定者数であるが、認定率を単純に申請者数と認定者数で単純割すると、日本は0.2%であるが、カナダ73.9%、イギリス34.3%、オーストラリア28.3%、フランス28.1%、ドイツ19.2%、アメリカ17.9%、スウェーデン14.2%の順になっている。日本は認定率が他の先進諸国と比べるときわめて低い。

さらにこれらの個別の難民申請とは別に、第三国定住の受入れ数については、2014年ではアメリカ73,000人（UNHCRの第三国定住者全体数の約70%）、カナダ12,300人、オーストラリア11,600人、スウェーデン2,000人、ノルウェー1,300人、フィンランド1,100人となっている。[*84] 日本は前述したように、2010年からパイロットプログラムを実施し年間30人を受け入れることを決め、その後2015年度から正式に第三国定住を開始することになった。しかしその数は先進諸国に比してきわめて少ない。

とはいえUNHCRへの資金供与は常に先進諸国の中で常に上位を占め、例えば2013年は2億5293万9102米ドルであり、アメリカ（10億4170万7225米ドル）

---

*83　全国難民弁護団連絡会議ホームページ（http://www.jlnr.jp/stat/2014/stat_summary-2014_03.pdf、2016年2月23日閲覧）。
*84　UNHCR Global Trends 2014 Forced Displacement in 2014,pp.21-22。

表1-8 各国における年別の難民申請数等の推移

地域	国	2010	2011	2012	2013	2014
東アジア	日本	1,202 (39)	1,867 (21)	2,545 (18)	3,260 (6)	5,000 (11)
	韓国	430 (47)	1,010 (42)	1,140 (60)	1,570 (57)	2,900 (94)
オセアニア	オーストラリア*	12,640 (3,859)	11,510 (5,726)	15,790 (8,367)	11,740 (5,035)	8,960 (2,540)
	ニュージーランド	340 (125)	310 (129)	320 (157)	290 (123)	290 (154)
北米	米国*	49,310 (19,043)	70,030 (23,512)	78,410 (25,268)	84,400 (21,171)	121,160 (21,760)
	カナダ	23,160 (12,305)	25,350 (12,983)	20,500 (10,294)	10,380 (7,817)	13,450 (9,943)
西欧州	イギリス*	22,640 (9,281)	25,900 (8,267)	27,980 (8,727)	29,880 (9,556)	31,260 (10,734)
	オランダ	13,330 (901)	11,590 (833)	9,660 …	14,400 (1,684)	23,850 (2,743)
	フランス	48,070 (12,552)	52,150 (8,190)	55,070 (7,384)	60,230 (9,099)	59,030 (16,636)
	ベルギー	21,760 (2,882)	26,000 (4,151)	18,530 (4,034)	12,500 (4,254)	13,870 (6,864)
中央欧州	オーストリア	11,010 (2,977)	14,420 (3,572)	17,410 (3,680)	17,500 (4,133)	28,060 …
	スイス	13,520 (3,449)	19,440 (3,711)	25,950 (2,507)	19,440 (3,167)	22,110 (6,199)
	ドイツ	41,330 (7,704)	45,740 (7,098)	64,540 (8,764)	109,580 (10,915)	173,070 (33,310)
南欧州	イタリア	10,050 (1,617)	40,360 (1,803)	17,350 (1,917)	25,720 (3,110)	63,660 (3,641)
	ギリシャ	10,270 (95)	9,310 (199)	9,580 (217)	8,220 (583)	9,450 (2,076)
	スペイン	2,740 (245)	3,410 (337)	2,580 (225)	4,510 (203)	5,900 (382)
北欧州	スウェーデン	31,820 (2,304)	29,650 (2,870)	43,890 (4,620)	54,260 (7,646)	75,090 (10,692)
	デンマーク	4,970 (769)	3,810 (944)	6,190 (1,037)	7,560 (1,872)	14,820 (3,904)
	ノルウェー	8,220 (3,213)	8,680 (3,095)	10,690 (3,945)	13,280 (4,870)	12,640 (3,826)
	フィンランド	4,020 (181)	3,090 (169)	2,920 (553)	3,020 (556)	3,520 (501)

(備考) UNHCR Asylum TrendsとEurostatのデータは概数。
「…」は不明。
括弧内はその年の認定者数で、2013年まではUNHCRデータ、2014年はUNHCRまたはeurostat等を参考にした。
＊オーストラリア：一次（人）と異議審（件）の合計。2012-14はボートで入国して第三国に移送された庇護希望者数を含まず。
＊アメリカ：IN（人）とEO（件）の合計。
＊イギリス：一次（人）と異議審（件）の合計。
(参照) eurostat、UNHCR、法務省、Nansen
(出典) 全国難民弁護団連絡会議。

に次いで第２位、全体の資金供与の約９％を占めている[*85]。したがって、必ずしも国際社会の中で国際貢献をしていないというわけではない。金銭面では貢献する日本であるが、直接的な人的受入れの分担については、他の先進諸国と比べると公平とは言い難い低い数字である。

＊85　UNHCR Global Report 2013, p.109,118。なお2014年はアメリカ、EU、イギリスに次いで第４位となっており全体の資金供与の割合の約６％占めている（UNHCR Grobal Report 2014：p.138, p.144）。

2 オーストラリアの難民保護・定住支援体制

　諸外国の難民政策は時代や世界情勢とともに変化し、例えば最近では2015年の大量のシリア難民の発生により欧州諸国はその見直しをせまられている[86]。各国の難民政策は流動的であり、どの時点での政策を対象にして論じるかは留意しなくてはならない。

　オーストラリアについていえば、戦後の白豪主義政策、そして1970年代に採用された多文化主義政策、さらには1990年代以降の保守党及び労働党の政権交代の拮抗が繰り返される中で、移民・難民政策も常に変化してきた（増田 2010; 浅川 2012）。難民については、1947年から大規模な東ヨーロッパ難民受入れが始まり、1970年代にはベトナム難民の大量受入れ、その後もさまざまな国から難民を寛大に受け入れてきた。しかし、1990年代にボート・ピープルが急増する中で、旧ハワード保守連合政権下により難民政策は厳しい局面を迎え現在に至っているといえる（杉田 2013）。

　現在（2015年度時点）では、「難民及び人道支援プログラム」（Refugee and Humanitarian Program）の下で難民の受入れが行われているが、これは以下の二つに大別される[87]。

（1）　オンショア・プロテクション（Onshore Protection）：既にオーストラリア国内に到着している者について、難民認定審査をし、補完的保護を付与するものである。この保護（protection）あるいは庇護（asylum）を求める者へのビザは入国時の状況等で以下の3つのタイプに分類されている。

①プロテクションビザ（ClassXA）（Subclass 866）：オーストラリアに合法的に入国者に付与される。

②一時的プロテクションビザ（ClassXD）（Subclass 785）：非正規入国者に付与される。

③セーフ・ヘブン・エンタープライズビザ（ClassXE）（Subclass 790）：非正

---

*86　例えばスウェーデンは、難民の流入を阻止するために国境管理を強化したり、デンマークは難民申請者の所持金や財産の一部を国が押収することを可能にしたりする等、手厚い福祉政策から難民抑制政策へと変化した（朝日新聞2016年1月28日付）。

*87　Australian Government Department of Immigration and Border Protection, Fact Seet-Australia's Refugee and Humanitarian Programme（https://www.border.gov.au/about/corporate/information/fact-sheets/60refugee、2015年2月25日閲覧）。

表1-9　オーストラリアの人道支援プログラム許可者（2010-11から2014-15）

分類	2010-11	2011-12	2012-13	2013-14	2014-15
難民	5984	5988	11985	6499	6002
特別人道プログラム	2966	714	503	4507	5007
オンショア*1	4828	7043	7510	2753	2747
合計*2	13778	13745	19998	13759	13756

*1：人道支援プログラムの下で数えられる「プロテクション・ビザ」とオンショアの人道支援ビザ許可者を含む。
*2：表の数値は、2014-15プログラム年末で改訂されており前年に出版された数値とは異なる。
（出典）オーストラリア移民・国境警備省ホームページ（Fact Seet-Australia's Refugee and Humanitarian Programme）。

規に入国しオーストラリアの地方で就職や進学をめざす者に付与される。
(2) オフショア・再定住（Offshore Resettlement）：国外にいる難民に定住を提供するものである。これは「難民」と「特別人道支援プログラム」（Special Humanitarian Program：SHP）の２つに分類されるが、いわゆる第三国定住に相応するものである。前者は母国で迫害され再定住が必要な人々であり、多くはUNHCRによって認識されオーストラリアへの再定住を照会されている者であり、国内特別人道支援プログラム（In-county Special Humanitarian Program）、緊急救助（Emergency Rescue）、危機的状況にある女性（Woman at Risk）等が含まれる。また後者は彼らの母国外にいて、母国での甚だしい人権侵害や緊急的な保護が必要な人たちを対象とするものである。

ただし2012年8月13日以降、海上からの不法入国者（Illegal Maritime Arrival）は人道支援プログラムの下で、彼らの家族を申請する義務はもはやなくなっている。

近年のオーストラリアの人道支援プログラムによる人々の数は**表1-9**のとおりである。z

オンショアによる難民は減少傾向にあるが、オーストラリアは毎年一定数の難民を受入れている実績がある。1970年代に多文化主義政策へと転換して以来、移民大国として移民・難民を積極的に受入れ、また彼らへの定住支援体制を整備・確立してきた。連邦政府の主導の下、1979年に公設の移民リソースセン

ター（Migrant Resource Centre：MRC）がメルボルンで開設され、その後全国的に配置されたが、MRCは移民・難民の定住支援事業の中核的な役割を果たしてきた（森 1999）。また政府は地域の非営利団体等に助成する仕組みを1968年から導入し、1997年からは「コミュニティサービス定住サービス制度（Community Settlement Service Scheme：CSSS）」として発展させることになった。助成を受けた団体はCSSSワーカーという職員を雇い、ケースワーク・グループワーク・コミュニティワーク、アドボカシー等のいわゆるソーシャルワーク実践を展開してきた（浅川 1999）。現在はMRCは民営化され、2005年にはMRCへの公的助成とCSSSは統合され「定住支援助成プログラム」（Settlement Grants Program：SGP）へと再編・移行された（塩原 2008）。対象枠が狭まり（最近移住してきた難民・人道移民あるいは英語能力の低い移民等）、地域ニーズベースの助成となっている。サービス提供者（プロバイダー）は助成金の獲得競争に曝されているといえるが、オーストラリアの移民・難民への支援のノウハウは制度の形は変化しながらも蓄積され、定住支援体制は官民連携しながら脈々と根づき今日に至っているといえる。

　こうした新規移住者への定住支援体制を基盤としながら、難民・人道移民を対象とした人道支援定住サービス（Humanitarian Settlement Services：HSS）[88]が政府の助成を受けた民間のサービス提供者を中心に実施されている。これは、集中的な定住支援サービス（最初の6ヶ月～12ヶ月）であり、新しい生活をスタートするためにその人にあわせた支援（tailord support）、オーストラリアの経済及び社会的生活に参加するための彼らの能力を強化する機会の提供、メインストリーム・サービス等の他の支援にも自立的にアクセスできるスキルと知識を提供すること等を目的としている。具体的には、空港での出迎え、最初の宿泊先への移送支援、住居支援、食料・生活必需品一式の提供、センターリンク（社会保障や生活保護等の主管する公的事務所）の登録、医療保険、保健サービス、銀行、学校、成人英語プログラム等へアクセスへの支援、オーストラリアの生活のオリエンテーション（医療、教育、雇用、法律、文化等）を含んでいる。HSSプログラムの終了後は、SGPの下で助成されているMRCや移民サービス団体や機関あるいは複雑なケース支援サービス（Complex Case Support

---

＊88　Department of Social Services,Humanitarian Settlement Services（https://www.dss.gov.au/our-responsibilities/settlement-and-multicultural-affairs/programs-policy/settlement-services/humanitarian-settlement-services-hss、2016年2月25日閲覧）。

Services）を通して一般的な定住サービスへと移行される。[*89]

　難民申請者（庇護希望者）に対する支援は、センターリンクからの財政的な支援を得ることができないが、1992年に創設された「庇護希望者支援スキーム（Asylum Seekers Assistance Scheme：ASAS）」によって支援が提供され、オーストラリア赤十字社が移民省に委託されて実施してきた。[*90]具体的には医療、住居、必要なサービスへのアクセスを支援したり、住居を提供したり、子どもたちを地域の学校へ通学させる等である。個別ケースワーク、集団教育セッションを設け、住居の探し方、銀行口座開設、政府サービスへのアクセス等の情報を提供・共有している。[*91]また特別なニーズがある者や脆弱な者（高齢や障害等）については、ニーズに応じた特別な支援として「コミュニティ支援サポート（Community Assistance Support：CAS）」が提供されている。[*92]現在、ASASとCASは在留資格を解決する間の非市民へのサービスを提供する「ステータス解決支援サービス（Status Resolution Support Service：SRSS）」プログラムに包含された形となっている。[*93]

　以上、オーストラリアの場合、難民・人道移民の場合は、まず政府による入国直後の介入支援（HSS）そして、その後の一般的な定住支援、そしてオーストラリアのメインストリーム・サービスという三層構造によって支援されている。

　オーストラリアの難民への先駆的な難民定住支援サービスを展開している

---

*89　Refugee Council of Australa HP, Settlement Support（http://www.refugeecouncil.org.au/fact-sheets/settlement-services/settlement-support/、2016年2月25日閲覧）。

*90　Department of Social Services, Fact seet 98 Settlement Services for Humanitarian Entrant（https://www.dss.gov.au/our-responsibilities/settlement-and-multicultural-affairs/publications/fact-sheet-98-settlement-services-for-refugees、2016年2月25日閲覧）。

*91　Australian Red Cross HP, Asylum seekers and Refugee（http://www.redcross.org.au/asylum-seekers.aspx、2016年2月25日閲覧）。

*92　Australian Red Cross, Fact sheet：Community Assistance Support（http://www.bcv.org.au/uploads/9/6/4/0/9640840/20120816_cas_factsheet.pdf、2016年2月26日閲覧）。

*93　Department of Immigration and Border Protection, SRSS programme（https://www.border.gov.au/Trav/Refu/Illegal-maritime-arrivals/status-resolution-support-services-programme-srss、2016年2月25日閲覧）。

STARTTS[*94]では、実際にSCを考慮した定住支援が行われている。ニューサウスウェールズ大学との共同研究プロジェクトにおいてSCモデルの開発が試みられているが、それについては第2章第2節2にて詳細を述べる。

3　オーストラリアにおける難民の人権・生活問題

　難民の受入れ数及び政府の保護・定住支援体制を鑑みると、オーストラリアの国際社会での貢献度は評価されるが、近年、難民の処遇に人道上の非難の声があがっている[*95]。最も非難されている点は、ボート・ピープルへの処遇問題である。2001年8月に起こったタンパ号事件[*96]を契機に、オーストラリアを目指すボート・ピープル（船舶による不法入国者・密航者）への対策として、旧ハワード保守連合政権は「パシフィック・ソリューション（Pacific Solution）」という政策を導入した。これはボート・ピープルを本土に上陸させず、太平洋の島国であるナウルやパプア・ニューギニア（PNG）に移送し、収容施設を創設し、そこに庇護希望者を収容し難民審査を行うものである。しかし難民認定されてもオーストラリア本土に入国できる保証はなく、不認定の場合は即刻送還される。この対策はボート・ピープル予備軍への抑止効果となった。その後も保守党及び労働党の政権交代が繰り返されながらも、本政策はおおむね継承され、2007年に本政策は旧労働党ラッド政権によっていったんは停止されたものの、引き続き2013年9月のアボット保守連合政権の下で、国境保全・国家安全保障の名目によりいっそう強化されるに至った。ナウルの収容施設を2012年に視察したアムネスティ・インターナショナル[*97]は、施設の劣悪さ、設備の不備、身

---

*94　STARTTS（Service for the Treatment and Rehabilitation of Torture and Trauma Survivors：拷問とトラウマ生存者の治療とリハビリのためのサービス機関）。1988年に設立されたオーストラリアのNSW州政府の非営利団体である。難民や庇護希望者への心理社会的支援、グループワーク、コミュニティ開発、アドボカシーおよび難民に関する教育・研修を行っている。シドニーを中心にその周辺地域にも支部をもつ。

*95　国連人権理事会は、オーストラリアが庇護希望者を領土外で難民審査していることを見直し、子どもの収容を辞めるよう勧告した（2015年11月9日）（http://www.ohchr.org/EN/HRBodies/UPR/Pages/Highlights9Nov2015pm.aspx、2016年2月27日閲覧）。

*96　ノルウェーの貨物船がオーストラリアを目指す密航者を救助したが、オーストラリア政府が入港を拒否した事件。

*97　日豪プレス2014年3月10日付（松本直樹「政局展望　一件落着にはほど遠いボート・ピープル問題」）。

体的・精神的な疾患のある庇護希望者への不適切な処置等の悲惨な環境について報告している。[*98]

　また不法移民対策として国内にも強制収容所があり[*99]、庇護希望者が収容されているが、ここでも収容の長期化や劣悪な待遇を背景に、脱走、放火、暴動等数々の事件が相次いで起こっていることが報告されている（浅川 2003）。また、収容経験は、認定審査の長期化に伴う不安、送還の恐怖、自由の剥奪、不公平感、地域社会からの孤立、絶望等の精神衛生上の問題を引き起こすことが懸念された。とくに保護者のいない子どもの拘留については人権擁護団体が反対し、政府に地域社会での拘留を提案する等した結果、2010年に子どもや家族、脆弱者成人については地域収容所（Community Detention）に切り替えることになった（Marshal etal. 2013）。そこでは庇護希望者は監視から解放され、地域社会との交流への参加も可能となり、より自由な自立的な生活を営めることができるようになった。しかし、その一方でオーストラリア人権委員会の2014年3月31日時点の調査では、子どもの収容数は1068人（国内584人、クリスマス諸島305人、ナウル179人以上）との報告もある（Australian Human Rights Commumission 2014:21）。

　地域社会で暮らしたり、地域収容所に滞在する庇護希望者の生活費は、ASAやCASでカバーされてきたが、それらの支給額は一般的なオーストラリア人が受給される保護費や手当の支給額より低く設定されている[*100]。また2012年8月13日に政府の政策転換により、それ以降に到着したボート・ピープルは地域に居住できるが、就労許可がされないことになった。またHSSについて[*101]

---

*98　アムネスティ・インターナショナル（2012年2月27日、11月30日の国際事務局発表ニュース）（http://www.amnesty.or.jp/news/、2016/2/26閲覧）。

*99　2005年からは、子どもや脆弱な人々を対象とした、一般の収容所よりも拘束の少ない状況で手続きを進めるコミュニティ・ディテンション（community detention）が導入されている。

*100　福祉省（Dep. of Human Service）の特別給付の89%の率で財政的援助が支給される。例えば、特別給付と同等の割合である雇用給付（Newstart）の受給資格のある子どものいない単身者は2週間で515.60AU$が受給されるが、ASAの下での庇護希望者の場合は、その金額の89%（すなわち458.88AU$）以下を受け取ることはない。(Parliament of Australia (2014), Parliament Library：Australian Government Assistance to refugees：fact versus fiction〔http://www.aph.gov.au/About_Parliament/Parliamentary_Departments/Parliamentary_Library/pubs/rp/rp1415/AustGovAssist-refugees、2016年2月26日閲覧〕)。

*101　Asylum Seekers Resource Centre ,Community Based Asylum Seekers（http://www.asrc.org.au/wp-content/uploads/2013/07/Community-Based-Asylum-Seekers_August-20132.pdf、2016年2月26日閲覧）。

も2013年8月30日からは、プロテクションビザを付与された庇護希望者の一部は対象から外される等政府による支援がますます縮小されつつある。こうしたSRSSやHSSの対象とならない庇護希望者については、民間のNGO団体が財政的支援、住居支援、法律相談、医療、語学学習、就職のスキル支援、アドボカシー等のサービスを提供し受け皿となっている[102]。しかし、これらのNGOで働くソーシャルワーカーや職員の低賃金や短期契約、職場教育や訓練の制限等の劣悪な労働条件が指摘されている（Robinson 2014）[103]。

　難民問題は政府の難民・庇護希望者の処遇及び彼ら自身の生活問題難全般に加えて一般のオーストラリア人の意識とも大きく関わっている。保守連合政権の「パシフィック・ソリューション」導入は、当時の世論調査では約7割以上からの支持があり、その直後の総選挙では保守連合が勝利し、2002年2月の世論調査では強制収容所についても半数が支持していた結果があった（浅川 2003）。また庇護希望者に対しての一般市民の見解について調べたペダーセンらの調査（Pedersen et al. 2006）によれば、①ボートピープルは申請手続きの順番を飛び越える、②不法移民である、③政府の権限を得ていないので真の難民ではない、という否定的な見方が認められた。さらに難民や庇護希望者のNGOで働くソーシャルワーカーや職員は、政策、組織、メディア、地域社会等を含む様々なレベルでの人種差別的態度に遭遇していることも報告されている（Rovinson 2014）。

　ただし、一般市民のヒューマニズム精神や寛容性も根強く残っている。近年、パームサンデー（復活祭前の日曜日）に、庇護希望者を離島に拘留する政策や収容施設での人権侵害等に抗議する大規模集会やデモ行進が国内全土で行われている。筆者も2016年3月20日に、シドニー大学の教授に誘われ、シドニーの中心街をデモ行進する機会を得た。さまざまな市民団体、老若男女、白人を含めた多様な人種・民族によるパレードは壮絶であった。当日はシドニーだけでも約4000人あるいはオーストラリア全土では5万人以上が参加したともいわれ

---

*102　ブリッジングビザEをもち地域社会で生活または地域収容施設で生活する海上からの不法入国者、そしてそれに類似する人々である。

*103　例えばシドニーでは「庇護申請者センター（Asylum seekers centre）」、メルボルンでは「庇護申請者リソースセンター（Asylum seeker resorce centre）」等がある。

ている。[*104]

4　難民のオーストラリア社会への貢献

　難民のネガティブさが強調される一方で、難民のオーストラリア社会への貢献に関する研究もみられる。パーソンズは、国内の難民の経済貢献に関する文献を分析する中で[*105]、いくつかの文献は、長期的な視野からみれば、難民がオーストラリアに実質的な経済貢献をしていることを示し、また彼らが経済的負担になっているという明らかな証拠はなかったと述べている（Parsons 2013）。

　移民省（当時は移民・市民権省）の委託を受けて実施されたヒューゴの大規模な難民の貢献に関する調査は[*106]（Hugo 2011）、定住初期の段階では、難民は高い失業率であり、低い水準の労働力に従事するが、時間が経過するにつれ、それはオーストラリア生まれの平均と変わらなくなる傾向にあること、また、難民の第二世代に至ると、オーストラリア生まれよりも労働分野の参加率や失業率が低いことを明らかにした。また、地方におけるニッチ産業（労働力確保が難しくなった労働市場）の充塡、高い起業率、彼らの母国への送金や貿易を通じて、難民が経済的に貢献していることを示している。

　経済的貢献のみならず、ヒューゴの調査は、難民の社会貢献に関する点にも注目している。調査によれば、難民は新規入国者に対しての重要な支援ネットワークを提供し、難民の第二世代はオーストラリア生まれに匹敵するボランティア水準であり、他の移民に比べてオーストラリア地域社会への愛着や参加が高いこと等が明らかにされた。また難民のボランティア活動の主な動機として、難民が雇用への経路を提供すること、自信を得ること、受入れ社会についてより良く学ぶこと等が指摘されている。ヒューゴの調査は、このような難民の社会貢献を通して、難民がオーストラリアの地域社会により良く統合され、SCの構築がみられることを評価している。今後の難民の貢献に関する調査の

＊104　難民アクション連合シドニー（RAC：Refugee Action Coalition Sydney）のホームページ（http://www.refugeeaction.org.au/?p=4564、2017年1月29日閲覧）やThe Age（Victoria州）の記事（http://www.theage.com.au/victoria/show-some-compassion-refugee-protesters-say-20160320-gnmpe2.html、2017年1月29日閲覧）等。
＊105　2001年～2011年までの8文献。
＊106　ここでの難民とは広義の意味で使用される人道的入国者（Humanitarina Entrants）のことである。

課題として、先のパーソンズも、ボランティアやアンペイドサポート（無償支援）等の社会的・市民的貢献に対する調査や人的資本やSCからのアプローチからの考察の重要性を強調している（Parsons 2013）。

第5節　小括

　難民問題を社会福祉学の視点からみる場合、「条約難民」という狭義の難民だけに限定せず、UNHCRが援助対象としている紛争や自然災害等を含めて自国から避難せざるを得なかった人々を広義の難民と捉えることが必要である。これらの人々は、本来、その所属する国家から生存権・生活権を保障されなかったり、人権を脅かされている存在であるため、国家を超えて国際社会が彼らの権利を保障し社会的ニーズを満たすことが国際社会福祉のミッションといえよう。

　しかし、現実的には具体的な保護・支援は、彼らを受け入れた国の裁量に任され、国によって難民受入れ・政策及び待遇については異なっている。既に難民の受入れや保護・定住支援に実績のあるオーストラリアの例をみてきたが、定住支援体制がある程度整備されている一方で、近年は受入れが厳格化され、難民収容に関する人権侵害や庇護希望者への保護の制限等が起こっている。またオーストラリア市民の難民に対する偏見も存在している。とはいえ、難民のオーストラリアへの貢献を評価する見方や政府の非人道的な離島への拘留政策への市民社会の反発の声等も見過ごせない。

　日本の場合は他の先進諸国に比して、国際社会の中での責務を十分に果たしているといえない。近年、難民認定申請数は増加しているにもかかわらず、条約難民数はそれに比してきわめて僅かである。また難民として認定しないが人道配慮等在留許可者が多数を占めている。条約難民の場合、定住支援政策の対象となるが、人道配慮等在留許可者は、その対象から除外され、日本での滞在が許可されるに過ぎない。申請者については政府の特別な保護は用意されているが、それはかなり限定されており、既存のメインストリームである日本の社会保障制度や社会サービスからは排除されている。さらに「仮放免」中の者は働くことも許可されず、生活する術も奪われている。

　浅川（2013）は日本の申請者を管理と保護の二つの視点から捉え、日本の難民政策は管理先行型で展開し、保護に対しては静的で保守的な姿勢を崩してい

ないことを指摘している。そしてそれは既存のいくつかの難民／申請者の実態調査や報告書等が示したように、彼らの生活上の困難や人権侵害によって示されたといえるだろう。したがって、難民／申請者は「日本の社会福祉制度から排除され、社会的心理的不利益を被り生きづらさを抱えている人々」と推察される。しかし、日本の難民／申請者の生活経験に関する量的及び質的調査研究は非常に少なく、主に実態報告レベルにとどまっている。そのため難民／申請者についての複雑、多面的な生活を掘り下げる質的調査研究の蓄積が必要である。

なお、日本の政府の動き、民間組織の動き、国内事件・海外の動きについて、巻末付録として、簡易な年表として整理した。

第2章　理論的枠組み
研究へのアプローチ

　本章では、本研究の中心的な概念であるソーシャル・キャピタル及び社会統合について述べ、本研究でそれらを使用する場合の留意点を明確にする。そして難民／申請者のソーシャル・キャピタルと社会統合に関する先行研究を検討しその知見を整理する。さらに本研究の調査結果を考察する際に、有効と思われる「制度のエスノグラフィ」の概念について述べる。

第1節　ソーシャル・キャピタル（社会関係資本）とは

　本研究が注目する重要なキー概念は「ソーシャル・キャピタル」（Social Capital：以下SC）である。SCは学際的な概念であり、かつ政策的にも有効な戦略として使用されている。また、近年、社会福祉学・ソーシャルワーク領域でもソーシャルワーク実践へのSCの有用性が議論され、日本ではとくに地域福祉分野の政策・実践レベルでのSCの活用が注目されている。難民研究の領域では、次節の社会統合との関連で言及されることが多い。
　本節では、本研究でSCを論じていく上で踏まえておくべきSCの概念や社会福祉・ソーシャルワーク領域との関連を整理する。

1　ソーシャル・キャピタルの概念

(1) ソーシャル・キャピタルとは何か

　近年、SC概念はさまざまな論者によって定義され、その使用も多岐にわたり幅広い領域で議論が展開されている。藤澤ら（2007）は、SCの適応領域を学術データベースやそれに関連する文献をもとに整理しているが、それによると、経済活動に関わる領域、民主主義や政治に関わる領域、地域の健全性に関わる領域、健康や福祉に関わる領域等に具体的な展開がみられるとして分類している。2000年以降、日本でもSCに関する入門書を始めとする書物（稲葉 2001; 宮川 2004等）や報告書（内閣府国民生活局 2003,2005等）が多数刊行され、それらの中でSCの概要が紹介されている。またSCの代表論者の定義を詳細に整理している文献（齋藤 2008; 空閑 2010等）も豊富である。以下、それらの文献を踏まえ、SCの代表論者を中心にその概念について概観する。

　SCの起源は諸説あるが、SCという言葉は20世紀初頭にデューイ（J.Dewey）が、その著『学校と社会』（1900）で、初めて使用したといわれている。今日的なSCに近い意味で使用したのは、アメリカ、ウェストヴァージニア州の地方教育長ハニファン（L.J. Hanifan）であったとされる。彼はSCを「社会単位を構成する個人や家庭間の社会的な交流、善意、仲間意識、同情等」と定義し、農村地域社会での学校の機能に対する地域やコミュニティの関与の重要性を指摘した（稲葉 2011）。次いでジャーナリストのジェイコブズ（J. B. Jacobs）も、1960年代のアメリカの都市開発において隣人関係・近隣のネットワークが不可欠であることを示唆した（Jacobs 1961=1969）。ハニファンやジェイコブズのSC概念は、他人との交流・つながりやネットワークという意味で表現され、これらは社会にとって肯定的で有益でものとして捉えられている。その後、SC概念は研究者らによってさまざまに解釈されながら、1980年～90年代にとくに北米諸国において、社会学者コールマン（J. Colman）や政治学者パットナム（R. Putnum）を中心に深化・拡大されることになった。

　SCは研究者らによって、さまざまに解釈され、その定義は必ずしも統一されているとは言えない。しかし大別すれば、SCを社会やコミュニティに帰属するものとする「集団レベル」（または「コミュニティレベル」）で捉えるか、あるいはSCを個人のネットワークに帰属するものとする「個人レベル」で捉えるかが一つの焦点になっている（木村 2008; 稲葉 2011）。

前者の「集団レベル」の代表的な論者がパットナムである。彼は南北イタリアの地方政府の公共政策におけるパフォーマンスを比較調査することによって、そのパフォーマンスの差がSCの差によって生じることを明らかにした(Putnam 1994=2001)。その後、彼は自国アメリカのコミュニティの崩壊について膨大なデータを用いて実証分析し、コミュニティの崩壊が社会全体への悪影響を及ぼすことを指摘し、SCによるコミュニティ再生を提唱した。彼はSCについて以下のように述べている。

　　「調整された諸活動（coordinated action：人々の協調行動）を活発にすることによって社会の効率性を改善できる、信頼、規範、ネットワークといった社会組織の特徴」（Putnam 1994=2001:206-7）

　これはSCの定義というよりも特徴を述べたものであるが、しかし最も世界的に普及している概念規定といえる。その中味である「信頼」、「規範」、「ネットワーク」についてパットナムは以下のように捉えている（Putnam 1994=2001; Putnam 2000=2006）。
　信頼（社会的信頼：trust）については「知っている人に対する厚い信頼（親密な社会的ネットワークの資産）」と「知らない人に対する薄い信頼（地域における他のメンバーに対する一般的な信頼）」に区別している。「薄い信頼」のほうがより広い協調行動を促進することにつながるため、SCの形成に役立つとしている。規範については、その中でも互酬性の規範（norms of reciprocity）を重視し、それは相互依存的な利益交換であるとする。互酬性の規範は「均衡のとれた互酬性（同等価値のものを同時に交換）」と「一般化された互酬性（現時点では不均衡な交換でも将来均衡がとれるとの相互期待を基にした交換の持続的関係）」に区別される。「一般化された互酬性」は、短期的には相手の利益になるようにという愛他主義に基づき、長期的には当事者全員の効用を高めるだろうという一連の諸行為からなるとされ、利己心と連帯の調和に役立つとする。そのため「一般化された互酬性の規範」は、SCにとっては生産的な構成要素とみなされている。ネットワークについては、「垂直的なネットワーク」と「水平的なネットワーク」に区別される。「垂直的なネットワーク」は、従属的な非対照的関係にある不平等な諸行為主体を結合するネットワークであり、例えば職場内の上司と部下のような関係である。「水平的なネットワーク」は、同等の地位・権力の諸行為主体を結合するネットワークで、例えば、合唱団、協同組

合、スポーツクラブ等の水平的交流である。「水平的なネットワーク」は、「市民的積極参加のネットワーク」であり、この種のネットワークが密になるほど市民は相互利益に向けて幅広く協力すると考えられた。「信頼」、「規範」、「ネットワーク」は相互に関連し、「市民的積極的参加のネットワーク」は、互酬性の強靭な規範や信頼を促進するとされた（Putnam 1993=2001:206-220; Putnam 2000=2006:9-28）。

　パットナムのSC概念を要約すれば、人々のネットワークや交流・つながりを通して、信頼や互酬性の規範（いわゆるお互い様という感情や意識）が生まれ、それが協調行動につながり、ひいては社会の有効性や効率性を高めることに寄与するということができる。従ってSCを豊かにすれば、コミュニティにおける共同の利益のための行為が促進され（例えば、健康増進、教育向上、経済成長、犯罪防止、政府の効率等）、社会全体のさまざまな局面が円滑に循環することが期待されている。

　彼のSC概念は、SCの世界的ブームの引き金となり、諸外国の政策及び実践レベルにおいても積極的に取り入れられるようになった。イギリス、オーストラリア、ニュージーランド等は、政府主導でSCの状況分析を行っており、難民の社会統合政策の観点からも、後述するようにイギリス内務省はSCを重視している（Ager & Strang 2004）。また、SCは途上国の開発事業にも活用され、国際機関からも注目された。例えば1990年代から世界銀行は開発経済の分野からSCを議論し始めたが、SCは経済の繁栄や経済発展の持続に不可欠であるとし、途上国の貧困撲滅や開発援助にとってSCの形成が重要であることを提唱している（World Bank 2000）。またOECDはSCを「集団内部または集団間の協力を円滑にする共通の規範、価値観及び理解を伴うネットワーク」と定義し（OECD 2002:65）、2000年以降SCの指標開発や測定手法等の検討や、加盟国の経験の情報共有等を行った。

　一方、「集団レベル」とは対照的に、アメリカの経済学者ラウリー（G. Loury）やフランスの社会学者ブルデュー（P. Bourdieu）等は、SCの「個人レベル」に着目した。ラウリーは、所得格差の生じる説明として人種間の人的資本（Human capital）の獲得の差で説明し（Loury 1977）、ブルデューは、資本の形態を「経済資本」、「文化資本」、「SC」に大別し、SCを個人に何らかの利益をもたらす形で社会化された社会関係の総体であるとした（Bourdieu 1986）。

　ブルデューのSCを述べる前提として、「経済資本」、「文化資本」、「SC」というそれぞれの資本の形態が相互に転換することができ、階層再生産の仕組を

説明していたことに留意しておかなければならない。とくにブルデューは、「文化資本」、いわゆる文化的教養に類する有形・無形の蓄積された所有物の総体といえる資本の重要性に着目し、三つの「状態」で区別した。一つは、「身体化された状態（embodies state）」にある文化資本であり、これは個々の人間に身に付けられて蓄積される「性向」（dispositions）として持続する資本である。例えば、言語、知識、教養、趣味、感性、振る舞い方等の種々の能力をも含むものである。二つめは「客体化された状態」（objectified state）にある資本であり、例えば絵画、書物、辞書、道具、機械といった客体化された形で存在する文化財の形態のような所有できる資本である。三つめは「制度化された状態（institutionalized state）」にある文化資本であり、学歴や資格等といった制度的に保証された資本である（Bourdieu 1986; 井上 1986; 佐藤 1990）。しかし「文化資本」、とりわけ身体化された資本は誰にでも同一にあるのではなく、一定の身分、階級、集団に属するメンバーには、さまざまな財、サービス、権力に接近する機会が与えられているが、別の社会的カテゴリーに属するものには同様な機会が与えられているわけではない（井上 1986:169）。「文化資本」は社会階層によって左右され、身体の中に内面化され蓄積され、経済的利得や社会関係の形成に大きな影響を与えることになる。すなわち「文化資本」が「経済資本」、「SC」へと転換される可能性を有する[*1]（佐藤 1990:18）

　　ブルデューはSCを以下のように定義している。
　　「SCは、相互に面識があり認め合う、多少なりとも組織的な関係の持続的なネットワークを保有することに関連された現実的あるいは潜在的な資源の総体」（Bourdieu 1986:249）。

ブルデューは個人の社会的地位や自己実現の有様にSCが強く影響するとし

[*1] 佐藤は、文化資本が、経済的・社会的利得に転換される例を次のように述べている。「例えば、コンピューターの重要性を認識し、それに関する知識・技術を習得することは、職業選択において有利に働き、より多くの経済的収入に結びつく可能性のあることは容易に想像できる。ただ、音楽を鑑賞しようという性向とそれを鑑賞するために必要な知識は、個人的な充足以外になんらの経済的・社会的利得をもたらさないかのように思える。しかし、音楽の鑑賞が一定の社会的意味を有する集団においては、音楽に関する知識が個人的充足以上の社会的な意味をもつ。たとえば、ピアノを弾く技術が、個人的な楽しみを越えて、配偶者選択において少なからず有利に働くことを考えてみればよい」(p.17)。

た。言い換えればそれは「人脈」や「コネ」といったものであり、SCを不平等や社会階層を分化し固定させる仕組みとして使用した。彼にとっては、SCは平等に働く力ではなく、むしろ権力の側が、下位（従属的）な集団に対して彼らの利益を左右する手段でもある。ブルデューにとっては、SCは、相互見返りを求める行為であり、私利追求の優れた形態であり、ネットワークの成員には全く有益であったが、社会全体の視野から見れば不平等と特権を強化し、再生産することに寄与するものであった（Field 2008:84-5）。SCは、多様な社会集団（例えばジェンダー、エスニシティ等）間に異なって経験され、不平等に分配されることに留意しなければならないことを気づかせる（Lin 2001＝2008:127）。

ヴァルトネンは、移民や難民の定住支援におけるソーシャルワーク（settlement social work）において、ブルデューのモデルは、定住プロセスにおいて作用し、次世代を含めた長期間の社会統合に向けて構築されなければならない社会資源のさまざまなタイプや側面を探求するための概念的幅広さを与えると評価している（Valtonen 2008:116-117）。

以上のように、SCが「集団レベル」あるいは「個人レベル」に属するかの捉え方の違いによって、個人及び社会全体への影響については単純に評価できないとされる。また、こうした二分論よりは、SCは「双方に属するもの」として捉えるほうが妥当だともいわれている（木村 2008）。例えば、人々の健康状態は、集団の地理的特色（地域での健康づくりが活発等）が影響しているかもしれないし、個人のネットワーク（健康に関する情報の入手）が影響しているかもしれない。論者によってSCの概念の相違はあるにしても、人々のネットワークの量や質が、個人の生活の質や人生の機会に強く関連しているという共通の考え方を共有しているといえる（Hearly & Hampshire 2002）。

(2) ソーシャル・キャピタルの類型

SCは、その性格、特質を考慮する際、社会的つながりの対象範囲や有様、あるいは構成要素の特徴等を区別しながら論じられることが多い。SCはその影響を及ぼす対象とチャネルの違いから、しばしば「結合型（Bonding）」「橋渡し型（Bridging）」「連結型（Linking）」の3つに分類される（Putnam 2000; Woolcock & Narayan 2000）。

結合型SCは、組織の内部における人と人の同質的（homogeneity）で、インフォーマルな親密な社会的結びつきを示す。例えば、親族、友人、同国・民族・

宗教グループ内の成員間の関係である。これは、強力な接着剤のような強い紐帯（thick ties）として特徴づけられ、内部での信頼、協力、結束を生み、相互の理解と支援を促進することによって、生活の質に寄与するといわれる。しかし他方で、結合型SCは、排他的、非開放的であり、内部の成員の利益を優先する「内部志向的」とみなされている。結合型SCは、特殊な互酬性の関係（specific reciprocity）や仲間内での連帯を高めることへの理解につながるが、社会統合や社会的移動を妨げることになりかねない。

　橋渡し型SCは、異なる組織や異質な人々を結びつけるフォーマルあるいはインフォーマルなネットワークや少し距離のある結びつき（more distant ties）を示す。例えば、知人、友人、仕事仲間、民族グループを超えたような関係である。これは、弱い紐帯（weaker ties）であるが、開放的、横断的なつながりとして特徴づけられ、社会の潤滑油としての役割をもち、公共の利益を促進する「外部志向的」とみなされている。橋渡し型SCは、外部資源との連結や情報伝播にとって優れており、より広いアイデンティティや互酬性を生み出すことが出来る。

　連結型SCは、異なる社会状況にいる人々やコミュニティの範囲から超えた人々の間のつながりであり、議会、政策意思決定者、中央政府や地方自治を含む制度（institutions）のような権力のある資源へのアクセスとして示される。個人やグループが、フォーマルな意思決定の権力をもつ人々に直接話をする機会をえることができ、それによって、意思決定プロセスの適正化、アカウンタビリティ、透明性を増す可能性を生み出すことができるとされている。

2　ソーシャル・キャピタルと社会福祉・ソーシャルワーク領域

　社会福祉・ソーシャルワーク領域では、SCは社会科学の他の領域ほど普及し定着しているとは必ずしもいえないが、海外では2000年前後から、日本では2005年頃から、福祉分野へのSCの導入や活用が議論され始めている。

(1)　ソーシャルワークへのSCの活用──海外における議論

　全米ソーシャルワーカー協会（NASW）の発行による事典（2008）の中で、SCは、ソーシャル・サポートやソーシャル・ネットワークを包含する概念として位置づけられている（Dominguez 2008:34）。SCは精神的及び身体的健康の予防と対処に関連しながら、周辺的なマイノリティの人々あるいは近隣や地域

社会をエンパワーするミクロ及びマクロなソーシャルワーク実践の中に組み込まれるようになってきたことが明記されている。

　ここでは、SCのソーシャルワーク実践や教育への活用の問題に対して本質的・総論的に論じている海外の文献（Midgdley & Livemore 1998; Healy & Hampshire 2002; Loeffler et al. 2004; Osterling 2007; Ersing & Loeffler 2008; Aguila & Sen 2009; Hodgkin 2011; Hawkins & Maurer 2012）を取り上げ、その論点を整理する。これらの文献は、SCと既存のソーシャルワークとの類似性・共通性を見出し、既存のソーシャルワーク実践がSC構築に貢献していることや、ソーシャルワークへのSCの活用や有効性を示唆する一方で、SCの負の側面にも言及している点が興味深いといえる。なお、海外の文献の中には、SCと特定領域（健康、メンタルヘルス、災害、教育など）または対象者（青少年、高齢者、女性など）との関連を調査する文献等も散見され、2010年前後からその数は増加しているが、ここではそうした各論的な文献については除外した。

1）SCとソーシャルワークの類似性とその有用性
①　SCとソーシャル・サポート及びソーシャル・ネットワークの違いの認識
　SCは、ソーシャル・サポートやソーシャル・ネットワークとしばしば混同されたり、単なる社会的結びつきとして単純化される恐れがあるが、その点について、ホーキンスとマウラーは、SCとソーシャル・サポート及びソーシャル・ネットワークの概念との区別を明確にし、ソーシャルワークにおけるSCの有用性を試みている（Hawkins & Maurer 2012）。

　彼らの整理を踏まえれば、ソーシャル・ネットワークは「社会的に繋がれた、あるいは、相互に連結された別々の個人や集団の集合体（形／セット）、また、ネットワークのメンバーをつなげる関係の構造、数、特徴」として定義される（ibid.:355）。また、ソーシャル・サポートは、ソーシャル・ネットワークを経由して定着されアクセスされるものであり、それは、例えば、情緒的な励まし、助言、情報、ガイダンス、具体的な支援物資等の個人への、あるいは個人から

＊2　海外の学術雑誌論文データベース（EBSCOhost：人文・社会・心理・教育等の総合データベース）で、「SC」×「ソーシャルワーク・プラクティス」に関連する文献（英文に限定）を検索し（93件：1997年～2016年）、その中から絞り込んだ。キーワードとして「ソーシャルワーク（social work）」×「ソーシャル・キャピタル（social capital）」で検索すると、「ソーシャル」、「ワーク」、「キャピタル」と各々が検索され膨大なヒット件数になるため、ソーシャルワークにはプラクティスを付けて検索した。

の援助の供給や受給として認識される。ソーシャル・サポートの性質は——情緒的、情報的、あるいは手段的／フォーマルあるいはインフォーマル／構造的あるいは機能的／客観的あるいは主観的——サポートとして論じられると整理している。[*3]

　ホーキンスとマウラーは、このようなソーシャル・ネットワークやソーシャル・サポートの概念は、ネットワーク形成における構造的力の影響や、実際の資源や資源へのアクセス以降の有用性を把握しないのに対して、他方、SCの概念は、個人によって所有されるものよりも、社会的相互関係に埋め込まれた個人とコミュニティにとっての資源の質と有効性におけるネットワークとサポートの要素（要因）の効果を分析する手段を提供するとしている。したがって、彼らは、SCを以下のように定義する。

　　「個人、コミュニティ、制度のフォーマル及びインフォーマルな社会関係に深く根差した（埋め込まれた）、また、それらを経由してアクセスされた社会的相互作用の副産物（by-product）」（Hawkins＆Maurer 2012:336）

　彼らは中産所得層と低所得層の10代の若者の例を比較しながら、ソーシャルワーカーがSCを意識した実践を行う必要性を説く。例えば、中産所得層の少女が、彼女の家族や親戚のネットワークを通して、子どもの世話のために雇われた行為が、地域の評判を呼びさらに仕事の機会を得たり、地元の政治家との出会いをもたらし、またその政治家が名門大学への入学を進めたり、奨学金を推奨することにつながるかもしれない。すなわち、彼女の結合型SCが橋渡し型SCや連結型SCに発展し、彼女は思わぬ副産物を手に入れる可能性をもっている。一方、低所得層の10代の若者が子どもの世話をする場合は、彼らの家族の兄弟や彼らの属する（低所得層の）コミュニティ内での世話であり、無料または低賃金で働かせられる。その場合は、中産所得層の少女のような副産物が得られるわけではない。ホーキンスとマウラーは、ソーシャルワーカーが、例

＊3　ソーシャル・サポート／ネットワークの測定については、ハウスとカーン（1985）によるソーシャルサポートの質を評価するための理論的枠組みが基盤となり、(1)ソーシャル・ネットワークのサイズ（量〔人数〕、頻度〔接触の頻度〕、緊密度〔結びつきの強さ〕、同質性〔メンバーの特徴〕等）、そして(2)ソーシャル・サポートの内容として（タイプ「手段的サポート（instrumental）：経済的支援や物品の供与」、「情緒的サポート（affective）：本人の自尊心や情緒に働きかけること」／源（友人、親族、同僚等））を測定することが多い（木村 1997）。

えば低所得者層の成績不振の生徒に対して介入をする際に、単に個人の勉強時間の見直しに焦点を絞るだけではなく、ワーカーがこのようなSCの理解を深め、地域社会を資源の宝庫としてとらえ、低所得層のコミュニティが異質でより価値のある資源（heterogeneous and more valuable resources）にアクセスし、橋渡し型SCや連結型SCへと発展させるアプローチをすることによって、良い効果をもたらすかもしれないことを指摘する（ibid.:363）。また、彼らはソーシャルワークの従来の臨床的アプローチ（例えば、ライフモデル、ナラティブセラピー、文化的アセスメント等）は、SCの構造的分析を含むことによってよりいっそう強化される利点があると指摘している。

② SCとソーシャルワーク実践との共通性

ローファーら（2004）は、SCの理論的及び実証的文献をレビューする中で、伝統的なソーシャルワーク実践・リサーチ・政策の中での、SCの関連性や応用性を検討した。彼らはソーシャルワーカーにとってのSCの定義を以下のように記している。

> 「SCは、信頼関係、相互理解、個人・地域社会・制度をまとめる共有された行動を構築するプロセスである。このプロセスは、ネットワーク、共有された規範や社会的機関（agency）を通して現実になる機会と／または資源を生み出す協調的活動を可能にする」（Loeffer et al. 2004:24）。

ローファーらは、SCを固定化され永続的なものとはみなさず、継続的に再生され醸成されるものでなければならないとし、さまざまな行為者（actor）や関係者の影響によって絶えず変化するプロセスとみなしている。そしてこのプロセスは、「生活やウェルビーイングの質を改善するための具体的な資源を蓄積するために、個人、家族、地域社会を超えた信頼関係の構築を促進するエンパワーしていくプロセス」としても理解される（Ersing & Loeffler 2008:228）。そして彼らは、ソーシャルワークのミクロ、メゾ、マクロレベルの実践・研究・政策アプローチそのものが、それぞれ結合・橋渡し・連結型SCに類似するとし、ソーシャルワーク教育との統合を目指そうとした。例えば、結合SCは、ソーシャルワーク実践での伝統的な家族のみならず、家族に類似する緊密な社会関係等のアプローチ（家族セラピー、親教育プログラム、親の社会的スキルアップ等）によって促進され、橋渡しSCは、ソーシャルワークのエコロジカルモデ

ルの合理的な検証を与えるとしている。また連結SCは、個人のコミュニティへの従事や参加の促進や意思決定プロセスにおいて周辺化された人々の権力や資源へのアクセスの改善をもたらし、コミュニティのキャパシティを構築するための手段とみなしている。

③ コミュニティ・ソーシャルワークとの関連

前述したように、国際社会では世界銀行やOECD等が、途上国の貧困軽減や開発経済にとってSCを有用とし、その形成を重視してきたが、その流れを汲みとりながら、ソーシャルワーク実践の中でのSCの活用をいち早く提唱したのはミッジリィとリバモア（Midgley & Livermore 1998）である。彼らはパットナムやコールマンのSC概念に依拠しながら、SCを社会的基盤（social Infrastructures）とみなし、地域経済の発展に欠かせないものとした。

「（SCは）社会的な目的にとっての基盤的開発が、地域開発にとって必要な物質的快適さ（amenity）を提供するだけではなく、人々をまとめて地域開発への彼らの参加（commitment）を高めるコミュニティ保有資産を生み出すことを提案するような社会的基盤（social infrastructure）である」（Midgley & Livermore 1998:32）。

そして、SCの醸成のために、コミュニティ・ソーシャルワーカーの多大な貢献を期待している。彼らは従来のコミュニティ・ソーシャルワークの実践とSC醸成との共通点を述べ（例えば、市民参加やソーシャル・ネットワークの強化、地域組織化やロビーイング等）、コミュニティ・ソーシャルワーカーがSCを活用し高めることにより、地域経済の発展、ひいては地域住民の福祉の向上に寄与できることを示唆した。

ヒーリーとハンプシャーは、SCは進歩的（progressive）ソーシャルワーク[*4]にとって役に立つ概念とし、コミュニティ・ソーシャルワーカーが強調するコミュニティ・ビルディング（構築）はSCの「結合」と「橋渡し」に、権利擁護は「連結」に相応するとしている（Healy & Hampshire 2002:231）。とりわけSCの連結的領域に浸透している政策活動主義（policy activism）は、進歩的ソーシャルワークの考えに広く受け入れられていると述べ、SCの使用は、進歩的な実践の概念の強化をいっそう図るとみている。彼らはSCが複雑に絡み合う領域に注意を払う多元的な概念であり、ソーシャルワーカーのキャパシティを改善することができると主張する。

　またアギラとセンは、コミュニティ実践における主な領域である「コミュニティ開発」、「社会計画」、「ソーシャルアクション」について、**表2-1**のように、それぞれ、「結合」、「橋渡し」の比重の程度の差で説明している（Aguila & Sen 2009:436）。

　アギラとセンは、SCと集合的効力（collective-efficacy）にも言及している。集合的効力とは、社会問題を軽減するための効果的な集団行動が、コミュニティの共同能力に対する信念に基づいているという考えを含み、コミュニティの実際の性能（パフォーマンス）に影響を与えるものである（ibid. 2009:439）。これは、若者のハイリスク行動をやめさせたり、犯罪行動や暴力を軽減する方法として普及している（Dominguez 2008:36）。また彼らは、コミュニティ・ソーシャルワーカーがエコマップと資産マップを使用することで、SCを明確にしたり、開発したり、ひいては集合的効力をつくることができることを述べている。

④　SCとソーシャルワーク教育の統合

　アーシンとローファーは、SC構築が貧困軽減や社会公正（social justice）に貢献すると認識し、SCをソーシャルワークの使命（社会変革による社会的公正

---

*4　ヒーリーとハンプシャーによれば、ソーシャルワークにおける進歩的アプローチは以下を取り入れているものとしている（Healy & Hampshire 2002:228）。
- 不利益な集団に寄り添うことへの関与。
- 権威主義的であるよりはむしろ対話的実践プロセス。
- 個々の経験、生活機会と社会関係を形成する上での社会的、経済的、政治的システムの役割を認識する事。これには実践の文脈におけるものも含まれる。
- 直接的な実践及びそれを超えて、民主主義と公平性の向上に向けて、支配と搾取を永続させるプロセスと構造の転換への関与。

表2-1 コミュニティ実践の領域とSC

	目標	コミュニティ実践者の役割	SCの形式
コミュニティ開発	セルフヘルプとコミュニティキャパシティの増加	主にイネーブラ、コーディネーター、サポーターとしての実践者	<u>結合</u>＋橋渡し
社会計画	問題解決	主に専門家、事実の収集者、分析者としての実践者	<u>橋渡し</u>＋結合
ソーシャルアクション	権力のより公平な配分	主にロビイスト、権利擁護者、教育者、分析者としての実践者	<u>結合</u>＋橋渡し

（出典）Jemel P. Aguilar & Soma Sen（2009），Comparing Conceptualizations of Social Capital, *Journal of Community Practice* 17:436.
＊SCの形式の下線部分は実践家の最初の焦点化を示し、下線のない部分は次の焦点化を示す。

の実現、必要な情報・サービス・資源へのアクセスの保障、機会の平等や意思決定への参加等）とを重ね合わせ、SCをソーシャルワークカリキュラムに組み込み、融合することを有益として主張する（Ersing & Loeffler 2008）。彼らは、学生が自分自身のSCを豊かにすることを支援しながら、専門的な関係構築とネットワーキングの開発をすることによって、学生がクライエントとの効果的な役割を果たすことができるという。学生が同僚との結び付きに成功し、彼らの知識から利益を得ることができれば、ソーシャルワークの専門家が仲介者の役割を果たす上でどのように効果を高めることができるかを理解し始め、ネットワーク関係を通じて発展されたSCを活用する学生は、他の組織の同僚と橋渡しをして、クライアントシステムに必要なサービスを得ることができるという。こうした学習過程は、マクロレベルの変化にも関連し、学生はコミュニティが構造的な変化を求めるために、政策的イニシアチブや影響のある意思決定者を通して、外部の組織に連結する重要性を学び始めるという。SCに関する理論的、歴史的、そして実践的な知識を取り入れることは、専門的なソーシャルワーク実践におけるミクロマクロの二分法を超越し、むしろ学生は、社会的不公平、日常生活の問題、個人・家族・組織・コミュニティ・社会レベルの介入を通じて健全な人間関係を妨害する条件に取り組むためのソーシャルワークの明確なアプローチについて学ぶことができることを強調する。

2) SCをめぐる負の側面

　パットナムのSC理論が社会的効用の側面を強調する一方で、SCへの批判も多い。例えば、SCの研究方法については、SCの定義・測定方法が不統一な側面があり、計測の難しさ、研究者による指標の恣意性があること（木村 2008）、また社会における権力や対立関係や構造的不平等が十分に考慮されていないことがしばしば指摘されている（Schuller, Baron & Field 2000:10）。ソーシャルワーク領域のSC議論においても、社会的不平等、社会的排除、社会公正などが見過ごされているなど、SCの負の側面への懸念もみられる。

① 結合型SCの排他性

　ホーキンスとマウラーは、SCの限界や否定的影響として、結合型SCの特徴としてみられる、同質的ネットワークがそのメンバーの中では結びつきが強く包括的であるが、同時に外部の接触を制限したり、排他的である側面を持っていることをあげている（Hawkins & Maurer 2012:361）。とくに富、権力や評判等の特権をもっているメンバーは、それ以外のメンバーを除外することによって、その高い資源の維持やアクセスを有利にしているということがあると指摘する。

　同様にヒーリーとハンプシャーも、ソーシャル・ネットワークが、ある特定グループの排除の目的で使用されたり、また強いコミュニティの結束は、それ以外のメンバーに対しサポートや資源へのアクセスを制限したりする可能性もあることを述べている（Hearly & Hampshire 2002）。とくに同質的ネットワークがもつ「闇の部分（ダークサイド）」——すなわち、ソーシャル・ネットワークがメンバーに否定的な影響を与えること——を懸念している。彼らは、例えば、青少年の司法システムに関する若者の縦断的調査において、同質な仲間ネットワークが異質なネットワークよりも、ドラッグ、アルコール依存、犯罪行動等のネガティブな結果を体験し、社会的周辺化に陥りやすいことがあるという例をあげて説明している。

② 社会的不平等・権力構造に関する視点の欠如

　全米ソーシャルワーカー協会（NASW）のソーシャルワーク事典では、前述したブルデューのSC定義が紹介されているが、SCは個人と集団のレベルでの社会階層の過程を理解するための一つの道具として広く普及し、人種的差異や社会的不平等を説明するのに使用されていると記されている（Dominguez

2008:34)。アギラとセン（2009）も、彼らが提案したコミュニティ実践の領域とSCの関連（表2-1）を述べる際には、ブルデューのSC概念を基本としている。彼らはブルデューが、SCや文化資本を含んだ多様な資本の存在を気付かせ、それらが権力の発生と関連していることに言及し、ブルデューの功績を踏まえながら、権力や力関係を認識するコミュニティ・ワーク実践のガイドラインを提案している。

　ホジキンは、オーストラリアの公共政策および地域のキャパシティビルディングを目指すソーシャルワーク実践において、パットナムのSC論が多大な影響力を与えてきたことを認めているが、ソーシャルワークは伝統的に社会的不平等の問題に関心があったにもかかわらず、SCの不平等性には注意が払われていないことに疑問を呈している（Hodgkin 2011）。彼女は、ブルデューのSC論を筆頭に、SCが階級構造に深く根差していると主張する論者たちの知見を示しながらSCの不平等的な側面を強調している。ビクトリア州の農村都市の大規模なプロジェクト調査研究を通して、ホジキンは、社会経済的地位、性別、年齢等の人口学的属性といくつかのタイプの社会的・市民的参加の違いがみられることを明らかにし、このような差異を注視しながら、ソーシャルワークがSC構築を図ることを示唆している。

　また、オスターリングは、SC理論の限界として、地域社会がもっている特質（attributes）の格差によって、SCが同等レベルであっても、同様な利益を生むわけでないことを指摘する（Osterling 2007）。彼女は、地域社会のための資源を生み出す能力は、社会的ネットワークと社会的プロセスだけでなく、コミュニティの特質（経済資本、政治的権力、具体的な近隣の資源など）の利用可能性（有用性：availability）にも依存しているとし、これらのコミュニティ特質の欠如は、SCの活用を妨げる可能性があり、貧しい地域がより豊かな社会（同等のレベルのSCを有する）と同じタイプの利益および成果を獲得することを困難にするという。そのため、SCの限界を乗り越え、貧困地域を理解するために生態学的グラウンデッドモデル（Ecologically-Grounded Model）を提唱している（図2-1）。このモデルでは、マクロの動向は、貧困地域の状況（文脈）に影響する要因として仮定され、貧困地域の近隣状況はSCに直結し、それが近隣の効果に影響することを示している。例えば、地域社会で橋渡しSCが行き渡っているとしても、マクロ動向や近隣状況によって、職場がないために地域住民が雇用の情報源とはなりえない可能性もある。オスターリングは、このモデルはソーシャルワークの実践や教育に重要な意味をもつとする。ソーシャルワー

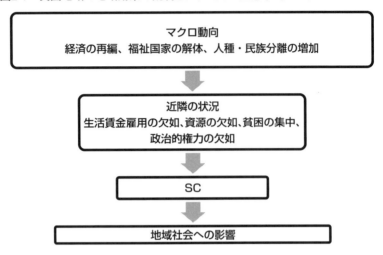

図2-1 貧困地域の地域効果の説明としてのSCの生態学的グラウンデッドモデル

(出典) Osterling K. L. (2007) Social Capital and Neighborhood Poverty: Toward an Ecologically-Grounded Model, *Journal of Human Behavior in the Social Environment*, Vol. 16 (1/2), p.141.

クにおいて貧困地区で住民の社会ネットワークやコミュニティ組織への参加を促進するというSC構築をする場合には、このモデルにあるようにマクロ動向や近隣状況に留意する必要があり、また近隣の資源と機会の量と質を高めることが重要であることを述べている。

③ 社会サービスへのSC活用の懸念：SCへのシナジーアプローチ

ヒーリーとハンプシャー（Healy & Hampshire 2002）は、社会サービスにおけるSC活用の懸念として、SCが不利益な立場の人々の具体的な現実を見えなくするかもしれないことを述べている。例えば、貧困地域等の不利益な地域社会に住む住民の健康状態が、ソーシャル・ネットワークによって改善できたとしても、貧困問題の根本的な原因が見過ごされては意味がない。SCが不利益な地域社会における生活の質に肯定的に影響を与えるなら、経済的発展と再分配政策と結びつかなければならないことを強調する。

また、彼らは政府が人々の直面する問題に対して物質及び人的資源を投入することなく、コミュニティへその責任をなすりつけることにSCが利用される

ことを懸念している。フェミニストの視点を例にあげ、SCの共同体主義的な（communitarian）考えが、女性の搾取に拍車をかけるかもしれないことに彼らは警鐘を鳴らす。それは、コミュニティケアやコミュニティビルディング活動において、女性の無償労働（unpaid work）が当てにされる可能性があるからである。確かにSCはボランティアや慈善というような価値や行為をその要素として内在しており、そうしたソーシャル・ネットワークがSCの中核となることが期待されている。しかし、SCをコミュニティや民間任せにしておけば、一方で福祉供給における政府の介入の後退を招き地域格差が広がることが懸念されるという。

とはいえ、ヒーリーとハンプシャーは、こうしたSCへの批判的側面を考慮することが、社会サービスにおけるSCへの批判的及び内省的アプローチ（critical and reflective approach）にとって重要であることを指摘する。彼らはSCの負の側面を認識し、その批判を踏まえながら、地域（local）及び制度的（institution）レベルの課題に対処する方法としてSCへのシナジーアプローチ（相乗効果）を提案している。シナジーアプローチは、SCの結合と橋渡しの形態を一体的に強調し、制度的責任の認識をもたらすとする（ibid.:234）。サービス提供のレベルにおいては、シナジーアプローチは、ソーシャルワーカーの介入が結合・橋渡し・連結SCの開発をどの程度発展させられるかを認識することが問われる。例えば、結合型SCに焦点をあてることは、家族や友人のような緊密なつながりを強化することであり、それはワーカーの伝統的な実践であり、ワーカーはSCの形成に寄与してきたといえる。しかし一方でSCの批判的・内省的アプローチの側からみれば、社会的および経済的不利益に対処するために必要な資源へのサービス利用者のアクセスを向上させるためには、ワーカーは、結合型SCの限界に留意し、橋渡し・連結SCの発展に向けて活動することが期待されると述べている（ibid.:234）。同様に、橋渡し型SCの批判的・内省的アプローチでは、ワーカーが橋渡し型SCの欠点（例えば、固定された社会的ネットワークから外れた人々を排除したり、女性ボランティアに過度の負担を強いる可能性があるなど）に注意を払うこと、また連結型SCの批判的・内省的アプローチでは、ワーカーが個人（とくに不利益な地域社会の人々）と強力な組織（institution）の代表者の間の権力関係を認識し、権力的立場にある人に主導権を任せるのではなく、それらの組織へのサービス利用者の参加の機会を戦略的に探し、最大化し、創造する必要があること（権力の座にある人々にこれらの主導権を任せるのではなく）について言及している。

以上、SCのソーシャルワークへの活用における海外の議論では、SCの定義や捉え方について、論者間で微妙な違いはみられるものの、既存のソーシャルワークとの類似性・共通性を見出し、SCのソーシャル・ワーク実践・政策・研究への活用は有用としている点は共通していた。とりわけ地域社会やコミュニティ開発を念頭においた「集団レベル」のSCの活用が期待されていたといえる。しかし、SCの効能ばかりではなく、「個人レベル」のSCが、社会的不平等や社会階層分化を招く恐れがあることも懸念されていた。ソーシャルワーク実践においては、社会構造に着目しながら、結合型・橋渡し型・連結型SCを意識し、権力や資源へのアクセスや公正な再分配、意思決定プロセスへの参加の促進等のアプローチを重視することが期待されている。さらに、SCがボランティアとの親和性が高いことから、公的支援制度や行政サービスの後退に利用されかねないことへの危惧もみられた。SCが内包する特性を十分に鑑み、ソーシャルワークにおけるSC活用が検討されなければならないことが示唆されていたといえる。

(2)　**日本の社会福祉分野へのSCの活用――地域福祉分野の期待**
　日本ではSCは「社会関係資本」、「社会資本」等と邦訳されるが、本来の意味とは異なる印象を与える懸念もあり「ソーシャル・キャピタル」と表記されることが一般的である。2000年以降、学術的研究及び政策的領域の両面で注目されているが、とくに内閣府生活局のSCに関する委託調査（2003, 2005）が端となり、2007年からSC研究が増加し、政府・自治体主導型の調査研究、政治学、社会福祉学、地域研究等の学問分野が多いことが指摘されている（空閑 2010）。海外に比べて、SC調査研究の十分な蓄積があるとはいえないが、その中でも社会疫学・公衆衛生領域でのSCと健康との関連についての実証研究は多数報告されている（近藤ほか 2010; 埴淵ほか 2010; 渡邉ほか 2012; 播磨・佐々木 2013等）。国も高齢者を対象とした社会疫学調査（Aich Gerontorogical Evaluation Study：AGES）プロジェクトを実施する等、健康格差問題と社会政策が重視され始め（近藤 2012）、社会構造要因が健康に及ぼす影響や公衆衛生の健康に対する個人的アプローチの限界から、SCの活用が有効とみられている（木村

　＊5　井上ら（2013）の日本のSCと健康に関する文献レビューでは、2009年以降に研究が顕著になっており、研究対象は全国からの抽出調査、市町村単位の調査、高齢者に偏重していること、量的調査が質的調査よりも多いことを明らかにしている。

2008)。

　こうしたSCと健康に関する研究は、社会福祉領域とも重なる部分が多く、とりわけ、地域住民への健康や介護予防と地方自治体の政策・実践レベルとの関連から、地域福祉分野でのSCの実証的研究が始まっている。例えば、地域福祉計画の評価の可視化に向けた指標の開発（長谷中 2014; 高瀬 2013）や住民の地域組織への参加（平井 2010; 山村 2012; 伊藤・近藤 2013）等がある。

　一方、地域福祉の立場からSCの接点やその援用を吟味する本質的な議論も深まりつつあり、地域福祉の性質とSCとの共通点や類似性が示唆され、地域福祉実践への可能性が期待されている（所 2007; 川島 2008; 竹川 2008; 山村 2010）。

　例えば、山村（2010）はSCの構築には市民社会度の高さが要求されるとするパットナムのSC理論を取り上げ、それと地域福祉における住民主体の原則と重ね合わせ、SCの構築と地域福祉の促進において、両者の共通要素としての住民の市民的主体性をみている。そして、SCの定量化に取り組んできたこれまでのSC研究をヒントに、地域の社会関係の有様を定量化することが、地域福祉の新たな方法論を開拓することを期待する。

　所（2008）は、パットナムのSC概念にみられる「協調行動」を取り上げ、地域福祉の実践者が、地域社会や集団・組織の内部で、あるいはそれらの間で、地域福祉課題を達成するための「協調行動」に影響を与えるようSCに関わることになると述べている。そしてSCを地域福祉を推進するプロセスにおける「資源（resources）」と捉えることができるとし、またSCを醸成するプロセスは地域福祉を推進するプロセスの一部分をなしていると考えている。

　竹川（2008）は、パットナムが福祉領域とくに健康と幸福とのSCの関連性を実証的に解明している事例から、地域福祉と深い関係性を読み取っている。例えばパットナムは病気になりにくく健康が維持される等の理由として、社会的ネットワークが直接サポートを提供したり、健康に対する人々の規範を強化したり、コミュニティが政治的に結束して医療サービスの確保に貢献している等をあげているが、竹川は、これは地域福祉関係者が福祉コミュニティの機能としてみなしていたことと類似する部分があると指摘する。また、日本のSC構築の先鞭となった内閣府生活局（2003, 2005）の報告書が、NPO活動等の市民活動による「橋渡し型SCの醸成」を期待していることや、中間支援機能を有する団体・組織の活動の展開を重視し、コミュニティ機能再生の手法開発を課題として提示していることを踏まえて、社会福祉協議会の地域福祉活動計画の策定やコミュニティワーク実践のプロセス、及び自治体の策定する「地域福祉

計画」との連携等が、SCや信頼構築につながり、きわめて有効であると述べている。

　これらの論者たちは、いずれも地域福祉の政策及び実践とSCのきわめて高い関連性をみており、お互いが発展できる可能性を示唆している。パットナムがアメリカ社会のSCの衰退に警鐘を鳴らし、人々の信頼の回復や、コミュニティの再生を課題にしているように、日本社会においても同様な課題として共鳴する部分があり、そうした課題が地域福祉の課題や実践とオーバーラップしているといえる。例えば、社会的孤立や防災・災害福祉問題はとくに今日的な地域福祉の課題としてクローズアップされている。このような課題の解決の糸口として、地域福祉の政策・実践のレベルでは「地域のつながり・絆の強化」、「ネットワークの構築」、「社会参加」等が強調されており、これはSCの構成要素と深く関連していると思われる。

第2節　社会統合──主観的プロセスとしての統合

　「社会統合」（social integration）は複雑かつ議論の余地のある概念である。ここでは、社会統合の概念を若干整理し、難民に関する社会統合に焦点化ながら、本研究で着目する主観的プロセスとしての統合について述べる。日本の滞日外国人研究や外国人施策では、「社会統合」というよりも「多文化共生」の言葉が馴染み深く「社会統合」に類似する概念として多用されている。

1　社会統合の概念

　社会統合の捉え方は一様ではなく統一した見解があるわけではない。しかし、その概念の中には、個人のアイデンティティ・権利の尊重、差別の排除、参加の促進、ホスト社会と移民・難民の双方向の相互適応過程（mutual adjustment）という共通項がみえてくる。

　異文化適応に関する研究で先駆的なベリーは、適応形態の4類型（ASIMモデル）を図2-2のように整理している（Berry 1986）。すなわち「自己同一性と文化の維持」（「自分達のアイデンティティと文化を維持することが大事ですか？」）及び「受入れ国民との肯定的なつながり」（「主流となる支配的社会と積極的関係を持つことが大事ですか？」）について「はい」か「いいえ」で分類されている。

図2-2　適応形態の4類型

	自己同一性と文化の維持	
受入れ国民との肯定的なつながり	（はい）	（いいえ）
はい	統合 (Integration)	同化 (Assimilation)
いいえ	分離 (Separation)	周辺化 (Marginalization)

（出典）Berry, W.J.(1986)The Acculturation Processes and Refugee Behavior, in Carolyn L. Williams & Joseph Westermeyer, eds., Refugee Mental Health in Resettlement Countries, Hemisphere Publishing Corporation, p.28.

　ここでは、統合は同化と区別されるものであり、「アイデンティティ・文化」及びホスト社会との「つながり・参加」が保持されていることが重要なファクターといえる。この考えは後述するように、現代のEUの社会統合概念に広く根差しているといえる。

　欧州諸国では、1990年代以降、地域統合を進める中で各国の移民政策を調和させる必要性が認識され、EUの共通移民政策に向けた取組が既に進んでいる（和喜多 2009）。そこでは、社会統合はホスト社会の人々と移民・難民との対立を回避する統合の過程（プロセス）として捉えられるようになってきている。

　1999年に欧州理事会は、EUの権限強化に伴い、「タンペレ・プログラム」を採択しEUの共通移民政策の構築に向けた第一歩を踏み出した（和喜多 2009; 木戸 2009）。それによると、共通の庇護・移民政策（Common EU asylum & Migration Policy）は、4つの柱から構成、①出身国とのパートナーシップ、②共通の庇護システム、③第三国国民（EU域外の外国人）の公平な処遇、④移民フローの管理、とされており、③の中で「統合」について以下のように述べられている。

　　「欧州連合は、EU域内に合法的に居住する第三国国民の公平な取扱いを保障にしなければならない。より強力な統合政策は、彼らに対しEU市民と同等の権利と義務を与えることを目指すべきである。また同時に経済的、

第2章　理論的枠組み——研究へのアプローチ

社会的、文化的生活における<u>非差別を強化</u>し、<u>人種差別や排外主義に対抗する方策を伸長させなければならない</u>」（European Council 1999）。＊下線は筆者

　統合は第三国国民がEU市民と同等の権利・義務を認める公平性を重視するものであり、若松の言葉を借りれば「公正な処遇パラダイムと社会的包摂」に特徴があるといえる（若松 2012:157）。
　次いで統合の概念は、ホスト社会と移民との双方向の過程（two-way process）が強調され始める。例えば、欧州委員会の「移民、統合及び雇用に関する欧州委員会通知」（2003）では、以下のように述べられている。

　　「統合は、EU域外からの合法的な移民と彼らの<u>完全参加</u>を与える受入れ社会とのお互いの権利と義務を基礎とする、<u>双方向の過程</u>として理解されなければならない。これは、一方で、移民それぞれが、経済、社会、文化、市民生活において参加できるような方法で、<u>移民の公的な権利を受入れ社会が保障する責任</u>があること意味し、他方で、移民が自らのアイデンティティを放棄することなく、<u>受入れ社会の基本的な規範や価値を尊重し、統合プロセスに能動的に参加</u>することを意味する」（Commission of the European Communities 2003:17）。＊下線は筆者

　ここでは移民の完全参加を保障していく受入れ国の責任が明らかにされるとともに、移民が彼らのアイデンティティを保持することを確認しながら、統合が「同化」とは異なることが示されている。しかし一方で同時に受入れ社会の規範や価値の尊重を移民に要請している。こうした方向性は徐々に高まってくる。
　2004年には移民統合政策のためのEUの共通基本原則（Common Basic Principles for Immigration Integration Policy）が策定され、また2005年には、統合のための共通アジェンダ（A Common Agenda for Integration）が採択される中で、共通基本原則の実施の強化が図られていく。その原則の1では統合が双方向性プロセスであることが確認されている。

　　「統合は、すべての移民と加盟国の住民による相互の適応（mutual accommodation）のダイナミックな双方向過程である」（Justice and Home

Affairs 2004:19-24)。

　しかし、同時に原則2では、ヨーロッパの基本的価値を尊重することが明記されており、移民がそうした価値や規範にコミットメントすることをいっそう強調している（若松 2012:154）。
　EUが統合の対象とする移民は、第三国国民、すなわちEU域外からの合法的移民であるが、移民と難民を必ずしも明確に区別しているわけではない（UNHCR 2013:11）。難民の支援に特化するUNHCRは、難民の統合について以下のように述べている。

　　「統合は、難民自身の文化的アイデンティティを控えることなく、ホスト社会に適応する難民の側の準備、そして、ホストコミュニティと公共機関の側が、難民を歓迎して多様な集団のニーズを満たすことに対応する準備を含む、すべての関係者による努力を要求する」（UNHCR 2005, 2013:14）。

　UNHCRが提唱する統合概念も双方向プロセスであるが、ここでは他者による「歓迎」（Welcome）を前提とし、他者とは受入れ政府のみならず、受入れ社会のすべての人々を含めている。「歓迎」という抽象的な表現であるが、積極的及び消極的排除（「無関心」、「敵意」等）をしない社会の有様を期待している。特に①法的プロセス、②経済的プロセス、③社会的・文化的プロセスの3つの側面が基盤となることを強調する（UNHCR 2013:15）。
　他方、こうした双方向なプロセスを前提とした統合は、とりわけ近年のイギリスでは社会的結束（Social Cohesion）と並んで促進されている。2001年の北イングランドで起こった人種暴動や2005年のロンドン同時多発テロ等を背景に、社会秩序やナショナル・アイデンティティを危惧するイギリスでは、統合を強化するために2006年にコミュニティ・地方政府省の下に「統合・結束委員会（The committee of integration and cohesion）」を設置した（岡久 2008）。その委員会の報告書『私たちの共有される未来（Our shared Future）』（2007）の中では、以下のように結束と統合は区別されている。

　　「結束は、主に、異なる集団が共にうまくやっていくこと（get on well together）を確実にするために、すべての共同体（コミュニティ）で起こる

べく過程であり、他方、統合は、新しい住人と既存の住人がお互いに適応することを確実にする過程である」(p.9)。

そして、統合及び結束は車の両輪のように一体的なものとして捉え、地域社会の新しい輪郭を描こうとしている（2007:9-10）。

翻って、日本の政策をみてみると、社会統合政策という表現を使用せず、中長期的滞在の外国人に対しては「多文化共生施策」がそれに代わる包括的な施策として理解されている[*6]。しかし、各省庁で使用される用語や英語表記は必ずしも統一されているとはいえない。例えば、総務省は多文化共生施策（「Multicultural Society」あるいは「Multicultural Coexistence」）を用い、内閣府は、定住外国人を含む共生社会政策（「Social Cohesion」）、また外務省は、在日外国人の社会統合（多文化共生）施策（カッコをつけて表現：「Social Integration」）を用いることが多いようである[*7]。

日本の移民・外国人研究でも「社会統合」（あるいは「社会的統合」）よりも「多文化共生」や「社会的包摂」（social inclusion）の用語が多用されている。しかし最近では「共生」のもつ曖昧さが批判され、「社会統合」の使用を支持する声もある。山本（2006）は、「共生」は、「共に生きる」という非常に漠然とした、しかし聞こえのよい言葉であると述べ、具体的に何を明らかにしているわけではないが、スローガンとして多用され、「共生」の概念の問題点の一つは「共に生きたい」とすべての人々が等しく願っているという前提の上に成り立っている点であるとする。また、樋口は「共生」概念は、①モデルに適合しない現実から目をそらしたり、そうした現実の排除に向かう、②政治経済的な格差に鈍感、ないしは格差を容認する言説を生み出す等の傾向を問題点としてはらんでいると指摘している（樋口 2005:295-7）。社会参加の観点について、西野・倉田（2002）は、インドシナ難民の社会統合の調査の際に、社会的統合を「各領域集団に良好に参加できていること」と定義し、「各領域集団」とは、個人

[*6]　2005年総務省に設置された「多文化共生の推進に関する研究会」では多文化共生とは「国籍や民族等の異なる人々が、互いの文化的ちがいを認め合い、対等な関係を築こうとしながら、地域社会の構成員として共に生きていくこと」（総務省 2006）と定義されているが、この定義は広く普及している。

[*7]　内閣府「共生社会政策」(http://www8.cao.go.jp/souki/、2016年1月28日閲覧)、外務省「在日外国人の社会統合」(http://www.mofa.go.jp/mofaj/gaiko/local/symbiosis/index.html、2016年1月26日閲覧)。

を中心とした同心円状に諸領域が広がっている捉え、もっとも内側から①家族集団、②成人の場合職域集団、③子の場合は学校集団、④地域集団、⑤宗教集団、⑥エスニック集団、⑦政治集団とした。しかし、日本では必ずしもこのような統合の指標に踏み込んだ調査は多くはない。

2　難民の社会統合の領域とソーシャル・キャピタル

(1) 統合の指標

　統合に関する研究や政策・実践では、構造的あるいは機能的側面を捉え、統合の領域・分野や指標を明確にする試みがなされてきた[*8]。EUのサラゴサ宣言では、統合政策の重要な領域として①雇用、②教育、③社会的包摂、④活動的市民が示されるとともにそれぞれの領域での指標を明示し、これに則りEU統計局は加盟国のモニタリングを実施している（EU統計局 2011）。統合の指標によって、統合の概念が具現化され、抽象的な統合に輪郭が与えられることにより、ホスト社会の政策に具体的に反映されることが可能となる。

　難民の統合政策との関連では、ゼッターらが、ドイツ、イタリア、イギリスの社会統合政策や実践を調査し、**表2-2**の統合の指標を示している（Zetter et al. 2002）。

　彼らの報告では、社会的領域の中でSCの重要性が触れられているが、その中身については明確ではなかった。統合の指標とSCの関連は、英国内務省の委託報告『統合の指標』を作成したエイジャーとストラングによる統合の枠組みの指標（4類型10分野）によって、より鮮明に表れるようになる（Ager & Strang 2004）（**表2-3**）。彼らの指標はゼッターらの指標と重なる部分が多く、例えば、「手段と指標」にあたる部分は「機能的領域」に、また、「社会的接触」にあたる部分は「社会的領域」、「基盤」の部分は「市民権・統治」の領域に関連している。

　この指標の中ではSCという用語は使用されていないが、社会的接触の領域として、パットナムに依拠したSCタイプを踏まえていることは明確であり、3つの領域——社会的橋渡し、社会的結合、社会的連結が取り上げられている（**表2-4**）。そしてそれぞれについて、政策及び実践レベルでの具体的な測定の

[*8]　各国の移民の統合政策の比較に用いられる代表的な指標として、MIPEX（Migrant Integration Policy Index）（丸山 2009）がある。

表2-2 統合の指標

領域	内容
市民権の領域 （The citizenship domain）	市民権のプロセスと制度（processes and instruments of citizenship）
統治の領域 （The governance domain）	統治、行政、市民社会（governance, administration and civil society）
機能的領域 （The functional domain）	社会及び経済的参加（social and economic participation）
社会的領域 （The social domain）	民族、文化的アイデンティティ、ソーシャル・ネットワーク、ソーシャル・キャピタル（ethnicity, cultural identity, social networks and social capital）

（出典）Zetter, R., Griffiths, D., Sigona, N. and Hauser, M.（2002）Suvey on policy and practice related to refugee integration（Oxford: European Refugee Fund Community Actions 2001/2; School of Planning, Oxford Bookes University, pp.135-139.

表2-3 統合の枠組みの指標

主題・題目（Themes）	領域（Domain）	説明
手段と指標 （Means and Markers）	雇用／住居／教育／健康	これらは、統合プロセスの重要な要素として広く認識されている主要な達成領域を表す。
社会的つながり （Social Connection）	社会的橋渡し（social bridges） 社会的結合（social bonds） 社会的連結（social links）	これらは、統合プロセスの理解に対する関係の重要性を強調する。
促進 （Facilitation）	言語・文化的知識／安心・安定	これらは統合のプロセスの主要な促進要因を表す。
基盤 （Foundation）	権利・市民権	これは統合のプロセスの見込みと義務を確立する基礎を表す。

（出典）Ager, A. & Strang, A.（2004）Indicators of Integration: Final Report（London: Home Office Development and Practice Report, Research, Development and Statistic Directorate）, pp. 3-4 をもとに筆者作成。

表2-4　社会的つながりの内訳

領域	概要
社会的結合 （Social Bonds）	難民自身——そして統合への最たるアプローチ——特定の集団やコミュニティへの所属の感覚が重要であることを理解する。民族、宗教または地理的コミュニティでのアイデンティフィケーションの感覚がなければ、「同化」する危険性がある。この領域は、そのような所属を支持する「結合」を評価する。
社会的橋渡し （Social Bridges）	他の異なる国籍、民族、宗教的集団での社会的つながりを構築する——ミックシイング（混合）——は統合の多くの定義の中心に置かれている「双方向」相互作用を確立するのに必須である。他のコミュニティへの橋渡しをつくることは、社会的結束を助け、文化的理解を広め、経済的な機会を広げる機会へとつながる。
社会的連結 （Social Links）	地方行政とNGOのサービス、市民の義務、政治的プロセス等との関わりは、統合を支援する社会的つながりのさらなる実例を示す。そのような活動への連結は、統合を評価することに関する、社会的つながり（その人のコミュニティとの結合や他との橋渡しと並んで）の第三の側面を提供する。

（出典）Ager, A.& Strang, A., ibid., pp.18-20をもとに筆者作成。

例も提示している。例えば、社会的橋渡しについては、青年クラブ等の参加、地域へのボランティアの参加、一般市民の難民への意識等が挙げられている（p.18）。この指標は、イギリスの統合戦略の中で最も影響力を与え、統合において、難民への地域社会への関与とソーシャル・ネットワークとSCの構築が強調されたといわれている（Goodson & Phillimore 2008）。

　ここで留意すべき点は、エイジャーとストラングは、難民の社会統合の中で社会的結合を重視している点である。結合型SCは、一般的には同質的な人々（この場合は難民）の間の特殊な互酬性の関係や連帯を高める一方で、社会統合や社会的移動を妨げる要因としてしばしば理解される傾向にある。しかし、彼らは社会的結合が難民自身の民族、宗教または地域に属する感覚を育むことができ、それは難民の同一化（identification）と関連しているため、このような感覚を難民が持ち得なければ社会統合が、単なる同化になる恐れがあることを強調する。同様に、オーストラリアの難民定住・統合におけるSC調査

(Pittaway, Bartolomei, Doney, 2013, 2015)[*9]においても、結合型SCは橋渡し・連結SCの基盤として重視されている。結合型SCは、難民及び彼らの文化的独自性の自信につながり、引いては彼ら自身や難民コミュニティがより広範な社会の資源やキャパシティにアクセスすることができると指摘する。

(2) 統合とソーシャル・キャピタルモデル

ピッタウェイ、バリトロメイ、ドーニーの調査（Pittaway, Bartolomei & Doney. 2015; Doney, Pittaway, & Bartolomei 2013）は、難民の視点から、独自のSCを定義することを主たる目的とし、難民定住におけるSCモデルの作成に努めた（表2-5）。彼らのSCモデルの枠組みには、社会資源やSCイネイブラー（enablers）という新たな概念が含まれている。筆者としては、それらがSC概念に組み込まれることには違和感を覚えるが、難民の社会的ネットワークや規範の特徴について示したことは評価できるといえる。また、彼らの唱える「SCイネイブラー」は、統合におけるSC促進要因として言い換えることができ、その意味では包括的な要因を示した一つの例といえるかもしれない。ここでは「SCイネイブラー」に注目してみたい。

彼らによれば「SCイネイブラー」は「難民個人や彼らのコミュニティが、既存のSCにアクセスし構築できるようにするために重要な要因であり、それによって彼らは、社会的なつながりやネットワークを拡張し、定住での新しい連結を構築することができる」としている（Doney, Pittaway, & Bartolomei 2013:23）。SCイネイブラーは、「個人のキャパシティ」、「コミュニティのキャパシティ」、「社会政治的要因」に分類されている。「個人のキャパシティ」は、社会資源にアクセスするための個人の能力を決定する特性やキャパシティとされる（ibid.:24）。これは具体的には、（表2-5）で示されているように、教育のレベル、安全な感覚、自信、自尊心等である。例えば、ホスト国の言語や制度の知識が不足は、教育や雇用のネットワークのような橋渡しや連結型SCを構築する上での障害になる。次に「コミュニティのキャパシティ」は、「コミュニティが、自信と対処能力（コンピテンス）をもって、より広いオーストラリアのコミュニティ内やオーストラリアの制度と交流することができる要因である」

---

*9　主に難民のエスニックリーダーにSCについて質問した調査。SC概念は抽象的でその定義は議論の余地があることを踏まえ、調査では、ポジティブな「社会的関係（relationships）、つながり（connections）、ネットワーク」という意味で調査対象者に質問している。

表2-5 難民定住におけるSCモデル

社会的つながりと社会的ネットワーク(Social connections and Social Network)	関係的規範(Relational norms)	社会資源(Social resources)	ソーシャル・キャピタル・イネイブラー
家族的つながり	コミュニティの善意(goodwill)――友好的な精神やコミュニティの重要性を尊重すること	金銭	**個人的能力**(Individual capacities)
定住サービス事業者との連結		コミュニティのインフラストラクチャー	社会経済的地位
先生と学校との連結	相互扶助――同じコミュニティの成員への実際的/財政的支援を快く提供すること	コミュニティ運営の組織とサービス	学歴
先生/指導・助言者(mentors)との関係			広範なオーストラリア文化への理解
教育的ネットワーク/機会	協力――共通の目標に向けて一緒に快く働くこと	適切な定住サービス	自由と平等の感覚
雇用に関連するネットワーク/機会		情緒的サポート	安心と安全な感覚
共通の興味をもつ人々とのつながり	信頼――同じコミュニティの成員があなたを助け、傷つけないという信頼およびコミュニティリーダーが彼ら自身に優先してコミュニティの利益を追求するという信頼	雇用の経路	自立と自律の感覚
その人自身の直接的コミュニティの成員とのつながり		教育の経路	自信と自尊心
コミュニティ組織のネットワーク		文化的活動	所属の感覚
コミュニティリーダーへのつながり		社会的レクレーション、スポーツ活動	希望/熱望の感覚
			希望/向上心(aspiration)の感覚
その人の直接的コミュニティの外部からの人々とのつながり	コミュニティの調和(harmony)――多様性の衝突がないこと/効果的なマネージメント		文化的自尊心
権威的(authority)な立場にいる人々とのつながり			
政治的システムやネットワークへの連結	組織的な説明責任と透明性-コミュニティ組織とサービス内およびその間		**コミュニティの能力**(Community Capacity)
国境を越えたソーシャルネットワーク			文化資本(Cultural capital)
			文化的流暢さ(Cultural fluency)
	コミュニティ内の多様性の理解と受容――民族および広範なコミュニティ内に偏見や差別がないこと		コミュニティリーダーシップにおける効力と責任
	家族の調和――家族の衝突がないこと/効果的なマネージメント		**社会――政治的要素**(Socio-political factors)
			多様な文化の尊敬と受容
			適切で迅速な定住サービスの提供
			難民の背景をもつ人々のスキル、資格、経験を認めること
			家族統合の機会

(出典) Pittaway,E., Bartolomei,L.& Doney, G. (2015) The Glue that Binds: an exploration of the way resettled refugee communities define and experience social capital, Community Development Journal Advance Access published online August 4, pp.8-9.

(ibid.:25)とされる。「コミュニティのキャパシティ」は「文化資本」、「文化的流暢さ（cultural fluency）」、「効果的・責任的なコミュニティリーダーシップ」に分類される。彼らが使用している「文化資本」は、「コミュニティの文化的アイデンティティと文化的実践」(ibid.:26)を指している。彼らの調査参加者たちは「文化資本」を肯定的な社会関係のための基礎として認識しており、強

い結合型SCのための基盤として共有された文化的実践は重要であり、「文化資本」の欠如は、コミュニティ内の世代間の結合型資本を軽減し、統合の対立要因として捉えていた。「文化的流暢さ」は、特定のグループ内の文化的規範、実践、期待を理解したり交流したりするための個人あるいはコミュニティのキャパシティとされる（ibid.:26）。すなわち受入れ国であるオーストラリアの文脈において、成功的に機能するコミュニティキャパシティ、あるいは「オーストラリアの文化を理解する」個人のキャパシティを指している（Pittaway, Bartolomei & Doney. 2015:12）。例えば、オーストラリアのマナーが理解できないために、地元の行事に参加することを躊躇するような例があるだろう。「効果的・責任的なコミュニティリーダーシップ」については、結合型SCのみならず、橋渡し・連結型SCの構築にも必須であると認識されている。

　最後に「社会政治的要因」は、定住が始まり、コミュニティのSCに重要な影響力を持つ全体的な環境をつくる要因とされ、肯定的なSCを強化するために、包摂的な社会的、制度的な規範と価値及び支援的な法的・政治的要因が絶対的に重要であることを明確にするとしている（Doney, Pittaway, & Bartolomei 2013:29）。「社会政治的要因」は、「多様な文化の尊重と受容」、「適切で迅速な定住サービスの提供」、「難民背景を持つ人々のスキル、資格、経験の認識、家族再統合の機会」の4つに識別されている。

　彼らが言及している「文化資本」は、ブルデューが提唱した「文化資本」の内容とは異なった使われ方をしていたり、「個人のキャパシティ」の中にいわゆる「文化資本」の要素がみられたり等、本モデルには検討の余地は多く残っているが、難民の視点から、SC構築の促進要因がいくつか網羅されたことは意義深いといえよう。

⑶　**主観的プロセスとしての統合**

　以上みてきたように、政策上の観点から社会統合では客観的な指標が重視され、また双方向的な統合及び社会的結束を促進する上で、SCを踏まえた社会統合が注目されていることを述べてきた。他方、社会統合には「難民・移民自身がホスト社会に統合していると感じているか」という主観的側面についても無視できない。

　ソーシャル・サポートとの関連から、コーエン（S.Cohen）は「社会的統合とは、個人を取り巻く幅広い社会的関係の中で、個人が参加している範囲をさす」（Cohen et al., =2005:71）とし、社会統合の要素を①社会的活動に実際に携

わっている行動的要素、②社会への帰属意識や社会的役割への同一視という認知的要素の二つに大別した。後者の認知的要素にあたる部分は、ここでは「主観的統合」と言い換えることができるだろう。すなわち「難民自身が受入れ国に統合していると感じているか？」という感覚は、社会福祉学の視点からは客観的統合の指標とともに重視されるべき点と思われる。なぜなら「主観」は、当然のごとく当事者の思いの現れであり、それを重視する考え方は、個人の尊厳を根本的理念に据える社会福祉学原理に貫かれ（京極 2002）、また当事者の主体性を重視する社会福祉援助の原理（岡村 1997）にも反映されているといえよう。また「主観的統合」に先立ち、近年注目されている幸福の指標として「主観的幸福」の概念がある。幸福を測定する際には豊かさを図る指標として、従来はGDPのような経済指標等の客観的幸福の指標が重視されてきたが、「個々人がどのような気持ちで暮らしているのか」という個人の幸福感にも政策上の関心が高まってきている（内閣府 2011）。内閣府の幸福度に関する研究会報告では、主観的幸福度指標案が示されているが、そこでは主観的幸福を促す3つの構成要素――「経済的状況」「健康」「関係性」が掲げられ、それらの関連が検討されている。「関係性」の中には「地域等とのつながり」が挙げられており、幸福度とSCとの関連が着目されている（p.34）。

　こうした「主観的幸福」に類似して、難民の社会統合の主観的側面については、アットフィールドら（Atfield et al. 2007）のイギリスの難民／申請者の調査研究が注目される。彼らの研究でも、難民とホスト社会の「相互の適応」（mutual adjustment）として双方向プロセスが着目されているが、彼らはその統合プロセスを二つのプロセスとして捉えている。一つは非線形なプロセス（non-linear process）、もう一つは主観的なプロセス（subjective process）である（pp.12-13）。前者は、統合プロセスは、直線的に進むものではなく、難民の排除や周辺化のリスクを増しながら、分裂される場合もあることをいう。また、ある権利の獲得が直線的になされるかもしれないが、一方で、権利を使用する難民自身の能力や欲求は、彼らの教育や雇用経験、ホスト社会での適応等の要素によって多様であるとする。後者の主観的プロセスとしての統合は、難民の統合の認識に着目するものである。社会統合への研究のアプローチは、構造的組織的な分野が中心になりがちであり、それはいわゆるトップダウン的な客観的な統合の指標として分析される。当の本人である難民自身は、統合についてどのように思っているのか、彼らにとっての統合の意味とは何なのであろうか――アットフィールドらの調査は、難民自身のそうした主観的側面にスポットを当てた。すなわ

表2-6 統合の主な側面

統合の側面	主な活動（activity）
1. 機能的	仕事をもつこと／英語を話すこと／学校や大学にいくこと／住居をもつこと／稼ぐこと／国の保険ナンバーをもつこと／ヘルスケア／法律に従うこと／請求書（ビル）を支払うこと／物事がどこにあるかを知ること
2. 帰属と受容	移民のステータスとパスポートをもつこと／イギリス人と混ざること／英語を話すこと／受け入れられているという感情／安全という感情／友達をつくること／結婚すること／同じ場所に滞在すること／物事を行う方法を知ること
3. 平等とエンパワメント	イギリス人と同じ法的な権利をもつこと／イギリス人と同じ機会をもつこと／イギリス人と同じステータスをもつこと／イギリス人と同じになること／「普通の」生活を営むこと／傾聴されること／キャパシティ開発

（出典） Gaby Atfield, Kavita Brahmbhatt, Therese O'Toole (2007) Refugees' Experiences of Integration, Refugee Council and University of Birmingham, p.29.

ち「あなたにとっての統合の意味は何ですか（What does integration mean to you?）」と難民に問い、難民の統合への認識（Refugee's perception of integration）について明らにすることを試みた。その結果は**表2-6**のようにまとめられている。

　調査結果では、難民の統合の3つの側面——機能的、帰属と受容、平等とエンパワメント——が示され、この3つの側面とSC（主にネットワーク）との関連についても検討され、ソーシャル・ネットワークが難民の統合の障壁を克服する重要な役割を果たすことが示唆されている。これらの主観的な統合の3つの側面は、客観的統合の指標——例えば雇用・教育の機能的領域や法的権利という市民権的領域——と重なる部分が多い。しかし双方向的プロセスとして受入れ国が移民に要請しているような共同社会の一員としての積極的な参加については、今回の調査対象である難民は言及していなかったようである。先の英国の統合・結束委員会の報告書では、統合・結束の社会の有様として「近隣、都市、地域または国の将来ビジョンに対して明確に定められ広く共有された、異なる個人と異なるコミュニティへの貢献の感覚がある社会」が期待されているが、難民自身が、受入れ社会に対する貢献または奉仕するという観点につい

ては彼らの調査では浮かび上がってこなかった。受入れ社会への貢献や奉仕といった積極的な参加の感覚は、SCの「互酬性の規範」にも関連し、帰属意識と市民権にもつながってくるかもしれない（Strang & Ager 2010）。

アットフィールドらの調査は、この3つの統合の側面とSC（主にネットワーク）との関連についても検討しており、ソーシャル・ネットワークが難民の統合の障壁を克服する重要な役割を果たすことができることを示唆した。これについては第3節で詳述する。

以上、社会統合の概念は、EUの社会統合政策の動向を踏まえると、移民・難民とホスト社会の双方向プロセス（お互いの権利と義務を果たす責任）としての合意形成があり、また移民・難民の文化・アイデンティティの保持、権利の尊重、差別の排除、参加の促進等が重視されていた。そして、それは「同化」とは異なることが強調されている。しかし他方で、移民・難民とホスト国住民との対立や分離を背景に、移民・難民にEUやホスト社会の価値や規範の尊重や国民性・市民性を強要する動きも活発化し、安全・安心な社会を求め社会秩序を保つために「社会的結束（cohesion）」が、社会統合と並んで重視されるようになってきている。そこでは社会統合と社会的結束の両者を実現する方策として、SCの構築が期待されているといえよう。

イギリスの難民の社会統合をみるとき、その双方向のプロセスを促進する方策として、統合の他の指標と並んでSCを踏まえた社会的つながりのタイプ――結合、橋渡し、連結が重視されていた。そこでは結合的なつながりは、一見、社会統合を阻む要因とみられる傾向もあるが、むしろ、難民のアイデンティティを保持することに寄与し、同化ではない社会統合を円滑に促進できると肯定的に捉えられている。また、社会統合には客観的統合とともに主観的統合についても無視できず、主観的統合においてもSCの果たす役割が期待され、社会参加に加え社会貢献の感覚も重要な要素となることが推察される。

第3節　難民／申請者のソーシャル・キャピタルと社会統合に関する先行研究

1　難民のソーシャル・キャピタル研究の動向

難民のSCに関する研究は2000年以降急増している。海外の学術雑誌論文

データベース（EBSCOhost：Academic Search Premier, Socioinfo, PsycInfo, Ericのデータベースを含む）で、「ソーシャル・キャピタル」（social capital）を検索すると、28576件（1871-2013年）であり、膨大な数に及ぶが、それに「難民」（refugee）を加えて検索をすると、186件（1995-2015年）であり（2015年8月7日現在）、必ずしも研究の蓄積が多いとはいえない（例えば、SCと「児童」で検索すると約3000件、「移民」で検索すると約1200件ある）。ただし、移民と難民の区別がつきにくいものや災害等の被災者や避難民も含まれており、難民だけに言及し、焦点を絞った文献とは言い難いものも若干含まれている。なお「難民」で検索された文献の多くは、アサイラムシーカー（庇護希望者）もカバーされている。

　1995年頃から難民とSCに関する文献があらわれ、2003年からやや増加し2009年以降になると、毎年15～20件の文献がみられるようになってきた。国別（主に研究対象地域として）では、アメリカ、オーストラリア、イギリス、カナダが上位を占めるが、中東やアジア諸国等あるいは国際比較研究も含め世界中で難民とSC研究への関心が高まっているといえる。難民を受け入れるホスト国のみならず、難民キャンプや難民が帰還した母国での調査もみられる。研究方法としては、SCについて記述し説明する文献や、難民を対象にした量的あるいは質的調査等がある。その約半分近くは調査研究であり、うち約3分の2以上は、個別インタビュー、グループフォーカスインタビュー、エスノグラフィー、ケーススタディ等の質的調査に関するものである。一般的なSC研究は、どちらかといえばマクロデーターを使用する状況分析や量的調査が主流であるが、難民のSC研究では、対象者数の少なさや難民の複雑な背景等から、質的調査が適しているのかもしれない。調査対象者は、主に特定の国や民族出身者、性別（男女）、年齢（成人、児童、青少年）、職業別に選定された難民あるいはアサイラムシーカー（庇護希望者）であるが、一方で、各種団体（宗教や学校等）、支援団体・機関、政府関係者、ボランティア等難民が関わる特定の人々や団体を対象とする等、広範囲に及んでいる。

2　難民のソーシャル・キャピタル研究の知見

　難民のSC研究では、パットナムまたはブルデューのSCの理論枠組みを使用し分析している文献が多い。ホスト社会に流入する難民との対立や分裂を危惧

する観点から、難民と社会統合への関心は高く[*10]、難民またはアサイラムシーカーを調査対象とし彼らの個人レベルのSCと定住・統合経験の現状を分析している。その際SCのタイプ——結合型、橋渡し型、連結型を分析枠組みとして活用し、どのタイプに相応するかを調査したり、または特定の団体・機関やプログラム等が、それらのタイプを促進することを示唆するような文献が多くみられる。以下、主に難民のSCと社会統合の先行研究から明らかになっている知見を整理する。

(1) 難民のSC構築の難しさ

難民の出身国あるいは以前の居住地で築かれたSCは、移住先では機能しない場合が多く、新たに最初から社会関係やネットワークを作っていかなければならないが、難民にとってそれは容易なことではない（McMichael & Manderson 2004; Goodson &Phillimore 2008; Kivunja et al. 2014; Pittaway, Bartolomei & Doney 2015）。例えばマクマイケルとマンダーソンは、オーストラリアのメルボルンにおけるソマリア女性難民のエスノグラフィー調査をしたが、難民女性が戦争や移動、定住の結果として母国での社会関係、相互扶助、社会連帯、共有、信頼感等を喪失し、それによって孤独感、苦悩、悲しみ、憂うつを経験していることを明らかにした（McMichael& Manderson 2004）。また紛争による異なる民族への敵意や暴力の記憶が、定住先での新しい関係を構築することを難しくさせること、そして定住先での福祉依存や雇用機会の制限、郊外での居住、外出する移動手段や外出する理由がないことが、社会的交流、社交化、社会的ネットワークにつながることを困難にさせることを指摘している。難民女性の場合は、母国での拡大家族のネットワークを失ったことにより、家事や育児の負担が重くのしかかり、家に引きこもり定住先での外部との接触を難しくさせている場合もある（Goodson & Phillimore 2008）。

(2) 難民の結合型SCがもたらす恩恵と不利益

難民は、インフォーマルなネットワークに属し、家族、同じ民族的背景もつ友人やエスニック・グループ、エスニック・コミュニティ組織または同じ宗教グループといった結合型SCに頼っていることが多く、物質的サポート、機能的サポート、情緒的サポート、情報的サポートを享受している（Goodson

---

[*10] EBSCOデータベースで、「難民」×「ソーシャル・キャピタル」×「統合」で検索すると55件ヒット（2015年8月7日現在）したが、直接的に社会統合に言及しなくても関連する文献は多い。

&Phillimore 2008; Turner & Fozdar 2010)。

　例えば、難民申請における経験の共有、金銭的な支援、仕事や住居等の獲得や情報提供、孤立感や落ち込みの軽減、ストレス予防や健康回復、PTSDの緩和等は、こうした結合型SCがサポートを担っていることが多くの文献で指摘されている（Lamba,K.N. & Krahn,H 2003; Atfieldら2007; Goodson&Phillimore 2008; .Kalter & Kogan 2014）。

　難民がホスト社会に拒絶された場合には、エスニック・コミュニティが安全安心な社会的居場所を提供し、彼らの帰属意識を育むと同時に、彼ら自身がサポートを受けるだけではなく何かを提供することができるという価値ある存在であることも感じさせていた（Goodson & Phillimore 2008）。

　こうした結合型SCの研究においては、エスニック・コミュニティにおける彼らの責任についても言及される。例えば、ターナーとフォズダールは、オーストラリアにおける南スーダン出身の異なる4つの部族の語学コースに通う成人学生難民のインタビュー調査を実施したが、エスミック・コミュニティ内でのそれぞれの責任は、短期的な視野からみれば定住において相互に支援することであり、長期的な視野からみれば、教育を受けること自体が、将来コミュニティを支援することにつながることが認識されていた（Turner & Fozdar 2010）。エスニック・コミュニティ内部では、こうしたいわゆる互酬性の規範が存在している。しかし短期的及び長期的な責任の両立は難しい側面をもっていることも示唆されている（例えば、いま現在働くことはコミュニティを直接的に支援することにつながるが、教育を受けることの妨げになる等）。

　さらに前述したように、強い結合型SCは、彼らの自信や文化的アイデンティティをもたらし、それはホスト社会への橋渡しSCや連結SCの基盤となりうる（Pittaway, Bartolomei, & Doney, 2015; Ager & Strang 2004）。とりわけ、ピッタウェイ、バルトロメイ、ドーニーの調査は、エスニック・コミュニティのリーダーが結合型SC同様に、ホスト社会への橋渡し・連結を強化することを指摘している（Pittaway, Bartolomei & Doney 2015:10）。

　一方、こうした結合型SCにはいくつかの短所もあることも指摘されている。同質内の過度な結びつきは異文化間やホスト社会の統合を制限するとか（Putnam 2000; Deuchar 2011）、同じ国出身であるが敵対関係にある異なる部族とは交流しないとか（Turner & Fozdar 2010）、エスニック・コミュニティの中での情報が間違っていたり、経験した問題を話しにくい場合もあること、またコミュニティ内で紹介された仕事が非熟練で不安定な労働条件の職場であるこ

と等である (Goodson & Phillimore 2008)。例えば、トレザニら (2008) の難民の雇用調査 (旧ユーゴスラビア、アフリカ、中東の背景をもつ熟練難民150人調査) においても、旧ユーゴスラビア出身の難民は失業率が他のグループの難民に比べて低いが、約8割は低スキル資格の仕事に従事しており、彼らのエスニック・グループから仕事を紹介されていることを明らかにしている (Torezani et al. 2008)。またグッドソンとフィリモア (2008) がインタビューしたイギリスにおける難民女性 (16人) の約半数は地元住民との交流がないことを報告している (Goodson & Phillimore 2008)。彼女たちのほとんどは地元住民と話したい願望をもっていたが、言語能力の欠如や自信のなさ、交流機会がないことが影響しているとした。彼らは、エスニック・グループからサポートや知識に関して結合SCの利益を享受しているが、しかしより広いイギリス社会での生きる術を習得するまでには至っていないことを指摘している。

(3) **難民の橋渡し・連結型SCを促進する仲介とその影響**

多くの先行研究は、ある特定の団体・機関やプログラム等が、SC構築に貢献することを示すものであり、とくにその中でも橋渡し型SCとして社会統合を促進する媒介者・中間組織の役割や機能について議論を展開する傾向がある。例えば、宗教機関、学校や教育関係のプログラム、地域交流プログラム、難民及び地域の社会サービス提供機関があげられる。

1) 宗教団体

宗教団体・機関は、難民間の結合型SCの構築をする機能も果たすのみならず、他の社会とのつながりを強化する橋渡しSCを形成する役割も担っている (Ryan2010; Ive & Sinha 2010; Baumann 2010)。モスクや教会等の宗教施設の訪問や宗教行事に参加することは、同族のメンバーとの交流やサポートを享受する場のみならず、他のコミュニティとの接触の場ともなる (Goodson & Phillimore 2008)。アイブスとシンハは、北米の宗教的集会 (religious congregation) が、歴史的に難民を保護し支援してきた歴史があることを踏まえ、難民にとって主に3つの利点──①広範囲にわたるネットワーク化された個人へのアクセスやそこからの支援、②地域社会での定着、③社会的な相互交流のための頻繁な機会──を提供するとしている (Ives & Sinha 2010:213-214)。彼らは、こうした優れた資源を提供する宗教的集会をソーシャルワーカーが活用することも提案している。

他方、宗教施設の建設をする際に、移民・難民と地元住民との対立を招くことがあり、必ずしも橋渡しSCの役割を果たさないことも危惧されるかもしれない。しかしマクレランとメリーベス（2005）は、ラオス難民が仏教寺院を建立する際における地元住民との反対と向かい合う歴史的な経緯を検証するにあたり、結合型SCの強化のみならず地元住民と会合を重ねる中での橋渡し型SCの生成や発展についても言及している（Mclellan & Marybeth 2005）。ただし、必ずしも橋渡しの機能を果たしている訳ではないという研究もあり、ライアンのアメリカのカトリックとムスリムの難民の教会の参与観察の調査によれば、前者は教会を結合型SCと橋渡し型SCの双方の目的のために利用し、後者はモスクを結合型SCの目的で使用していることの指摘もある（Ryan 2010）。

2）　教育機関

　学校現場や成人学習、英語クラス、教育関係のプログラムが、すでに橋渡しSCの形成に寄与していたり、それらが橋渡しの役割をすることが期待されている（Morrice 2007; Lai & Mulayim 2011; Ramsden & Taket 2013）。ラムズデンとタケットは、学齢期の子どもをもつソマリア難民と教師やカウンセラー等の教育関係者のインタビューを中心とした質的調査を通して、親が子どもの高い教育を期待しており、教師との積極的な接触を望んでいるが、英語能力と学校環境（例えば事前予約をとって教師に会う）等での壁を感じていたことを明らかにした（Ramsden & Taket 2013）。そして子どもの教育をめぐる親と教員を結ぶ特別なプログラムや活動は、子どもの教育効果を高め、橋渡しSCを築くことができることを示唆する。

　バラティとファーク（2001）は、成人学習とSCの関連について、成人学習のプログラムに参加している人々（高齢者、女性、移民、難民等）を中心に100人余インタビュー調査した（Balatti & Falk 2001）。とくにアフリカの難民女性の成功例を取り上げ、成人学習がSCを構築することを述べている。具体的には、成人学習を通して難民女性自身で買い物に行ったり、銀行口座をつくったり、社会サービスにアクセスしたり等が可能になったことが示されている。またアフリカ人としての共通アイデンティティをもちコミュニケーションが活発になった。そこでアフリカ女性が、自分たちの話をしたりする企画を地域社会に提供して、文化交流をするに至るという例等が掲げられている。

　ライとムライム（2011）は、大学が提供する通訳プログラムに通うカレン族（ミャンマー）とヌアー族（アフリカ）の難民成人学生の調査を通して、適応に

影響する要素を調べたが、それによると、英語のスキルが最も重要な要素であり、次いで仕事の機会、ソーシャル・ネットワークの確立があげられていた（Lai & Mulayim 2011）。英語のスキルは文化資本の一つといえるが、文化資本がSCに影響を与えることを示したといえる。統合プログラムそれ自体が、通訳学生自身の統合プロセスのサポートであるが、さらに彼らが難民とより広範なコミュニティのコミュニケーションを改善するための重要な貢献をすることが期待されると述べている。

受入れ国との橋渡しだけではなく、グッドソンとフィリモアは、イギリスの英語クラスであるESOL（English for Speakers of Other Languages）が、他の国からの難民と出会う場でもあり、そこで友人をつくったり他の文化を学んだり、サービスへのアクセスを容易にすると、評価している（GoodsonとPhillimore 2008）。

3) 雇用機関

雇用の獲得については、エスニック・コミュニティ内の結合型SCは有効であるが、それは前述したように不安定で非熟練な雇用先が多い。そこでは失業は免れたとしても、その労働市場の中で循環が行われ低所得から脱することなく、また世代を超えた貧困の連鎖へと発展しかねない。ヴァン・ツベルゲン（2011）はオランダの難民の大規模調査（2003年に実施、アフガン、イラン、イラク、旧ユーゴ、ソマリア難民を対象）を基に、難民の求職方法について調べたが、フォーマルな機関や手段を利用して仕事を獲得した難民のほうが職業的地位が高いこと、熟練難民の多くはフォーマルな機関を利用していることを明らかにしている（Van Tubergen 2011）。また、同様なデータを利用して分析した別の調査（Seibel & Van Tubergen 2013）においても、オランダ人と近接であったり、言語に熟達しているほどフォーマルな機関を頻繁に利用することを証明されている。またモリスは高等教育や専門技術をもつ難民にとって、イギリスで高度な教育や適した職業に就けるように支援するプログラムが、参加者同士の相互交流を通して、彼らの生活やキャリアの再構築に有効となることを示唆している（Morrice 2009）。

難民の労働市場への統合は、難民の失業率や福祉受給率の高さを懸念する先進諸国にとって深刻な問題となっている。トレザニら（2008）は、オーストラリアに在住する難民の雇用調査（旧ユーゴスラビア、アフリカ、中東の背景をもつ熟練難民150人調査）を通して、政府と提携している雇用サービス提供機関

(JN：ジョブネットワーク）が潜在的に「連結SC[*11]」の仲介者の役割を果たしていることを示唆した（Torezani et al. 2008）。彼らの調査結果では失業の問題は「スキルと言語」ではなく、「視覚化されないこと（仕事のスキルがあることが他者にわからない）」と「ローカルネットワーク（オーストラリアの仕事の経験、オーストラリアでの身元保証人、海外資格の認定の欠如等）」であること指摘した。難民が本来のJNの目的である雇用サービス（例えばニーズにあった雇用のマッチング、求職・スキルトレーニング）の恩恵を受けていると思わず、むしろソーシャル・ネットワークを発展する機会（例えば人に会うこと、他の移民に会うこと、孤立を克服すること、雇用主との連絡を発展すること、オーストラリア人と接触すること等）としてJNを捉えていたことも明らかにした。

4） 難民の定住サービス機関、地域の社会サービス提供機関及びプログラム

　難民への定住サービス機関・団体が、SCを強化する役割を果たすことについては、想像に難くないだろう。ピッタウェイ、バリトロメイ、ドーニーは、オーストラリアのさまざまな難民コミュニティの主にリーダーにSCについて尋ねる調査（Pittaway, Bartolomei & Doney. 2015）を実施したが、難民の定住サービス提供団体が、橋渡し・連結を導くだけではなく、到着した難民に対して彼らのエスニック・コミュニティへつなぎ結合型SCを高めることに貢献している多数の例を認めている。

　また、メインストリームの社会サービス機関・団体または地域社会の体制も、橋渡しSCの形成に貢献している、あるいは貢献できることが示唆されている。例えばドーランとシャーロックは、アイルランドの地域の児童ケアサービス（Childcare Services：就学前保育、プレイグループ、放課後児童サービス等）を利用・参加したことのある難民とアサイラムシーカー及び職員のインタビューを通して、児童ケアサービスが親子の双方にネットワークの機会を提供し、橋渡しの機能を果たす可能性が十分にあることを指摘している（Dolan& Sherlock 2010）。児童ケアサービスの実践者が、彼らの利用・参加を通して地域社会の中で多様性や寛容性を促進する担い手となり、不平等で排他的な現在の社会構造に挑んでいくことを期待している。

＊11　彼らの意味する連結SCとは、難民の隣接したコミュニティを超えた機関からの資源、アイディア、情報に影響を及ぼす個人のキャパシティ、すなわち、権力、社会的立場、富が異なるグループによってアクセスされる階級における、異なる社会的階層間の関係を示す（p.135）。

スメッツとテンケイトは、オランダのワウトリヘム地域の地域交流システムサークル（LCW：Local Exchange Circle Woudrichem：地域通貨システム）プログラムが、品物やサービスの交換を通して、アサイラムシーカーと地元住民の接触を促進する橋渡しのSCを生成することを示唆した（Smet & tenKate 2008）。このプログラムは、主にアサイラムシーカーが地元住民に、例えば、家事、保育、修理、庭仕事等のサービスを提供し、報酬として地域通貨を受け取る仕組みである。彼らは、そのプロジェクトに参加するアサイラムシーカーを動機別に4タイプに分け、それぞれの互酬性の規範を明らかにした。4つのタイプは、①仕事で経済的に自立することを目的とするタイプ、②多くの地元住民と接触したいタイプ、③他の人との交流や幸福の一環として働き甲斐を求めるタイプ、④アサイラムシーカーの立場の改善を目指すタイプであり、①が均衡のとれた互酬性（特定の親しく恩恵を受けた個人に対して恩返しをすること）、②と④が一般化された互酬性（不特定多数の見知らぬ人に対する貢献）、③がその両方であったことを示した。これは、地元民との仕事の関係のような利害関係が強い人のほうが、均衡のとれた互酬性を、一方仕事に固執しない幅広い交流関係を好んでいる人のほうが、一般化された互酬性を招く傾向があるといえる。

　しかし、他方で仲介者が必ずしも橋渡しSCや連結SCの構築に十分機能していないことも指摘されている。例えば、スパイジーは、オーストラリアのスポーツクラブに参加するソマリア難民の結合・橋渡し・連結SCの調査を通して、クラブが戦争や避難生活で破壊されたネットワークを再構成することができることを明らかにした（Spaaiji 2012）。しかし、スポーツのもつ競争的性格が、差別や攻撃性を生み、グループ内の強化を図ることができても橋渡しの機能が余りみられないことや、またスポーツクラブで高い地位を得た一部の者にとっては連結的SCを発展させることができるが、それは不平等に分配されとくに女性にとっては制限されること等を指摘した。

(4) 地域社会のSC

　集合レベルのSC、すなわち地域社会のSCの豊かさと難民の経験に着目するリサーチは多くはないが、地域社会のSC（排他的ではない、寛容性がある、相互支援がある等）と難民統合の肯定的な体験の関連が指摘されている（Spicer 2008; Atfield 2007）。例えば、スパイサーは、イギリスのアサイラムシーカーの居住する場所の違いによる難民の経験（主に排除と包摂の経験や彼らのソーシャル・ネットワークやサポート）を比較することにより、場と経験が密接に関連し

ていることを明らかにした（Spicer 2008）。彼は移民の受入れの歴史がなく、包括的な支援サービスや資源が乏しく、低所得の白人が多く住んでいる地域（排除のある地域）と他方、歴史的に移民を受け入れ、文化的多様性が高い地域（包摂のある地域）を比較した。排除のある地域に居住するアサイラムシーカーは、白人からの人種差別的な嫌がらせや暴力、子どものいじめ等を経験し、そこから恐怖や不安を感じたり、ストレスやうつ状態に陥っていた。彼らや彼らの子どもたちは外出を控え、自宅が唯一の安全な場であったが、それは社会からの孤立化を引き起こす要因となっていた。また、そうした地域では、結合型、橋渡し型、連結型SCを形成することは難しく、例えば、同質の言語を話すグループを見つけることが困難だったり、サービスにアクセスする近隣からのサポートや通訳支援もなかった。地方自治体や保健サービス機関の職員の不適切で共感的ではない態度がみられ、地域のアメニティ（生活設備、例えば民族食料品店や教会やモスク等の宗教設備等）もない。一方、包摂のある地域に居住するアサイラムシーカーは、地域の人びとと馴染みがあり、お互いサポートしあう関係（互酬性の規範）があること、そして公共の場（例えば、通りや公園等）は安全な場であることを認識していた。そこでは、子どもたちは親からの安全かどうかの監視もなく、他の人たちと自立的に相互交流し、学校の教員のサポートを享受し、将来の願望や向上心を抱く能動的な子どもの姿があった。こうした地域では、結合型、橋渡し型が形成されやすく、それらのつながりがフォーマルなサポートにつながる連結型に発展することが可能になることが示唆されていた。

(5) SCと帰属意識

　前節でみたようにアットフィールドらの調査では、難民自身の認識による社会統合を達成するためのソーシャル・ネットワークやSCの役割が検討されている（Atfield et al. 2007）。それによれば、異なるソーシャル・ネットワークが、帰属意識や情緒的側面（愛着や受容等）という統合に関連すること、またイギリス人との接触がそのような統合では必須であることが示されている。隣人と英語で話したり、挨拶したり、社交的なイベントに出席することは、帰属意識や愛着という統合の重要な指標であり、またイギリス人の文化を学ぶこと、イギリス人のような行動やふるまいも結果的に統合とみなされているようだった。その際、その統合を妨げる最大の障害は英語の未熟さであり、その結果イギリス人とのソーシャル・ネットワークを築くことができず、それによって入手可

能な資源（彼らの同質なグループのネットワークでは得られない）が制限される。英語は異なるネットワークへのアクセスを促進する主要な鍵としてみられていた。社会統合の障壁を克服する手立てとして、文化資本と包括的な橋渡しネットワークの重要性が強調される。ただし、多くのアサイラムシーカーにとっては、構造的・制度的な障壁があるため（例えば、難民の地位の獲得、就労できない等）、統合の感覚を抱くことはできず、ソーシャル・ネットワーク以前の問題であることも指摘されている（p.57）。

またマッケンジーとガンタリックの調査では、文化やスポーツのイベントへの参加も帰属の感情を増すこと、一方、人間関係で拒否や無視されたり、対立するようなときは帰属の感情がもてないことが報告されている（Mackenzie & Guntarik 2015）。前述したスパイサー（2005）の調査でも、地域社会のレベルでの帰属意識や愛着については、包摂的な地域社会が、アサイラムシーカーがその場所への愛着の感覚を促進することが指摘されている。

(6) SCの創造とその効果

SCの実体把握にとどまらず、SCを創造しその効果の測定を検証する研究は少ない。ウールシャムら（2013）は、オーストラリアのヌア族（アフリカ）難民女性の心理健康問題の改善や健康促進のために、携帯を利用してお互いがつながり、相互援助や情報交換を行う実用的な介入モデルの成果を研究した（Woollersheim et al. 2013）。こうした、SCに相応するネットワークやつながり媒体を作ることで、それを利用する被験者の効果を測定するタイプの研究は、一般的なSC研究においてもまだまだ未開拓であるため、難民分野ではとくに彼らの研究は先駆的といえる。

3　日本における難民のSC研究

日本では移民・難民のSCに関する研究はほとんどみられない。ただし、SCに触れなくてもSCの構成要素に関連するもの、すなわち「ソーシャル・ネットワークやサポート」「つきあい・交流」「参加」等は、既存の「多文化共生」や「社会統合／社会的統合」に関する外国人研究の中に散見している。

多数のインドシナ難民の実態調査報告等では、調査項目として「相談相手」を尋ね、家族あるいは同国人が主なサポート資源となっていることを示してい

る。原口（2001）は、インドシナ難民と彼らが所属する地域社会との関わりの趨勢について、サポートと社会適応の相関についての関連を検討した。また、西野・倉田（2002）のベトナム難民（定住者）の社会的統合の研究では、社会的統合の概念を社会学的分析概念として用い、とくに社会・経済状況を対象に分析する手法を採用して量的・質的調査を実施した。彼らは、原口の調査が、社会参加の状況への分析が不足していると指摘し、社会的統合を「各領域集団に良好に参加できていること」と定義し、「家族集団」、成人の場合は「職域集団」、子の場合は「学校集団」、「地域集団」、「宗教集団」、「エスニック集団」への参加状況を枠組みとして、ベトナム定住者の就労状況、日本語、職域、地域のつきあい等を調査した。

　在日ベトナム系住民を調査した川上は、在日ベトナム人が、一旦定住した後、親族や同郷出身者等のネットワークを通じて、転職・転居を繰り返し大都市周辺に再定住していくこと示し、彼らのソーシャル・ネットワークを家族の視点にたって以下のように7つに整理している（川上 1999:365-376）。

①家族レヴェルのネットワーク：家族、親族、同じ船で脱出した者等の間にみられる相互交流関係、ベトナム料理に欠かせない調味料やエスニック食品の共同購入やハーブを融通し合う関係）

②地方レヴェルのネットワーク：大きくは北部ベトナム、中部ベトナム、南部ベトナムの地方別の関係、あるいはそれぞれの中にある同郷出身者同士の関係

③エスニック・レヴェルのネットワーク：主に広東語を話す中国系ベトナム人、また1990年代に増えてきたタイ生まれのベトナム人同士の関係

④政治レヴェルのネットワーク：共産主義系組織の「日本在住ベトナム人協会」、「現政権支持派の「在日ベトナム人総会」

⑤宗教レヴェルのネットワーク：カトリック系の「在日ベトナムカトリック共同体」、仏教系の「在日ベトナム統一仏教協会」及びそれぞれの宗教雑誌の配布

⑥商業的通信レヴェルのネットワーク：食料品の宅配サービス、中古品の流通、FMラジオ局、パソコンネット

---

　*12　財団法人アジア福祉教育財団難民事業本部（1993）『インドシナ難民の定住状況調査報告』、社会福祉法人日本国際社会事業団（1985）「我が国におけるインドシナ難民の定住実態調査報告（外務省委託調査）」等。

⑦行政的・公的ネットワーク:日本人ボランティア・グループ、学校・地域自治会、難民支援団体等

　そして、これらのネットワークが多層的に張り巡らされ、海外と繋がるネットワークがある点が重要であるとした。
　また日系人に関しての多文化共生に関する調査報告や学術的な研究は多数あり[*13]、こうした調査研究では、SC概念を枠組みとして分析しているわけではないが、つきあい・交流・参加に関する項目が調査されている[*14]。なお、SCの調査研究ではないが、SCと外国人に関する研究として、塩原（2011）は、川崎市の外国人の子どもの学習支援教室で支援する日本人大学生の例をあげ、そうした「つながり」の形成をSCの創出と言い換え、橋渡し型SCあるいは「越境的な社会関係資本」と名付け、多文化共生の再定義への可能性を示唆している。
　第1章第3節でみたように、難民／申請者の生活実態や生活経験の調査研究や報告書では、彼らの生活と社会関係、とくに日本人や地域社会との関係やそれについてどのように感じているかについては余り着目されていなかった。筆者の「ビルマ難民女性調査」（2010）では、その点を重視したが、1人を除いて、5人の調査協力者は、近隣の日本人とはほとんど交流はなく、挨拶程度のつきあいしかなかった。しかし、多少なりとも関係がある日本人は、「職場の日本人（といっても仕事場以外で接することはない）」、「雇用主」、「家主」、「地域の日本語のボランティアの先生」、「教会の牧師」であった。学齢期の子どもをもち、日本語能力も上級レベルである女性でも、学校で保護者会等があっても、なかなか日本人の母親たちのグループの輪にはいれないことを語った。しかし、彼女たちは概ね日本人との積極的な交流を希望していた。また、地域の社会資源の利用については、調査時は一人を除いて何らかの在留資格を取得していたこともあり、子どものいる女性は、入院助産、母子手帳、予防接種、保育所、児

[*13] 日系人の集住地区の自治体を含め多数の量的調査が実施されている（小内透（2009）「序章　在日ブラジル人の生活と共生の実現」小内透編著『在日ブラジル人の労働と生活』お茶の水書房、pp.16-19）。
[*14] 小内純子、都築くるみ、藤井史朗（2009）「第6・7章　町内活動と外国人居住者(1)(2)」小内透編著『在日ブラジル人の労働と生活』お茶の水書房、新藤慶・菅原健太（2009）「第4章　公立小中学校における日本人と外国人」小内透編著『在日ブラジル人の教育と保育の変容』お茶の水書房、山本薫子（2006）「外国人の社会的統合・排除とはなにか：日系人、超過滞在者の事例から」『山口大学紀要』56巻1号、1-15等。

童館、学童保育所等のサービスを利用していた。社会的なサービスの利用や自治体の職員についての印象は概ね良好であったが、役所や警察の「難民」に関する無知さにあきれ、自らが「難民」について説明しなければならないことを疑問視する声もあった。また、語能力が初級レベルの女性は、役所に交渉するときは、通訳が必要となり、親戚や身内、職場の雇用主が支援を頼まなければならなかった。筆者の調査では、多少なりとも日本社会とのつながりを垣間みられたが、社会関係から醸し出される副産物という意味合いを含むSCという観点からの分析は不十分だったといえる。

以上まとめると、諸外国における難民／申請者のSCと社会統合に関する調査研究は、決して他の分野に比べて多いとはいえないが、質的調査研究により、SCのタイプ等が分析され、ホスト社会や地域社会との社会関係の輪郭が浮かび上がり始めている。しかし、日本では、近年、SC構成要素による測定を主とした量的調査研究が顕著であるが、難民とSCと社会統合とを関連付けた研究はほとんどみられない。

第4節　制度のエスノグラフィ

制度のエスノグラフィ（Institutional Ethnography）は、1980年代にカナダの社会学者ドロシー・スミス（Dorothy E. Smith）によって提唱され発展された。制度のエスノグラフィは日本では余り馴染みのない概念であるが、ここではそれについて詳細に紹介した瀧（2005）の論文を踏まえ、その概念について述べる。次いで、制度のエスノグラフィを用いて分析したカナダの難民青年の事例を紹介することにより、社会福祉学を基盤とする本研究へのアプローチにおいて、制度のエスノグラフィを用いる有用性について示す。

1　制度のエスノグラフィとは

制度のエスノグラフィは、第二次世界大戦後のフェミニズム運動の問題意識を出発点として生まれたスミスの提唱した「女性の観点からの社会学」のためのリサーチ・ストラテジーに端を発しているといわれる（瀧 2005:168）。彼女の「女性の観点からの社会学」は、支配階級としての男性中心の社会が生み出す知識が、普遍的・客観化された知識となり、そうした知識の構築から女性が排

除されているということを認識し、その背景にはどのような社会関係があるのかを明らかにしようと試みるものであった。そして、このスミスの女性のための社会学は「人びとのための社会学」へと展開されていく（中河 2010:43）。

　スミスの社会学は、ひとびとの日常経験を組織化するような実際的(アクチュアル)な社会過程と実践を日常世界の観点から説明し、ものごとが人びとにとってそのように立ち現れてくるのはいかにしてかを明らかにしようとした（瀧 2005:169）。彼女は、日常世界をプロブレマティーク（Problematic）として取り上げるが、これは社会学のプロブレマティーク（ありうる研究の地平を生み出す関心・論点・疑問の複合体）として日常生活の世界を扱うことができる、と解釈される（前掲書:169）。そして、人々の普通の日常的なシーンひとつひとつ（局所的な一連の行為）が、社会関係の複合体に結びつけるような組織化、すなわち日常世界を決定している制度的関係がどのように組織化されるかを明らかにすることを目指しているといわれている（前掲書:170）。

　スミスのこうした視点から「制度のエスノグラフィ」とは「日常世界のプロブレマティークを取り扱うためのアプローチであり、制度化された言説の枠組みにとらわれることなく、日常世界の社会的組織化を記述することを試みる」（前掲書:171）と集約できる。しかし、ここでの「エスノグラフィ」の使われ方はスミス独特であるといえるかもしれない。通常「エスノグラフィ」とは、質的調査の方法の一つ（参与観察やインタビュー等フィールド調査）を意味し、文化的集団を探求する（信念、価値、行動の説明）ための手段を提供するといわれる（Richards and Morse =2007）。スミスの場合は、調査の手法というよりは、問いの方法――すなわち「経験の日常的世界が、日常を超えて拡がる関係によって編成する」（Smith 2005: 1）ことが、どのようになされるのかについて解明するための手段――と解釈される（Nichols 2008:686）。

　次に「制度（institution）」であるが、これは組織の特別なタイプを言うのではなく、むしろ多様な場面で起こる調整され、また交差するワークに研究者の注意を向けるような、経験的な問いの課題（project）を伝えることとされる（DeVault and McCoy 2006:17）。ワークとは、通常は賃金を支払われることといわれるが、スミスは家事を通して、ワークを人々が時間、労力、及び意図をもって行う何らかのこととし、ワークの概念の拡大を図った（Smith 2005:229）。例えばヘルスケアを制度としてみてみると、調整されたワーク過程と行動の道筋（courses of actions）――病院、家庭、診療所、地域の患者、小学校、職場、薬局、保険会社、政府の省庁、マスディア等の多様な場における――巨大な結びつき

であり、そこでの制度のエスノグラフィの目的は、そうした地図を描くことではなく、他の場と活動の道筋との関係で彼らの接合点を見えるようにしながら、特別な制度的複雑性の中で特定の特徴（corners）や構造（strands）を調べることといえる（DeVault and McCoy 2006:17）。

　そして「客観された知識」が作用する過程を「制度的過程」（institutional process）とよび、制度的過程は、現在社会の組織化（organize）・調整（coordinate）・統制（regulate）・支配（guide）・管理（control）を行うとし、日常世界が制度的過程によってどのように形作られ決定されているのかを明らかにすることが出発点とする（瀧 2005:172）。そこでの「制度」とは、個別の組織のまわりに組織化された、「支配の装置（apparatus of ruling）」の一部を形成する関係の複合体としてみなされており、支配の装置を形成するものとして捉えられていることが特徴とされている（前掲書:172）。

　したがって「制度のエスノグラフィ」では、内部者（insider）の視点での探究、実際的な経験を出発点としてその経験が埋め込まれているマクロな社会関係の分析が主眼とされる（前掲書:173）。スミスは自身のシングル・ペアレントの経験から「制度のエスノグラフィ」についての説明を試みている。例えば、彼女は「シングル・ペアレント」であったが、彼女自身は「シングル・ペアレントである」という実際的な経験は一度もないことや、子どものより良い教育や教師の仕事等が、家庭の母親業（マザリング・ワーク）の結果に影響すること等を示す。つまり「日常世界におけるワークの経験を検討するという手続きを経ることで、教室における教師のワークと家庭における母親業という二つのワークを結び付ける社会関係を発見し、さらにその関係を階級と国家というより拡張された社会関係のなかに位置づけることが可能になる」（Smith 1987:174-5）とし、階級に特徴的な母親業実践が、教室や学校におけるワークの組織化において決定的な役割を演じることにより、中流家庭の再生産が行われる、とする（前掲書:175）。そして、この制度的過程の展望からすれば、「シングル・ペアレント」は、母親業実践を適切に行えない「欠陥家庭」とみなされ、この用語は学校や教室の社会関係という文脈の中で作用するものとして理解される必要があり、これは母親の実際的な実践とは無関係に存在するようにみなされると分析されることになる（前掲書:176）。

　スミスの「制度のエスノグラフィ」は**図2-3**のようにあらわされている。

図2-3 制度のエスノグラフィのデザイン

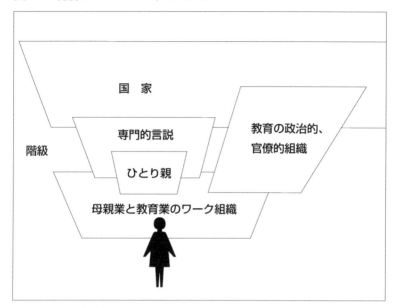

(出典)Smith D. (1987) The Everyday World as Problematic: A Feminist Sociology, p.171

2 制度のエスノグラフィと社会福祉：ある難民青年の事例を通して

　制度のエスノグラフィは、個人の立場、それぞれの「生きられた経験」から出発し、なぜそうなるのかについて、社会的諸関係を解明しながら説明していくことを試みるものといえるが、これは社会福祉学と共通する部分が多い。社会福祉学もまた、個人の主体的側面から出発し、個人と社会制度との社会関係を学問的な対象としている（岡村 1997）。社会福祉学は、社会の現象そのものを解明することがその目的ではなく、社会関係に働きかけるという実践的な側面をもっているが、その前段階として、なぜ個人が生活問題を抱えることになったのかという生活関連施策との社会関係を明らかにすることを前提とする。

　スミスの制度のエスノグラフィは、その後、保健機構、教育、雇用や職業訓練、ソーシャルワーク実践、家庭や地域生活の組織等のさまざまな領域における社会的プロセスを調査するのに発展的に用いられてきた（DeVault and McCoy 2006:15）。

ここでは制度のエスノグラフィを用いたニコルズ（Nichols 2008）のカナダのオンタリオ州の難民の調査を取り上げることにより、制度のエスノグラフィを用いて考察することが社会福祉学を基盤とする本研究に有効であることを示したい。以下は要約であるが、本研究での具体的な考察を助けるために幾分長く引用する。

　ニコルズの研究は公的・社会サービス体制が、ホームレスや周辺化された、とりわけ若者の立場から編成されていないことへの関心から出発している。彼女のリサーチプロジェクトは、ある1人の社会サービス実践者との一連の対話から始まったが、その中で保護者や後見人がいない難民の若者が無数の社会サービスと生産的に関わっていないことが認識されるようになる。そこで彼女は、まずシェルターでの参与観察（居住者との生活場面やレクリエーションでの交遊、職員会議の参加、空き部屋の掃除等）、次に社会サービス実践者（シェルター職員、児童機関の職員、危機介入ワーカー、教師等）、精神保健関係者、警察そしてシェルターを利用していた若者たちとの開放型のインタビューを行ったり、関連する若者たちとフォーカスグループインタビュー等も実施した。こうした40以上のインタビュー、フォーカスグループ議論と数百時間の参加者観察をしながら、彼女は1人のオリン（Orin：仮名）という難民の青年にいきつき、彼のユニークな生きられた経験が、とりわけ特別ではなく、他の人たち（この場合は、ホームレスを経験する若者たち）と類似する結果を生み出すことを示そうと試みる。オリンがOW（Ontario Works：オンタリオ州の社会福祉サービス機関）にアクセスするワークが、彼が遭遇するいくつかのエピソードとともに制度的文脈の中で記述される。

　オリンはホームレスだったが、偶然知り合った人からOWに行くように勧められた。彼は直接OWに行ったが、最初のコンタクトは電話でしなければならなかったので中に入れてもらえなかった。彼はそのプロセスを知らず、誰も教えてくれなかったという。次に彼は福祉の受給資格のために、社会保険番号やヘルス・カード番号が必要であることを学ぶ。オリンの立場からは、「システム」は一連の方針指令としてよりもむしろ制度上の障壁として現れる。システムに最初に連絡することによって、彼は「ひとりの申込者（an applicant）」となり、電話の先のOWは「行政官（administrator）」となる。「申込者」はOWの方針指令の文書に従わなくてはならない。OWの方針からみれば、ホームレスであるオリンの経験は消滅し、彼は単なる「申込者」となる。「行政官」は「申

込者」に申込者の資格を決定する者であり、そのための立証する必要な情報（例えば、社会保険ナンバー、本人確認の証明書、収入や資産の情報等）を提供するよう要求する。「行政官」は、若者の生命を支えるというよりは、むしろ「適格性（eligibility）を決定して、確かめる」ために品定めをする。電話システムは、人的資源を最大にして、公金の分配を管理する観点から理解されるが、しかしこれはオリンの立場からは、彼の特定の状況が、標準化されたサービスマネージメントアプローチからいかに逸脱しているかを説明させるものではない。

　彼が適当な身分を確認する書類をもってないので、OWに申し込むことができない。オリンのワークは、OWの支援がホームレス支援ではなく「適格性」を見極めることが基本となっていることを彼に認識させるものとなっている。さらに「適格性」は、ホームレス、暴力または飢えという経験には基づかないで決定される。社会保険番号がなければ、オリンは社会サービスにアクセスもできないし、合法的な職を見つけることもできなくなるし、収入源がなければ、安定した居所を得ることもできない。社会サービスの接合点（インターフェース）から成るいろいろな他のワークのプロセスに彼のワークがどのように接続すればよいかについてオリンは知る由もなく、彼自身の生産的な一連の行動を（a productive course action）見極めることができない。

　オリンは8歳のときに難民としてカナダに来るが、実母と別れ叔父に引き取られることになり、そこで虐待を受ける。カナダの児童保護制度のもとで、彼は児童福祉機関であるCAS（Children's Aid Society）から保護を受けるようになり、CASが彼の後見人となっていた過去をもっていた。そのためオリンはOWのサービスを受けるために、CASに連絡し彼に必要な情報を要求するが、すでにオリンのケースは終了していたので、CASの方針でその要求は拒絶された。彼は半年余り交渉した結果、当人の要求次第で当人の情報を明らかにできることがわかり、彼は彼の情報を入手できた。ここでオリンはOWに申し込むための必要な情報をCASがもっていることは理解したが、OWに申し込む彼の経験が児童福祉制度での経験にどのように関連しているのかについては彼にはわからなかった。

　ニコルズは、オリンの物語を描きながら、若者のシェルターとCASの関係にも言及する。シェルターは、制度や制度的プロセスの複合体へとナビゲートする若者にとっての情報のハブ（中枢・中継点）であるにもかかわらず、シェルター職員は社会サービスの接合点の理解が乏しく、若者に社会サービス部署を通して道筋をたてて支援を計画したり、権利を擁護したりできない。それは

職員の転職率の高さ（労働条件の劣悪さ等）や他機関と比較した階層の低さ（例えばCASはシェルターワーカーに情報提供を要求するが、その逆は妨げられる等）にも起因すると述べている。

シェルターで新しい社会保険カードを取得する際には、保健サービス省の事務所に行かなければならないが、オリンの場合は、難民なのでカナダに在留できるかどうか許可が必要になる。そのため、移民局事務所へ彼は彼自身を確認する書類やIDをもっていき、移民局の職員のインタビューを受けなければならない。ニコルズは、シェルターを得るオリンのワークが、社会援助システムでの彼の経験に密接不可分に関連があるとし、OWに到達する彼の能力は、カナダの出入国管理システムの範囲内で彼の一時的な在留資格によって仲介され、彼自身で住居を得る能力は、彼が濃く絡んだ政策と手続きの複合体を通して、自分の道を見つけることがどの程度できるかにかかっている、と説明する (p.693)。

CASから一時的な健康と社会保険番号を得たオリンは、再びOWに電話で申し込むが、彼にとってはこの電話は排除のプロセスと感じられていた。電話を3時間費やし、ケースワーカーが割り当てられ、インタビューされ福祉の受給資格の有無が決定される。彼は直接的に財政的支援を受ける代わりに小切手は救世軍に送られ、OWの方針指令は、信頼できる大人もしくは機関と一緒に定期的にオリンと会うことを要求する。そこでは受給された金銭が正しく使われたかが確認されるが（例えば100ドルを何に使ったか尋ねられる）、彼はそれを保護観察のように感じていた。またこの会合の際は、オリンは、在留資格をチェックされ、出入国管理文書を所持するよう要求された。年齢と出入国管理の在留資格に基づく規則は、OWの適格性を維持して、最終的に住宅を確保するために、オリンのワークを構築する。

「管理者」の仕事は、「申込者」の「適格性」を「監視」することであり、それはオリンのストーリーを聞くと明らかだった。彼は学校に余り通学しなかったが、それはOWの立場からすれば、彼のひどい出席記録は、彼の財政的支援の適格性を脅かすものであった。しかしオリンの立場からは、飢えや消耗と精神衛生問題は、毎日学校に行くのは困難ということだったが、OWワーカーはそれらを確認しようとしない。OWワーカーは、むしろ彼の適格性の地位を維持するために、OWによる「見習いプログラム」を受講することを彼に推奨した。オリンはそのプログラムを優秀な成績で終え、OWがスポンサーとなって地元の電気技術者と提携した雇用先に就職した。しかし4ヶ月後に解雇（let go）

された。福祉は雇用主にオリンのために3ヶ月間は支払っていたが、雇用主はそれをピンハネしていたようだった。彼は就職し始めた後、家賃の少し高いアパートに引っ越したが、解雇されたため、再度仕事を探したが、見つからず、家賃が支払えなくなり、OWに電話した。しかしOWからは再申請できないと言われる。彼はアパートを追い出されホームレスになった。OWに電話しても受給資格がないといわれることはわかっていたので、彼は直接OWの事務所に行く。彼の立場からすれば、公式的な制度的プロセスでは、彼の要求する選択肢を与えないことがわかっていたため、彼はそれに逆らわなければ、彼の問題に効果的な対応をとることができない。しかし、これは彼が公式的なプロセスを回避しているほうを選択しているように見え、彼がアポなしでOW事務所の中に入るとき、建物から追い出させるために警備員を呼ぶよう脅迫された。彼はワーカーと話したいということを話し、ワーカーと面談することができたが、彼のそばには警備員が立っていた。オリンは紹介された雇用先が、正しく賃金を支払っていなかったことを話した。

　ニコルズは、ここでオリンの話は合理的にみえるが、効果的な自己弁護のためには、彼はOWの方針の点から話す必要があるとし、彼の適格性を監視するワーカーに見習いプログラムの構造の不備を話したところで彼にとっては良いことは何もないという。彼が指摘する点は的を得ているが、一方で、OWワーカーの反応は、彼らのOW適格性を『終了』した『未成年者』と関わるためのOW指令の論理によって作られる。結局、OWのワーカーは「方針は、これである、あれである」というだけで、オリンはOWのプログラムを終えて、再申込みするには1年待たなければということになった。

　ニコルズは、オリンと同じく一度はケースが終了し再復活された別のケースと比較しながら、こう述べている。「コンピューターの向こう側にいる個人に対して、OWワーカーは1つのケースを復活させるために、2、3つのボタンをどのように押すことができるかは不明であるが、他の誰かのために同様にすることができるとは限らない。それは若者の局所的な知識の範囲を超えて存在する」(p.696)。つまり、類似なケースであっても、行政官や管理者の側の個人的な資質もまた援助の決定に影響するということを意味している。

　こうして、ニコルズはオリンという特定の人物の住居を確保しようとする経験が、出入国管理制度、児童福祉制度、社会福祉サービス制度、シェルター制度等が連結する複合体の迷路とともに、どのように形成されるのかについて描き、彼の経験はホームレスを経験する若者にも比較的あてはまる標準化される

管理の世界への入り口の分析点として活用されることを示唆した（p.697）。

　以上、オリンの事例によって、福祉サービスを活用するに至るまでの彼のワークが、諸制度や諸制度のプロセスの中での職員たちのワークと拮抗しながら、そのようにしか生きられない彼の経験が露呈されたといえる。ニコルズの調査のように、本研究の調査で難民／申請者の経験した生活を考察するにあたり、制度のエスノグラフィを用いることで「なぜ彼らがそのようにしか生きられなかったのか」について、より良く説明できるのではないかと考える。すでに第1章第2節3でみたように彼らは「制度の障壁」に直面していることが前提にあるため、さまざまな諸制度が織りなす様相や諸制度のプロセスの複合体や接合点を視覚化することができ、彼らの実際的な経験が拡張された社会関係の中で、そして国家という体制の中で位置づけることが可能になると思われる。

第5節　小括

　SCの概念、社会統合及び制度のエスノグラフィの概念について論じてきたが、本研究の調査及びその結果の分析・検討においてそれらを使用する場合の留意点について以下、整理する。
　SC概念は定義が不統一であるが、社会福祉学研究という立場を踏まえSCを捉える必要がある。本研究の調査ではSCを個人の「資源の総体」として捉える「個人レベル」のSCに重点を置き、SCが難民の不平等の再生産や社会階層の分化を招いている懸念から、個人と社会構造との関連を視野にいれる。この観点は欧米のソーシャルワークのSC活用の議論でみられていたが、コミュニティ・ディベロップメントにおける貧困削減や社会正義へのコミットメントやSCのシナジーアプローチと深く関わるものであるが、本研究の難民のSC分析において重視されなければならないと考える。
　難民／申請者のSCの把握については、代表的な構成要素である「ネットワーク、互酬性の規範、信頼」を念頭に置き、彼らの生活の局面への相互作用をみながら難民のSCの特徴を明らかにする。内閣府国民生活局（2003）の大規模なSC調査では、ネットワークの測定内容は「つきあい」であり、支援に対する項目が欠けているという指摘があるが（森岡 2011）、本研究は社会福祉学の観点から「つきあい」とともに、日常生活のソーシャル・サポートとしてのソー

シャル・ネットワークを重視する。

　また彼らのSCの特徴については、SCの類型——結合型・橋渡し型・連結型——を基本的な枠組みとして論じる。これらSC類型は、エイジャーとストラング（2004）が示した社会統合の指標の一つである「社会的つながり」の3つの領域（社会的結合、社会的橋渡し、社会的連結）と関連しているため、社会統合における社会的つながりの特徴としてみることもできるだろう。

　次に社会統合の概念は、欧州の社会統合政策の動向を踏まえると、移民と受入れ社会との双方向のプロセス（お互いの権利と義務を果たす責任）として今日的には捉えられており、移民の社会参加が重視されている。社会参加は、経済的、政治的、社会的、制度的側面等への「参加」等広範囲にわたるものであるが、本調査ではSCとの関係から社会的側面での「社会参加」に焦点化する。先の内閣府国民生活局（2003）のSC調査では、互酬性の規範の測定として「社会参加」（例えばボランティアや地域活動への参加）が取り上げられていたが、本研究でも地域社会、宗教・エスニック・コミュニティ等の領域への「社会参加・社会貢献」についても論じる。日本のSC議論では、地域福祉の政策・実践レベルからのSC活用の有効性が指摘されていたが、難民が地域社会の中で「協調行動」を活発にするような政策・実践的介入の検討材料を提供することができるだろう。

　そして本調査では、アットフィールドらの統合の主観的プロセスの側面を重視したことを踏まえ、難民自身の知覚する統合に焦点を絞る。「統合」は日常的には使用しない言葉であるため、難民／申請者が「日本社会の一員として感じているか」または「日本社会の中に自分自身が溶け込んでいると感じているか。」というような日本社会への「所属の感覚」を統合とみなす。本調査ではこれを便宜上「主観的統合」と呼ぶ。

　最後に調査結果を考察するにあたり「制度のエスノグラフィ」を用いる。個人と社会制度との社会関係の有様に関心のある社会福祉学において、「制度のエスノグラフィ」で分析することは有効であることをニコルズの難民青年の調査で示してきた。本調査における難民／申請者たちの実際的な（アクチュアル）経験を拡張された社会関係の中で諸制度や諸制度のプロセスとの複合体や接合点を視覚化しながら考察していくことができるであろう。

第 2 部
難民の実像――16人の語り

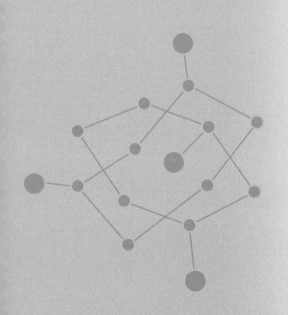

第3章　研究方法

　本章では、調査の問いについて整理し、研究の設計、調査対象者や調査内容及びデータ収集の方法や手続き等の調査概要を示す。そして分析の視座・方法および調査の限界について述べる。

1　用語の定義

　本研究で使用する主な用語の定義は次のとおりである。

(1)　難民／申請者
　本研究で調査対象にする「難民／申請者」とは、個別に日本政府に難民認定申請をした者及び現在も申請中の者である。過去に難民認定申請をし、現在「条約難民」あるいは条約難民ではないが「その他の在留資格（人道配慮等在留許可者等）」を取得した者も含む。インドシナ難民及び第三国定住の難民は含まない。

(2)　ソーシャル・キャピタル
　本研究ではネットワークに焦点を絞り、パットナムとブルデューのSC概念を踏まえ、SCを「個人的なネットワーク（とそこから生じる規範と信頼）から得られる、現実的あるいは潜在的な、個人及び集団の資産の総体」とする。
　難民の社会統合の文脈からいえば、SCは個人のネットワークが、彼らのウェルビーイングを高めるだけではなく、彼らのコミュニティ及び受入れ社会に対して、各々の構成員の一員として協調的な行動を促すものとして理解される。

(3) 主観的統合

本研究では、統合を難民と受入れ社会とのお互いの権利と義務を基礎としながら、お互いの適応を保証していく双方向の過程として捉える。難民自身が彼らの文化・アイデンティティを放棄することなく、受入れ社会の規範や価値を尊重し、受入れ社会に能動的に参加していくことであり、一方で、受入れ社会は、難民の権利や社会・経済・政治・文化的側面等への広範囲な参加を保障することである。

本研究では、このような統合の概念を踏まえ、主観的統合にフォーカスする。主観的統合とは、難民自身が知覚する統合であり、彼ら自身の受入れ社会への参加や所属の感覚というものを指す。

(4) エスニック・コミュニティ

「エスニック」の名詞である「エスニシティ」は、日本語で「民族」としばしば訳されるが、それとは異なるニュアンスをもつといわれている（青柳1996）。また、コミュニティの用語も、「地域社会」や「共同体」等と訳され、幅広い意味を含んだ言葉である。本研究では便宜上、以下のように定義する。

「出自と文化的アイデンティティを共有する人々による、共通の関心にもとづく同一性の感情をもつ共同体」。

なお、難民関連の文献では「難民コミュニティ」という表現もみられるが、難民という背景だけを共有した、異なるエスニシティの共同体という意味ではなく、エスニック・コミュニティが基盤にあるコミュニティと想定される（UNHCR 2010）。そのため、本研究では「難民コミュニティ」ではなく「エスニック・コミュニティ」を使用する。

2　研究の問い（リサーチ・クエスチョン）

本研究は、難民／申請者の日本での生活問題・課題を理解し、彼らがそれらを克服するために、どのようなソーシャル・サポート・ネットワークを獲得しながら生き抜いてきたのか、その際、日本社会または地域社会と関わりながら、どのようにSCを構築してきたのかを明らかにし、彼らのSCと社会統合の関連について考察することを目的とする。

本調査の焦点となる問いは、主に以下の関心から設定された。

①難民／申請者が経験してきた生活問題や課題はどのようなものか。

②彼らの生活問題・課題に、どのようなソーシャル・ネットワークが関連しているのか。
③彼らは一般の日本社会とどのようなつながりや参加をしているのか。
④彼らのSCはどのように構築され、それはどのような特徴をもっているのか。
⑤彼らは「難民」として日本社会で生きることをどのように捉え、将来はいかに生きたいと考えているのか。
⑥彼らは日本社会の構成メンバーとしての所属の感覚をもっているのか（主観的統合）。そしてそれはSCと関連しているのか。
⑦彼らは日本政府あるいは自国の政府に対して、どのような思いを抱いているのか。

3　研究の設計（リサーチ・デザイン）

　以上の「問い」から、本研究では、質的研究方法を採用することが適当だと判断した。質的研究は、既知の理解では不十分な領域に接近したり、複雑な状況や変化する状況の意味を理解すること、また、ある状況やそれらを経験している対象者の認識や解釈の仕方を学び、現実を反映した新たな理論を構築することに優れているといわれている（Richards and Morse =2007）。質的研究の特徴を踏まえ、本研究で量的研究方法ではなく、質的研究方法を採用する根拠は以下である。
　①難民／申請者の生活問題は、複雑で重層的な側面をもっていることが予想される。質的調査は、彼らの具体的な生活実態に切り込んでいくことが可能である。
　②難民／申請者が生きていく上で、どのようにソーシャル・ネットワークを獲得し、活用し、それを構築していくかというプロセスや彼らを取り巻く社会的環境や周囲との相互作用といった複雑な様相を把握することができる。これは一時点を焦点化する量的調査では把握しがたいことであろう。例えば、難民の場合、仕事を転々としていることが予想されるが、そのプロセスや他者との関係を探るためには、質的研究が適しているといえる。
　③難民／申請者が個別の経験をどのように捉え、難民として置かれている生活状況をどのように感じているのか、また享受したサポートやネットワー

クが彼らにとってどのように影響したかという彼ら自身の知覚や認識を知るには、質的研究が優れているといえる。難民からの視点を通して、彼らの生活世界の新たな概念化を導くことができる。

4 調査の概要

(1) 調査協力者とデータ収集

調査の対象者として日本の関東地域に中長期的に滞在している難民／申請者を選定した。第1章第2節で示したように、日本の場合は、条約難民として認定された人々は少なく、多くはそれ以外の資格を有する人々または在留資格のない人々（仮放免中の場合等）である。なお、本調査の調査対象者については、対象者という表現が、研究者と対象者の主従関係を暗示しやすいため、調査協力者という言葉を使用する[*1]。ただし調査における一般的な用語として用いる場合には、調査対象者という言葉を使用する。

データ収集は、2012年2月〜2014年6月に行われた。関東地域の難民や外国人を主に支援する民間団体（社会福祉法人、特定非営利活動法人、宗教団体）に調査協力を依頼し、それらを通じて紹介してもらう方法を採用した。質的研究においては、厚みのあるデータを収集するには、調査者と調査協力者との信頼関係が不可欠となる。また、エスニック・スタディや多文化共生に関する調査では、調査対象者との信頼関係の喪失や調査への懐疑心を招かないように、対象者の文化に適したアプローチの重要性が指摘されている（武田 2009:14）。そのため、調査対象者の選定については、調査者である筆者が難民／申請者に直接的に働きかけるよりは、彼らと信頼関係があり、彼らの文化的背景や状況を理解している支援団体の職員に協力を依頼したほうが得策と判断した。支援団体の職員には、難民やエスニック・コミュニティの利益を図ること目的とする調査の主旨を説明し理解を求め、筆者との間で各々の団体と調査協力書を取り交わした。また、職員に紹介された調査協力者から、可能な場合はスノーボーリング式に新たな協力者を募った。

---

*1 「公益社団法人日本心理学会倫理規程」（第3版、2009年）では、「研究対象者」という表現について「かつては「被験者」という呼び方が一般的であったが、英語圏では、「被験者」という言葉に対応する"subjects"が、主従関係を暗示するという理由で、現在は"participants"などと呼ぶことが多い」とし、フィールド研究では「研究協力者」という表現を用いている（pp.7-8）(http://www.psych.or.jp/publication/inst/rinri_kitei.pdf）。

表3-1　調査協力者の基本的属性

基本的属性	調査協力者の内訳
年齢	20代（1名）、30代（2名）、40代（9名）、50代（2名）、60代（2名）
性別	男（10名）、女（6名）
国・民族的背景	ビルマ（7名：チン族、カレン族、ビルマ族、ロヒンギャ族）、クルド（2名）、スリランカ（3名）、イラン人（2名）、ネパール（1名）、アフリカ（1名）
家族構成	独身（3名）、単身（自国に夫または子が在住：3名）、配偶者のみ（2名）、子どものみ（2名）、配偶者と子ども（6名）
滞在年数	6～9年（3名）、10～19年（4名）、20年以上（9名）
在留資格	条約難民（2名）、永住者（1名）、定住者（2名）、特定活動（1名）、在留特別許可（1名）、仮放免（8名）、配偶者（1名）
母国での学歴	小学校卒（1名）、高校中退（2名）、高校卒（1名）、専門学校卒（1名）大学卒（4名）、大学中退（6名）、不明（1名）
母国での職歴	なし（8名）、農業（3名）、それ以外（5名）
日本語レベル	初級（2名）、中級（4名）、上級（10名）
宗教	仏教（5名）、キリスト教（6名）、イスラム教（1名）、特になし（4名）

＊軍事政権下で国名が「ミャンマー」と変更したことへの抵抗として、本研究では政権前の「ビルマ」国名を使用する。
＊日本語のレベルは、筆者とのインタビューにおける対話の中で判断された。

　しかし、調査協力者を得ることは予想以上に困難であったが、16人の協力を得ることができた。困難な理由としては、既述した難民の特殊性でもみられたように、個人情報が漏洩することへの恐れ、インタビューへの嫌悪感、また仕事が忙しい等が想定され、支援団体の職員からも同様なことが指摘された。また筆者が今回対象とする人々は、中長期滞在者で日本語のコミュニケーションが可能な難民／申請者を希望していたので、そのような人々は既に生活が落ち着いている場合があるために支援団体とは疎遠になっていたり、または滞在期間が長くても日本語の理解が不十分な人も少なくないという理由等から、支援団体の職員が適当な調査協力者を見つけることが困難であったことも要因となっている。
　彼らの基本的属性の記述については、難民本人及び自国に残した家族や親戚

等への危険を考慮し、また現在も難民認定の手続きが進行中の者もいることから本人の不利益にならないように細心の注意を払う必要があった。したがって、データの基本的属性については詳細を提示することが難しく、**表3-1**に示すように必要最低限にとどめている。

(2) 調査方法

　調査データの収集は、個別面接調査で半構造化面接（semi-structured interview）を採用した。個別面接調査は、情報を引き出すためだけではなく、感情、認識、思考の発見ができ、過去、現在、そしてとりわけ対象者の本質的な経験に焦点をあてることが可能である（Holloway & Wheeler =2002）。本研究においても、難民／申請者の「生きられた」過去の経験や感情にも焦点をあてるため面接が妥当な方法と思われた。また、難民の特殊性により、きわめてプライベートな事柄に踏み込むため、グループ・フォーカス・インタビューよりは個別インタビューが本音を語りやすいと判断した。さらに、難民／申請者は、日本語が第一言語でないためコミュニケーションの困難が予想された。顔をつきあわせた面接（face-to-face）形式のほうが、ゆっくり時間をかけて話すことが可能で、言いたいことを伝えやすいと思われた。

　調査の場所については、16人中12人は彼らの自宅で実施された。これは彼らの具体的な生活・地域空間を観察できるこという利点がある。また調査協力者の立場を考慮すると、よりリラックスして居心地が良い場所であること、さらに仮に面接場所を設定した場合には、そこに至るまでの時間や交通費をかける必要がないことがあった。しかし、自宅での調査が困難な場合や相手が拒否した場合は、支援団体の面接室や調査協力者が所属するエスニック団体の事務所で実施された。

　調査は主に日本語で実施された。調査協力者は中長期滞在者であるため、ある程度の日本語によるコミュニケーションが可能と想定されたこと、日本語の習熟度を知ることができること、また通訳によるバイアスを回避するためであった。外国人、移住者、難民の面接調査では、通訳を介して調査されることもしばしばあり、筆者が以前実施したビルマ人女性の調査でもエスニック・リーダーの女性に通訳を依頼してインタビューを行った。日本の難民／申請者の場合、ビルマ（民族によって言語が異なる）やクルド語等は、英語やフランス語といったいわゆるメジャーな言語ではないため、正式な通訳の確保が難しい。そのため、エスニック・コミュニティのリーダーやコミュニティの中で日本語

が話せる人に要請せざるを得ない。通常、リーダー的存在の人は、日本での滞在期間が長く、そのため日本語の習熟度も高いが、正式な通訳訓練を受けているわけではない。また調査協力者は、リーダーに遠慮したり気を遣う発言をする可能性もある。[*2] 難民／申請者への個別面接調査で通訳を使用する難しさについては、同様な調査研究でも指摘されている（Dolan & Sharlock 2010）。バリンとアールストロームは、スウェーデンに10年以上住む難民（さまざまな国や民族の出身者）に、あえてスウェーデン語での個別調査を実施したが、その理由は通訳を介すと調査協力者がオープンに語れないことだけではなく、長期滞在している対象者がスウェーデン語を話すことに対して敬意を払うという意味も含んでいた（Wallin & Ahlström 2005）。結果、それほどインタビューにおいて障害がなかったということであった。もちろん、スウェーデンの場合は、難民に対してスウェーデン語教育が十分に実施されてきた経緯があり、彼らの語学の習熟度も高かったと考えられる。日本の場合は、日本語教育サービスが充実しているとはいえないが、結果的には、本調査では1人を除き全員通訳者不要で実施された。しかし日本語よりも英語が堪能である人には、日本語と英語の混合でインタビューが行われた。なお支援団体の職員が同伴した時には、本人は日本語で話しているが、筆者が聞き取れない場合は、彼らの日本語の言い回しに慣れている職員が解説や補足をする場面もときどきあった。

16人の個別インタビューに加えて、同行した民間職員の談話、調査後に継続的な関係をもつことになった調査協力者との談話、エスニック・コミュニティのリーダーの談話、エスニック・コミュニティが関連する祭りやイベント、教会等にも参加しながら、そこで聞き取った会話やフィールドにおける参与観察の結果についても、個別インタビューの結果の分析を補足する材料として適宜活用することにした。[*3]

[*2] 例えば、前回の筆者の調査では「誰があなたにとってもっともサポーティブであるか？」という質問を調査協力者にしたところ、調査での通訳を依頼した「リーダー」との返答が多かった。

[*3] クルド新年祭（埼玉県蕨市2014/3/21）、カレン族食事会（東京都江東区2015/5/3）、ミャンマー（少数民族）衣と食文化の祭典チャリティ・ファッションショー（2015/5/31）、カレン語によるミサ（2015/8/23）、館林国際交流まつり：在日ロヒンギャ協会が菓子販売で参加（館林市2015/10/25）、チン族のコミュニティ議長との談話（2015/11/5）、カレン・コミュニティの新年会（2016/1/10）、エチオピア・コミュニティ（NPO法人「アデイアベバ・エチオピア協会」主催）の新年会（2016/1/10）、チン・コミュニティのナショナルデー（2016/2/21）など。

(3) **調査内容**

調査内容は、調査協力者の基本的属性に加え、以下が主な項目である。

①日本での生活困難（住居、雇用、医療、教育等）な実態についての事柄
- 過去及び現在の生活困難・課題や不安
- 難民として生きることについての意見・感覚

②ソーシャル・キャピタルについての事柄
- ソーシャル・サポート・ネットワークについて
  ——具体的な人や団体・機関（サポート源）／支援の内容／支援へのアクセス
  支援への評価、生成されたサポート・ネットワーク
- 同国人・同民族とのつきあい・交流
- 日本人（同国人・同民族出身者以外の外国人も含む）とのつきあいや交流（地域住民、職場、学校等）
- 地域社会の活動への参加（祭り、ボランティア、防災訓練、自治会活動等）
- 日本社会への認識・知覚（肯定的：相互扶助、尊重／否定的：差別・偏見・孤立）

③主観的統合についての事柄
- 日本社会の構成メンバーとして感じているか
- 将来、どのように生きたいか（日本で生活したい、帰国したい、他国に移りたい等）

(4) **倫理的配慮**

日本に滞在する難民／申請者数は、前述したように諸外国に比して極めてその数は少ないため個が特定されやすいといえる。難民の特殊性として、彼らの素性が明らかにされると、自国の政府から、本人のみでなく家族や親戚等、周囲の者も迫害を受ける危険性をはらんでいる。本調査により彼らが不利益を被る場合も想定されるため、個を特定できないような細心の配慮が要求される。

調査協力依頼については、支援団体及び調査協力者である難民／申請者に、本研究の学術的意味及び実践的意義（個人及び難民／申請者への利益）、インタビューの実施方法、任意協力であること、調査中断の自由、匿名性（プライバシー保護）、データの取り扱い、保管方法（分析終了後の録音記録、逐語記録の破棄）、公表に関しての内容を文書と口頭で説明した。支援団体には「調査協力の依頼書」及び調査協力者には「調査協力の同意書」を提出し、承諾（サイン）を頂

いた。「調査協力の同意書」は日本語及び英語で作成し、日本語はひらがな表記にしてわかりやすい文面をこころがけた。なお本調査を実施する前に日本女子大学の倫理審査会の承認を受けた（2012年10月5日）。

5　データ分析方法とその適切性

　本研究は、質的調査研究の個別面接調査を実施し、個別の語りからそれぞれのユニークな現実的な生活経験や周囲との関係を描きだすことを目的としている。分析の視座は以下に要約される。

分析の視座
- SCの構成要素（ネットワーク、互酬性の規範、信頼）を基盤にSCを把握する。
- ネットワークについては、ソーシャル・サポートによるつながりを重視する。
- SCの特徴を3類型（結合型、橋渡し型、連結型）から把握する。
- 「社会参加・社会貢献」は互酬性の規範の目安とする。
- 社会統合については、主に社会的領域に焦点を絞る。
- 社会統合は、難民自身の主観的統合に着目する。

　具体的には、面接で録音した音声記録や聞き取った内容を文字変換し、トランスクリプトを作成する。トランスクリプトをセグメント化し、研究の問い及び分析の視座をもとにカテゴリー化し分析する。カテゴリー化や考察にあたって、SCAT（Steps for Coding and Theorization）の4ステップ・コーディング・マトリクスを活用し、マトリクスにセグメント化したデータを記述し分析を試みた。この作業は分析の思考過程が明示され、分析の妥当性を常にリフレクトすることができる利点をもっている（大谷 2011:157）。さらに、データ分析の際には、分析者の偏り（バイアス）を最小化し、データの妥当性を高めるために、複数の研究者が分析作業に関わるトライアンギュレーション（triangulation）を採用した。具体的には、福祉研究者によるフォーカスグループにて、SCATのマトリクスを提示し、参加者からの意見・批評を徴収し分析者の恣意性を排除することに努めた。マトリクスは参加者との協働作業をする上で有効であった。質的研究の分析ソフトとしてはNvivo10を使用した。

マトリクスの例

テクスト	〈1〉テクスト中の注目すべき語句	〈2〉テクスト中の語句の言いかえ	〈3〉左を説明するようなテクスト外の概念	〈4〉テーマ・構成概念（前後や全体の文脈を考慮して）	〈5〉疑問・課題
最近になって少しずつ溶け込んでいる感じがしてきた。介護の仕事をして……私が休みのとき、次の日、（利用者の人が）何でこないの?やめちゃったのかな?と、求めている人がいる。	溶け込んでいる感じ。介護の仕事。求めている人がいる。	統合しつつある感覚。専門的な仕事。求めてられている実感。	統合意識、受容、必要とされる感覚、専門職、プライド。	専門職として必要とされる実感からの統合意識の芽生え。	難民申請者として厄介者として扱われ、今まで必要とされなかったことの裏返しかもしれない。社会に必要とされる存在が、日本社会に受け入れられている感覚や統合意識を育むことにつながるのではないか。

6　本調査の限界

　本調査の限界として、以下のことが想定される。

　まず、質的調査の限界として、調査対象者数が限定されているため一般化が難しい。とくに、本調査では支援団体やエスニック・コミュニティと結びついている難民／申請者を選定しているため、そのような状況にない人々が同様な結果を招くかどうかについては言うことができない。

　次に、彼らがどこまで本音を語れるか、また語ったとしても彼らの利益を守るために公表できない場合も予想される。彼ら及び自国の彼らの家族が危険にさらされることは避けなければならないので、個人が特定するような彼らの生活状況の詳細を記述することは難しい。例えば、彼らのつきあいについて質問した場合に、自国の政府を非難する政治的集団との関わりについて積極的に話

すかどうかは疑問である。また就労が許可されていない申請者が、生活のために働かざるを得ない場合もあるかもしれないが、その際、仕事を確保した経緯については話すことが難しいと思われる。

　さらに、本調査は日本語で実施される。彼らにとっては母国語でないので、どれだけ彼らが筆者に真意を上手く伝えられるか、また筆者がそれを十分に把握できるかどうかの困難さが伴うといえる。

第4章　調査結果

調査データの提示、結果の解釈及び分析

　本章では、調査結果を提示しながら、同時にその解釈及び分析をする。抽出されたデータを項目ごとにカテゴリー化し、調査協力者の語りとともに記述している。文章中で「」内は調査協力者の語りが中心であるが、会話形式の記述の場合、R（調査協力者）、I（筆者）、S（同行の支援団体職員）[*1]を示し、また調査協力者が複数で対話している場合はR(1)、R(2)と表記した。

　なお、日本語がわかりにくい場合やプライバシーへの配慮を考慮し、語られた内容について適宜修正を加えた。地域名、個人名、支援団体名はアルファベットの頭文字で表記しているが、表記している頭文字は必ずしも名称の頭文字と一致しているわけではない[*2]。また、それぞれの語りの後には国名または地域名と性別を括弧にて明記しているが、その他の情報について文脈上、必要な場合は追加で明記している。

第1節　難民の生活とソーシャル・ネットワーク

　難民／申請者が、現実的に日本で生活するためには誰かのサポートを必要と

[*1] 調査協力者（Rispondent）、インタビューアー（Interviewer）としての筆者、支援団体（Supporter）としてのそれぞれの英語の頭文字をとった。
[*2] 調査に協力して下さった支援団体は支援団体の名称の頭文字ではなく、それぞれX、Y、Z支援団体と表記している。

せざるを得ない。調査協力者たちの生活は、具体的にどのような人々あるいは団体・機関に支えられているのであろうか。ここではSCの構成要素であるネットワークに焦点を絞り、彼らが来日してから現在に至るプロセスにそって、彼らの生活を支えるソーシャル・ネットワークを明らかにする。

1　来日経路・来日当初の滞在におけるネットワーク

　個別に来日する難民たちは、どのようなネットワークを通して来日し、また彼らの来日当初の生活は誰によって支えられているのであろうか。来日経路については、調査協力者16人中、約半数の7人は、【仲介業者（ブローカー）】を通じて来日し、9人は日本に誰も知り合いがいなかった。

> 「仲間がつかまって、つかまりそうになったから……海外に逃げたほうが良いということになり、ブローカーに頼んで、バンコクに出るように手伝ってもらって……でもバンコクは難民申請ができないし、（正規の）ビザがなくなると生活できないし、バンコクでもブローカーに、申請できて、生活できるところを頼んで、日本でたまたまビザがとれたということで……違うパスポートで、こういうふうに行って下さいと言われ、日本に来る気もなかったけど、日本にきちゃって……。」（**ビルマ、女性**）。

　一方、既に日本に【家族・親戚、友人・知人】がいて、それらの人々を頼りに来日している人たちは6人だった。具体的には、兄、いとこ、日本に留学していた同国出身の友人、叔父の友人等であった。

> 「そうですね、向こうにいた頃から知ってた友人だったんで。198X年ぐらいから日本に留学して、日本語（学校）を卒業後、コンピューターとか、そういう大学で専門的に。その人の協力で日本にこられたっていう感じです。」（**ビルマ、男性**）
> 「一番上のお兄さんが先に日本で難民申請をしていた。」（**クルド、女性**）

　日本に既に家族・親戚がいるケースを除き、日本を避難場所として選択するケースは少なく、仲介業者に手配した結果、来日せざるを得なかったケースが多く見られた。調査の中では、日本で難民制度があることがわからず、日本を

足掛かりに北米やオーストラリア等を目指す者もいた。

「3ヶ月後はカナダ行く予定だったんで……。」（イラン、**男性**）
「私、日本に来る前、オーストラリアの入管に私の問題を奥さんのお兄さんが知らせた。オーストラリア入管とUNHCR。4日前に、レフジー（難民）のドキュメント（書類）をオーストラリアからもらいました。」（スリランカ、**男性**）

しかし、アジアという親しみを感じ、日本を避難場所として選択した者もいた。

「迫害から逃れ、海外逃げようって思ったときにアメリカにも友だちがいまして、日本にも留学していた友達がいて、アメリカはいつでも行かれるし、日本はアジアの国にあって、顔色も文化的にも近いなと思い、それで日本を選んだこと、選んだっていうよりは、僕は16歳の頃にビルマにある映画館で日本映画、あの頃、山口百恵さんの映画を見て一度、日本へ行ってみたいと思ったのが印象的だった。」（ビルマ、**男性**）

次に、来日後の難民の一時的な避難場所・滞在場所は、どのように確保されたのであろうか。調査協力者たちは日本社会のフォーマルなネットワークとの接点はなく、仲介業者あるいは家族・親戚、友人・知人、エスニック・コミュニティのインフォーマルなネットワークを頼らざるを得なかった。フォーマルなネットワークと接点をもつためには、難民として自らが「表明」する必要があり、後述するように調査協力者の多くは、来日して直ちに「表明」するわけではなかったことも、フォーマルネットワークに結びつかない原因にもなっていると考えられる。

日本に【家族・親戚、友人・知人】がいる場合は、そこに居候したり、同居したりしていた。

「N区のA（地域）のほうなんですけど、そこで友人がいるところ。そこで入れることになって。……留学をなさっていた方です。」（ビルマ、**男性**）
「日本に入って、友達の家族がN地域に住んでたから……。」（スリランカ、**男性**）

> 「まず親戚のところに1年くらい一緒に住んで……。」（ビルマ、**女性**）

【仲介業者】を利用した場合は、見知らぬ同国人出身者とともに、一時的な同居という形をとったり、仲介業者が紹介した雇用先と一緒の住み込みという形をとるものもあった。仲介業者にとっては、雇用の斡旋と仲介料の返済が期待できた。

> 「最初は、C族（同族出身者）のいるところに泊まって……S区のA地域で、2DKの部屋に6人くらい……親戚の中に知らない自分が入るという感じ……。」（ビルマ、**女性**）
>
> 「テヘランで紹介してもらった事務所で、そこで紹介された会社で、そこに入って、会社から工場を紹介されて……3ヶ月働いて、ただそのかわりにその3ヶ月はタダで、3ヶ月の金はその事務所にはいるんです。」（イラン、**男性**）

日本に知り合いがいなくても、【見知らぬ外国人】に声をかけたり、またネットで【エスニック・コミュニティ組織】を予め探して連絡をとったりしながら繋がっていく場合もあった。1980年代後半から90年代にかけてのバブル期においては、いわゆる非正規外国人労働者のアンダーグラウンドのネットワークは十分機能していたことが想定される。また1990年代半ば以降の来日者にとっては、インターネットの普及により海外に住みながら日本のエスニック・コミュニティの情報を得ることも、容易になってきたと思われる。

> 「フィリピンの人だったんですよ。それで、じゃあ大変じゃん。ちょっと私、知り合いの人いるから、その人、仕事も住む所もあるから、一緒にちょっと行ってみないかって。そこまでやってくれますかって、いや、大丈夫だよって。行こう、じゃあ、今、一緒に行こうって。そのまま、K町に行って、その人の知り合いの社長に紹介されて。」（イラン、**男性**）
>
> 「オンライン（ネット）で、B協会（エスニック・コミュニティ組織）あるんだ（ということを知った）。それでオンラインから、連絡して、それで来たんですよ。……最初は友達と一緒に2人で住んでたんですよ。」（ビルマ、**男性**）

2　生活基盤の形成とネットワーク

　難民は、一時的な避難や滞在から、次に安定した生活を確保する段階へと移行していく。調査協力者のうち2名は、家族が既に日本にいて来日当初から日本への定住を目的としていたが、多くは、彼らの出身国の情勢が安定するまで、あるいは他国へ移動する通過点として、日本を一時的な滞在場所として捉えていた。しかし、後者の人々にとって、当初の目的は様々な事情で中断してしまい、日本での予期しなかった「生活」を強いられることになる。親戚や友人・知人の住居への居候や雑居部屋に住むことは滞在が長期化するにつれて困難になる。結婚し新しい家族ができたり、家族を呼び寄せたりなど、家族形態が変わってくると、当初の生活スタイルを変更させなければならなくなってくる。滞在の長期化とともに自立した生活が要求されるが、まずは住居と雇用先の継続的な確保が必要となる。否が応でも「日本社会」と結びついて生活基盤を整えていかざるを得ない状況に追い込まれていく。

　こうした状況で、いかなるネットワークにより彼らの生活が形成されていくのであろうか。またネットワークを阻むバリア（障壁）はどのようなものであろうか。ここでは、住居、雇用、教育、医療、出産・育児ケア等の生活手段の獲得に関するネットワークについて明らかにする。

(1)　住居に関わるネットワーク

　調査時の調査協力者の入居形態は、16名中、民間賃貸住宅は13名、公営住宅3名であった。民間賃貸住宅のうちアパートが10名、一軒家は3名であった。

　12名の調査協力者の自宅に訪問することができたが、民間賃貸住宅に居住する家族の場合は、その人数に見合うだけの部屋数を有しているとはいえず、2DKの部屋に家族6名で住む者もいた。

　クルド人及びビルマ（ロヒンギャ）人の調査協力者は、彼らの民族が集住している地域に住んでいた。クルド人の調査協力者の一人は、クルド人が集住する賃貸アパートに住み、彼は「ここはクルド村」と表現した。またビルマ（ロヒンギャ）人調査協力者は、駅から徒歩約30分の古い平屋の一軒家（粗末な小屋）に住んでいた。集住地区に限らず、調査協力者の住む民間賃貸アパートは、近隣が外国人という場合が多いことも特徴としてみられた。

　その他、木造で浴室のない部屋に住む者、同国人の友人と同居している単身

者等、公営住宅入居者以外は、彼らの多くは劣悪な居住空間で暮らしている（いた）といえる。

> 「あまりにも（部屋が）古いので……最初、私と息子が２年くらいぜんそくになって……。」（ビルマ、女性）

　来日当初は、彼らの大半は家族・親戚あるいは友人・知人宅に居候あるいは雑居部屋で数名で暮らすことから出発していた。また職を得た後は、職場が用意する住居に住み込む形態も多くみられた。しかし滞在が中長期化する中で、状況に応じて転居し現在の住居に至っている。家族形態の変化、職場の都合、突然の収容、同居者への遠慮や煩わしさ、自立した生活への希求等が転居の理由としてあげられた。

1）　住居確保のネットワーク
　主に在留資格の有無、RHQによる外務省保護費の対象か否か、難民支援団体とのつながりの程度等により、ネットワークはいくつかのパターンに分けられる。調査協力者の当時の状況と現在の状況は異なっているため、ここでは、過去の時点での状況を基に説明する。

〈パターン１：在留資格無し＋保護費対象外の場合〉
　この場合は、【家族・親戚】、【同国・同民族出身の友人・知人】、【エスニック・コミュニティ】等の《同質なつながり》、または【日本人の雇用主】の《異質なつながり》との関係で住宅を確保していた。

> 「兄弟が来たので、一緒に住むところを探して、ミャンマー人の人の紹介で……今のこの場所は、10年くらいかな。ミャンマーに帰る人のあとを受け継いだ。自分で不動産屋で探したことはない。だいたいミャンマーの人、知らない人でも、住居を探しているといえば、誰かが教えてくれる。」（ビルマ、女性）
> 「（職場の）寮も出なくていけなくなり、シェアハウスを教えてもらって、ミャンマーの人といっしょに住む。」（ビルマ、女性）
> 「だんなさんが働いていた会社の社長（日本人）の親の住んでいる家の部屋を借りて住んでいた。」（ビルマ、女性）

「泊まるところはその会社のアパートあった。そこで泊めて……働いた。」(**スリランカ、男性**)

「だいたいこの辺は、最初は一人日本人（いたが今はいない）。みんなは大体はロヒンギャ人ですよ。外国人。日本はすごくいいですよ……デポジット（保証金）から、いろんなプロセス（手続）はない……。友達よく知ってるから、友達の名前で、これ家借りてるんです。」(**ビルマ、男性**)

〈パターン２：在留資格無し＋保護費対象の場合〉

申請者については、在留資格が無くても保護費の対象者には、住宅費を支給されたりあるいは一時シェルターを提供される者もいる。しかし、すべての者が対象となるわけではなく、審査を経なければならない。この場合は、住宅の確保は【民間の支援団体】の貢献が大きい。

「アパート探した、X支援団体もとても手伝いしました。X支援団体の紹介のおかげで、アパートを見つけた。RHQのポケットマネー（保護費）は毎月４万少し。」(**アフリカ、男性**)

S「あの頃まだY地区にEシェルターがあって、しかも今みたいにシェルターに入れる人をそこまで厳しくしてなかったので在日が長い人でも彼女のような事情がある難民の人は、入れてもらえてたんですね。今はもう来日間もない人しかシェルターに入れてもらえないんですけど。」(**X支援団体；ネパール女性についての補足**)

〈パターン３：在留資格有りの場合〉

在留資格が付与されれば、メインストリームの社会サービスや社会資源を利用できる機会が増える。具体的には、公営住宅に申し込む権利を得たり、生活保護の受給も可能になる。しかし、シェルターは申請者が対象なために、在留資格取得後は、速やかな退去が求められる。条約難民として認定後は【RHQ】が住宅支援サービスを行う。しかし人道配慮等在留許可者は、申請者でもなく、また条約難民でもないため、自力で【公共サービス機関】にアクセスすることになる。

「Jシェルターに、そこに３ヶ月住ませてもらって……でもビザ発行さ

れたときに、ビザもっている人はそこに住む権利ないから、そこから出ることになって。……結局、弁護士さんの協力で、区役所と（生活保護の）話をして、区役所から、あなた部屋探してって。その部屋の金をちゃんと（区役所が）払います。……部屋の家賃分は53,500円で……。」（イラン、男性、単身）

「（都営住宅の申し込みは）やり方わからないから、RHQが１回教えてくれた。……その後では自分でやって。３回ぐらいかな、やったから当たったんで。……家賃は３万円です。……半分以上ぐらい、ちょっと安かったですね。……思っていたのは８万円ぐらい、大体。……３LDK。小さいけど部屋３つあります。」（ビルマ、男性、妻と子ども３人）

「都営住宅は何回申し込んでも当たらない。生活がらくになるんだけど……今、家賃８万円。」（ビルマ、女性、夫と子ども２人）

「RHQに話して……家族来るから……引っ越し、東京Ｎ地区にRHQからアパートもらいます（住宅を手配されたという意味）。」（スリランカ、男性）

2）保証人の獲得

住宅を借りる際は、ほとんどの場合は日本人の「保証人」が要求される。調査協力者たちは、どのようにして、日本人の保証人を獲得しているのであろうか。彼らの多くは雇用主、職場の同僚、顧客等の【職場のつながり】から得ているか、または日本人の【家族・親戚】がいる場合はそちらに依頼をしていた。

「工場の人が……その人が全部、保証人とか、全部なったんですよ。」（イラン人、男性）

「社長が保証人。社長さんは良い方だった。」（スリランカ、男性）

「日本人の保証人は主人の（職場の）チーフがなってくれて……。」（ビルマ、女性）

「Ｔ地区に住んでる友達の友達が働いてるところで……（お店に）食べに来るお客さん（日本人）……お客さんね。おばさん（私）部屋ほしいから……そう言ったら、探して（くれた）住むところ。……（保証人は）あの、それお客さんがなってくれた……80歳かな……今はもう亡くなったけど……。」（ネパール、女性）

「英語の先生の仕事をしていて……（保証人は）それは私の生徒さん。」（ア

フリカ、男性）

「だんなさんと暮らすことになったが、住居は、一番上のお兄さんの奥さん（日本人）が保証人になってくれた。」（クルド、女性）

3） 住居確保・アクセスを阻むバリアとバッファー

　外国人への賃貸拒否という差別の問題はしばしば起こっているが[*3]、難民の場合も例外ではない。外国人であることに加えて在留資格が無い場合はさらに困難である。また、彼らの生活が不安定なため家賃の負担は家計を圧迫していた。

「言葉がわからない外国人は、家を借りるのも大変だった。」（ビルマ、女性）
「不動産屋をたくさんまわって10件以上断られた。外国人だからなどの理由で……そのときは在留資格もなかった。」（ビルマ、女性）
「マンション探しても、外人、子どもダメ……どうしたらいいのかわからなくなり……主人はショックというか、体が弱くなって……その時、インターネットみてたら、『外国人でも相談にのります』というのをみて……そこはマンションで３DKの部屋。そこしか外人受け入れないということで……でも13万円で……外人が住めるとこなくて……。」（ビルマ、女性）

　しかし、そうした困難さを軽減するバッファー（緩衝材）の役割を果たす存在が【親切な家主】の存在といえる。難民の住居以外のことを気遣ったり、家族ぐるみのつきあいをした家主も存在し、「家主のつながり」も彼らの生活を支える重要なネットワークだった。
　一方で、家主にとっては、日本人の借主が見つからない場合に、空き家にしておくよりは、外国人に貸すほうが有効な活用方法としてみなされていたのかもしれない。

「G地区の不動産屋にいって、大家さんに聞いてもらったら、貸しても

[*3] 例えば、東京都新宿区の「多文化共生実態調査」（平成27年度）によれば、偏見や差別を感じた理由のうち「家を探すとき」と答えた調査協力者が約半数を占め最も多かった。

らえるということ。……あとでわかった話だけど、（私の）子どもが高校3年間にA財団のサポートを受けていて、それに大家さんが関わっていた。」（ビルマ、女性）

「（車の事故の後遺症で頭が痛いから）できないからまだ痛いね。痛いからまだ仕事しない。仕事しないから大家さんが弁護士探して交通事故ね、お願いします言って。大家さん弁護士頼んですごい大変だった。……そのときむこうから交通事故からまだ（お金を）もらわない。お金ない、お金ないっていったからもらわない……大家さん優しい。すごい優しいあの人はね。……大家さんは日本人のおじいさん……娘3人、結婚……うん。この娘一人が結婚してあとで、戻ってきて……いつも私ね、一緒にご飯食べて一緒に買い物にいって……。」（ネパール、女性）

「日本人の大家さん、すごくいい人ですよ。例えば、今月の家賃も割って払うですよ。2ヶ月に1回払うことができる。……大家さんは、ロヒンギャの人たちを凄く助けてくれる。……前は家賃は3万6000円だったんだけど、2009年から、経済が下がったですね＊。日本は。それから、（家賃は）2万5000円になってるんですよ。……もしお金なかったら、来月に一緒に払うのも大丈夫ですよ。」（ビルマ、男性）

＊リーマンショックによる金融危機を意味している。

4） 収容所を退所後の住居確保のネットワーク

後述するように、調査協力者の約半数（16人中9人）は入管収容所の経験がある。収容所から退所後、新たに住居を確保しなければならない場合があるが、その際は、【家族・親戚】、【同国・同民族出身の友人・知人】、【エスニック・コミュニティ】の《同質なつながり》、または【親しくなった日本人】の《異質なつながり》に一時的に世話になっていた。しかし、ホームレスを強いられる者もいた。

「（収容所を）出たとき友人のところに、半年ぐらい住ませていただく事になりまして、それで、自分で、前からも一人暮らしだったので、それでS地区の近い所で、そこで（友人の紹介で）ゲストハウスがありまして、そこのゲストハウスに入っていたんですよ。」（ビルマ、男性）

「（収容所を）出てから、友達（スリランカ）の家に行きました。そこで2週間くらい住んで……I県に行きました。スリランカの友達が探してくれ

て、その人は日本人と結婚している。」(**スリランカ、男性**)

「住むところのオーナー全然知らない人でした。この人は同国人。紹介はこの入管（収容所）で会った同国人の紹介で……2ヶ月3週間ぐらい住んだ。あとはこの人のご家族のために、もうあそこに住むことはできなかった。……そのときから私は6週間ぐらいはホームレスになった。大変だった。……10月終わりからずーっと12月の終わりぐらいまで。そう、ホームレスなっちゃった。毎夜マクドナルドとか、あとは松屋とか行きました。テーブルで寝てた。」(**アフリカ、男性**)

「昔の常連のお客さんは、財産でG地区で一つ部屋もってて、マンションをそのまま誰も住まないままで、この人の財産で残ってたから、だからあそこに部屋が空いてるから、G地区に住みたかったら、そこで住めばいいじゃんって、G地区に住むことにした。」(**イラン、男性**)

(2) 雇用に関わるネットワーク

　生活の維持や家族を扶養するためには、継続的・安定的な雇用の確保は欠かせない。在留資格を得た者は、若干の制限があるが、メインストリームサービスの公共職業安定所（以下、ハローワーク）を通して、職業紹介や就職支援のサービスの利用が可能になり、また仕事がない場合は、セーフティネットとして生活保護の受給も可能である。また在留資格がない申請者で、保護費を受給している者は、最低限の生活は、決して十分とはいえないが保障されている。

　在留資格がない者は、原則働くことが禁じられている。しかし、調査協力者のすべては在留資格がない状態を経験（あるいは現在も継続中）する中で、日本で生き抜いていくためには働かざるを得なかった。在留資格がなく、日本語が不自由な人々は、正規の職を得ることはなく、不安定な職業に従事するしかなかった。彼らは1980年代後半からの非正規外国人労働者として日本のアンダーグラウンドな部分を担っていた。

「スパゲッティ屋にいきながら、夜のちゃんこの仕事もした。」(**ビルマ、女性**)
「朝、掃除は6時から8時までビルの掃除をしました。後はホテルで働きました。」(**ビルマ、女性**)
「そうコンストラクション（建築現場）、大変。夏は車のビルのローリーをやって、雨降るなにも関係ない雪降るも、本当に。重いからこれ行って

は現場は一年だけ……それで、レストラン、問題はうなぎのスティック（棒）です。……スティックは鉄で作られいて……うなぎのこれ全部を洗って、洗って干すから本当に手は寒い、重いから手はこれ全部痛い。」(**ビルマ、女性**)

今回の調査協力者が従事した具体的な職場や職業は以下のとおり多岐にわたる。単純労働、非熟練労働が大半である。なお熟練労働については、英語教師以外は在留資格の獲得後の職業である。

《単純労働・非熟練労働》
・飲食業（厨房、洗い場、ホール、ウェイトレス等）：喫茶店、ファミレス、イタリアンレストラン、ジンギスカンホール、ちゃんこ、しゃぶしゃぶ、鰻屋、中華料理、焼き鳥屋、居酒屋、バー等
・ホテル業：ベッドメイキング
・清掃業：ビル、ホテル、公共施設等の清掃
・病院の介助ヘルパー
・農業
・工場の工員：缶・ペットボトルの検査工場、パン工場、餅工場、アルミニウム工場、コンクリート工場等
・土木建築：溶接、解体、左官、はつり、防水、塗装等

《熟練労働》
・CAD（コンピュータによる設計製図作成）、美容関係、施設の介護職、英語教師

1) 雇用獲得のネットワーク

住宅確保ネットワークと同様に、主に在留資格の有無によって雇用獲得のネットワークは異なる。前述したように2010年度から難民認定申請者のうち「特定活動」の在留資格が付与された者は、申請後6ヶ月後は就労が許可されたが、本調査の調査協力者は、2010年度以前に来日した者が多かったこともあり、その恩恵を受けていなかった。

〈パターン１：在留資格が無い場合〉
　在留資格のない難民申請者への就労斡旋は不法就労助長罪[*4]となる恐れがあるため、民間の支援団体は、職業紹介に関する支援をすることは慎重にならざるを得ない。そのため申請者は民間の支援団体よりむしろ【家族・親戚】、【同国・同民族出身の友人・知人】、【エスニック・グループ】等の《インフォーマルな同質のネットワーク》からの紹介で仕事を探すことになる。また、日本の雇用主・従業員や外国人労働者のネットワーク等の《インフォーマルな異質》の【職場のつながり】によって仕事を獲得する場合も少なくない。
　日本語の習熟度が進むと、他人に頼らず、《自助》で就職活動をする者もでてくる。例えば、就職情報誌や貼ってあるチラシやポスター、あるいは直接飛び込みで採用をお願いする者もいた。年々、非正規滞在者への取締りは強化され、2009年の入管難民法改正（2012年７月９日施行）で、外国人登録制度が在留カードに切り替わり、彼らが働くことは相当難しくなったが、1980年代後半から、2008年のリーマンショック前までは、なんとか仕事を見つけることができていたようだった。

《同質ネットワーク》
　「『仕事探しているんだけど……』というと、ミャンマーの知らない人だけど、日本の居酒屋を紹介してくれた。」（ビルマ、**女性**）
　「私はＣ県のＸ地区で働いた。……それはおじいちゃんの友達（同国人）が紹介した。」（スリランカ、**男性**）
　「Ｋ市でアルバイトで働いた。クルド人から工場を紹介してもらって……日本人のおばさんが多く働く。クルド人もいた。工場の社長は日本人でいい人。……４年間働いた……給料は最初は低かったけど、あとは日本人と同じだったと思う。」（クルド、**女性**）

《異質ネットワーク》
　「前やったところのマネージャー（日本人）が、私を紹介して、こっちにきた……結局、そこの新しい会社に紹介されたところは、あなたをちゃ

　＊４　不法就労助長罪は、不法就労者を取締る対策の一環として1989年の入管難民法改正に設けられた。現在は、不法就労させたり、不法就労をあっせんした者は３年以下の懲役・300万円以下の罰金となっている。

んと面倒見て、ここでビザなくても働いても大丈夫、それでなんとか、あなたのためビザをかす（とる）努力をする。ビザを取りますという話だった。」（イラン、**男性**）

「私はお店に日本人のコックさんいました。……（コックさんが）『朝も仕事、夜も仕事あります。場所はC県で……シャワーも使ってもいい』って……（ホテルの仕事を）紹介しました。」（ビルマ、**女性**）

《自助》
「家賃払わないといけないから、仕事探さなきゃ……歩いていて『アルバイト』とか書いてあったら、電話して探した。」（ビルマ、**女性**）

「最初だけ私、スリランカ人から紹介されたんだけど、その後で言葉とかできるから、直接会社に行って、社長と話して、仕事あるかどうか、調べて、もしあるんだったら働きたい。そういう感じです。紹介はなかったね。その後では、直接行って、話して、仕事ないですか？　話してから。……（歩いていて）会社をみたら、中に入って、仕事ないですかって聞いて……言葉もできる。働く自信もある。」（スリランカ、**男性**）

「これ（建設現場の仕事）は駅で、ジョブの、ポスターみたから……。駅でジョブ、仕事の本いろいろありますね＊……これを見てバイト、仕事、千円、一日が。ちょっと分かりやすいね、全部時間、休みも分かりますから、これに電話します。」（ビルマ、**女性**）
＊駅構内に置いてある無料の仕事情報誌のこと。

「英語の先生の仕事を探した。……あの頃は、英語の先生が人気がある。……ジャパンタイムズ……いろいろ仕事のチャンス書いてありました。」（アフリカ、**男性**）

〈**パターン２：在留資格が有る場合**〉
　なんらかの在留資格が付与されると、フォーマルなハローワーク等が利用可能になる。また条約難民であればRHQの就職支援を提供されるため、調査協力者の中には、それらを上手く活用している者もみられた。

「RHQのジョブカウンセラーが、最初は私と一緒に、ハローワークに行って、その後、自分でも別のハローワークに行って……お弁当屋さんをみつけた。」（スリランカ、**男性**）

I「ホテルの仕事はハローワークで見つけたんですね。ハローワークは、誰が教えたんですか。」
　R「私は、いつもO地区でミャンマーのものを売っているお店に行く。その途中に、英語でfor foreigners（外国人のため）って書いてあったから、（そこに）入って……。」（ビルマ、女性）

　また、単に就職を斡旋してもらうだけではなく、キャリア形成の手段として、メインストリームサービスの職業訓練関連の制度を利用した者もいた。以下の3名のビルマ人女性は、条約難民としては認定されなかったが、人道配慮等で在留資格を得て、雇用制度を活用し熟練技術を取得した。その後、技術を活かした職業に就職することができた。しかし、彼女たちはこのようなメインストリームの制度の情報を誰からも得たわけではなかった。彼女たちは独自でそれらに辿り着いたといえる。

　「安定した仕事が良いと思った。……アルバイト雑誌をみていたら、ホームヘルパー2級の東京都助成の基金プログラム（無料）をみつけて、それに申請した。ホームヘルパーの実習はよかったが、勉強は先生が教えてくれた。25人くらいがいた。外国人は自分だけだった。それらの日本人と食事会をしたり、メール交換などもした。……講習が終わって、ハローワークにいき、会社を紹介されて面接した。講習の時にハローワークの人が来たりして、I地区のハローワークは介護の仕事専門窓口があることを聞いて行った。家の近くのデイサービスがあったので、すぐに見つかった。」（ビルマ、女性）
　「そのとき『ひとり親のしおり』*を読んでみると、仕事のことが書いてあったから、電話してみたら、ハローワークの電話で、S地区のハローワークに相談して、O地区の職業訓練学校の存在を知って、そこで、デザイン関係の科に2年間、勉強した。勉強している間は、ひとり親の枠で、手当（11万円くらい）、学費は半年で5万円くらい。日本人のためにある訓練学校だから、講義は難しかったけど、実習もあって、そっちで頑張った。その後、O地区の精密機械の会社（家の近く）で、働いた。学校の公募で見つけた。面接にいって最初は断られて、日本人の先生（担任の先生）が一生懸命に探してくれて……そしたら、その会社から電話がかかってきて、もう一回面接をして採用された。」（ビルマ、女性; シングルマザー）

＊自治体のひとり親者向けに配布されている情報案内誌。
「ハローワークに行って、職業訓練学校に申し込んで、ぎりぎりで間に合って、美容系のコースがあった。面接にいって、受かって、３ヶ月間通って学んだ。いろいろメイクとかヘアとかあったけど、ネイルが好きになって……それで今の職場で働くようになる。……ネイル検定３級。」（ビルマ、**女性**）

2) 雇用主や従業員との関係

　調査協力者たちは、日本人の雇用主や従業員と比較的良い信頼関係を築いていた。実質的なサポーターとして大きな役割を担っていたのは職場の日本人であったといえる。職場のつながりを通して、日本語を習得したり、日本の仕事のやり方や職業スキルを学んだ者もいる。また、仕事以外のプライベートな付き合いや物質的、経済的な支援もみられた。彼らの真面目な態度は、高く評価され、重要な仕事を任される者もいた。

「会社の社長は日本人で飲食業、私のだんなは気に入ってもらっていた。社長の親に私の子どもを可愛がってもらっていた。」（ビルマ、**女性**）
「私は日本語がわからないけど、日本語が好きで……仕事場でいろいろ学んできた。聞いたこと、覚えてしゃべれるようになって……ホールをやりたいから、メニュー覚えて……その時、学校（日本語の）に行けなかったから、生活費で大変……日本人のスタッフが、日本語でこういうんですよと教えてくれた。お客さんにマナーとかも教わったりして……しゃべれるようになると仕事も幅広くするようになった。」（ビルマ、**女性**）
「会計とか全部任せられて……店長の仕事やった。領収書とか書いてと言われても漢字が書けなくて……大学生のバイトがいて助かった。漢字の書き方や見方など予約の電話も……バイトに電話にでてもらって……そこで、勉強になった。教えてもらっても、すぐにできるわけないのに、酒屋の注文や、計算、バイトのタイムカードや給料のことなど全部やらされた。店長は日本人の年配の男性で、子どもがいないから、私を子どものように思ってくれて、ときにはお父さんみたいだった。」（ビルマ、**女性**）
「そうですね、僕も真面目に働いてたことがあって、家族みたいなお付き合いですね、社長の子どもたちも、みんな小っちゃい頃から知ってた……今、亡くなりましたけど、奥さんはまだいらっしゃる。……あの会社、

「僕が入ったのが199X年ぐらいですね。もう20年近くじゃないかなと。……（亡くなって）とても寂しかったから、いろいろことお世話になってたし、会社にも、向こうは必要として、正社員やってもらいましたから、向こうから声をかけられて。」（ビルマ、男性）

「会社の社長は結局、気に入ってくれて、みんな（従業員を）集めて、私のことを『パパ』と言っていた。自分のアイディアで、木を切って、木のいらない部分がでるのを完全に自分の計算で、自分のやり方で、ゴミでないようにして*、その中から、結局、利益も会社に与えて……だから社長の言い分は、この人、ゴミなるものから、金に変えてくれることができるから。だから、この人、貴重なもの。……（給料は）みんなと大体一緒だった。日本人とおんなじ、日本人と同じ扱いされた。……すごい優しくて。みんな何かあったかくて、優しくて、ばかにしたりとか一切なく、結構、親切な人だった。」（イラン、男性）

＊木の破片も無駄なく活用したという意味。

「（会社は）田んぼの真ん中だから……誰もいない、買い物もできないし……働く人はすごく助かったんだから、米とか野菜とかお酒とか買ってきて、私いなくても、（自宅の前に）置いておいてくれたり、そういう優しい人がいたんだから……1年後、日本人より、私の（給料は）高い。……私、会社のアパート住んでいたんだから、私、時間が関係ないし、働いたね。会社はタイムカードやってとか言ったんだけど、私、会社の仕事あるんだったら、6時にもう会社に入って働く。カードやるは私8時。たまにやらない、忘れるときもある。事務員に話して書いてもらう。8時から。夜は終わったとき、カードやる。会社は私、何時まで働く、全然調べなかった。……鍵とか全部私に預けた。事務所とか全部。」（スリランカ、男性）

「工場長とかは結構優しくて、休みの日に居るかどうか先に聞いて、その時に一緒に釣り行ってるとか、あと一緒に食べに行くとか、結構、遊び行ってる。あとそれで外国人の人も10人以上居るから、その社長も月1回、2ヶ月間に1回ぐらいは（遊びにいった）。（社長は）バスを買って、それで1年に2回会社の全員の旅行がある。……私は東京から上のほうは結構行ったことあります。」（ビルマ、男性）

「工場の社長は日本人でいい人。日本人のおばさんたちは、日本の生活やら食べ物、たとえば天ぷらはこうだとか……いろいろ教えてくれた。そこで私は日本語を勉強した。」（クルド、女性）

「病院（事故で入院）から出てから仕事すぐに働くことできないね。できないから何回か病院行った。うち帰ったら1ヶ月仕事しないね。……仕事しないけど1ヶ月の間の調理場のチーフが、働かない間家賃払う大変だから……社長に内緒でかわいそうだからって。食べ物、弁当作って。お店とうち五分くらいでしょ。……いつもうちでトントントン*やってね。……食べられないし起きることもできないし……持ってきてくれた。1ヶ月くらい。」（**ネパール、女性**）
＊扉をたたく音。

しかし、一方で職場で冷遇された経験も語られた。日本人と比べて賃金が低かったり、賃金の未払い、残業をさせたり等、「外国人労働者」として不当に扱われた者もいた。

「社長はすごい見栄張りの人で、何ていうんですかね、自分のことを、会社の社長じゃなくて、独裁者みたい感じで、すべて俺に従わなきゃならないとか。すべての私の意見に対して、分かりましたとか、なるほどって言わないと、本当そういうナルシストな人で。俺は、昔から白は黒は言えないから、結構反発したりとか……。最終的に、そこを辞めた。」（**イラン、男性**）

「（会社は）外国人、欲しがってるみたい。あと、給料も日本人よりも少し安いとか、残業とかなってもいいし、（夜の）7時過ぎたら、弁当なくても働くし、日本人の場合は、7時に弁当出さないといけないとか、法律とかそういうものも考えるじゃないですか。」（**スリランカ、男性**）

「今は3年目。最低賃金らしい。正規雇用である。月曜日から金曜日まで8時45分～5時30分だけど、それ以上になる。残業代はでない。月収は15万円以上から20万円位以内。……賃金をあげてくれるように言っている。」（**ビルマ、女性**）

「オーナーは30歳くらいで、母親の仕事を引き継いでいるから……わかってない。男性は正社員にする。男性は生活があるからやめない。この間、女性を雇ったらすぐにやめた。」（**ビルマ、女性**）

一人のイラン人男性は、いくつかの職場での否定的な経験を多く語った。

「(経営者の人は)見た目で、すごい優しい人だけど、でも、実際は、結局、みんな周りも私を笑い者にして、結局、その当時、私にくれた金は、1時間で働いて、550円だった。実際はほんとにいい人じゃなかった。ただ見た目でいい人だった。……周りに笑われるくらいの安い金で……2人日本人もいて、その人達の給料は1時間1800円。内容は溶接の仕事……2年、結局働いて、2年あと、社長死んで、それに2年は1円も私の給料、払ってなかった。……2年、700万近い、給料は未払いで……日曜日も私ひとりで、夜11時まで働いたり、クリスマスの時でも、私ずっと一生懸命働いてた、ずっと働かされた。」(**イラン、男性**)

3) 雇用確保・アクセスを阻むバリア

在留資格の無い申請者が就労を許可されないという制度上のバリアは従来から存在していた。しかし、2008年のリーマンショック以降の経済の低迷や政府の非正規滞在者に対する取締りが強化するにつれ、雇用主は彼らを雇わなくなってきた。とくに2012年7月から導入された「新しい在留管理制度」により従来の外国人登録証明書が発行されなくなったことは、在留資格の無い申請者にとっては、身分を証明するものがなくなり、いっそう雇用を確保することを厳しくさせた。雇用問題は、在留資格が無い(あるいは無かった)が、働かざるを得ない調査協力者にとってはセンシティブな問題である。筆者の雇用に関する質問では、言葉を濁す者もいた。

「ビザないと駄目ね。だからこれで終わりね。今月から最後まで働いて後から終わりねって言った(言われた)。それから私はどこにもいくことできないね。できないから大変だった。……みんな仕事ない仕事ない言った。G県に行ったけど仕事ないね。友達ネパール人ね一緒に住んでてアルバイト見つけるの難しいね。」(**ネパール、女性**)

「ビザあれば入れる。ビザないから入れない。……社長も『ごめんね、あなたを使いたいけど、あなたはこの現場に入れないから、ちょっと2週間休んでくれない』とか……7月に新しい法律になったんじゃないですか。外国人登録証を取られたじゃないですか。だから、就労禁止の人に例えばそういうのをやらせると、300万円か何かで*。だからあれを知ってる人(雇用主)はみんな、腰引けるんです。」(**イラン、男性**)

＊不法就労者助長罪の罰金のことを意味している。

「エンプロイア（雇用主）はみな外人の英語先生たちに、ああごめんなさい、いまは経済はだめだからごめんなさい、もう仕事はなくなったよ。そう。あのときからいろいろ探した。ノー、ノー。だから、あの時からいろいろ会社もとても厳しいになった。いつも、ああビザ見せて、ビザ見せて。ビザなかったからね。あまり仕事を見つけ（られ）なかった。」（**アフリカ、男性**）

4) **経済的な依存**

完全に雇用へのアクセスを遮断されてしまった調査協力者は、【家族・親戚】を頼ったり、インフォーマルな【親しい日本人】に経済的に依存する者もいた。彼らは日本の法律に決して抵触しないように苦肉の策を講じながら生活をしている。

「仕事はできないから、どうしても、お金は生きるために、欲しいですよね。何か方法考えて、入管にも迷惑ならないように、何かやるかなと思って、奥さんの名前で会社、登録して、何か商売みたいに、私が商売わかるから、自分はやっちゃいけないから、奥さんの名前で会社登録して、奥さんがやるんだから、私、手伝う。それはできるから。その時には法律的には問題ない。……生活ぐらいぎりぎりできるけど、いろいろ払うものもいっぱいし……。」（**スリランカ、男性、妻は合法的な在留資格保持者**）

「働いてはいけなかったので、働かなかったんですよ、収容所から、普通に仮放免された人は、働いてはいけないって。入管に言われたので働かずに、前に働いてた、お店の経営者の方からお金を借りて、今まで生活を6年間……。」（**ビルマ、男性**）

(3) **語学の習得とネットワーク**

就学ビザで入国し専門学校で日本語の基礎を学んだ調査協力者は一人だけだったが、それ以外は短期滞在ビザで入国し、日本語を学ぶ機会がほとんどなかったといえる。日本語学習に関しては、条約難民の場合はRHQが定住支援サービスの中で語学学習を提供している（2003年から実施）。条約難民として認定された調査協力者の中にはそのサービスを利用した者もいた。

民間の支援団体も語学サービスを提供していたり、地域社会でも外国人向けの日本語教室等が数多く開かれている。しかし調査協力者の大半は、それらを

利用していなかった。なぜなら、それらの情報を得る術がなかったり、仮に知っていたとしても、働くことで精一杯で利用する時間がなかったり、また難民としての特性（例えば、難民ということを知られたくない、難民について説明することが面倒くさい等）のために利用に至らなかった等があげられる。

「主に喫茶店で働いていたときに（日本語を）学んだ。日本語教室などは当時なかったか、情報がなかった。」（ビルマ、**女性**）

「なかなかあああいう所*行って自己紹介から始まれば、自分が何者か今、分からないじゃないですか。前からもそうだし、外国人登録証で在留資格なしって書かれてるのは、どこへ見せても恥ずかしいっていうか……。」（ビルマ、**男性**）

*地域国際化協会が提供する一般外国人向けの日本語教室の場を指している。

調査協力者の大半は、独学で日本語を習得したり、前述したように彼らの職場で日本人雇用主、従業員、顧客等から学んでいた。とくに、コミュニケーションが要求される職場、例えば、飲食店等のサービス業では日本語を覚えざるを得なかった。彼らの多くは比較的、職場のスタッフに恵まれ、語学を習得していた。

今回の調査協力者は中長期滞在者で、ある程度日本語でのコミュニケーションが可能な人を選定しているが、すべての難民が今回の調査結果のようになるとはいえない。実際、中長期滞在者であっても、日本語が十分に話せない、日本語を学ぼうとするモチベーションが低い人の存在も忘れてはならないだろう。例えば、英語に堪能な人、エスニックコミュニティ内に安住している人、専業主婦、日本語が必要とされない職場勤務の人（例えば工場勤務）等が想定される。

1) 日本語能力のレベルと独自の学習方法

調査協力者の日本語能力のレベルや独自の学習方法は、例えば以下のようであった。

「日本語は、大体話せ、聞ける。簡単な漢字を読める。ふりがなふっていればわかる。……日本語教室などはいっていない。……子どもの勉強をみながら自分でも覚えながら、独学した。テレビも。本では日本語と英語の両方の載っているもの。」（ビルマ、**女性**; **在住20～25年**）

「ずっと部屋にいるし……そのときはすごく大変だったんですよ。日本語勉強したのも、日本人とあって、それじゃなくて、自分では本が一番大好き、パソコンとオンラインで、本でいっぱい勉強したり。あっちも本がいっぱいあるんですよ（棚を指さす）。」(**ビルマ、男性**; 在住5～10年)

「漢字も分かります。毎日、新聞買ってます。電車の中で読める。電車を、時間をつぶすのは、何か新聞を読まないと、すごい長く感じる。だから電車に乗る前、何かの新聞を買って。」(**イラン、男性**; 在住20～25年)

「時間とあまりお金はなかった。日本語の学校は行けなかった。自分で少し、毎日少しずつ、自分で。本で……（日本語が）英語で説明。……あとはテレビとか。」(**アフリカ、男性**; 英語が堪能、在住20～25年)

「まだ、いつビルマに帰るか分かりませんけども、社会に慣れるために日本語は必要だと感じまして、それで勉強を、（日本語）学校を辞めたあとでも辞書を置いてて、調べたりしたり、テレビ見て、それを覚えたりしてたんですね。……その社会に生きるためには、日本の社会になじむためには、自分が入り込まないといけないっていう形だったですね、それで日本語を勉強することが、今だにどこいっても、辞書を鞄の中に携帯してますけど。」(**ビルマ、男性**; 在住20～25年)

2) 職場における語学習得

　職場での日本語でのコミュニケーションの必要性から学ばざるを得ないこともあるが、日本語レベルの向上とともに、仕事の幅も広がり、それがますます日本語習得のモチベーションとなるという、ある種の相乗効果（シナジー）を生み出していた調査協力者もみられた。

「主に仕事を通して勉強した。前の仕事（飲食店）にはミャンマーの人がいない。日本語ができないとコミュニケーションがとれなかった。」(**ビルマ、女性**)

「働いて、工場のおばさんたちから学んだ。」(**クルド、女性**)

「コミュニケーションはちょっと難しかったんだけど……でも会社も、私、外国人だし、日本に来て、初めて、そこまでわからないとわかってるから、ちょっと我慢したみたい（笑）。でもみんなで、英語も使ったし、働く人も、私外国人だから、英語の本買って、勉強して、しゃべったり、はじまるとか、そういうこともあったんだから。」(**スリランカ、男性**)

「私は日本語がわからないけど、日本語が好きで……仕事場でいろいろ学んできた。聞いたこと、覚えてしゃべれるようになって……ホールをやりたいから、メニュー覚えて……その時、学校（日本語の）に行けなかったから、生活費で大変。……日本人のスタッフが、日本語でこういうんですよと教えてくれた。……お客さんにマナーとかも教わったりして……しゃべれるようになると仕事も幅広くするようになって……。」(**ビルマ、女性**)（再掲）

しかし、すべての職場の日本人従業員が、親切に教えてくれるわけではない。逆に、全くサポートがない場合もある。人とのコミュニケーションをとくに必要としない職場もあるし、また外国人が日本語を知らない方が雇用主や従業員にとって好都合であることもあるかもしれない。

「何回も（職場の人に）お願いして、できれば１日30分でもいいから、私に日本語教えて下さいって言ったら、逆にあっちは笑って、全然……しない。……たぶん、その人達の考えで、もし私が日本語わかれば、いろんなことも知るようになって、自分がどのくらいこき使われているか、気づく。だからそこの都合で、（私が）日本語わからないほうが（良いのかもしれない）。」(**イラン、男性**)

3）収容所内での語学習得

入国管理センターに収容された間は、何もすることがない難民にとっては、皮肉なことに収容所は独学で日本語を習得する場となっていた。

「日本語は１年ぐらい。牛久（収容所）で、あいうえおから全部１年勉強しました。」(**ビルマ、女性**)

「最初日本語わからない。何年もかけてちょっとずつ勉強……収容のとき勉強した。」(**クルド、男性**)

「今、目をこんな悪くしてるのも、入管で１回目の収容されたとき……。静かになって勉強できるとか、手紙書くとか……。ただ、10時過ぎると、電気消えて、見えない。だから、今、俺、目すごい弱ってる……。俺、その当時、友だちに辞典が欲しいって。……もう完ぺき。……漢字の、例えば「あきらめる」の漢字を、ここで探して見つけて、ずっと200回、300回、

400回、「諦める」をずっと書く。それで自分がマスターする。このちっちゃくて、虫眼鏡で、あんな暗い所で、もう目も完全に駄目になっちゃった。」
(イラン、男性)

4) **支援団体による日本語学習サービス**

　民間の支援団体につながると、日本語教室の情報が提供されるようになる。支援団体は日本語学習の支援として、自らが提供している日本語教室や学習サービスを提供したり他の団体の学習サービスを紹介している。

　　「ほんとにもう毎月毎月、Ｚ支援団体に。日本語を少し勉強1回、1週間1回、1時間半。毎水曜日。……日本語少し勉強。だからあさっても行きます。……無料、フリーです。」**(アフリカ、男性)**
　　「私は日本語勉強したいからＸ支援団体は助けします。（Ｘ支援団体のおかげで）学校（語学学校）で勉強しました。」**(ビルマ、女性)**

　条約難民として認定された調査協力者の中には、RHQから半年間の日本語学習サービスが提供された者もいた。集中コースであるが、その調査協力者の満足度はとても高かった。以下は条約難民夫婦の会話であるが、彼らはサービスに大変満足しているようであった。

　　Ｒ「RHQと話して、日本語の勉強と日本の生活ガイダンスもらいました。」
　　（日本語学習の受講時に調査協力者が書いた文集を見せながら話す。）
　　Ｉ「これ、みんな書いたんですか？」
　　Ｒ妻「これ私、日本にきて6ヶ月。朝9時〜4時まで勉強。」
　　（文集には、夫婦が自分の好きなテーマで文章を書いていた。）
　　Ｉ「奥さんもすごいですね。日本語がきれいですね。……RHQにきて、6ヶ月、勉強して、これだけ上手になって……。」
　　（スピーチをしたこと、遠足やイベント等の参加等の嬉しそうに話をする。）
　　Ｒ「これは○○先生、××先生、△△先生……。」（集合写真を見て指を指しながら、親しみを込めて語る。）

　しかし、その一方で、条約難民以外の調査協力者は、このようなサービスからの排除を経験している。

「その時は、お金じゃなくて、学校のことで（RHQに相談に）行きました。私は学校に行きたいということで、行ったんですよ。……日本で難民認めた人だけ……だから認めてないからあなたはできないと言われて……学校も行けなかったですよ。」（ビルマ、男性）

(4) 医療保障とネットワーク

　難民／申請者が利用できる医療保障は、在留資格によって異なり、また自治体の裁量によって左右されてきた。国民健康保険は、条約難民またはそれ以外の別の在留資格が付与された者、仮滞在の許可を受けた者については加入資格がある。滞在資格が無い者や仮放免中の者は、原則、加入できない。無保険の者は、全額あるいはそれ以上の医療費の負担を強いられることになるため、市販の薬で我慢したり、普段から健康に気をつけざるを得なくなる。また、保険加入者であっても、経済的な貧困な場合は、医療機関の受診に消極的にならざるを得ない。調査協力者たちの多くは制度的なバリアに直面していた。

「腰はたまに病院行ったことあって、1回行ったら、1万円くらいかかるんで、行かないと、もし行かないと、痛みの薬買って。」（ビルマ、男性）
「病院は保険がない。10割負担だけでなく、15割負担もある。」（クルド、女性）
「主人は、耳鳴りがして、本当は入院したほうが良いと言われたが、入院代がないので……病院で点滴して……大変だった。」（ビルマ、女性）
「（出産の時）緊急手術になって……帝王切開しかなくて……子どもかお母さんかどちらか選ぶかと言われた。夜中に緊急手術となって……4ヶ月くらい働けなくなり……骨盤が小さいから……100万円と言われ、分割で1ヶ月少なくとも1万円で、払えるときは5万円くらい払った。」（ビルマ、女性）
「この辺痛かったり、1年くらいあって、保険ないから、病院に行っても、お金かかるし、奥さんも今、仕事やらないから、病院に行ったら、大変だから、ちょっと我慢したんだけど、なかなか良くならないから、病院に行って見せたら、最初は何でもないって、帰ってきたら、朝すごく痛くて、救急車呼んで、もう1回病院に行った。そこで、胃カメラ飲んで……腸のはじまるところ、ポリープ、1センチ半の肉の塊……ガンの可能性もあるから、ちょっとチェックしてみる、いちおうガンじゃないといったんだけ

ど、検査で、薬飲んで、ずっとあわない薬もあって、大変になって、まだ、それが残っているから、もう１回、胃カメラのんで、もう１回検査しないと、ガンなる可能性あるっていってるから……全部合わせて12万くらい。」（スリランカ、男性）

「下の子の腎臓に石がある。重い……今は（病院に）行っていない。……行かなければいけないけど……保険はあるけど自分でも払わなければいけないし……。」（クルド、男性）

1) 医療費を支えるネットワーク

　高額な医療費について、調査協力者たちはどのようにそれを工面したのであろうか。そこには彼らを支えるインフォーマルなネットワークが大きな役割を果たしていた。【家族・親戚】、【同国人・同民族出身者の友人・知人】、【エスニック・コミュニティ】等の《同質のネットワーク》、あるいは【親しい日本人】といった《異質のネットワーク》の存在があった。また【民間の支援団体】から医療費の支援を受けることができた調査協力者もいた。

「子どもが体が弱かった。一度、入院したことがあって、保険がないので、３日間の入院で30万円支払った。100％全額負担。親せきやコミュニティの人たちに貸してもらって、分割で支払った。」（ビルマ、女性）
「１ヶ月１日、入院……お金は最初はデポジット10万（円）。……デポジット10万円はお店の調理場のみんなさん、会社の社長さんね、10万デポジットくれた。」（ネパール、女性）
「私も１回、Ｘ支援団体からお金もらったね。検査のためにいろいろお金かかってるから、Ｘ支援団体に話したら、１回の分は、Ｘ支援団体からもらった。」（スリランカ、男性）
「難民申請してから。お父さんが収容されたときに（Ｘ支援団体が）何とかしてくれた。お金も貸してもらった。治療費も。だんなさんが労災の時も。200Ｘ年Ｘ月盲腸の手術をした。血圧が低かった。病院にいったら、苦しかった。急に手術。」（クルド、女性）

　以上の調査協力者の語りにみられるように、こうしたネットワークは一時的な善意のネットワークといえるだろう。度重なる医療費に決して継続的に対応できるものではない。

生活保護受給者の場合は医療扶助から、また外務省の保護費対象者はRHQの保護費から医療費を支給される。しかし、医療費の支払いに対しての不便さも語られた。

　　「(区役所で)『social welfare（ソーシャルウェルフェア）』(という文字を)見ました。見ましたから、私は目が悪いから、今、仕事はほんとに大変。私は定住ビザをもらっていて……病院に行ったら先生は目を手術両方しますよ……私は生活保護を貰った。貰った意味は目をオペレーション（手術）します。」**(ビルマ、女性)**
　　「私は病院に行ったことある。……RHQのお金もらった。全部病院代はもらった。」**(スリランカ、男性)**
　　「保険がなかったから……病院いくと実費で支払うのが大変だった。RHQのも一度自分で支払って領収書をもらわなければならない。」**(ビルマ、女性)**

2）医療機関及び医療情報へのアクセス

　調査協力者たちはどのように医療・保健に関する情報を入手し、どのように医療機関に到達するのだろうか。【エスニック・コミュニティ】からの口コミによって、「同国人の利用が多い」、「滞在資格の是非を問わない」、「言葉に不自由しない」、「医療負担が少ない」等、難民に対する理解のある医療機関が選ばれていたようであった。しかし、支援団体の職員の話によれば、生計困難者のための無料低額診療事業[*5]を実施している病院に集中してしまうという[*6]。

　　「Ｓ区のＳ病院で出産した。キリスト教カトリックの病院で、そこではシスターが英語がわかる。友人からきいた。少しは安くしてくれた。」**(ビルマ、女性)**
　　「一番上の子はＨ病院でうまれた。なぜＨ病院かは忘れた。たぶん保険がなくて、ビザがなくても余り厳しくないところだったと思う。」**(ビルマ、**

　＊5　無料低額診療事業は、社会福祉法第2条第3項第9号で「生計困難者のために、無料又は低額な料金で診療を行う事業」と規定されている。医療機関は医療ソーシャル・ワーカーを必置としている。
　＊6　本調査の同行時に説明（2013年8月24日談）。

女性)

　また、【民間の支援団体】やRHQのつながりがある者は、そこから紹介される場合も多く、調査協力者は職員への感謝の意を表していた。

> 「結局、（収容所を）出ても金もないから、病院も何も行けないから、そのまま放っておいたんですよ。そのまま、病気もすべて、その時、Ｉさん（Ｙ支援団体の職員）に、Ｙクリニックを紹介してもらった。」（イラン、男性）
> 「奥さんも病気になったり、下の子も……奥さん１ヶ月入院している。……その時はＩさん（Ｙ支援団体の職員）のおかげで病院へ。それで治った。……Ｉさんが病院に電話した。」（クルド、男性）
> 「RHQのＫさん、カウンセラー、レフジーカウンセラー、優しい人、奥さんが元気ないから、病院にＫさん来ました。……いつも病院に電話しました。……私は何でもわからないから、Ｋさんはヘルプします。すごくいい人ですね。」（スリランカ、男性）

　しかし、一方で、支援団体は、支援団体の所在地の近隣あるいは、受入れしやすく理解のある医療機関を紹介してしまう傾向にあった。関東の場合、支援団体の多くは東京に集中しており、また他県に比べ神奈川は医療支援体制が充実していることがあるが[*7]、東京や神奈川以外の県に居住する難民にとっては時間と費用がかかることになる。

> 「Ｘ支援団体助ける、ほんとに難民の人を、見えないけど、すごい助けるね。問題はみんな行かないね。面倒くさいから、遠いし、時間かかるし、その問題で行かないけど、助けるね。問題は遠いところ。あと病院紹介したら、Ｙ市（神奈川県）の病院を紹介する。だから、そこ（自宅）からＹ市に行くのは、時間かかるし……だからほんとは、県で調べて、自分のうちの近い病院じゃなくても、県のどこか病院ね、千葉県ならば、千葉県の

＊7　港町診療所（1991年に公的健康保険のない外国人を対象とした互助会制度を設立し、保険適用者並みの料金で診察を実施）や認定NPO法人多言語社会リソースかながわ（通称MICかながわ；2002年設立。神奈川県を中心に医療機関に医療通訳派遣を実施）等外国人の医療の先駆的な団体が多い。

人はそこに行くできるね、茨城県は茨城の病院あれば……。みんなY市に行くのは大変だから。」（**スリランカ、男性**）

「私も病院紹介して下さいといったら、大きい病院、いつもY市ね。私は東京はいらない。私東京までいくお金あるんだったら、私、こっち（地元）の大学病院にいく。」（**スリランカ、男性**）

　日本語または英語力があったり、ネット検索が得意な調査協力者は、自力で医療機関を探していた。

「（奥さんの出産の時）奥さんは（英語で）パソコンで見てるから……K地区が一番近いから（自宅から近い）。駅三つだけかなとか思って、そっちに行っちゃったですね。」（**ビルマ、男性**）

3）医療従事者との関わり

　医療機関につながったとしても、そこで医療従事者たちとの「交渉」が待ち受けており、嫌な思いをしていた調査協力者もみられた。

「子どもの出産のとき断られた。在留資格のことで『出産できません』と言われた。助産師さんから『なぜ来たのか』とかいろいろ尋問された。」（**ビルマ、女性**）

「K病院は大嫌い。盲腸の後も、お医者さんが、治療の後、〇〇にお金を払いに行ってと言った。お医者さんは（お金は）関係ないでしょ。」（**クルド、女性**）

「（病院では）外国人なので、言葉がわからないと思っている。話しかけてくれないし、よく説明してくれない人もいた。」（**ビルマ、女性**）

　そして、文化的側面を配慮したケアが十分とは言えない例もあった。以下の女性は、妊娠を望んでいる。彼女の国では、女性が子どもを産み、家庭を守るというのが一般的なようである。彼女の気持ちに寄り添う医療従事者はいないようだった。

「赤ちゃんがほしいので、私は人口受精や体外受精などいろいろやった。……私はX病院の先生を信用していたので、体外受精とかもやったけど、

今のA地区の病院の先生は、やっても意味ないとか言われた。私は何回もやったのに無駄だった……保険もなくて……。すごくこのことがストレス。いろんな人の通訳したけど。自分が保険がない。だんなさんは、子どもいなくてもいいって言ってくれてるけど（涙ぐむ）。私は女だから……（クルドの女性の場合）みんな、子ども3人くらいずついて……。……Y病院は、妊娠のことで行くけど……どこいっても助けない。自分がほしいから（と言われる）。……A地区の病院では……25万円で入院と言われた。」（**クルド、女性**）

　医療従事者との距離を縮める役割を果たしていたのが、【民間の支援団体】であった。医療従事者の多くは「難民」についての知識や情報が乏しく、難民／申請者は、受診に際し、まず「難民」そのものについて説明しなければならない。その仲介を果たす役割を支援団体が担っていた。

　「X支援団体から病院に電話するね。X支援団体から説明するね、私たちが難民のこと話しても、病院あんまりわからないから、難民のことで『なぜ難民か』を聞くから。私はその時はX支援団体にコンタクトして、X支援団体からエクスプレス（説明）したら、分割払いでも、あとでX支援団体、たぶんこの領収書送って、X支援団体からもらうか、そんなふうに、私たちは大変なことならないね。いくら言っても向こう（病院）は難民の話わからないから。」（**スリランカ、男性**）

　その他、民間の支援団体の役割として通訳サービスがある。医療機関側が通訳の手配をしない場合は、支援団体の職員が通訳をしたり、通訳を手配したりする。外国人の医療通訳をめぐる問題として医療通訳者の派遣・人材確保や医療通訳の費用の問題等がある（河内 2011; 中村 2012; カレイラ松崎・杉山 2012）。しかし本調査においては、その点について言及する調査協力者はいなかった。その理由として今回の調査協力者が中長期的な滞在者であり、日本語でのインタビューが可能な者であったことが影響していたと思われる。
　病院の【医療ソーシャルワーカー】の認知度は低く、ソーシャルワーカー（あるいはそれらしき人物）に医療費の面で助けられた調査協力者もいた。

　　I「病院にソーシャルワーカーはいなかった？」

R「当時はソーシャルワーカーなんか知らない。最近では、言葉のわからない人の付き添いに（通訳として）行くと、受付の人がソーシャルワーカーなどを呼んでくれる。病院のソーシャルワーカーなど、この1、2年に知った。」(**ビルマ、女性; 在住20〜25年**)

R「病院はね、私、最初からお金ないって話したから。難民申請している、私いっぺんにお金払うことができない、でも必ず少し少し払います。そこの事務所にいる男（性）は、大丈夫よ、最初は、病気治るようにして、お金はあとで考える、月いくらできる、1000円でも5000円でもいいから……優しかったから、良かった。」

I「そこにソーシャルワーカーさんはいましたか？」

R「ソーシャルワーカー……あれが、ソーシャルワーカーかな？　わからない。」(**スリランカ、男性**)

「二番目（の子ども）はO病院で、ここはミャンマーの人がたくさん出産している、安いんですと言われた。普通分娩がしたかったけど、帝王切開になって。お金ない、ビザないで、ソーシャルワーカーさんに相談したら、全部無料になった。なんでかわからないけど、それで助かった。」(**ビルマ、女性**)

(5) 子どもに関わるネットワーク

婚姻によって日本人配偶者または親戚に日本人配偶者がいることにより、エスニックコミュニティだけのネットワークだけではなく、その他のネットワークもつくられるようになる。また子どもをもつと別のネットワークが広がる可能性がでてくる。

本調査時に、未成年の子と同居している調査協力者は、約半分の7名だった。子どもを通して、どのようなネットワークが存在しているのだろうか。子どもがいる世帯は、単身世帯よりも、子育てを通して地域社会や公的機関との関わりが多くなると想像される。児童福祉法では、国籍や在留資格の有無に関係なく児童の福祉の権利保障を提唱しているため、実質的には申請者の子どもで[8]

---

[8]　児童福祉法の第一条は「全て児童は、児童の権利に関する条約の精神にのつとり、適切に養育されること、その生活を保障されること、愛され、保護されること、その心身の健やかな成長及び発達並びにその自立が図られることその他の福祉を等しく保障される権利を有する」と規定する。

あっても児童福祉制度上のメインストリームサービス（母子保健、保育、教育機関等）は利用可能である。

1）　母子保健・保育・教育機関の情報へのアクセス
　1990年代に来日した調査協力者は、情報不足もあり、さまざまなサービスを受けることができなかったり、教育機関へのアクセスも不明確であった。しかし、すでに在日した家族が居る場合や【民間の支援団体】につながっている場合は、学校への手配は円滑に行われていた。

　　　「出生届はビルマ大使館に出してない。在留資格がないから。保育園とか行けることは知らなかった。……幼稚園には、日本でワーキングビザをもっている人に保護者になってもらって、子どもを幼稚園に預けた。幼稚園から小学校に入ったが、最初のうちも、別の人に保護者になってもらって……小学校の3、4年くらいから、在留資格がなくても入れることがわかったから、途中で切り替えた。」（ビルマ、女性）
　　　「予防接種とか子どもの検診は知らなかった。予防接種は、そういうことをやっている医師会（？）のようなところでお金を支払って行った。」（ビルマ、女性）
　　　「保育課で断られた。一次申請がだめで……実際仕事してないし。（役所の人は）難民の申請も理解してないし……。それで、S支援団体の人に相談して……遠いところに二次募集で、ようやく申請がおりた。S区の保育園は良い先生だった。」（ビルマ、女性）
　　　I「（子どもたちが）3、4年前に（日本に）来てから学校はどうでしたか？」
　　　R「地元の学校に子供も行って……。今もまだ行っている。……（子どもたちが来日して）2ヶ月経った後入れる。すぐ入れる。難民の申請出したらすぐに入れる。」（クルド、男性）

2）　学校での関係
　子どもが通学すると、新たに教師との関係がつくられる。教師が難民の背景を認識しているかどうかはさまざまだった。

　　　「学校の先生には、難民のことは話してなかったし、聞かれなかった。」（ビルマ、女性）

Ｉ「小学校では難民ということをオープンにしていますか？　話してますか？」
Ｒ「みんなわかる、先生、わかる。子どもたぶん、わからない。」**（スリランカ、男性）**
Ｉ「学校では難民ということも先生が知っていますか？」
Ｒ「知っている。」**（クルド、男性）**

　調査協力者たちの多くは、学校や教師との関わりはさまざまであったが、教師には良い印象をもっていた。

Ｉ「小学校の先生はどうでした？」
Ｒ「Ｓ先生、優しい先生です。……（写真を指さしながら）子どもの校長先生と、誕生日、これは私たち。」
Ｉ「ほんとだ。『二ヶ国の重要な人になって欲しいです』って。これは？」
Ｒ「これはカレン語……これは日本語……。」
Ｉ「学校の先生はどうですか？」
Ｒ「家も来てるし……向こうもいろいろちょっと相談とかもあります。」**（ビルマ、男性）**
Ｉ「学校の先生が訪問することはありますか？　授業参観とかは？」
Ｒ「訪問はない。授業参観は行った。」
Ｉ「一人の時より家族が来たときのほうが日本人と関わる機会は増えましたか？　学校の先生は？」
Ｒ「増えた。トルコの先生よりいい先生。」**（クルド、男性）**

　学校での調査協力者の子どもと他の生徒との関係については、良好な場合といじめられた体験が語られた。しかし、深刻ないじめではなかったようであり、またいじめがあっても母親と教師の対応で早期に対応されていた。

Ｉ「学校でいじめは？」
Ｒ「ないない。」
Ｉ「子供はどう？　日本が嫌い？」
Ｒ「嫌いではない。学校が好きになっている。」
Ｉ「日本人の友達？」

R「いっぱいいる。」（クルド、男性）
　　I「いじめとかは？」
　　R「子どもいじめあります。……学校の先生には言わない。今はない。」
　　R妻「少しだけね。肌、カラー*。」（スリランカ、男性）
　　＊肌の色が黒いことでいじめられたようだった。
　「中学校では、子どものいじめがあって、暴力ではなく、言葉のいじめで。子どもが学校にいくのが嫌だって言った。担任の先生にも話して、保護者会に参加して話した。『子どもが、（そんな言葉を言われて）ショック』と保護者会で言った。先生はいじめた子たちに話したり、外国人や肌の色が違うことなどを注意してくれた。」（ビルマ、女性）

　学校では、さまざまな行事があったりお知らせ等もくる。しかし日本語を読むことが困難な難民／申請者は、その翻訳を【子ども】または【職場の日本人】に依頼していた。

　　「学校ではPTAも……日本語わからないからと言っているけど、いろいろ役割、簡単な仕事やラジオ体操などがきた。連絡網があって、メールのやり取りもやっている。……最初は学校の手紙もわからなかったが、仕事場にもっていって聞いていた。娘が1年生の時に、体操服に名前を書くサンプルをもらって、学校の名前が書いてあって、それをそのまま書いて、子どもの名前を書かなきゃいけなかったのに……全然わからなかった。今は、中学生の娘が読んでくれて助かっている。」（ビルマ、女性）

　親よりも子どもが先に受入れ国の言葉を習得し、子どもが親と関係者との間の通訳者として仲介に入ることは、難民家族のみならず外国人・移民家族の間でよくみられる現象である。これについては、移民の定住過程における子どもの過度の責任や子どもと親の立場の逆転等、家族ダイナミクス上、とくに問題視されている（森 2016）。本調査では踏み込んで質問することはなかったが、受入れ社会とのつながりの媒体として利用される子どもの存在は見過ごせない問題である。

3）　**日本人の保護者・母親とのつきあい**
　保育園の送迎や小学校の行事等を通して、日本人保護者のみならず外国人の

保護者との大なり小なりのつきあいがあることがみられた。また子どもを通して、特定の日本人の保護者との関係を密にしている場合もあった。

　　「小学校では、学校とのかかわりがあり、夜のパトロールや行事の役割やお母さんと旅行に行ったりもした。タイやフィリピンからのお母さんともつきあいがあった。……中学校になってからは余り関係がない。」(ビルマ、女性)
　　「本人はあまり学校の話しはしない。ママ友もいないし。保育園から小学校は別の学区になったから。保育園の時は送り迎えをしなきゃいけなかったから、そこでお母さんたちに会って、ママ友がいた。子どもが仲がいいと遊びに行ったりした。小学校は保護者会は出るだけ。(子どもは)たまに保育園の友達が良いという。」(ビルマ、女性)
　　I「子どもの友達のお母さんとはしゃべりますか？」
　　R「一人……T君のお母さん(日本人)、いつも優しい。……近くにいる。」(スリランカ、男性の妻)

4) 子育て支援
　子どもとの関係については、本調査では深く尋ねなかったが、子育ての件で、相談できる相手や、実質的に手伝ってくれる人がいないことが語られた。

　　「日本人のお母さんとかと違って、勉強みてあげられないし……お金があれば塾に行かせてあげたいけど、行かせられないし……S支援団体は勉強みてくれる。土曜日、家族(だんなさんも)で行っている。私も漢字の勉強をしている。漢字検定N3級*をとった。日本人と違って見てあげられない……宿題とかどれが正しいかわからない……中学になるともっと大変。私たちが学んだ勉強と違うし。」(ビルマ、女性)
　　＊N3級は中学卒業程度、難易度の高いレベルが1級、低いレベルが10級である。
　　「子どもが成長していく上で、他の家庭と一緒なのかなと思う。遠足のときなんかでも……近くに相談できる人がいないから。みんなと違うかが不安。」(ビルマ、女性)
　　「(当時)職場は遠いので……下の子は1年生で小さいから……帰りが遅くなると、お腹すいてさみしがっているし。」(ビルマ、女性)

5) 義務教育終了後の若者のケア

　就学前の子どもや義務教育中の子どもについては、保育サービスや小・中等教育機関と関わりが持ちやすいが、義務教育終了後の子どもは、高等学校等に進学するか就職しない限り、身近な日本社会とつながる道は少なくなる。また18歳以上になると児童福祉の制度の対象枠からも外れることになる。

　　Ｉ「今は小学校と中学校の子どもさん、それと一番上の子どもさんは学校行っていない？」
　　Ｒ「学校行っていない。」
　　Ｉ「働いてない？」
　　Ｒ「働いていない。仮滞在だから仕事ないんだって。家で本を読む。」
　　Ｉ「日本語のボランティア教室は？」
　　Ｒ「最初、半年くらい行っていた。その後行ってない。」
　　Ｉ「Ｋ地区でやっているの？」
　　Ｒ「Ａ地区とかＯ地区とか。」
　　Ｉ「どうやって知ったのですか？」
　　Ｒ「日本の支援者が教えてくれた。」
　　Ｉ「一番上の子が15歳……高校になっちゃう。学校に行っていないのか……かわいそう……。」
　　Ｒ「そうだね。」（**クルド、男性**）

　彼の長女は15歳であり、日本語能力が不十分で高等学校に進学できず、また仮滞在のために就労が許可されていない。支援団体が紹介した日本語教室は、彼女にとっての居場所にはなり得なかったようだった。彼女は毎日自宅で過ごし、社会とのつながりがないように感じられた。本調査では子どもにインタビューをしていないが、彼女のように児童から青少年、成人へと発達していく段階において、適切な支援が途切れてしまう若者たちも少なくないと思われる。これは難民特有の問題だけにとどまらず日本人にも共通した問題でもある。児童期から自宅にひきこもり成人となってしまった若者などは、まさに社会制度の狭間にあり、支援の手が届きにくい存在といえる。そうした若者について、昨今では国の政策として「ひきこもり地域支援センター」などの相談窓口が都道府県等に設置され、若者支援の取組が図られている。難民の若者についても日本人の若者支援の中に組み込まれ、児童期から成人期に至るまで継続的な切

れ目のない支援が提供される必要があるだろう。

3　管理された生活とネットワーク——オーソリティの闇と光

　難民の生活は、日本政府の入国管理の「管理」や「監視」下に置かれ、それは彼らの人生や生活を大きく左右する。難民はいつでもどこでもオーソリティ（権威者）の決定に容赦なく従わざるを得ない。なお、ここでの彼らの発言の中には「牛久」と「品川」という言葉が頻繁に登場するが、第1章で述べたように、「牛久」は、東日本入国管理センター（茨城県牛久市）、「品川」は東京入国管理局（東京都品川区）をそれぞれ指しており、彼らにとっては「収容所」を意味している。

　　「入管が俺に手紙を送った。この日に来て下さい。その日に行ったら、あんた今日からここにいなさいと言って収容された。品川に4ヶ月。いきなり行ったら4ヶ月。その後牛久に5ヶ月。全部で9ヶ月。」（クルド、男性）

　　「結局、出て仮放免された後、10ヶ月、11ヶ月ぐらいの後に呼ばれて、あなたの難民申請はだめ、却下って言われて。……でも弁護士に知らせなかった。……入管の3階に呼ばれて、私は部屋の中に入れらて、あなたの難民申請なるのは、だめで、結果はだめで、イランに帰らなきゃならない。……弁護士に電話したいといったら、あなた誰とも連絡できないと言われた。……そっから、また中に入れられて、牛久に連れて行かれた。」（イラン、男性）

　　「あの頃は、仮放免っていう形で出てきたので、2ヶ月に1回……それでX月に1回（入管に）行きまして、それは無事だったけれども、X月頃に異議申立ての取り調べっていう感じ、インタビューみたいなものがありまして、参与員制度っていう形で、その口頭が終わって、X月の（滞在の）延長にいったときに延長ができず、違う特別部屋に連れられて、X月の異議申立ての結果によって、参与員制度の先生たちがあなたは難民として、認めないのでっていうことで、再収容されました。……そう、その場で収容されまして、何も持ってないで、一人暮らしだったし、家で洗濯物とか干して、そのままでてきたら、帰れなくなって、いきなり収容されました。」（ビルマ、男性）

入管の定期的なインタビュー、突然の収容、強制送還の恐怖、先の見えない収容所暮らし、仮放免等、調査協力者たちは日本政府の命令に服従せざるを得ない。管理下に置かれた生活はどのようなものであり、どのような人物や機関が彼らの生活を脅かしているのか。また圧倒的なオーソリティとの力関係がある中で、彼らを応援したり、抵抗したりするネットワークはどのように機能しているのだろうか。

⑴　収容所の生活とネットワーク
　本調査は、当初は難民の日常生活とSCを明らかにすることを主眼としていたので、収容所の生活については触れるつもりはなかった。しかし、インタビューをするにつれて、収容を経験した調査協力者にとっては、その体験が、彼らの語りの中での大きなウェイトを占めていたことがわかった。また、収容所の体験の延長上に収容後の彼らの社会生活が存在しており、収容所経験は無視できないことが認識された。さらに収容所で初めてさまざまな支援機関とつながっていたことも明らかになった。

1）　収容所の生活
　収容所は、彼らにとってどのような場所だったのだろうか。既述のとおり16人中9人が収容経験があった。多くの調査協力者は、行動の制限や強制送還の恐怖を味わったことを語った。脳裏にその時の嫌な光景が思い出されたために、インタビューを途中で中断し休憩をはさみながら必死で語り続けた者もいた。以下はあくまでも彼らが語った収容所であり、現在の収容所とは異なっている場合もありうる。調査協力者たちが収容された期間は2001年〜2012年である。
　収容所は雑居部屋でさまざまな【自由】が制限されていた。

　　「狭いところでいろいろな部屋があるんですよ、10人部屋とか、6人部屋とか……六畳間ぐらいの部屋で2段ベッド2台と、ひらたいベッド1台がおいて、あと洗面所とトイレがありまして、テーブル1台。……だいたい1部屋5人の収容。……国籍も環境も言葉も知らないという形、アフリカ系の人も、南米系も、東南アジア系もいるような、中央アジア系の人たちも、皆同じ部屋で生活をしてきました。……その部屋でいて、朝9時になると、フリータイムっていう形で扉を開けるときだけ、外のブロックに出て良くて、AとかBとかCとかあるので……1ブロックで60人近くはい

ると思いますけども、その時だけ隣の部屋の人と会うことができる。それでたまたま、朝早い時間に運動場出る時間だったので。運動場っていっても、大きなところでもなく、テニスコートより少し大きなところ、そこで、みんな走ったり、僕はサッカー好きだったので、そこでみんなサッカーを、5対5とか6対6とかの、健康のためにやって、それで40分から45分までやって、それやったら部屋に戻らなきゃいけない。その後、違うブロックが使うことになって、交代で使ってるらしい。部屋戻って、それで12時になると、自分の部屋に戻らなきゃいけない。部扉が閉められて、あと食事時間。」(**ビルマ、男性**)

　「朝起きる時間はだいたい7時過ぎ。品川の時は7時10分、15分ぐらい。茨城の時はもっともっと長く8時ぐらい。あとは……ごはんを食べる。9時ぐらいはフリータイムという。いろいろお部屋は開けるになりました。開けて……外に出る、(本当の外には)出られないけど、中におっきいホールある。それでフリータイム、12時まで。12時ぐらいで昼ごはん。ずーっと1時まではお部屋の中に、みなさん部屋の中に1時まで。だから1時間ぐらいね。1時からずーっと4時までフリータイム。4時に部屋入る。……いつもフリーダム（自由）がない……部屋に、例えば5人から8人ぐらいまでは一緒に住んでいました。」(**アフリカ、男性**)

　R「入管、最初に行ったときは辛かった。食べ物も食べれなかった。今は変わったみたいだけど……例えば金曜日、ビルの中から30分出て（部屋に戻ったら）ロックされ……土曜日、日曜日、月曜日になるまで出れなかった。食べ物は小さな窓から入れられる。洋服もそのままずっと……月曜日出てシャワー、10時、10時半まで。1時に出て3時まで、出るのも、外には出れない、同じ建物の中の広いところ。他の人としゃべれない。その時日本語わからなかった。自分の言葉で本を読んだり書いたりはできた。それ以外何もできなかった。運動もできなかった。……今は入管も良くなった。俺の入った頃は何もできなかった。」

　I「中に入っているとき何が助かった？　何が嬉しかった？」

　R「なかった。ずっと苦しかった。……仮放免になった今もつらい。」(**クルド、男性**)

　収容所の生活は先が見えない。刑務所では刑期が決まっているが、収容所では、いつ退所できるのかあるいは強制送還されるのかについて本人に知らされ

ることはない。

「普通に考えると、刑務所は全然、入管よりまし……。刑務所に入る場合は、だいたいこの罪を犯しているから、この罪の場合は5年とか8年とか、あなた5年入ったら、その時出るとか……でも入管の場合は、そういうのは一切ないから、そういうのを教えてくれないから……収容された中で、例えば人殺しとか、覚せい剤やってる人とか、いろんな人と私一緒の部屋に入れられて、結局、一緒にいたくなかった人ばっかりで、その中で、8年も刑務所入って、覚せい剤で、私とおんなじ部屋に入ったら、結局、イランの大使館の協力もあって、その人、外に出して、その人結婚してその後、ビザもらったこともあったの。」（イラン、男性）

収容は常に強制送還と隣り合わせである。2人のイラン人男性の調査協力者は、収容所内の【強制送還の恐怖】の経験を長々と語った。その体験は彼らの自尊心を傷つけ、彼らの精神をむしばんでいった。イラン人調査協力者の一人は、精神的ストレスが身体の節々に現れており、筆者にその傷を見せながら語った。もう一人のイラン人男性は、3回収容され、それぞれの収容の体験の違いを具体的に語った。回数を重ねるごとに、恐怖は増殖され、ついには地獄化したことを切々と訴えた。（＊下線部は筆者）

「弁護士は心配することないから、これから私に任せてって言ったにもかかわらず、私はすべて壊れて、もうすごい自分は、完全に落ちるところまで落ちて壊れて、それを弁護士に言われても、私、毎週毎週、強制送還される恐怖感とかそういうので……入管のこといっさい信じることができなかった。……（身体の傷をみせながら）……毎週毎週、ディポテーション（送還）の担当がきて、あんたイランに帰るしかないと言い続けて。……例えば、ミャンマーの人は（収容所に）入ると、半年から1年で出るって絶対わかってて……私は、結局、そういう見込みもなく……普通の人間としてプライドもってたりとか、いろんなものをもってたけど、でも出るとき、すべての私もってた人間としてもってるものをすべて失って出たんですけど、結局そこにおいて出たんです。……今、新しい生活とか、ビザとかそういうのあっても、この何年間で、それでも唯一、努力しているのは、なるべく入管のことを思い出さないようにこの頭から離すように努力

している……貰っているビザもぜんぜん信じてないし、別に認めてないです。」（イラン、男性; 現在は在留資格有）

「（筆者に向かって）あなたに知ってて欲しいことは、<u>言葉的に（収容が）1回目と2回目と3回目ってなっちゃうけど、1回目と2回目全く違う。2回目と3回目、全く違う。</u>大きな違いは多分、皆さんそこまで考えるか、考えないか。1回目は、俺はA先生（弁護士）に言われたのは、あんたに強制送還ない、100パーセント。なぜか、退去強制命令はストップされてるわけ。裁判起こしてるから。だから、俺は夜、勉強する。漢字も全部、俺、勉強したの、1回目でちゃんと集中して、これから戦うための、そういう字も書けるようにならなきゃならない、すべてやらなきゃ。1回目は、夜寝てるとき、朝、送還される恐れなく寝てんの。……でも、2回目はもう……PTSDになって、こんなになってるのは。だって、ドアを開ける瞬間に、（収容所の入管職員の）<u>ブーツの音を聞いてる瞬間に、俺ももう体震え出して</u>、ああ、送還か、イランで死刑かっての前提で、2回目は結局、いっぱい（送還された）人を見てるわけ。目の前で。同じ部屋の人、呼ばれて、もう戻んないの。入管の担当に聞いたら、もう送還だよ。2回目は1回目と、1週間に2回、イランの飛行機があって、1年52週間、52週間の掛ける104日、1年で、俺、朝まで寝てない。木曜日の前の夜と月曜日の前の夜。体も震えながら、みんな部屋の人、何で寝ないの、寝ればいいとか何とか……。だから、3回目は完全に地獄だよ。2ヶ月、品川の入管で寝たことなかったもん。入管の担当者が来て、あなた寝なかったら死んじゃうから、寝な。毎日毎日、送還にいつされるか。2回目、飛行機のタラップまで行ってる（連れて行かれた）から。だから、1回目の1年半と、2回目の1年半と全然、中身は違うし、<u>この3回目の7ヶ月は、多分、俺の人生で、俺、20歳くらい年をとったといっても過言ではない。</u>この3回目は、本当に俺、めちゃくちゃダメージ受けたんです。いつ俺、送還されるか……入管の担当来ると、知り合いの担当とか、本当に私の手を握って、あした朝、送還ないから寝なって（言う）。絶対、俺は信じない。だからないから。8回言われても信じないもん。体が結局、それを覚えてる。……<u>1回目は、ちゃんとした人間がそこにいて、そこで話して。2回目は、もう違うし、3回目は、もう全然人間の姿が見えない。</u>……例えば、同じ部屋で、ミャンマーの人がいてぐっすり寝て、いびきも……。それで私寝てるのに、何であんたは寝ないの。逆に俺の前で、みんな、私たちミャンマー人は退去強制命令出

ないからねって言われるわけ。だから、同じミャンマーの人、1年収容されました。同じイランの人、1年収容されました。中身を考えたら、えらい違うんです。」(**イラン人、男性**)

　アフリカ人男性の調査協力者は、収容所の囚人たちの間の【いじめ】について語ったが、それについては入管の職員も知らないという。収容所には難民申請者だけではなく、犯罪を犯し刑務所から収容所に移送された外国人たちも同じ部屋に収容されている。難民申請者は犯罪者と同等に処遇され、犯罪者集団の中で怯えて暮らさなければならなかった。

　　「問題はほかの外人のいじめ。僕の場合はラッキーでしたね。みなさんは僕にリスペクト(尊敬)しましたから。……いじめはいろいろ。例えばサイコロジー(精神面)ね。例えば、この人々(いじめる人たち)は、シガレット(煙草)のお金をお願いという。200円、300円あげる。でもあとは何回も何回も(お願いする)。これはストレス。もし(お金を)あげなかったら、いろいろするよ、とか(脅される)。暴力もある。ほんとに他の方たちはヴィクティム(犠牲者)になった。これは問題ですね、このヴィクティムたちはあまりスタッフ(収容所の入管職員)に言ってない。……難民以外の人たくさんいる。……刑務所から来た外人たちはたくさんいます。……刑務所のあとは茨城(牛久の収容所)。たくさん茨城に来ている。……(いじめの)ヴィクティムの中でたくさんストレスとか、ときどきその中でたくさん自殺もある。これは問題です。」(**アフリカ、男性**)

　他方、収容所生活について好意的に受けとめていた調査協力者が一人いた。彼は収容所で初めて医療を受けられることを喜んでいたが、ある意味それは皮肉に聞こえた。現実の世界が収容所の生活よりも厳しく、医療保険もなく医療を受けられなかったり、住む場所を確保することも容易ではないというようなことをを物語っていたといえる。

　　「入管の中、大きな病院あります。……牛久……メディカルチェック、何でも、歯と目と体と……良かった、ホテル、ホテル。」(**スリランカ、男性**)

2）収容所内の支配的関係と抵抗

　収容所の入管職員と申請者の間には歴然とした力関係が存在する。目に見える暴力を経験している調査協力者はいなかったが、【精神的な拷問】を感じる者もいた。それは職員が意図していなかった行為だったかもしれないが、彼らの思考をネガティブな方向へ向かわせる場合もあり、入管職員からの【いじめ】として理解されていた。

　以下のイラン人男性調査協力者は、入管職員による写真撮影や荷物を本人の見える場所に置くことにより、強制送還を連想させる心理的なプレッシャーを感じていた。

　　「（収容所の入管職員が）写真を撮りにくるんです。そのとき、何の写真かって（聞いた）。大使館はパスポートの（写真の）かわりに、もしかしてこの人達、私を帰したくて、その写真を撮るって思って……だから聞いたんですよ、この写真は何のために使うの？　ふつう担当さんは、仮放免のためだよって言えばいいのに、その時、あなたに関係ないって言われて……結局、いじめるため……面会行くとこで、見えるとこに、私の荷物を置いて……今日も明日も帰されることをもうずっと考えて、荷物、私、明日送還されるってことを……（入管職員は）汚い言葉とか使わないけど、でもいろんな行動とかそういうのをとったり、ずっと精神的な拷問を続ける……。」**（イラン、男性）**

　また、ある調査協力者は特定の入管職員との口論を延々と語った。彼は現在も申請中であるので、その詳細を記述することは控えざるを得ないが、高額な保証金を要求されそうになったり、人格を傷つける発言を言われたり、必ず強制送還させるという脅迫めいた言葉を浴びせられたり等、本人にとっては、完全に【いじめ】として受け取られていた。しかし、それらの暴言にも屈せず、果敢に言い返していたことが語られた。

　入管の医師や処遇に対して調査協力者たちからの不満は炸裂した。被収容者をおとなしくさせる手段として睡眠薬が処方されているようであった。調査協力者の中には、医師に医師としての行為を諭す発言もみられた。

　　「一番、困ったは、入管の中の医者、あれ全然だめですね。痛いと言ったら、寝る薬ばっかり出してるから。私は多分もし寝る薬飲んだら、病気

は治らないから、飲まない。最初は、何ミリってあるじゃない、ちっちゃいやつから始まる。それ出したら、それ飲んで、みんな寝る。それはあとで、効かない。その時もう少し強いやつだす。そんなやり方でやるから、私、1回飲んで、夜飲んで、昼間は12時くらいまで死んだみたいに寝た。すごいよ。あれ。」(**スリランカ、男性**)

　「それ、中にいる人も知ってるね。私たちも教えた、これ飲まない方がいいよ。それも教える人いるから。あんまりこの薬飲まないほうがいいよ。外でたら、問題くるから。何年かその薬飲んだら、外いったら、もう眠らないね、薬ないと。」(**スリランカ、男性**)

　「入管のあのA（医者）は、俺に45日の安定剤を一緒に出した。……何回もけんかして。何回もその人に、1回でもいいから、日本で最高の作品、『赤ひげ』あるから、それを1回、映画で見ろって。医者ってどういう生き物って分かるから。……俺、（イランで）『赤ひげ』見て、今でも尊敬してる。……俺、何人も医者知ってるんですよ、入管で。日本人の医者はみんな、来ると、1、2ヶ月で辞めるんです。患者として俺らを見る。入管から見たら、それ都合よくない。例えば、その人、俺の状況を見て、ごめんね、あなたの病気は俺の手に負えない。Z病院へ（入管の外の病院）。それで入管、嫌な顔をする。入管が欲しいのは、ここで解決すること。薬で。外へ行くことって、プラス入管の担当、一緒に行かないと、逃げる可能性とか、いろんな……。だから入管から見たら、ここの中で薬で何とかして。一番いいのは安定剤。……安定剤飲まして、その人の魂を奪って、静かにさせたら……送還するときも抵抗もできないし、何もできないから。」(**イラン、男性**)

　一方、調査協力者の中には、収容所の入管職員から優しく対応されたことを語る者もいた。

　「彼らはとても優しい、入管の人、皆さん、very kind（とても優しい）。品川と牛久の人。……話し方も。いつも話。血圧や、多くの検査する。」(**スリランカ、男性**)

　「入管、たくさんスタッフはやさしい。ほんとやさしい。」(**アフリカ、男性**)

第4章　調査結果——調査データの提示、結果の解釈及び分析

また、入管職員の中には、難民への収容に対する矛盾を感じたり同情をする者もいて、時には味方になって協力してくれたり、エールを送ってくれた職員がいたことも語られた。そうした職員に対して感謝を感じていた調査協力者もいた。

　　「入管で、母国に帰るしかないって言われた。その中で、ちょっと優しい担当の人がいて、その人に結局、あなた、難民申請すればいいって言われた。……全然、私、何も知識なくて、その人が紙もってきて、難民申請の紙。書けるように全部教えてくれて。ここ名前書いて、こここれ書いてって教えた。」（**イラン、男性**）

　　「俺はいつも落ちるとこで、誰か何か、底なし沼で、もう沈むところで、誰かが手を差し伸べる人、何か運良く現れる。送還未遂のときも、入管の担当の協力がなきゃ、俺、多分、送還されてるよ、100パーセント。あの人（ある入管職員）いなきゃ、もう俺、多分、今、生きてないもん。死んでるもん。イランで死刑にされて、終わってる。……その人たち（入管）の中にもやっぱり官僚でも、人間の心を持ってる人いるから。それに賭けるか、賭けないかって……。」（**イラン、男性**）

3）収容所内のオアシス

　収容所で初めて弁護士や支援団体と接触した調査協力者もいた。主に他の被収容者から紹介されたり情報を得ていた。

　　R「私、奥さんも日本人じゃないから、書類とかいろんなもの書くことできないじゃないですか、入管の書類読めないし、英語もわからないし……弁護士さん使った方がいいかなと思って、東京のほうの弁護士さん使って……。」
　　I「それはどうやって知ったんですか？」
　　R「入管（収容所）の中の友達から。入管の中、いろんな人いるね。」（**スリランカ、男性**）
　　I「そこ（収容所）で初めて日本人のサポートグループ知ったんですか？」
　　R「そうです。……品川行ったときにX支援団体から。X支援団体からも（職員が）来ました。2回。」
　　I「X支援団体をどうやって知ったんですか？」

R「難民、入管の中にいる外人たちが。」(**アフリカ、男性**)
I「U支援団体をどうして知ったんですか？」
R「収容所に来てから。民間に活動してる団体なので。……僕は電話してね、僕はビルマ人ですよっていったら、面会に来てくれたし。……（収容所内で）いつも面会に来てくれてる、そういう団体がいますよって、電話してみればっていうことで、電話したら面会にきていただいたので、それでそういう話とか、毎週１回は、必ず面会に来ていただいたんです。」(**ビルマ、男性**)

家族のみならず、弁護士や民間の支援団体も収容所を訪問していた。難民の手続きに関する支援、物資の提供、あるいは話をする等の精神的なサポートも提供されていた。そこでは支援団体の間の連携もみられた。

《家族の支援》
「奥さんは１週間に１回、ずっと10ヶ月面会、仕事やってたから、１週間に１回しか休みないから、休みの日には必ずきた。」(**スリランカ、男性**)

《物資の提供》
「いろいろサポートあります、いろいろサポートグループ。このサポートグループは、例えばY支援団体とか、何回も何回も来ました。洋服の洗剤とか体の洗剤とか外人たちにあげました。一人ずつの外人たちは１ヶ月か６週間に１回。普通には１ヶ月１回ぐらい。」(**アフリカ、男性**)

《収容所内の支援団体の連携》
R「（入管に捕まってから）UNHCRとX支援団体といろんなところ電話して、それ連絡で、その病気のことを言ったんですよ。」(**ビルマ、男性**)
S「入管で捕まってる時に、入管に面会に行っている団体はいくつか限られているんですね。Y支援団体は入管にというか、収容されている方を訪問している団体で、医療担当として、直接、面会に行っている団体なんです。収容されているときにメディカル（医療的）な問題があれば、その団体につながるような仕組みになっています。」(**X支援団体職員**)

民間支援団体やボランティアの訪問は、たとえ初めて会う知らない人たちで

あったとしても、被収容者たちにとっては、彼らと会って話をすることは精神的な安定や癒しとなっていたようであった。

R「(U支援団体は) 大体活動してるのは水曜日みたいですね。……大体、20分だったですね、ほかのビルマの人、同じ国の人も一緒に、1回5人面会できるみたいなんですよ、それで、僕とほかの人たちも一緒に、同じ1部屋。……外と中はガラス。……僕たちは中から。話だけ。」

I「話だけ、なんか差し入れとかできないんですか？」

R「できない、差し入れは民間の受付の時に出せばもらうことができますけども、直接は渡すことはできないらしいです。……ガラス張りで。」

I「それで、その人たちが来てくれて、それはどうだったんですか？」

R「嬉しかったですね、それが来なかったら、自分の部屋ブロックしか、どこでもいかれないので、とても寂しいし。面会室と自分の部屋とはちょっと離れたところ、建物は同じだけども、たぶん歩いて5分ぐらいのところだったので、それで外に出るときは、少し空気も雰囲気も、ちょっと変わる、気分的にはすこし楽っていう感じだったですね。それでも、そのほかにも、ほかのブロックの同じビルマ人たちと、一緒にその時間は会えることはできます。」

I「初めて会って、そういう人が来て、何をしゃべっていいのかと思わなかったか？」

R「それはないですね。面会にきてくれただけって、なんかあったときっていう話ですね。それはとてもお世話になって、外（退所後）、出てから今までずっと交流してますけど。」**（ビルマ、男性）**

R「そこで（収容所で）O弁護士さんに会って……。あとボランティアからも、いっぱい助けたね。U支援団体とか、X、Y、Zの支援団体、会ったね。」

I「それは良かったですか？」

R「良かった。……ほとんど（収容所の）中にいるから、人に会わないね。毎日、同じの顔みてるから。すごいリラックスなるね。5分でも、その人と会って、話して。あと助ける話しするから、そんな気持ちも……。なんかあったとき電話する、なんか欲しいとき、その時、自分はひとりじゃないの感じなるね……すごい気持ちがいいなって、頑張っているという気持ちになるね。」

Ⅰ「そうですか。でも全然知らない人ですよね。最初、全然知らない。」
R「そう、けど、すぐ仲良くなるからね。」(**スリランカ、男性**)

　定期的に収容所を訪問し被収容者と面会する大学生のボランティアは、収容所を照らすオアシスのような存在であったようだ。スリランカの2人の男性は、大学生ボランティアがいかにサポーティブだったかを語った。

R(1)「T大学の、その人たちも、牛久の入管の中、すごい人気ですね。……Cというボランティア、大学生たち、すごい人気あるね。あの人達。……みんな学生達だから明るいじゃないですか。話とかいろいろイベントあるし、絵を書いたり、それを難民の人達にみせたり……。」
R(2)「あと翻訳のこと助けるね。そう、一番問題、中にいる人は、翻訳の問題ね。あれ、入管の中いる人は、そのまま書類だしたら、もらわないから、それは日本語で書かないとだめ、トランスレート（翻訳）ないとダメって言ってるから、普通に出したらお金かかるから、ただでやってるのは余りないから、英語だったら、大学生やってくれるから。」

また、収容所内での被収容者同士の助け合いの精神も垣間見れた。

　「僕、皆に教えたけど、泣いても、笑っても同じなので、出られたときは出られるから。一番ここにいるときは健康だけ一番気をつけてっていうことで。僕は、最初入ったときはビルマ人とか、あまりいなかったし、僕がきてから、何人か、7人ぐらいいたのかな、サッカーできるかどうか、できなくてもいいから、運動して、一緒にサッカーやろうって、みんなを誘って、サッカーやらせたりしてたので。何もしないでそのままだったら、けんかになってる。」(**ビルマ、男性**)
　「私、あんまり行かなかったね*。何でっていうと、何人か決めるじゃない、部屋、中いる人、ほとんど面会に来ない人たち、入管の中にいるから、私は奥さん（が面会に）来るから、1週間に1回でも。（だから）全然来ない人を行かせた。あと、いろいろ（物が）貰えるじゃない、ボランティアの人から。だから、私は奥さん（から）いろいろ貰える。貰えない人を行かせたほうがいいかな、と。私のチャンス、違う人にあげた。」(**スリランカ、男性**)

＊支援団体やボランティアの人たちが被収容者と面会する場。

4） 仮釈放時の保証金と保証人獲得

　収容所から釈放されるためには、弁護士や支援団体を通じて、仮釈放の手続きをとる。その際、既述したように、保証金や身元保証人が要求される。、彼らなりのネットワークを駆使しながら保証金と身元保証人を獲得しているようだった。保証金は高額になると100万円以上請求された者もいた。

《家族》
　「（保証金は）50万円。弁護士が保証人。払って牛久をでた。弟に関わっていた弁護士が保証人に。保証金は弟が払った。」（**クルド、男性**）
　「保証金は20万……それは奥さん、働いたお金。」（**スリランカ、男性**）
　「保証金は50万……私は国から、頼んだ。スリランカ（にいる家族）から頼んだ。」（**スリランカ、男性**）

《同国人》
　「身元保証人が必要だったので、それをU支援団体っていう会がありまして、そこの面会にきていただいた、女性がいらっしゃったので、それの紹介でAさんを紹介していただいて……。保証金50万円払って。（お金は）友だちから借りて、収容所にいったときに1年以上だったんで、財布の中3,000円もないのに、それで、50万円どうやって払えばって。その中で一緒にいたビルマの難民申請してる人たちがいまして、同じ収容所の仲間っていう感じで。とりあえず私たちはいつ出られるのか、まだ分かりませんので、先に使ってっていう感じで、借りて……。」（**ビルマ、男性**）

《宗教グループ》
　「この人（収容所内で知り合った同国人）は、弁護士と保証人を紹介しました。……これは（保証金は）ルールでしたから。外人たちは先に、このお金を入管に払う。いつも20万円ぐらい、アベレージ（平均）は。ときどき30万円、ときどき50万円で、いろいろケースバイケース。僕の場合は20万円だった。それでお金がなかった。……それで私はどうしよう。いろいろやさしい友達（主に教会の友達）が入管に面会にきました。……ときどき1000円。ときどき2000円。ときどき5000円（くれた）。たばこを買わなかっ

たとか、クッキーとか買わなかった。だから合わせて10万円集まった。あとは残りの10万円どうしようと思った。あとはアピールしました。教会の人々に。毎日曜日に教会で、歌います（と言った）。その教会の友達は、教会の人に相談しました。お願い、私のために、どうぞやさしさをお願いします。1000円、2000円、5000円集まった。10万円プラス私の前の集めた10万円、合わせて20万円。これ入管あげました。」（**アフリカ、男性**）

《日本人の友人・知人、民間の支援団体、弁護士》
 R「仮放免もらいます。Aさんが私の保証人です。（保証金は）30万円。」
 I「どのようにAさんを知ったのですか？」
 R「X支援団体の人、私の場合（日本人の友人の）MさんがX支援団体を見つけて連絡した。Mさんから15万円もらいました。ローン。（あとは）仕事のお金と妻からのお金。」（**スリランカ、男性**）
 「ショットバーで知り合って、そこの店長とも本当にいつの間にか兄弟みたいになっちゃって、今でも兄貴っていって、お兄さんみたい。最初に俺、収容されたときも、その人が保証人、もう全部、弁護士の金も全部、その人が払って。……あとみんな、その常連の人と、俺の働いた会社の人、みんなちょっとずつ金出して、それを払った。結局、俺、100万言われて……あとみんな、友だち、みんなが大体2万ずつとか、そういうのを出して。」（**イラン、男性**）
 「3年6ヶ月、収容された後、仮放免で入管から出た。私、1円も持ってないことをすべて入管知ってたことなのに、私に75万円の保証金を要求した。U支援団体のAさんが結局、保証金の金をBさんに頼んで75万円の保証金、払った。……C先生（弁護士）が、保証人なってくれて、でも今度、75万から、保証金を150万にした。……その人たち（入管）、何の手を使っても、100％私を（収容所から）出さないように……結局、C先生と奥さんが、結局75万円はそのままおいてあったから、残りの75万でつくって、それにプラスして150万、つくったんです。」（**イラン、男性**）

(2) 日常生活に忍び寄る管理
 申請者は定期的に入国管理局に出向き入管職員の面接を受けなければならない。本調査のインタビューに際し、何人かの調査協力者は（インタビューは）「慣れているから」と答えた。それはある意味皮肉めいたものに聞こえた。彼

らがイメージするインタビューは、入管での強制的な面接を指しており、それは多くの調査協力者にとって、苦痛やストレス、収容所への送致、強制送還の恐怖を帯びたものであった。

ある調査協力者は1日中、朝から晩までインタビューで拘束されたことを語った。

> 「(難民申請は)2000年半ばだと思いますね。それで私は1ヶ月ちょっとでインタビューに呼ばれて、それから半年間で、私インタビュー11回、入管に。朝10時から夜7時8時9時ぐらいまで。……それで2月いっぱいぐらいで終って、それで結果を待ってて……1年ちょっとぐらいで結果がでた。」(ビルマ、男性)

入管のインタビューは収容や強制送還への恐れや不安そのものである。インタビュー前日に熱が出たり食事も喉を通らない調査協力者もいた。

> 「入管行ったときすっごい大変ある。いろいろ聞かれる。……今日行って捕まるかな。今度行って捕まるかなそう思ってるね。いつも頭の中そう。明日行く、今日から熱出る。明日どうなるかな。いつも向こう行くとき、捕まるもあるし帰るもあるし送るもあるし、結果出るもあるし結果でないもあるし……どうするどうする、今日から何も食べるもの体の中に入らないね。」(涙ぐみながら語る)(ネパール、女性)

> 「将来もちょっと不安じゃないですか。子どもをつくりたい気持ちもある。ビザない。奥さん、(もし)妊娠あったら、私もう一回、捕まったらどうなるの?」(スリランカ、男性)

ある入管職員の威圧的な態度や発言によって、不愉快な思いをしている者もいた。

> 「今は延長、3ヶ月1回じゃないですか。行く度に『今度4度目の結果出たらまだ収容されるかもしれない』って(入管職員に)言われた言葉ちょっと痛い。2度も収容されて、収容所でいろんな人、いろんな国々の人と交流できたのが僕にとって良かったと思いますけどね。外ではそういう体験ができないので。でも3度目は入りたくない。……それは当然のこ

とで。だから、そういうとき、(入管に) 行くたびにみんなに言ってる言葉と思いますけど。でも、収容所に2度も収容体験してた人に、真面目に生活してたのに、また却下されたらまた収容されるかもしれないよって言葉はちょっとあまり嬉しくない。」(**ビルマ、男性**)

「お父さんの難民申請で入管に行ったとき、入管の職員が『これ書きなさい』、『やりなさい』とかすごい怒っている。紙を投げつけ、友人の顔にあたった。紙に汚れがあった。その場所は関係ないところ。10ページくらい書かないとダメ (書き直しされた)。」(**クルド、女性**)

「おんなじ難民申請者の中でも、差別してること。その代表的なのは、ミャンマーの人。例えば仮放免3ヶ月あったり、結構、収容期間も短かったり……例えば仮放免行ったとき、いろんな嫌な質問されたりとか、ほんとにいじめは受けて……。でもそういう人 (ミャンマーの人) が行くと、結構すんなり (終わる) ……。毎月もう自分のプライドから全部もうつぶされて、いろんな質問、拷問な感じの質問受けて……それは今も例えば仮放免している申請者は、いつも毎月行く人は、やっぱり、私とおんなじ思いしてるんじゃないっと思っている。その人たち (入管の人たち) は、仮放免のハンコ押すのって、結局すごいことやってると思うから、すごい相手に対して、恩を感じてくれって、私たちハンコ押してるから (という態度をとる) ……新しい担当者になると、結局そういうのまたゼロから、いじめとかそういうの始まる。」(**イラン、男性**)

しかし、別の調査協力者にとっては、入管の面接は単なる事務手続きとして理解されていた。

「東京イミグレーション (入管) には2ヶ月1回インタビューに行っている。……(入管では) 健康はどうですかとか、とてもやさしいクエスチョン (質問)。ほんとやさしいですよ。たくさんやさしい人々いますよ。……インタビュー (面接) はほんとに5分、すぐ終わる。2ステージ (段階) あります。先に多分3分ぐらいで、あとは2ステージは仮放免のサティフィケイト (証明書)。ほかのオフィス (事務所)。このオフィスはスタンプ (判子) だけ。……簡単です。」(**アフリカ、男性**)

入管での面接について、本調査の調査協力者の大半は悪い印象をもっていた。

第4章 調査結果──調査データの提示、結果の解釈及び分析

しかし彼らの発言から、入管の面接時の対応が異なることは明確といえる。対応の違いは、申請者の側（民族や国籍という属性や滞在資格の違い等）にあるのか、あるいは面接担当者側の問題によるものなのか、あるいは両方なのかについては、これらの回答だけでは判断できにくかった。

4　情緒的・精神的な支えに関わるネットワーク

　調査協力者にとって、彼らを支えていると感じている人々や団体はさまざまであり一般化することは難しい。【家族・親戚】、【同国・同民族出身の友人・知人】【エスニック・コミュニティ】あるいは【民間の支援団体】、【日本人の友人】等の回答がみられた。

　　Ｉ「一番、サポーティブ、助けになっている人はだれですか？」
　　Ｒ「だんなさんとお母さん、それからおねえさんもかな？」**（クルド、女性）**
　　「相談内容によるけれど、NGOや、民族のコミュニティ、教会でお祈りしたりする。……教会は、Ｓ教会。民族の言葉で行われる。」**（ビルマ、女性）**
　　Ｉ「今、心の支えになってるというか、何かありますか？」
　　Ｒ「彼」（通訳をしている同国人の友人を指す。）**（イラン、男性）**
　　Ｉ「今まで日本で一番サポーティブな人は誰でしたか。」
　　Ｒ「いつもＸ支援団体。」**（ビルマ、女性）**
　　「Ｘ支援団体を見つけなかったら私すごい大変だった。見つかったからすごい安心で。幸せな感じになるね。今もう私の生活もできるし。安心。」**（ネパール、女性）**
　　「結局、日本人って多分……徹底的に外人嫌いな人、ほとんど過半数がそうですよ。でも、その中に何人かやっぱり、純粋な人も、人間として見る人もいるわけ。私の唯一助かっているのは、周りの人は、私が外人じゃなくて、一緒の人間として受け入れて（くれている）。……働いている社長とか……例えばこう言ってた『あなたを今まで外人と思ったことないし、これからもないから』って。だからそういう一部のいい日本人に恵まれてるのが、一応、何とかつないで、今まで生きてるんだろうと……。」**（イラン、男性）**

(1) 「宗教」や「思想」の精神的な支え

　「宗教」あるいは「思想」は、ある人にとっては日常生活の一部になっていて、物心両面での支えになっている。それらは、エスニック・コミュニティとオーバーラップしている場合もあれば、エスニック・コミュニティを超えたつながりの場合もある。

　宗教は「祈る」という行為自体が、精神的な支えになったり、また、【宗教的コミュニティ】といった仲間同士で祈ることは、一層の力になっている。

　　　「借金返さないといけないし、ホームシックになったりもして……クリスチャンだから祈ったりして……日本語わからなくて、教会を見つけては、教会に入って祈って……。神様のおかげでここにいる。……教会でみんなが祈ってくれる。祈ると何か解決できる。私たちにとってなければならない。日曜日はＳ教会に行く。支えになっている。困ったときはみんなに言って、みんなが祈ってくれる。自分達の痛みに寄り添って、祈ると何かが解決できるようになってくる。」(**ビルマ、女性**)

　　　「これブッダの写真ね。ここがサイババ、シティババのこれのお祈りは元気になる。ネパールでそういう意味あるね。これはねインドのね、お金の神様ね。それが朝夜とかお祈りとかあるね、自分の先祖たち感じて祈りますね。……元気で先祖たちも天国で幸せになって下さい。地域で世界も幸せになって下さいね。」(**ネパール、女性**)

　また、宗教の教えがその人の生き方を支えている。以下のビルマ人男性の語りは、日本での生活の希望や欲求をもつという、ある種の「心の囚われ」を解放し、神に委ねることが、精神衛生につながるという。それは皮肉にも彼らの日本での生活の厳しさを物語っているかもしれない。

　　　「私は（日本に）居続けたいと思うも思うけど、思わないも思わない。……私は日本にどのぐらいまで住んでるか、居るか、いつに亡くなるか、何歳まで生きてるかとかは私は知らないけど、決まってるのはあると思いますね。……キリスト教の考えでも、あんたは何年から何年はここ、何年から何年にはあんたは亡くなる、何年は病気、何年には入院するとかは決まっていると思いますね。……逆に仏教もそうですけど。……そういうことを私は判断はできない。もし判断するんだったら、私もデプレッション

（落ち込む）ね。……日本にはずっと私居たいよと思うとうつ病になっちゃうから……。」(ビルマ、男性)

　「イランの昔のあの、ゾロアスター教を信じることであって、その中の3つの言葉をずっと信じ込んでいます。……（それは）良い話と、良い考え方と、良い行い。良いことやったりとか、人の為なることやったりとか……。」(イラン、男性)

　「ものや血液*あげる、うん。よくあげるはキリスト教の考えもあります。キリスト教のティーチング（教え）はもし、良くあげれば神様からもたくさんもらう。キリストのティーチングは愛。たくさん愛あげる、たくさんいろいろやさしくする。」(アフリカ、男性)

＊献血のことを意味している。

　調査協力者の一人は、同じ思想・信念をもつ日本人【イデオロギー仲間】と出会うことによって濃密なつながりをもつことになった。彼の自宅には、キューバの革命家チェ・ゲバラのポスターが貼ってあった。

　「収容される前に、（店でお酒を）飲んでたら、隣の席で夫婦座ってて飲んでて。その人たちも結局、変に左で、イデオロギーは俺と一緒で。俺は着てるシャツは、チェのシャツを着てたんですよ。それで、あっちは『あなた、チェ好きなの。私の師匠だよ。世界で一番好きだよ。あなたイデオロギー何？　もしかしてマルクス・エンゲルス主義者じゃないの？』、『そうだよ』。結局、その話、じゃあ、明日もう1回飲まないとか何かって言ったら……いつの間にか、俺、また収容されて、裁判で負けて。……この人たち面会に来て、私の1回目の保証人はこの人たち。『私たち、あなたの親になりたいから、だから保証人も私たちにやらせてくれない』（と言われ）。」(イラン、男性)

(2) 　海外にいる家族との心のつながり

　本調査時に、親兄弟または子どもが、日本以外の海外（調査協力者の出身国を含む）にいる調査協力者は、16人中13人だった。彼らは電話やネット等を通じて定期的に連絡をとっていた。【海外にいる家族】は、物質的な支援を提供したり精神的に励ましたり応援したりしていた。

「(日本に来る)20万の飛行機代も結局、お姉さんがお姉さんの友だちから借りてくれてた……兄弟からも結構励ましくけど……自分のお姉さんたちも同じ思想を持って、だからスカイプでしゃべっても、昨日も、一昨日も『がんばれ』って。」(**イラン、男性**)。

「アメリカで(本を)パブリッシュ(出版)しました。たくさん本を自国に送りました。私のお姉ちゃんたちに送りました。お姉さんたちにこの本を売って下さいといった。」(**アフリカ、男性**)

しかし【海外にいる家族】との情緒的な心のつながりは、調査協力者を苦しめる要因でもあった。難民／申請者ゆえに海外にいる家族と会うことは難しい。親の臨終にも帰国することも困難である。親孝行もできず、また親に心配をかけたくないことから連絡をとらないという調査協力者の切ない語りもあった。

「前はどうでもいいと思ってたけど。今はどうしても親にも何一つも恩返しもしてないうちに父が他界し、母も今その状態なので。なんで自分が、何のためにそうしてるんだなとは思って寂しいですね。家にも実家にもあまり電話しないようにして。母が難民申請して日本で申請中のこと、いつも電話して『どうですか？』って聞かれてもこっちは答えられない。いい結果はまだでてないので。電話しないようにしている。」(**ビルマ、男性**)

「オーストラリアに行けない。(オーストラリア在住の)父と母に来てもらっているが、日本は狭い。向こうに行きたい。日本はお金かかる、生活費もかかる。ぎりぎりでやっている。父母を呼びたい。父母に親孝行したい。ビザが大変で向こうに行けない。さみしい。(家族離ればなれ)……両親は、難民から帰化して、今はオーストラリア人。」(**ビルマ、女性**)

「お父さんは200X年で、亡くなって、お母さんは去年亡くなったんですよ。それはミャンマーから出てきて、だいたい18年くらい家族と会ってないし……お父さんお母さん亡くなる時も自分で行って最後のことは、会いたいけど……でもできなかったんですよ。できなかったことは、日本政府も責任ある、ミャンマー政府も責任あるんですよ。……子どもたち、今、離れて8年になっている、奥さんも8年になってる。毎日インターネットで連絡あるんだけど……子どもたちは、自分のお父さん、一緒になりたい、自分の家族と一緒になりたいです。今、仮放免で、こっち来る(妻子が日本に来る)ことができないですよ。それで、もしできれば、家族をこっち、

自分と一緒に、家族と住みたいです（涙ながらに話す）。」（ビルマ、**男性**）

第2節　難民のソーシャル・キャピタル

　前節では調査協力者の具体的な生活と、それに関連するソーシャル・ネットワークについて明らかにした。彼らの多くは、とくに滞在資格が不安定な者は、同質あるいは異質なインフォーマルなネットワークに支えられていたことは明白であったといえる。ここでは、同質及び異質なセミまたはフォーマルなネットワークについて、調査協力者たちの認識を通して問題や課題を明らかにしながら、難民のSC形成における役割や障壁について検討する。それらは難民のSC形成にどのように貢献している（あるいはしていない）のだろうか。さらに地域社会との関係や参加について、いかなるつながりがあるのかを明らかにし、SC構築との関連について検討する。

1　難民のソーシャル・ネットワークの特徴

　調査協力者たちの来日経路の主なネットワークは、【仲介業者】または【家族・親戚】【同国・同族出身者の友人・知人】であったが、2000年以降は、インターネットの普及と一部のエスニック・コミュニティの登場によって、エスニック・コミュニティに自ら直接アクセスする者もみられた。今回の調査協力者は1990年代に来日した者が多かったが、最近の来日者の場合は、日本に家族・親戚や友人・知人がいなくても、SNSの普及によって見知らぬ同国・同族出身者やそのコミュニティまたは民間の支援団体にも来日前に容易にアクセスすることが可能となっていた。

　武田（2001）の難民とソーシャル・サポートに関する定量的な調査研究では、サポートの資源を内部（同国人・同民族内のエスニック・コミュニティ）と外部（同国人以外、ホスト国の人々や社会サービス）に分けていたが、本調査の結果も同様な側面がみられた。難民の生活基盤形成におけるネットワークは、【家族・親戚】、【同国・同民族出身の友人・知人】という《同質のインフォーマルなネットワーク》に加えて、【職場の日本人の雇用主や同僚】、【家主】あるいは【外国人労働者】同士での《異質のインフォーマルなネットワーク》も彼らの生活手段や情報を獲得する際に、重要な機能を果たしていた。1990年代は非正規であっても外国人が働くことが容易な社会環境であり、彼らの中に紛

れながら生活する中で、職場の日本人や外国人とのつながりが育まれたといえる。そうした関係は、職場内の関係に止まらず、住宅での保証人や金銭的な支援等、彼らが窮地に陥った時に頼りになる関係であった。また外国人に住居を貸すことに前向きであったり、家賃の分割を認める親切な【家主】もいた。

また【エスニック・グループ／コミュニティ】、【宗教団体】、【政治団体】【イ

図4-1　難民のソーシャル・サポート・ネットワーク

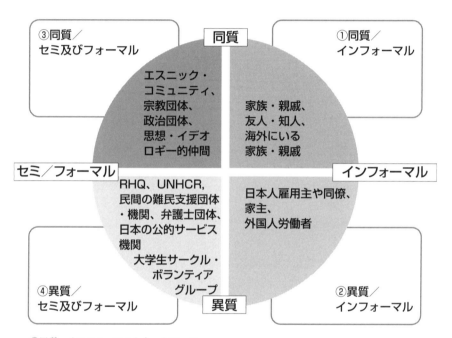

①同質・インフォーマルなネットワーク
・同国人・同民族出身あるいは同宗教の人びととのつながり
　（例）日本にいる家族・親戚、海外にいる家族・親戚、友人・知人
②異質・インフォーマルなネットワーク
・異なる背景をもつ人びととのつながり
　（例）日本人の職場の雇用主・同僚・顧客、日本人の家主、外国人労働者
③同質・セミ及びフォーマルなネットワーク
・同国人・同民族出身あるいは同宗教の人びととの組織的なつながり
　（例）エスニック・コミュニティ、宗教・政治的団体、思想・イデオロギー的仲間
④異質・セミ及びフォーマルなネットワーク
・異なる背景をもつ人びととの組織的なつながり
　（例）UNHCR、RHQ、民間の難民支援団体・機関、弁護士団体、日本の公的サービス機関、
　　　大学生サークル・ボランティアグループ

デオロギーの仲間】等の緩やかなつながりのグループ、あるいは組織的な団体といった《同質なセミ／フォーマルなネットワーク》も、調査協力者たちの生活のみならず情緒的・信条的な側面にも影響を与えていた。しかし、後述するようにエスニックコミュニティは必ずしも確立されたものではなく、形成・分裂を繰り返しながら今日に至っている。

一方、難民の人権擁護や支援をする【民間の支援団体】や【弁護士グループ】、一般人や大学生の【ボランティアグループ】、【政府委託の難民支援機関（RHQ）】、そして福祉事務所やハローワーク等の【日本の主流な社会サービス機関】といった《異質なセミ／フォーマルなネットワーク》との結びつきもみられ、それらは重要なサポート源であった。時間の経過とともに民間の支援団体やグループの量は増加し、アクセスが容易になってきたといえるだろう。

なお、ネットワークがつくられる場は、エスニック・グループの交流や教会等の宗教的場所、そして職場が中心であったといえるが、収容所も、被収容者からの情報の入手や民間の支援団体やボランティアとつながる場であった。調査協力者の中には退所後も継続的なつながりがあり、新たなソーシャル・ネットワークも築かれていた。しかし収容所がつながりの場となっていることは必ずしも適切とは言えない。

調査協力者の主なソーシャル・ネットワークについてサポート源を中心に図4-1に整理した。縦軸は構成メンバー特徴が同質あるいは異質かどうか、横軸はインフォーマルあるいはフォーマルな関係かどうかを示している。ここではフォーマルな関係を組織化されている団体とし、サークルやボランティア等の緩やかな関係で結びついている団体もセミ・フォーマルとしてフォーマルな団体に含めて分類している。難民／申請者は複数のネットワークに囲まれているが、その密度の比重は主に在留資格の違いによって異なると考えられる。

先行研究で示したように、川上（1999）の在日ベトナム系住民のネットワークと比較した場合、商業的通信レヴェルのネットワーク（食料品の宅配サービス、中古品の流通、FMラジオ局等）については、本調査では見られなかった。それは滞在資格の不安定さや人口規模によるのかもしれない。

2　エスニック・コミュニテイ内外の関係性

調査協力者の語りから既に明らかなように、同国人または同民族出身によるエスニック・コミュニティは重要なサポート源であった。本調査は、調査協力

者とエスニック・コミュニティの関係や彼らがどのようにコミュニティを捉えているかに焦点を絞っているので、それぞれのエスニック・コミュニティの実態そのものには深く言及できない。実際、難民／申請者のエスニック・コミュニティはかなり複雑な様相をおびている。しかし難民／申請者のエスニック・コミュニティは、1990年代後半頃からその萌芽がみられ、生成や消滅を繰り返しながらも、規模の大小はあるが着実に進展しているといえる。

　難民／申請者が集住している地域として、例えばビルマ・コミュニティは、東京都新宿区や豊島区周辺、クルド・コミュニティは埼玉県川口市や蕨市周辺、エチオピア・コミュニティは東京都葛飾区周辺等がある。ビルマ人の場合は多様な少数民族によってコミュニティがさらに細分化されている。しかしイスラム系少数民族であるロヒンギャ族は、ミャンマー政府から1982年に国籍を剥奪され、他の民族と共に活動することが難しく、ロヒンギャ・コミュ

---

*9　とくに高田馬場周辺にはミャンマー料理屋や雑貨店が多くリトルヤンゴンとして知られている（朝日新聞2012年12月7日夕刊、2005年7月9日夕刊等）。

*10　川口・蕨市周辺は地名に「国・地域」を示す言葉「スタン」をつけて「ワラビスタン」の呼ばれ、約1200～1300のクルド人が集住していると言われている。2004年から蕨市民公園では新年祭「ネブロス」が開催されている（朝日新聞2016年1月30日、2015年1月5日朝刊埼玉、毎日新聞2016年3月21日朝刊埼玉等）。筆者は2014年3月21日に「ネブロス」に参加したが、民族衣装を着た女性たちや参加者たちが踊ったり、民族屋台の出店等がみられた。筆者は昼間2時間ほど滞在したが、数百名ほどの参加者はほぼクルド人で日本人は数十名ほどであった。

*11　NPO法人「アデイアベバ・エチオピア協会」のアベベ・ザウガ理事長によれば葛飾区にエチオピア難民が多い理由として、金属関係の町工場や弁当工場等の外国人を雇う職場があり、家賃も安く、礼金、敷金、保証人なしで貸してくれる家主がいることだという（日経オンラインビジネス2012年6月27日）（http://business.nikkeibp.co.jp/article/report/20120620/233604/?rt=nocnt、2016年8月18日閲覧）。筆者は2016年1月10日に同NPO主催の新年会に参加したが、貸切レストランで民族料理がふるまわれ、参加者は歌ったり踊ったりしていた。参加者は約40名ほどで、葛飾区の一般住民の参加者も数名みられアットフォームな催しであった。

*12　例えば、カレン族、カチン族、チン族、モン族、ラカイン族、パラウン族、シャン族、ビルマ族等がある。またビルマコミュニティの特徴として、民主化要求とともに少数民族によるマイノリティの権利の要求活動があり、民族ごとに抱える課題が異なる部分もあり、ビルマ国民という一つのコミュニティとして一括りにはできない（梶村 2012）。

*13　ロヒンギャ族の多くはバングラデシュに近接するミャンマー西部のラカイン州に住むイスラム教徒である。

*14　例えばミャンマー少数民族が集まって設立したNPO法人PEACE（2012年発足）には、ロヒンギャ民族はメンバーとして参加していない。筆者は同法人が主催する食文化の祭典に出席したが、各民族衣装のファッションショーには、ロヒンギャ民族は登場していなかった（2015/5/31）。

ニティは群馬県館林市周辺に集住している。[*15]

　調査協力者や支援団体の話から、組織としてまとまりのあるコミュニティもあれば、摩擦や衝突のあるコミュニティ、あるいは友人の延長上の仲間的なグループもあり、十分にエスニック・コミュニティが成熟していない印象をうけた。またエスニック・コミュニティが存在しているがそうしたコミュニティとは付き合わない者もいた。

(1) エスニック・コミュニティ内の関係

　エスニック・グループやエスニック・コミュニティは、調査協力者にとって、さまざまな意味をもっていた。中長期的に日本に滞在し日本語も比較的堪能な調査協力者は、現在ではサポートをする側の役割を果たしている者もいた。また調査協力者自身が、エスニック・コミュニティの組織化作りに貢献していた。

> 「後から来た人（同国人）とか、分からなかったら申請書も記入する。それで申請に連れてって、お手伝いしたりして。……大体、今のところは、僕にみんなが相談しているのが多い。……日本語も、日本で10年、15年いても、あまり人に説明できるまでの日本語の能力がない人もたくさんいて。病院いったり、いろんな事務所いったり、通訳として連れて行かれたり、相談を受けたりしてた。……今はそういう活動をしてるっていう感じですね、仕事しないっていうよりは、できない間、今はちょっと、一人のそういう役に立つというか、病院行きたいとか、区役所行きたいとか、そういうときは言葉が、あまり通じないところとかある、そこでついて行ったり、そういう日本語の通訳をしたりとかしてるんですよ。」(ビルマ、男性; 仮放免)

> 「（私達のエスニック・コミュニティは）2001年にできる。教会で集まってきた人の中で、Nさんなどが最初中心で始める。今、私は代表になっている。……前はニュースレターを出したり、いろいろしていたが、最近は活動が少なくなってきた。ミャンマーの状況が変わって。……月に1回の

[*15] 館林市には約200人ほどロヒンギャ族が暮らし、「在日ビルマ・ロヒンギャ協会」が拠点となって難民／申請者を支援をしている（朝日新聞2009年8月29日夕刊、2014年11月29日朝刊群馬版等）。筆者は2015年10月25日に、同協会が参加した国際交流まつり（館林市国際交流協会主催）を見学したが、民族の菓子が販売されていた。

ミーティング、民族の集まり、デモ参加、ロビー活動（外務省や国会）などの活動。言葉がわからない人の病院に行く、申請者の日本語訳をするなどしている……日曜日のキリスト教の礼拝をして集まったときに、生活問題で、わかる人はわからない人に教えるなどをしている。……教会の牧師先生なども支援をしてくれる。……助けられてきたから、自分達の中でお互いサポートする。」(ビルマ、女性)

「私、親戚もいっぱいいるし、奥さんの親戚もいっぱいいるから、そういうの連絡とかちょっといろいろサポートとか前からやってるんですね。……2000年にXX民族連盟を作って……民族のことやってるほうはこっちですよ。……それで今までもそうなんですけど、その後も2000年代半ばに民族の情報スペースを作って、2000年後半に民族のヒューマンライツコミュニティなどを作って。……それで今の同国人のキリスト教フェローシップにも入ってて、あとその後にもちょっといろいろ変わってるから、同国人たちのNPOとか、あと今、民族のミュージック財団や民族の図書館も2000年代半ばに作って……。」(ビルマ、男性)

しかし、こうした同国人・同民族出身者との社会的接触が余りなかったり、あるいは積極的なつながりを求めていない調査協力者もいた。

「淋しいのはあります。(この周辺は)誰もスリランカ人ないから、これはちょっとだけ淋しい。……近くにないです。(スリランカ人が多いのは)千葉と茨城だから……(ここから)遠い。」(スリランカ、男性)

「隣の人々は、1人はケニアから女性。もう1人はガーナからの女性です。ときどき会うけど、こんにちはだけ。……アフリカだけど。……でもプライバシービジット（個人的な訪問）はないです。こんにちはだけ。」(アフリカ、男性)

実際、エスニック・コミュニティは良い面ばかりではない。現在において十分に機能しているコミュニティもあれば、そうでないところもあり、どのコミュニティも過去に凝集・分裂を繰り返している。[*16] またコミュニティ内での

---

*16 例えば、2003年に設立された「クルディスタン＆日本友好協会」は内部分裂し2009年に閉鎖された（根本 2013:85）。

関係も複雑であったり、必ずしも良好な関係というわけでもない。

　「前に同族人の協会があって、日本人もいたけど……閉めた。そして5ヶ月前に、ここ（新しい協会）が12人のクルド人たちで始まった。……今度は信頼できる人たちでやる。……協会は日本人もいて、ばらばら、あまり信用できなくて……。ここの日本人も信用していい、そういう人は入れたい。もっと続くように。」**（クルド、女性）**

R「（Bという）アソシエーション（協会）・コミュニティありますよ。皆さんは助けしますよ……私はオディター（監査役）をしました。」**（ビルマ、女性）**
S「アソシエーション……コミュニティの集まりで、それぞれグループを作るんですが、そこの役職がつくとその役職料じゃないんですけど仕事をして、例えばアカウンター（経理）と担当とかいろいろいるんですけど、その人たちに少しお金が入ったりとか……。そのコミュニティの回し方としてあったりします。……どんどん作っては消え、新しいのになっちゃったりしてるので、もうないところもたくさんあるんですが……。」**（X支援団体職員）**

I「民族の活動する前には、1990年代初めに日本で初めての同国人のキリスト教フェローシップができて……ビルマ語だったらビルマの国に居る全体のエスニックの教会、そういうのみたいなっちゃう。……今も私ずっとしてるです。それからそっちにミュージックを担当して……。」
S「これ多分みんな（ビルマの人たち）88年*があって、バラバラと（日本に）来てますよね、その頃って。それでビルマ人が多分こう集まろうとしていた時期だと思うんですね。90年代最初に、まず教会が恐らくクリスチャンが集まってできて、それからそれと別に民族がそれぞれ組織を作った……エスニックグループもだんだんこう組織を作ろうとして。」
（Y支援団体職員）
I「そうです、はい。それで大きくちょっとなったから1年間ぐらいだったら、K民族はK民族で、C民族はC民族のほうで……。」
S「どんどん分かれて、またそれが二つになったり三つになったりして。」
I「はい。その日からそのあと10年間ぐらいなったら、今11くらい。」（ビ

ルマ、男性）
＊1988年に行われたビルマの国民的な民主化要求運動。

「協会が２つあったんですよ。最初の協会はＪ協会だったんですよ。それとＢ協会。これ（Ｊ協会）からこれ（Ｂ協会）になったんですよ。別れたんですよ。自分は（日本に）来たときにここ（Ｊ協会）にきたんですよ。……担当者の性格がわかって、いろんな、メンバーいじめてるんですよ。同じ民族で……友達たちもいる。こっちの人と全然、連絡できないですよ。……自分の民族助けることだったら、俺たちは他の（協会の）人に連絡、コミュニケーションできない、厳しくなっている。それで、自分は言ったんですよ。担当者に。いじめていることが、正しいの？って。そしたら、あなたはこっちのメンバーじゃないと言われて……自分ではこっち（Ｂ協会）のほうに今度は入った。それで、ミャンマーの関係で、自分でいろんなところでデモしたり、毎月はマガジン、雑誌とかいろいろやったんですよ。」（ビルマ、男性）

　出身国の政治組織と密接な関わりをもつエスニック・コミュニティもあった。例えばスリランカの２人の男性は、彼らの出身国の政治組織とつながりのある日本支部が二つの組織に分裂したことを語った。一つは、あくまでもスリランカの政党を支持することが目的であるから、日本の政府批判はしないこと、日本内でのスリランカ人（難民及び申請者も含む）の互助及び日本の災害支援等の貢献をする組織であり、他方は、日本政府に対して難民保護等を訴える活動を展開する組織であった。本調査の調査協力者らは前者の立場である。以下、彼らの会話である。

　　R⑴「201X年に始まって、そこから２つ作ったね。Ｕ組織。団体が２つに別れた。いろいろな問題で別れたね。別れて、１つは東京になった。あともう１つはＩ県になって、一番問題になったのは、Ｕ組織は、スリランカの政治関係のパーティ（党）だけど、日本政府の反対をすることはダメになったね。向こう（出身国の組織）から言われた、日本政府を反対することはだめ、Ｕ組織の名前でね。」
　　R⑵「半分くらいは、Ｉ県に新しいやつ（日本の政府に難民保護を訴える組織）作ったんだけど、その人達はね、難民を助けるためにＵ組織作って

下さいって（言った）。それは私たちできないから、私たち難民だけど、このU組織っていうのは、また違う。だから、難民のことは出さない。でも難民は、ここのメンバーになることはできる。でも（私たちの方は）メインは難民じゃないから、向こうは（Ｉ県の組織は）メインは難民でやって下さい。」

　本来はサポーティブであるエスニック・コミュニティが、宗教色が濃くなるあまり同民族の支援や結束を弱めている例もあった。ビルマ人男性の調査協力者と支援団体の職員は以下のように語った。

R「自分は仲間あまりいないですから……自分は言ったんですよ。それはこの協会（エスニック・コミュニティ）は何のために作ったんですか？　何でこれはやらないんですか？　協会はそれはやってくれないから、自分達は今、大変になっている。……いろんな問題がある人に、病気とか、Ｘ支援団体やＹ支援団体と連絡して、支援団体がやってくれたんですよ。歯の病気で、Ｔ大学まで、歯をやってるんだけど*、それはＸ支援団体と連絡して……子どもたちの場合でも、スポンサーはＸ支援団体が探してくれたの……例えば、僕たちはミャンマーの民族は、ミャンマーの言葉を勉強しないといけない。それは自分の一番大切（なことです）。……あの人たち（協会の人々）は、宗教だけをやっているんですよ。自分はそれは反対ですよ。今の状態は、宗教だけになっている。」

S「ここで彼が話してらっしゃるのは、今、いろんな考え方があればいいんだけれども、一つの考えの人だけを残して、排他するような風潮にあるもんで、<u>コミュニティがみんなのためというよりは、協会がある一定の偏りを持った人達の考え方になっちゃったりして</u>、例えば、Ｒさんの場合は、そこからつながらなくなっちゃったりして、他の人もそうなんですが、そこの流れとあわない人だったり、理念とあわない人は、そこから出ていく。」（**Ｘ支援団体職員**）

R「私は考え方はいろんなtolerance（寛容）、Diversity（多様性）を私は欲しい。あの人は、diversityない。Intolarance, violence atittude（不寛容、暴力的態度）。あなたが不寛容なら、あなたはいつでも暴力的行動にコミットすることができる。でも寛容なら、どんな暴力的行為にもコミットしない。……私たちは宗教をどんなものでも持ちたい。<u>宗教は個人的</u>

問題……しかし、彼らは宗教と日常活動は、政治で、同じと感じる。しかし私自身は、私は多様性でありたい、政治とは別もの。それが問題。……例えば、自分がなんか大変になってるとき、X支援団体に行ってるんですよ。助けてくれるんですよ。X支援団体はクリスチャンのコミュニティから（物を）もらってるんですよ。（ある人が）物がなかったので、一緒にX支援団体に行ったけど、（その人は）ムスリムだから（クリスチャンの）物はもらわない、それでX支援団体と喧嘩になって……。」（**ビルマ、男性**）

＊神奈川県のT大学では、無保険で普段治療を受けられない難民／申請者に無料で保険適用内の歯科治療を実施。

　同胞コミュニティ内のトラブルがあり、そこでの排除もみられる。また同国出身者であっても、必ずしも困っている人を支援するとは限らないことを語った調査協力者もいた。

　「私、オディター（監査役）だから、駄目、信じられない言った。言ったからdismissよ（解雇）。皆さんは私をdismissしました。」（**ビルマ、女性**）
R「（同国の人たちは）だめ、だめ。なぜかというと、あの、これいろいろグループありますけど。日本で。やっぱり同国人でも人間ですね。私たち人間のネイチャー（性質）はわがままですね。人間たちは苦しんでいる方の気持ちをあまり理解できない。何人かの同国人たちはラッキーでした。日本人と結婚して生活できる。子どももいるし。あとビジネスをすることは簡単。でももし他の同国人が苦しむのを見たら、どうしてこの人は今ずーっとまだ苦しんでますか。この人は（精神的な）病気かな（と思う）。」
I「ビジネスとか日本人と結婚して成功した人は、（同国人を）サポートしないのですか？」
R「しない。だからこの人はどうして自分で今までできなかった。なんかこの人は多分病気とか。そういうのメンタリティ（に問題があると考えてサポートしない）ですね。……だからずーっと（私が）入管にいたとき同国人のグループは誰も（面会に）来なかった。」（**アフリカ、男性**）

(2) エスニック・コミュニティと日本社会との関係

エスニックコミュニテイの中には、自分たちの存在について日本社会へ発信を試みている組織もあったが、まだ萌芽的段階といえる。日本人や他のコミュニティとの協力関係や日本社会への地域貢献もみられた。

I「なぜ、この協会を作りましたか？」
R「クルド人がみえない。この間K市役所が、市内の外国人のアンケートをとったが、クルド人だけ知らなかった。あとでUNHCRの人がきて、70人くらいアンケートした。協会の人が5人、市役所にアンケートを持って行った。その時に、私たちも人間です。学校のこと、保険のこと、子どもは保険ないし、日本で生まれたのに。うまくいくようにしてほしいといった。……K市役所のためにできることがあったら（私たちは）するといった。例えば掃除するとか。」（**クルド、女性**）

R(1)「私たちは、（U組織の）東京のブランチ（支所）でこれやってるんだけど、メンバーになってる人は60人くらいだね、……U組織は、国のポリティカルパーティ（政治的政党）の一つだから。それ（政党）に入ってる人、それ好きな人も、ここのメンバーになるから、結婚してビザある人とか、学生の人とか、好きな人は入ってる。難民もいる（けど）難民のものじゃない。20XX年にそれ作ったね。日本で。そのときも、日本人たちが助けたね。作る時は。」
I「日本人が？どういうふうに助けたの？」
R(2)「例えば、その時は事務所はないし、その時はボランティアの人は、住所、あげて、あとその電話使っていいですよ、事務所みたいに使って大丈夫ですよって言った。」
I「どうやって知り合うの？」
R(2)「それは牛久の面会で*。牛久のボランティアの人たちが、U組織をつくるとき、助けた。」（**スリランカ、男性2人**）
＊茨城県牛久にある収容所に面会に来るボランティアの人。

筆者は本調査を通じてエスニック・コミュニティが関連するいくつかの行事・イベント等に参加したが、コミュニティが積極的に地域住民や一般の日本人と関わろうとする動きもみることができた。例えば、カレン族のコミュニ

ティは、公共施設の調理場を借りて、日本人にカレン族の食事を紹介しようという目的で食事会を開催した（2015年5月3日）。残念ながら宣伝不足のせいかそれほど人数は集まらなかったが、参加者の中にはネットで見て初めてカレン族に接する一般の日本人もいた。また、在日ビルマ・ロヒンギャ協会は館林国際交流まつり（館林市国際交流協会主催）に地元の団体とともに参加し民族の菓子を販売していた（2015年10月25日）。

　本調査のクルド人協力者が創設した協会ではないけれども、クルド人の一つのコミュニティとして「日本クルド文化協会」がある。当協会は、日本とクルドが互いの言葉や文化を学ぶ交流の場として2013年に発足し、日本語教室、川口署と共同での地域パトロール、市役所や小学校の先生方を交え交通ルール等を学ぶ会を実施し地域社会と積極的に関わっている（朝日新聞2016年1月30日付）。

　さらに支援団体の活動の中にも、日本の地域社会とエスニック・コミュニティを繋げようとする試みもみられる。しかし、エスニック・コミュニティ側の態度が消極的な場合もあった。調査協力者の一人は、彼の属するエスニック・コミュニティが、日本の地域社会と繋がることよりも宗教（イスラム教）を重視していることに対して憤りを感じていた。

　　「例えば市役所と地震の関係で、ミーティングがあったんです。T市役所の人とX支援団体の人と一緒に。その時X支援団体からパンフレットもらって、日本語で、ミャンマー語に（私が）翻訳して、みんなに渡したんですよ。あの日はX支援団体の人もきて、T市役所の人も来ると言われて……最後は、自分1人で行って待ってたですよ。1時間半くらい。（ミーティングに）X支援団体の人、T市役所の人（は来て）、ミャンマーの人達は来ない。……なぜなら、それは（宗教にとっては）一番大切ではないこと。それはあんまり大切みたいな考えじゃないから。（私は）怒ったんですよ。僕たちはT地区に住んでいるから、T市役所、必ずリレーションシップ（関係）がないといけないですよ。」**（ビルマ、男性）**

3　宗教的コミュニティ

　宗教機関・団体は、お互いが支え合う場や、仲間の集いの場、情報交換の場になっている。そこでは日常的に物質的・情緒的なサポートが提供される。筆

者はカレン族のキリスト教のカレン語によるミサを見学した(2015年8月23日)。ミサでは参加者の最近の出来事が感謝の気持ちとともに話されたり、終了後に誕生会が開かれたり食事を振る舞われた。宗教的コミュニティはエスニック・コミュニティと重なることも多く、同質な国民や民族を超えて、同じ宗教を崇拝する日本人とつながる機会ももっている。

> 「日曜日のキリスト教の礼拝をして集まったときに、生活問題で、わかる人はわからない人に教えるなどをしている。……教会の牧師先生なども支援をしてくれる。」(ビルマ、女性)
> 「S地区のR寺……なんかイベントはあるね。国の仏教の関係でなんかあるときは、それと国の関係であるときは、スリランカ人はみんな(R寺に)集まってくるね。あと日本人たちも来るね。あと日本人のお坊さんたちも、違うお寺からくるし。……情報とか交換とかする。」(スリランカ、男性)
> 「ずーっとクリスチャンでしたけど、ほんとには日本に来るときにあまり教会に行けなかった。……でも200X年からいろいろ大変なことがあり……I教会行きました。いつも毎日曜日、歌いました。……いろいろ友達見つけた。……(収容された時に、キリスト教の友人たちが収容所に)ビジット(訪問)しました。このビジットするときに外人でも日本人友達も来ました。」(アフリカ、男性)

宗教は多様な側面をもっている。宗教を超えたつながりを容認する寛容性や普遍性をもっていたり、同じ宗教を信仰する者同士のつながりを深める結束性あるいはその反対に、他の宗教を排除したり非難するという排他性をもっていたりする。

以下のビルマ人男性は、仏教徒であるが、キリスト教の支援団体の職員との親交も厚い。

> 「(私は)カトリックじゃない、仏教を信仰してる。でも、それは宗教的なお付き合いでもなく、人間的としてのお付き合いなので、それ壁がないです。自由に行って自由に話せる。教会だからっていう感じはいないです。向こう(教会の人たち)もどういう宗教を信仰してる人たちでも受け入れて支援してる。」(ビルマ、男性)

宗教色を濃くしたイスラム教のエスニック・コミュニティに対し、ある調査協力者は、宗教的規律が日本社会のルールよりも優先されることに対して不満を述べた。彼はムスリムであるが普遍的な宗教観をもっていて、それがコミュニティの中では疎んじられているようだった。同族出身者から自転車を壊されたこともあったという。

　「自分は神様1人信じるんですよ。ムスリムの神様、キリストの神様、ユダヤの神様、同じ神様。3つ別だけど、神様1人。……ムスリムの人びとは他の信者とは友達になるなという。私はそれは本当に神様なのかと感じる。……私たちは日本に住んでる（から）日本の法律は一番になる。……イスラムの中で、神様の法律は、一番で、日本の法律は二番目。……例えば、雨がすごい降ってる、5回お祈りするときは、モスクに行って、神様にお祈りするのは大切。それで、雨も降ってる、歩いて（モスクに）いくことが出来ない、例えばあなたは免許がないけど車で行っても、神様のルールであなたは悪くない。免許がないと日本のルールで車を運転することができない。でも神様のルールではできる。……例えば、それは一つの例です。」（**ビルマ、男性**）

　キリスト教徒であるアフリカ人男性は、現在つきあっている日本人女性との結婚を真剣に考えており、宗教的倫理観との間で葛藤を抱えていた。

　「一番は結婚したいよ。今は日本人のガールフレンドも見つけた……（今まで恋人は）何人かいました、でもセパレイト（別れた）。クリスチャンだから僕の考えは、まだ結婚しない理由は、私はずっと自分に厳しすぎるだった。例えばキリスト教のティーチング（教え）は結婚まではセックスはだめ。……でも今の若い女性たち、もしずーっと友達で、ずっとセックスとしないなら、もう、バイバイ。……でも今は私の考えは変わった。……（結婚）前でも（セックス）オッケー。（今の彼女は）まだクリスチャンじゃないけど、でも結婚するとクリスチャンになる。」（**アフリカ、男性**）

4　難民を支援する団体・機関に対する難民の認識

　調査協力者は、日本で生活をするにつれて、日本のフォーマルあるいはセミ・フォーマルな支援団体・機関等と関わりをもつようになっていた。受動的な付き合い方だけではなく、そうした機関・団体と協力したりあるいは利用したりする側面もみられた。彼らの多くは、そうしたサポーターに対して感謝を抱いているが、期待する一方で不満や落胆もみられた。また、支援へのアクセスの壁を感じる者もいた。

(1)　フォーマルなサポーター：国際機関及び日本政府・関係諸機関

　国際機関として難民支援に携わる【UNHCR】は日本にも支部がある。条約難民及び在留資格を得た調査協力者の中には、UNHCRと協力関係にあった者もいた。その一方で、在留資格の無い申請者の中には、収容される危険を感じてUNHCRに相談に行ったが門前払いされた者もいた。

> 「講演活動は、X支援団体や国連関係から頼まれたり、大学で話したりはする。」（ビルマ、女性）
>
> 「（講演は）いっぱいあります。UNHCRか日本の政府か内閣府とかいっぱいですね。日本財団とか、大学もあります。」（ビルマ、男性）
>
> 「一番許しがたいのは、UNHCRだから。収容されるって、可能性あると思って……UNHCRの事務所へ行って、ピンポン鳴らしたら、誰とか（言われた）。だから、私、多分危ないからとか（言ったけど）、だからあなたと話しできないから、弁護士に電話するように言ってって、相手にしなかったの。中に入れてもらえなかったの。……UNHCRの中へ入れてもらえなかった。」（イラン、男性）

　条約難民の調査協力者の中には、【日本政府】や【国会議員】とパートナーシップを築き、日本の第三国定住の推進に尽力している者もいた。他方、在留資格の無い者にとっても、国会議員は強力なサポーターとして期待される存在であった。

> 「うちの（エスニック）グループと、あとUNHCRと話して……第三国の

来る時のサポートをやってるんです。……（空港で第三国定住難民を迎える写真をみせながら）エアポートは、これは同民族の人たちです。私は（日本）政府とついてる、一緒。……N先生（議員）は、そっちに（難民キャンプに）行きたいから、私たちは、お手伝いやってる。」（ビルマ、**男性**）

「議員の人に会いに行ったよ。家族と一緒に。民主党。写真を撮った。」（**クルド、男性**）

「この人（H議員）は、インターネットでも（俺のこと）を書いて……そのとき衆議院議員で、入管に回答を求めた。こないだも会って。……偶然に。『どうなった、あんた結局（難民として）認められた？』『まだですよ』とか。『何かあったら言って』とか（言われた）。」（**イラン、男性**）

【RHQ】は前述したように、インドシナ難民支援から続く日本の公の難民支援機関である。調査協力者にとっては、強力なサポーターとして感じている者もいれば、サポーターというよりも、オーソリティの側面を感じている者もいた。

条約難民の調査協力者の中には、RHQの職員の支援にとても満足していた。

「RHQのXさん、カウンセラー、レフジーカウンセラー、優しいの人、（私の）奥さんが元気ないから、病院も来ました。私は何でもわからないから、Xさんヘルプします。すごくいい人です。」（**スリランカ、男性**）

一方、RHQは申請者については、保護費の支給以外は、積極的に支援するわけではなく、サービスの支給や職員に対して厳しさを感じていた調査協力者もいた。

「出産して、RHQの申請した。生活費や医療のお金は出るけど、出産はお金がでない。」（**ビルマ、女性**）
「RHQは政府です。すごく厳しいです。それ（RHQ）と（民間の）支援団体とは全然違いますよ。……一つ（RHQが私を）助けたのは、自分のアプリケーション（申請）の証明を、日本語で翻訳やってくれた。」（**ビルマ、男性**）
「RHQはすーごく厳しい。……いつも毎月はインタビューがあります。いつもクエスチョン（質問）。『誰かほかのサポートある？』とか。……イ

第4章 調査結果——調査データの提示、結果の解釈及び分析

ンタビューのとき詳しく言わないといけない。……多分私はラッキー。……RHQのスタッフはみなさん英語できる。だからインタビューは英語です。……たくさん外人たちは英語できない。だから、たくさん外人たちはこのインタビュー受けます。フェイル（落ちる）*。」（アフリカ、**男性**; 保護費受給者）

＊彼は生活状況について英語で上手に説明できないならば、保護費が支給されないと考えている。

(2) セミ・フォーマルなサポーター：民間の支援団体・弁護士

　民間の立場で、難民を支援する機関・団体（NPO団体、宗教が基盤となっている団体、ボランティア団体等）、そして弁護士集団は、調査協力者たちにとって現実的な生活及び法的支援を提供する強力なサポーターであった。彼らはサポーターに感謝している反面、期待する余り落胆する声も聞かれた。

　調査協力者の多くは、【民間の支援団体】と出会ったことや職員の人柄やサービスに満足し、感謝の意を示した。彼らにとって、支援団体は一緒に寄り添う「優しさの塊」のような存在であった。

　　「Ｉさん（Ｙ支援団体の職員）、優しすぎる。ほんとに優しすぎる。……たぶん自分の中で、Ｉさんはなんか別格と思っている。……特別、ほんとに、Ｉさん、私だけじゃなくて、誰のために、できるまで頑張っている。ずっと忙しい、ずっと優しい。」（イラン、**男性**）

　　「（Ｚ支援団体の職員が心配して）『どうして来ないの、この間は火曜日、金曜日なんで来ない？』と言ったから。『元気ないから』、『気をつけてね、体に気をつけて』そう言ってもらうと、ちょっと嬉しい気持ちになるね。」（ネパール、**女性**）

　　「いまの住んでるアパート、Ｘ支援団体のおかげです。そう一番サポート。それで厳しくない。……Ｘ支援団体が一番やさしいです。ソーシャルワーカーもとてもやさしい。みなさんやさしい。素晴らしい。」（アフリカ、**男性**）

　　「そういうやさしい気持ち持ってる方々がいらっしゃったので、そういう難民支援者、そして難民として日本で生活してる人たちが少しお手伝いできることは、素晴らしいなとは僕はいつも思ってます。そういう団体がなかったら、どこ行って誰かに話せばいいっていうのが分からないのが当

然であって。今そういう団体があること、何かあったとき相談っていう形ができてるのが素晴らしいなと。」(**ビルマ、男性**)

こうした民間の支援団体は、地理的に東京の中心に集中していることもあり、なかなかアクセスが難しい。頻繁に利用したくても「交通費の負担」という経済的な壁があり、容易なアクセスが阻まれていた。

　「Ｓ支援団体は土曜日にやっている。そこまで交通費がかかるから。都営線高いし……たまに交通費のことがあるから、休むときもある。交通費のために（Ｓ支援団体のある）Ｍ地区の近くでバイトしたかった。」(**ビルマ、女性**)

また、民間の支援団体は物資を提供しているが、その数が制限されているために、支給対象者の優先順位を設けざるを得ない。そのため保護費を支給されている難民／申請者への物資提供には制限を設けている場合がある。調査協力者の中には遠慮がちになる者もいた。

　「それ欲しいって言ったけど、駄目というのもあるし。……ちょっとバナナだけもらった。まいたけ、しいたけ。……それだけもらった。……あまり言う（こと）はできないでね。」(**ネパール、女性**)
　「例えば、フードパッケージもあるけど、１週、１ヶ月、２ヶ月２回ぐらいと思います。でも、RHQからのヘルプをもらう方たち*は、この食べ物のパッケージもらえない。……ダメと言ってました。なぜならＺ支援団体の考えは、RHQ（から）はお金もらうけど（そのひとたちにはＺ支援団体からは）食べ物なし。だからいまの洋服はＺ支援団体のおかげ。」(**アフリカ、男性**)
　*RHQから保護費を支給されている申請者の人々を指している。

他方、期待した支援が得られず、支援団体には頼らなくなったり、また支援団体が活動を世間に広く知ってもらうために、個人情報を漏らしたこと等への不満もあった。

　Ｉ「（再度収容された時は）どこに援助を求めたんですか？」

R「難民申請してて、難民として日本で生活をしてる人たち（ビルマの人たち）がいましたので、それで連絡をとって、いろんな話の協力っていう感じで再申請をしました……。」
I「で、また支援団体も関わっていますか？」
R「関わっていませんね。……（難民申請が却下されて、支援団体との関わりが）なくなったっていう感じ。あまり来ないし、いい結果があまりないので、自分でやるしかないと思って、それで申請のことを中（収容所）で本読んだり、勉強したりした。」**（ビルマ、男性）**

「以前、Aさん（支援団体の人）、俺を呼んで、私の話を全部聞いて、私、話してたんですよ。それを全部、インターネットに載せて、2日後、俺に電話来て『ごめんね、あなたのこないだの話の内容全部、入管のことや政府とか。イランの全部すべてをインターネットに載せたけど、大丈夫？あなたの許可を取らないで載せた』。……普通それを載せる前に俺に電話する（と思う）。今さら電話しても……。いいんじゃない（ってAさんに言った）。でも、自分の中ですごい怒った。これ常識違うんじゃない。自分は全然いいんですが、家族がいるから（心配）。」**（イラン、男性）**

【弁護士】たちは、1997年に全国難民弁護団連絡会議を結成し[*17]、難民の人権擁護に取り組むとともに、難民／申請者たちの直接的な法的手続きを支援してきた。その功績は多大なるものである。本調査では、生活面を中心にインタビューを実施したので、弁護士との関係を深く聴かなかったが、窮地を救われた調査協力者もいた。しかし、熱心な弁護士であっても、日本の難民制度に立ちはだかる壁が厚すぎて、難民／申請者の期待するような良い結果を常にもたらすとは限らない。また弁護士料が経済的な負担であった調査協力者もいた。

「俺の退去強制命令が出て、（弁護士の話だと）もうそろそろ、ちょうど90日たつと、3ヶ月、退去強制命令出た後の90日は、すごいややこしくなるんだって。……あの人（弁護士）、俺と会ったとき、80何日目だったか何か……。あの人えらいのは、すぐ帰って、まだ金もらってないのに、手続きをすぐやってくれた。」**（イラン、男性）**

---

*17　弁護士や法律専門家による難民支援のネットワーク。法的活動、情報交換、勉強会、関係省庁とに意見交換、政策提言等を行っている（http://www.jlnr.jp/index.html、2016年8月18日閲覧）。

「弁護士もがんばってるけど……A先生、すごいいい人。B先生は疲れてる感じ……。電話もでない。」(**クルド、女性**)

「弁護士に『私は政府と喧嘩はできないよ』って言われた。『私はそんな力ない、喧嘩する力ない』って。」(**イラン、男性**)

「先生(弁護士)と通訳は7回、全部で47万円。……(私は)コンストラクション(建築現場)の仕事しまして、あと先生に毎月お金払います。一年はコンストラクションよ。本当に重い。」(**ビルマ、女性**)

5　地域社会への関与

難民／申請者と一般の地域社会との関係はどのようなつながりがあるのだろうか。ここでは、地方自治体である役所、地域国際化協会[*18]、民生委員、社会福祉協議会、近隣関係を中心に述べる。

(1)　地方自治体とのつながり

国民健康保険に加入している調査協力者は保険関係、児童手当等の社会保険・社会保障関係の部署と関わっていた。在留資格の無い調査協力者は、逮捕されることを恐れ、役所に近寄らなかった人もいた。また既述のとおり入管難民法改正(2009年)により在留カード制度が導入されたことにより、在留資格の無い申請者は、役所との距離を隔てることになった。

「区役所でかかわるところは、課税関係と、保険関係。保険料は分割して払っている。」(**ビルマ、女性**)

「年金と保険と……いろいろ紙、サティフィケイト(証明書)。」(**スリランカ、男性**)

「(子どもの手当は)もらってるんです。はい。……手紙来る時だけ(区役所に行く)。」(**ビルマ、男性**)

「市役所で、外国人登録証とる時に行ったね。でも今は外国人登録証は

[*18]　「地域国際化協会」とは、総務省(当時、自治省)の「地域国際交流推進大綱の策定に関する指針について」(平成元年2月14日付)の中で、各地域の国際交流を推進するにふさわしい中核となる民間組織を「地域国際化協会」として位置づけている。一般的には「国際交流協会」という名称で親しまれている。

入管かえしているから行かない。前は外国人登録証を取り換える時に行きましたね。今はないから行かない。」(ネパール、**女性**)

「(区役所)とは、つながりがないですね、在留資格を持ってないので。そういうところも自分でも恥ずかしいという気持ちを持ってるのは当然です。在留資格を持ってない、前の外国登録証でも『在留資格なし』って書かれてて、どこにいっても身分証を見せなきゃいけないので、それはちょっと恥ずかしいことね、自分的にはそう思ってた。」(ビルマ、**男性**)

「市役所とか……ビザなかった。……ないからね、僕はね、心配しました。多分もし市役所行ったら……捕まるね。」(アフリカ、**男性**)

自治体の職員の態度については、比較的好意的に受け止められていたが、生活保護の職員から帰国を催促され嫌な経験をした調査協力者もいる。また、制度そのものの壁、自治体の格差、地域に難民の相談窓口がないことへの不満が浮かび上がった。

「区役所で、3人……今まで(生活保護の)担当変わっても、みんな親切で、いろいろ教えてくれて、私知らないことまで教えてくれて、こうすればいいとか……。」(イラン、**男性**)

「地震(東日本大震災)前の2ヶ月ぐらいはvery kindness(とても親切)。しかし、地震終りからは、働いてって言われて……。あと、いまchange(変化)、今はミャンマーに帰って下さい。いつ帰りますか(って聞く)。」(ビルマ、**女性**)

「市役所の職員は、怒るとかはしないけど、厳しい(制度的に)。」(クルド、**女性**)

「M区に住んでいた時に、ビザがないけど、保険がもらえた。子供の予防注射などもできた。毎年確定申告してるし、税金ちゃんと払っていると言って、M区役所に保険作りたいと言った。M区役所には自分で行った。他の人も自分達の区で行った人もいたが、できなかった。」(ビルマ、**女性**)

「X支援団体など支援してくれるところがいっぱいあるけど、政府側からの窓口がない。あれば、日本は住みやすい国と思う。日本は(難民に)人気がない。」(ビルマ、**女性**)

⑵　地域社会の相談者・相談機関とのつながり

　地域社会の身近な相談者である【民生委員】や地域福祉推進の先導者である【社会福祉協議会】については、筆者が質問しない限り、調査協力者の話の中に登場することはなかった。民生委員については唯一シングルマザーである調査協力者だけが知っていたが、それでも民生委員とは事務的に接触しているにすぎなかった。また、社会福祉協議会については、車いすの貸し出し機関として認識されているようだった。

　　Ｉ「民生委員って聞いたことありますかね？」
　　Ｒ「ないですね。民生委員て？」（ビルマ、男性）
　「民生委員は知っている……母子手当をもらっているので、手当の申請の証明書のために年に１、２回会わなければならない。自分で民生委員に電話して、民生委員が家にくる。」（ビルマ、女性；シングルマザー）
　「社会福祉協議会かな？（わからない）。200X年に父母が日本に来たときに、歩いていたら、車いすがいっぱい置いてあるところをみた。そこで、貸して欲しいと頼んだら、１ヶ月、貸してくれた。」（ビルマ、女性）
　「Ｈボランティアセンター、（社会福祉協議会とは）別かもしれないけど、ボランティアセンターは知ってる……RHQのＫさんが、紹介しました。（息子が）学校で転んで、車いす。ボランティアセンターから（貸して）もらいました。」（スリランカ、男性）

　地域の在住外国人との交流や多文化推進の担い手として、地方自治体レベルで【地域国際化協会】がある。しかし、調査協力者は、その存在を知っていても活用したことがない人が大半で、利用している調査協力者は１人だけだった。

　　「自治体の国際交流協会などとは交流がない。」（ビルマ、女性）
　「あまり交流しなかったですね、話は聞いたことがありますけど、外国人との、そういう交流、国際的な交流があったりとか。……（私は）日本人の友だちができたのでそれで交流がいつもできてるからと自分では思ってるし。」（ビルマ、男性）
　「（国際交流協会とのつながりは）全然ないです。もしかしたら、（交流が）あるのはいいと思いますけど。……私ちょっと連絡ないですけど。」（ビルマ、男性）

「O区の国際交流は知らない。何をするところ？（日本語教室とか）……ああ、それは確か時間があわなかったんだ。」（**ビルマ、女性**）
I「国際センターで何をしてるんですか？」
R「私、日本語勉強、一週間に1回だけ、金曜日。」
I「どうしてそのセンターを知ったのですか？」
R「初めて私と奥さんと息子、H市役所から帰るバスの中で……あの人、国際センターの人が、話し（かけ）ました。Fさん（国際センターの職員）……あの人が話ました。どこから来ましたとか。……ネームカード（名刺）を後でもらって。」（**スリランカ、男性**）

【自治会】との関わりについても社会福祉協議会や民生委員同様に、筆者がそれについて質問しない限り、彼らの話の中には登場しなかった。調査協力者には、明確に認識されておらず、金の徴収者として理解している者もいた。

「自治会費も今はその中に入っている（ようだ）。前は自治会の人が回ってきていた。（みんな自治会に入っていると言われた）。……前は自治会の人が自治会費の集金（300円くらい）で来ていたが、今は来ない。」（**ビルマ、女性**）
「自治会からは、一度、入学のお祝いをもらったことがある。でもその時は、1年間違っていたけど、くれた。」（**ビルマ、女性**）
「ここビルの掃除は、月1300円かもしれないんですけど……それは大体みんなが1年間（のうち）何ヶ月（かごと）に変わって担当して、こっちもなると思うけど、みんなが順番にやってるやつ。……これはみんな月1回掃除するけど、例えばパイプ水道のいろいろちょっと水か電気かのいろいろのチェック……そういうのを。それも年1回2回ぐらいはやってくるから……。」（**ビルマ、男性**）

(3) 近隣とのつきあい

調査協力者たちの近所付き合いは、「親しい関係」、「たまに物々交換する関係」、「あいさつ程度な関係」、「全くコミュニケーションがない」等さまざまだった。なお、前述したように近隣が日本人ではなく外国人や同国・同族出身者である場合は日本人との近所付き合いそのものがなかった。

「前住んでいたところでは、大家さんや近所の日本人の人たちが子ども

を可愛がってくれた。……今は近所の人でもあいさつをするくらい。」(ビルマ、女性)

「日本人の近所の人とはあいさつをするくらい。」(ビルマ、女性)

「このマンションに越した時は私たちは挨拶をしたが……挨拶する程度。このマンションに住んでいる人が、火事などがあったとき（のため）に、１年に1400円くらい集めている。」(ビルマ、女性)

「近所付き合いは、こっちはしたくても、挨拶しても挨拶してくれないのが寂しくて、日本っていう国のそういうところは寂しい。……前のゲストハウスでも、家のおばちゃんとかに、いつも外で話したりとかしてた。マンション暮らしってのは、僕は、はっきりいって好きじゃないですね。人間関係がみんな冷たいっていうか……こんにちはとか、挨拶しても無視したりして、なんだろうと『挨拶ぐらいはできるでしょ？』と思っちゃう。なんで日本人っていうのは、全てじゃないけれども、そういう性格を持つことになってるのは、とても残念かな。」(ビルマ、男性)

「あそこのおじさんがおはよう言ったらおはようを言う……あそこの人は、おはよう言ったらおはよう言わないあるね。あそこのおばさんの兄弟……その２人はしゃべる。たまに何かあったらどうぞ、もらう。で私もたまにZ支援団体からパンとかもらったから、向こうからもらったからあげる。私の気持ち。……（地デジになってテレビが見れなくなったので、家の前の）パーマやさんに、今日雨降る？ 洗濯したいから聞く。いつも聞いている……１回はれんこんもらったのね。おばさんに。たぶんりんごとかたまにオレンジとか一個一個どうぞもらったね。」(ネパール、女性)

「隣は日本人はないですよ。こっち（の隣）は外国人ですよ。前は日本人だったんですよ。それ、今引っ越したんですよ。外国人と一緒に住みたくないと感じるんですよ。今はみんな（日本人は）引っ越したんですよ。」(ビルマ、男性)

(4) 地域社会への参加

　調査協力者と地域社会の参加については希薄であった。以下は、ボランティアや地域の行事等の参加についての回答である。

　I「地域のお祭りとか、ボランティアとか、そういう参加は？」
　R「そういうのはなかったですね、しなかったっていうより、したくても、

どこいけば、誰かにっていうのは分からなくてもありましたので。仕事にいって、帰って、まだ活動があるときは活動いって、そのままで生活してきましたけど。」(ビルマ、男性)

「ボランティアは赤い羽根の募金をするくらい。リサイクルでＳ支援団体にもっていったり、ベルマーク集めて小学校にあげたりなど。」(ビルマ、**女性**)

Ｉ「この地域で何か参加したりしていますか？」
Ｒ「わからない。……お祭りはここ駅でサクラの祭りとかあるけど、私は見に行ったりする。でも何も言わない（人と話さない）。」(ネパール、**女性**)

Ｉ「地域の祭りとかイベントとか、そういうのに、参加したことありますか？」
Ｒ「Participate（参加）は、私の息子と……Just going and watching.（こ こらへんをみるだけ）……。」(**スリランカ、男性**)

Ｉ「何か地域の活動に参加したこととかはありますかね、お祭りとか？」
Ｒ「ここの地域ですね。ないですね。」(ビルマ、男性)

また近年は、国の災害対策の一環として、災害時要援護者への支援策の中で外国人も対象とされているが、ほとんどの調査協力者は地域社会が提供している災害関係のイベントに参加していなかった。しかし彼らの中には【日本語学校】を通じて、そのようなイベントに参加したり、【宗教団体】、【職場】、【民間の支援団体】が提供する防災訓練に参加した者もいた。

「教会の防災訓練はいったが、区役所のは（行ったことが）ない。」(ビルマ、**女性**)

「Ｓ区の母子寮に３年間、住んでいたことがあって、そこでは防災訓練など参加していた。」(ビルマ、**女性**)

「食品関係の消防車のトレーニングとかは行ったことあるですけど。……（職場で）急にお店燃えちゃったらどうするかとか、そういうの消防車とか水かけとかそういうほうは行ったことある。」(ビルマ、**男性; レストラン勤務**)

Ｒ「この間、Ｓ区役所から、防災に参加して欲しいというのが（あって）……そこの日本語学校のところに呼ばれて、そういう地域で住んでる、

例えば大きな地震があったら、どこに逃げるとか、そういうのは参加しました。」
I「どうして、それを知ったんですか？」
R「この（日本語）学校にボランティアみたいな方がいらっしゃって、そこから連絡があったんですよ。……僕のこと知ってたので、この地区に住んでるということで、それで参加した。……日本の永住権、帰化とってる（人）と思うんですけれども……この学校で、防災になんとか説明会やるので、参加して欲しいって声かけられて……。今年はじめ頃からと思いますけど。」
I「そうですか、それは日本語学校が区役所と繋がっている。」
R「繋がりがあるみたい。……どっかの大学の学生さんと区役所の職員さんみたいな方と２人ですね、それで映像とか見せながら、地図で、避難所とか、どこにそういうのが、それをやってました。」
I「そういうのをどこでやったんですか？」
R「日本語の学校で……地震があったらどうやって逃げるか、最初何をするとかいろいろ。」
I「それは、いろんな外国人の人向けの？」
R「あの頃は僕たちビルマ人だけ、５人、６人ぐらいだけ。」（ビルマ、**男性**）

調査協力者たちは【支援者】や難民問題に関心のある【知識人、大学生・高校生】とは親密な関係であるが、いわゆる【一般の日本人】と親しい人は少なかった。

「講演活動は、Ｘ支援団体、国連関係から頼まれたり、大学で話したりはするが、地域で話したことはない。」（ビルマ、**女性**）
R「（講演は）いっぱいあります。……UNHCRか日本の政府か内閣府とかいっぱいですね。日本財団とか、大学もあります。」
I「ここの地域ではありますか、そういうの？」
R「地域ではないです。……（難民の存在を）知ってるの人もいるかもしれないけど、知らないの人も多いかもしれないですね。……日本人の友だちは普通の人だったらあまりいないですけど、NGOの友だちはいっぱいいるです。」（ビルマ、**男性**）

「僕５年前から、大学とかに講演会の活動してたので……Ｓ大学とかＭ大学とか、もうみんな学生さん、Ｋ大学とかの。毎年そういう交流。それで、講演会、料理会とかも、みんなで集まって。……料理の担当の人がいまして、それで毎年学生たちと僕たちが一緒にビルマ料理を作ってみんなで食べる。……Ｔ高校ってご存じですか？……初めて会った子たちが今、卒業して会社員とかなってる。今、次から次の新しい子とかも紹介されて。３年前から、Ｔ高校の学生さんとかと、そこでお料理会して。……高校生と大学生合わせて僕たちと。……授業で学校で（難民のこと）教えてるみたいで。それで、僕も毎年行って40分か１時間ぐらいかかると思う。高校で。そういう授業。」（ビルマ、男性）

　地域の日本人や一般の日本人と親密な調査協力者もいた。普段から近所の交番の警官と仲の良い者は、新聞契約で業者ともめた際に、警官に助けてもらったこともあった。しかし彼の社交性は他の調査協力者たちと異なりユニークであるかもしれない。

　「交番と結構仲いい。……この辺。みんな知ってるから、ここのコーヒーショップもみんな常連で……。こないだ新聞（の勧誘の人）とけんかになって、俺、（その人を）交番に連れてった。……交番はみんな俺の友だち、２人、３人知ってる警察官だった。それで（その人が）契約書出したら、結局最終的に警察官に怒鳴られて……、あんたたちいつもこんないい加減な契約するって。」（イラン、男性）

　調査協力者の語りから、難民／申請者と地域社会とのつながりが希薄であることは言えるかもしれない。筆者がチン族のコミュニティ議長と話をした時も、日本の地域住民や地域団体との関係はほとんどなく、関わるためには勇気が必要であるので、それらを継いでくれる仲介者が欲しいと話していた（2015年11月５日談話）。
　しかし地域社会との関係の希薄の問題は、難民／申請者に必ずしも限ったことではないだろう。日本人でさえ地域社会との関係の希薄化は深刻な問題であり、2000年の社会福祉法改正以来、福祉制度においてますます地域のつながり構築が求められるようになってきている。本調査の地域社会との関与について、日本人に同様の質問をしたとしても、おそらく同様の答えが返ってくることが

想定される。民生委員や社会福祉協議会の認知度も日本人の間でさえ必ずしも高いとはいえないだろう。

6 難民の互酬性の規範

　調査協力者らの生活は、支援者に支えられるという受動的な側面を持ちつつも、一方で、自立した生活を組み立てていく能動的な側面も有し、自らが支援者となったり、日本社会に参加・貢献するといったダイナミックな「互恵的な関係」を帯びている場合もあった。

　前述したように、エスニック・コミュニティ内では、難民同士の助け合いがみられ、語学に熟達し長期間滞在している調査協力者の多くは、他の人々を支援する側になっていた。こうした関係は、日本人または同郷以外の外国人との関係においてもみられるのだろうか。

　調査協力者の中には、支援者に対して、支援への気持ちの恩返しとして掃除をしたりする者もいて、支援者側では、難民／申請者がボランティアをしやすくするために、交通費の負担がないような取組が試みられていた。また支援側と対等な立場で、双方にメリットのある良好な関係を築いている者もいた。

　　「Z支援団体のバザーやるときに助けた。たまにボランティアに行ってゴミとか取ったりして（掃除する）……。……食べ物とかZ支援団体からももらった。私の気持ちもありがとうございます。……ゴミとか取って……むこうから優しいくれたから私も優しいで……ゴミとか取るときは……お金もらわないけど、電車の券をもらう。」**（ネパール、女性）**

　　「（収容所の）面会に来てくれた……。それはとてもお世話になって、外（退所後）、出てから今まで（今も）ずっと交流してますけど、向こう（支援団体）も僕を必要として、なんかあった時、講演会とかもでて話してほしいとかいろいろ頼まれたり、自分たちの報告会とかも出たりしてて、いつも交流してます、月1回は会ってるっていう感じですね。」**（ビルマ、男性）**

　　「はい。Kさん（日本人）はね、火曜日はKさんのNGOのオフィスはS地区にあります。私はKさんのNGOオフィスに行って助けします。……ミャンマー語（翻訳）いろいろあった。……火曜日、私、12時から5時まで5時間、Kさんが亡くなるまでずっと行っていた。」**（ビルマ、女性）**

東日本大震災に際して日本社会に貢献したいという思いにかられた調査協力者もいた。そうした思いを民間の支援団体が形にしていく取組もみられた。

　　I「前に地震があった時に俺が手伝いに行ったよ。福島に。X支援団体のボランティア。テレビで見て。可哀想だと思って。手伝いにいった。……そうだね重いものを運んだ。俺だけでなくって友達20人くらい手伝いにいった。……X支援団体に行って。その時は自分の気持ちで手伝いに行った。」
　　I「行って良かった？」
　　R「行って良かった。でも人が亡くなっていた。行って良かった……手伝って……。」（**クルド、男性**）
　　「誰やる、私やる。どうして、意味は。私は日本人と一緒。助けしたい。NHKに電話した。ミャンマー人です、私は福島に行きたいです。助けしたいです。NHKは駄目（と言った）。トイレットペーパー、ティッシュペーパーのプレゼントはオッケー。What's probem in Japan. I want to have together Japanese.（日本で問題あれば、私は日本人と一緒になりたい）」（**ビルマ、女性**）

　スリランカの調査協力者が設立したエスニック・コミュニティは東日本大震災の時に活発に支援を展開した。本調査のインタビューの後、2014年8月の広島の土砂災害が起こったが、その際も現地に行き支援をしたようだった。以下、2人のスリランカ男性の会話である。

　　R⑴「私たちもボランティアでいろんなことやるんだけど、この前も福島行ってきて、U組織（スリランカ・コミュニティ）で行った。マスクと消毒あげて、ほんとは向こうの子どもたちに、福島に放射能の問題あるから、できるだけ、自分、安全のために、マスクだした。それやったり……。」
　　R⑵「そう、津波の2年経った時は、福島行った時は、マスクと消毒、向こうにあげたね。」
　　R⑴「4月のスリランカのインディペンデント（独立記念日）で、その日は、S地区にあるR寺で、政治的なこと関係なしで、みんな集めて、戦争時、死んだ、自衛隊の人とか警察の人たち思い出して、お坊さんたちにご飯

あげたり、その後で、お寺に暖房はなかったから、U組織メンバーのお金で、暖房買って。あと、たまにお寺を直したり、そういうものもやってるんだけど……。」

R(1)「あとボランティアのことで何か（情報が）欲しい。大学とか何かやるんだったら、手伝う気持ちはある。私たちは、何かやるっていったら、許可もらうとかそれはちょっと大変だから、もし、どこでもなんかある時は、私たちも、ちょっと早めに教えたら、みんなでいって、お金じゃなくても体でできるところはできるから。」

R(1)「お金はちょっと難しいから、あとほとんど、仕事やらない人いるから。」**（スリランカ、男性2人）**

　また、不特定多数の人を助けることを誇りに思う人もいた。アフリカ人の調査協力者は、将来はビジネスで成功し、自らが人に仕事を与えたいと考えていた。彼はホームレスの体験があり、その体験から現在もホームレスの人びとへのボランティアを行っている。

R「おっきい社長になりたいです。ビジネスタイクーン（tycoon：大物）。わがままのためにだけじゃなくて、ほんとに人間助けるのために仕事あげるとか、多くの人々にお仕事あげる。…………私の血の型はオーグループ（O型）。だからよくあげる。……あげるときにはうれしい。……キリスト教の中に、ボランティアグループがあります。例えば月曜日はカレー会あります。……カレーを作って、あとは200人ぐらいのホームレスたち来ますよ。カレーライスをあげます。無料で。これは一つね、毎月曜日で。毎土曜日、おにぎり会もあります。……教会で。おにぎり会ある。……おにぎり作る。2時から4時ぐらい作って、6時に銀座とか東京駅ぐらいに、ホームレスにおにぎりをあげます。……（ホームレス）見たら、私の自分の苦しむはほんとには小さい。ホームレスの苦しむはもっともっと大きい。僕も6週間ホームレスだった。あのとき僕はまだマクドナルドとかにいました。でもほんとのホームレスはずっと外で寒いとこでも雨でも。そう大変。」

I「それをすることはあなたにとって、どう意味がある？」

R「意味たくさん、意味あります。もっと人間の苦しむも理解できます。アロガンツ（arrogant：傲慢）になりたくない。……アロガンツという

のは、私は全部できるとか、みな人々も下にみます。だからもし、僕はとてもお金持ちになる、なれば、これ私の力じゃなくて神様の力が。そう、これの考え。毎日曜日も歌を歌う。クワイヤ（choir：協会の聖歌隊）で。」（アフリカ、男性）

ビルマ人の調査協力者は、電車のホームに落ちた日本人男性を命がけで救助したことを語った。彼自身その見返りを求めている訳ではないが、本人は日本人を助けるという精神をもっているのに日本政府から難民認定されないジレンマをかかえていた。

「僕、200X年のX月X日だと思います。仕事帰りT駅で電車を待ってる間に日本人の30代の方と思いますけど、線路に落っこちゃった。……僕はカバン投げて自分が飛び込んで命助けたことありまして……。だから、なんで自分が困ったときお願いしたのに、日本政府はちょっとな、とは少し思った。……2、3日はまだ体震えてたけど、……電車待ってると、相手は線路に落っこちて、みんな日本人は見ていて、僕カバン投げ捨てて飛び込んで。で、駅員さんありがとねって一言、「ああ、大丈夫ですよ」って。……体大きいですよ、小太りというか……、酔っ払ってるからあまり立ち上がらないし……上から引っ張ってくれたので2人が。駅員さんともう1人の人が。……今はS線のT駅の前、扉みたいの作っちゃって。結構、何回もあったらしい。それで次の日、仕事行ったら、社長さんになんか証明とかもらったらって（言われて）、僕はそのつもりでやったわけはないのでって、日本人だったら、なんか警察から証明を頂くとか。……感謝状とか。」（ビルマ、男性）

同国出身者を超えて、難民に対して支援する者もいた。

「（収容所を）出てから、私はちょっと中で、いろいろ考えて、出てから、私もボランティア始めた。……中にいる人、面会するし、その人たちいろいろ助けることで、今度は自分が助けるほうになった。」（スリランカ、男性）
「偶然にアフガンの人の事件、アフガンの人いっぱい日本に流れて、当時、（収容所に）来て、アフガンの人の言葉はイラン語だから。その人たちに

いつも（私は）通訳として（収容所の中から）弁護士に電話して……。」（イラン、男性）

また、将来的に自分の強みを生かして地域貢献したいと語る調査協力者もいた。

「僕、毎週、今、日曜日サッカー。僕はサッカーチーム持ってるのでアマチュア的な。僕、監督として。地域のためになんとか、どこの学校でもサッカーとか教えることできますから、僕は向こうでスポーツ選手やってきましたから。……家にいて、友人とかのそういうパソコンでやりとりメール（しているだけでは）、時間もったいないなと思って。地域のために役に立つところあればって、能力はあまりよくないけれども、サッカーでは。技術を持ってた人として、子どもたちぐらいは教えることできる。……時間もあるので、朝、学校2、3時間ぐらい子どもたちにサッカーぐらい教えることできるし。……日本語も通じてなんかサッカーで役に立てればって思ってますけどね、その機会あれば。」（ビルマ、男性）

調査協力者たちの互酬性の規範は「均衡のとれた互酬性」（特定の親しく恩恵を受けた個人に対して恩返しすること）とともに「一般化された互酬性」（不特定多数の見知らぬ日本人に対する貢献）についてもみることができた。それは個人としてまたエスニック・コミュニティとして、日本社会及び地域社会への貢献という形の両方からみられた。とくに東日本大震災をきっかけに、頻繁に起こる災害に対して憂う気持ちを彼らの多くは語った。そしてそれは「何かしたい」という彼らの貢献意識を刺激したようであった。調査協力者が少ないため、一般化することは難しいが、性別、民族、滞在資格、滞在期間、日本語レベル、収容経験、宗教等の個人の属性や背景によって、大きく差があるというものではなかった。驚いたことは調査協力者の中で滞在資格が無く、苦しい生活を強いられている人たちに「一般化された互酬性」が見出されたことであった。彼らは被災者と自分の困難な境遇とが重なり、共感を得たのかもしれない。あるいは、滞在資格が無く日常的に何もすることがなく過ごしている彼らにとって、自分たちの存在意義をそこに見出したかったのかもしれない。

7 難民のソーシャル・キャピタル形成

(1) 定住プロセスとSC形成

　調査協力者たちの定住プロセスにおける主なソーシャル・ネットワークとの時系列的な関連をここで整理する。本調査の調査協力者は、**図4-2**が示すように、難民認定申請後、収容経験の有無を経て、調査時点ではそれぞれの滞在身分に至っている。人道許可等には、人道配慮等在留許可者と日本人の配偶者が含まれる。図の枠外の表は、1990年代と2000年代来日別及び滞在身分別に、協力者の内訳数を記している。

　図4-2の①〜⑥及び来日時点（1990年代あるいは2000年代）で分類すると、12パターンの定住プロセスが想定される。しかし、調査対象事例が少なく、それぞれのパターンでのモデルを作成することは難しい。また、国・民族的背景、性別、家族構成等を考慮にすると、さまざまなモデルが考えられるだろう。ここでは滞在身分と収容を主なキーとして、調査協力者の定住プロセスとソーシャル・サポート・ネットワークの関連について大まかではあるが3つのモデル例を提示する。すなわち、モデル1「仮放免、収容あり」、モデル2「人道許可等、収容なし」、モデル3「定住難民、収容あり」である。それぞれ**図4-2**の表内では、M1、M2、M3に該当する。モデル1、2は1990年代来日者、モデル3は2000年代来日者を想定して作成しているが、両年代の相違点も踏まえながら記述する。

　まず、3つのモデルに共通する定住プロセスのラフなストーリは以下のとお

図 4-2　収容経験と調査時点の滞在身分の内訳

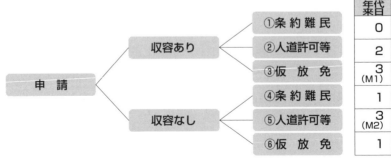

図4-3　モデル1　仮放免者のプロセス

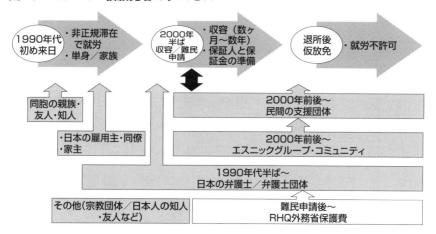

りである。

　単身で来日した者の中には、その後日本で結婚し新しい家族をつくる者もいた。来日当初は、ブローカーあるいは同胞の親族・友人・知人を頼りに住居・仕事を見つける者が多かった。その後、日本人の雇用主や職場の仲間、親切な家主等の支援を大なり小なり受けながら非正規滞在者として就労しながら生活していた。来日後、直ちに難民申請する者もいるが、1990年代の来日者の中には10年以上経って申請したり、非正規滞在で逮捕され収容後に申請する者もいた。

　一方、2000年前後から、特定の国・民族出身者の中には、エスニック・コミュニティとしての組織化を図り、コミュニティ内の支援が展開されるようになっていった。また1990年代半ばに弁護士団体、2000年以降には民間の難民支援団体が台頭し、彼らへの支援を充実させていった。他方、申請者の中には、（仮放免中の者でも）RHQの支援の対象となっていた者もいた。2000年代の来日者は、既に組織化されたエスニック・コミュニティや支援団体・機関の情報を入手しやすく、来日後直ちに申請したり、それらの支援に早くつながることができていた。

　他方、エスニック・コミュニティがない者、あるいはコミュニティと故意に距離をおいていた者もいるが、そのような者は日本人や支援団体とのつながりのほうが密接であった。

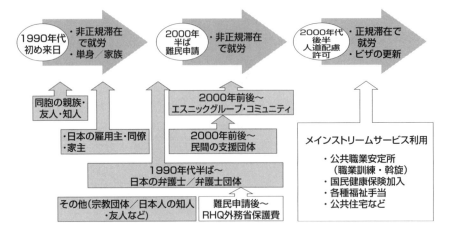

図4-4　モデル2　人道配慮等在留許可者のプロセス

1）　モデル1「仮放免、収容経験あり」（図4-3）

　1990年代に来日した者は、警察に逮捕されたり、収容施設の中で、警察官、入管職員、他の収容者等から、初めて難民認定制度の知識及び弁護士団体や民間の支援団体の情報を知った者もいた。収容所で民間の支援団体やボランティアの支援を受け、退所後もそこで遭遇した支援者と継続的につながっている場合が多かった。

2）　モデル2「人道配慮等在留許可者、収容経験なし」（図4-4）

　正規の滞在資格を得た後は、メインストリームである公的な社会サービスの恩恵を受けていた。国民健康保険の加入、各種福祉手当やサービスの受給、公共住宅に申し込める権利、公共職業安定所の職業訓練を経て専門職として就職する道等が開かれていた。

　しかし、今まで支援を受けてきた民間の支援団体のサービスからの支援は、軽減されたようであった。また、支援団体からメインストリームサービスへの移行がスムーズに行われていなかった。彼ら自身が手探りで、あるいは同胞からの情報を得てサービスにアクセスしていた。

3）　モデル3「条約難民、収容経験あり」（図4-5）

　既述のとおり2003年から個別に申請し難民認定された条約難民は、RHQの

図4-5　モデル3　条約難民のプロセス

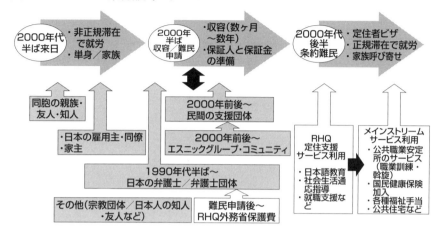

定住支援サービスを利用できる。2000年代の来日者は、RHQのサービスの恩恵を受けていたばかりではなく、RHQがコーディネーターとなり、メインストリームサービスの利用も円滑に行われていた。1990年代の来日者は2000年半ばに条約難民となったがRHQのサービスを利用していなかった。1990年代の来日者にとっては、既に来日して15余年経ち、日本語は上達し、日本で働いてきた実績があるので、今さら特別な定住サービスを必要としなかったといえる。

(2) 難民のSCの特徴

　調査協力者の多くは、出身国での家族・親戚、友人・知人といったインフォーマルな僅かながらのつながりを頼りにSCを形成してきた。本国で培ったSCはほぼ崩壊し、当人の教育的背景やキャリアは台なしにされ、日本の地で一からSC形成に励むしかなかった。

　彼らの中で、来日当初から日本の制度的なサポートを受けた者はいなかった。そのためSC構築は容易ではなく、日本社会で生きていく術は、独自で身に付けるしかなかった。調査協力者は僅か16人にもかかわらず、彼らのSC構築への道はバラエティに富んでいたといえる。また滞在資格の変化によって、彼らのSC構築は変化を帯びる場合もあった。しかし、すべての者は、滞在資格のない時期を経ていることから、共通する部分も垣間見られる。彼らのSCの特徴は大きく二つ（仲間うちの結合型SC、歪な橋渡し型SC）に分けられるだろう（図4-6）。どちらかに偏っている場合もあれば、両方を含む場合もある。

図 4-6　難民の SC の特徴

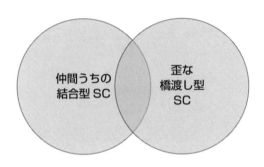

1) 仲間うちの結合型SC

　日本の主流な社会との接点がない調査協力者たちは、同質な仲間と深く交わることになり、小規模なエスニックまたは宗教的グループを形成する者もいた。調査協力者や支援団体の職員の語りからもみられたように、エスニック・コミュニティは生成や消滅を繰り返し、現在に至っても必ずしも組織的な同質の集団を形成しているとは限らなかった。どちらかといえば、親戚や友人といった、より親しい内輪の仲間という性格を帯びたグループといえる。これらの人々はこのような同質の仲間うちのグループ内で結合型SCを構築していく。住居、雇用、医療等のさまざまな生活全般に関する情報の獲得または情緒的サポートをこのようなグループから享受していた。ここでは、それを「仲間うちの結合型SC」として呼ぶことにする。

　しかし、仲間うちの結合型SCにおいては、恩恵ばかりではなく不利益を被る場合もある。先行研究と同じく本調査においても、こうした仲間内の関係を媒介として得た雇用は、彼らをいつまでも不安定な未熟練労働にとどまらせる要因となっていた。もっとも彼らへの教育や職業訓練を提供する制度的サービスがない中では、やむをえないかもしれない。また仲間うちのグループ内で得た情報が誤っている場合もあり、本調査においても調査協力者の中には、間違った情報を得たことにより難民申請手続きに大きな支障をきたしてしまった者もいた。さらに本調査の一部のムスリム・コミュニティの例でみられたように、難民自身の宗教を重視しすぎるエスニック・グループの結束は、日本社会との関係において大きな隔たりを生む要因となり、日本社会への統合の妨げになることが懸念される。

2) 歪(いびつ)な橋渡し型SC

　エスニック・グループ／コミュニティが存在しなかったり、あるいは存在していたとしても関わりをもつことを好まなかったり、または自分自身の宗教にそれほどこだわりのない調査協力者は、異質なインフォーマルあるいはセミフォーマルな日本人と彼らの【職場】を通して、より強い関わりを深めていた。本調査では、職場の雇用主や同僚と、職場以外でも、さまざまな生活支援を受けていたことが明らかになった。調査協力者の多くは、責任のある仕事を任され、仕事を通して日本人との信頼関係を構築し、そして職場以外でのつきあいや、さまざまな生活支援をうけながらSCを構築してきた。日本人とより良く関わることにより、日本語を習得し、職場でのスキルを身に付けた。ある調査協力者は、熟練労働力として十分なスキルを獲得できた者もいる。もちろん、調査協力者の中には、職場の人々と良好な関係が築けず、差別され、使い捨ての労働者として扱われた者もいたことは忘れてはならないが、職場は彼らのSC構築の場として貢献したということができるだろう。

　また、収容された調査協力者にとっては【収容所】は、皮肉にも日本人のサポーターと出会う場でもあった。収容所内では訪問にくる日本人の支援者やボランティアとのつながりができ、退所するための保証人や保証金の支援を提供された者もいた。退所した後も、その関係は継続され、彼らの退所後の生活において、そうした人々との信頼関係、互助の関係、ネットワーク等が形成されていることもあった。

　しかし、こうした【職場】や【収容所】を通して、日本人・日本社会とつながり構築された橋渡し型SCは、ある意味、歪な場所から生じた関係によって生成されたものといえる。なぜなら、彼らの【職場】は、どちらかといえば、非合法な外国人を雇うような秘密裡の場であり、一般的には彼らを雇っていることを公言できない不健全性を帯びた場所といえる。また【収容所】は、本来、難民が居るべき場所ではなく、それ自体が不必要な場所ともいえるだろう。世間的には見えない日本社会の闇の部分で、難民/申請者の橋渡し型SCが形成されている。これを「歪(いびつ)な橋渡し型SC」と呼ぶことにする。

(3) 難民のSC構築の要因と障壁

　難民／申請者にとって、SC構築における最大の障壁は、制度上の問題であることは、調査協力者の語りから明らかになったといえる。前述したように、とくに在留資格が無いことやその不安定さは、主流の日本社会そして一般的な生

第4章　調査結果——調査データの提示、結果の解釈及び分析　231

活関連施策へのアクセスを阻むものになっている。彼らがSCを構築したくても、それを困難にする構造的要因が前提となっている。これは調査協力者全員に共通した見解であるといえる。

結合型SCの構築においては、エスニック・グループ／コミュニティの存在が前提となるが、これには【一定規模の同国・同族出身者の仲間】が必要である。今回の調査協力者についても、ビルマ及びクルド出身の調査協力者は、結合型SCを構築しているようであった。また【宗教】の信仰をもち宗教礼拝や儀式・集会に出かける敬虔な信徒の場合は、そこでSCが培われることが可能になっていた。

調査協力者にとっては、職場は橋渡し型SCの構築の場といえるが、雇用主や従業員の中に【親切な日本人】がいることが必要不可欠であった。【親切な日本人】とは、彼らに日本語や仕事を教えたり、生活に困ったときに支援したり、病気になったときに面倒をみたり、住宅を借りるときに保証人になったりするような人々である。日本のベトナム難民の定住プロセスを調査した荻野は、隣近所の人や職場の上司・同僚など、ベトナム難民の身近な場面で彼らに対し、「定住化のための諸援助を提供する特定の日本人」を「重要な他者」という概念で示し、ベトナム難民が重要な他者との交互作用を通じて日本での生活力を獲得していくことを強調している（荻野 2013）。本調査にあらわれた【親切な日本人】は「重要な他者」と同様な人物たちといえるだろう。「重要な他者」の概念にならえば、【親切な日本人】を「難民の日常生活の困りごとを援助する身近なサポーター」ということができるだろう。こうした【親切な日本人】のいる社会では、信頼関係や互酬性の規範を生じやすくなるといえるが、逆に、彼らを差別したり不当に扱ったり排除する日本人のいる社会の中では、橋渡し型SCは構築されることは難しいと考えられる。【親切な日本人】との接触が、彼らが居住する地域社会に拡大すれば、さらにSCの構築が期待できるのではないだろうか。本調査では、地域社会のSCの豊かさと個人に及ぼす影響については考慮しなかったが、先行研究でみられたスパイサー（Spicer 2008）の調査のように、包摂のある地域社会では難民のSCが高い評価を得ていたので、【親切な日本人】が多い地域社会であれば、その可能性は大きくなると思われる。

また【語学のレベル】は、SC構築において有利に作用する。語学の上達は、日本語での求職情報を得る機会が増え、雇用確保のネットワークが拡大し、またキャリア形成につながりやすい。例えば飲食店では、洗い場からホールに昇格したり、また不熟練労働から熟練労働へと移行した調査協力者もいた。また

図 4-7 難民の SC 構築の促進要因と障壁

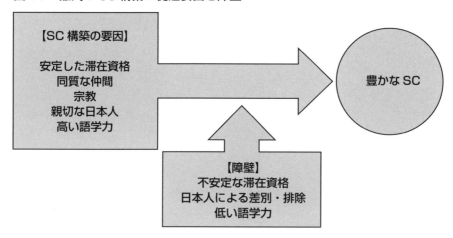

人道配慮等によって滞在資格を得た調査協力者の中には、メインストリームの制度につながり、ハローワークの職業訓練を受け、専門技術を習得し、専門職を得た者も数名みられた。また語学力が堪能であれば、通訳や講演依頼をされる機会が広がり、一般の日本社会及び日本のオーソリティとの社会的接触も容易になる。そうした社会参加は、日本社会で難民を知ってもらう機会であり、難民の地位向上にもつながっていく。従って、高い語学力をもつことは連結SCの構築の可能性を十分に秘めているといえる。

以上、難民のSC構築の促進要因と障壁について図4-7に示した。

(4) 社会的橋渡し・社会的連結を促進する仲介者の未成熟

「歪(いびつ)な橋渡し型SC」で示したように調査協力者の「職場」は日本人や日本社会と難民をつなぐ場として機能し、SC構築に貢献していたが、しかし、彼らの「職場」は非正規外国人が働く場であったり、日本語のコミュニケーション能力を必要としない場(工場の工具、清掃、飲食業の洗い場、農家等)でもあった。一般的に公にできない、アンダーグラウンドな場という側面をもっていた。そのため、特殊な狭い範囲の日本社会の中のつながりであったかもしれない。一方エスニック・コミュニティの中ではキリスト教や仏教での集会を通して、日本人や他の外国人と接触し、時には相互の支援も垣間みられた。しかし海外の先行研究にみられるように、宗教機関が社会的橋渡しを積極的に促進する仲

介者という機能を担っているとは本調査ではいうことはできなかった。またライアンの調査（Ryan 2010）のように、調査協力者が関わっていたムスリム・コミュニティは社会的結束が強く、日本社会との橋渡し機能を果たしているとはいえなかった。さらに、先行研究では、日本語学習や成人学習等の教育機関やプログラムが、社会的橋渡しの促進に貢献していたが、調査協力者の多くはそうした日本語教育の機会を得ることがなかった。しかし彼らの中でRHQの日本語クラスに参加した者は、日本人教員や他国からの難民とより良い関係を築き、日本人教員やプログラムを通して日本社会を学び日本人や日本のことを好意的に感じるようになっていた。従ってRHQの日本語クラスは、グッドソンとフィリモア（GoodsonとPhillimore 2008）が評価したイギリスのESOLのように、社会的橋渡しを促進する場としての機能を十分もっているといえるだろう。

　セミ及びフォーマルな難民の支援団体・機関にアクセスできれば、調査協力者にみられたように、難民／申請者は、そこから主流の日本社会へつながりやすくなる。1990年代は、民間の難民支援団体の数は僅かであったが、2000年以降になるとその数は増加した。支援団体もお互いに連携し始め、社会的認知度が増したり、ネットの普及等もあり、難民自身やエスニック・グループが支援団体にアクセスできるようになったといえる。1990年代初頭に来日した調査協力者の何人かは、2000年初頭から半ばにかけて支援団体を通して難民申請をしていたことも確かである。ただし、在留資格のない難民の場合は、日本のメインストリームの制度が利用できなかったり、正式に働くことが禁じられているので、より拡大した橋渡しSCを構築することが難しい。また、難民の支援機関の多くは地理的に中央に位置しており、郊外に分散されているわけではない。これらの支援団体は人材・資金も十分とはいえず、通常、都市の近郊に散在して居住している難民のもとに出向き、難民の居住地の自治体や住民との社会的橋渡しをすることは難しかった。調査協力者の中には、自分の住んでいる居住地の情報や支援が欲しいと話す者もいたが、彼にとってはそれらの入手は容易ではなかった。

　調査協力者は地域社会とのつながりは希薄であった。役所や地域国際化協会との積極的な関わりはなく、地域の福祉関係者との関わりもなかった。民間の支援団体の中には、エスニックコミュニティと地方自治体の社会的橋渡しの促進を難民とともに試みようとするものもあったが、それはまだ発展途上にあるといえる。

一方、社会的連結を促進する仲介役は乏しい。繰り返し述べているように、滞在資格が無いと制度的な壁が立ちはだかり社会的連結は困難になる。難民の保護及び権利の要求や地位向上のために、オーソリティとの接触を促進する仲介者については、本調査では明らかにされなかった。一部の民間支援団体やエスニック・グループあるいは個人が、国会議員に働きかけたり、地方自治体である役所に働きかけたり等はみられたが、そうした動きは十分とはいえなかった。前述したように、民間の支援団体を中心に、難民が公の場で講演したり、政府機関とのパートナーシップで第三国定住を整備するというような社会的連結はあったが、ほんの一部の難民（安定した滞在資格や高い日本語能力のある者）に限定されている。また、個人の職業的地位向上については、社会的結合よりも社会的連結のほうが寄与することが、数名の調査協力者の職業の変化により明らかになったといえる。人道配慮等在留許可者は、ハローワークの職業訓練にアクセスすることにより、不熟練労働から専門職の地位を得ていた。難民が社会制度を活用することは、彼らの職業的地位を高めることにつながるという知見は、先行研究（Tubergen 2011等）でも明らかであった。しかし、ここで問題なのは、これらの調査協力者たちは、ハローワークについての情報を誰からも知らされることなく、自分自身で探さなければならなかったことであった。民間の支援団体は、難民／申請者を優先して支援するため、人道配慮等在留許可者については、援助の優先順位が低くなる傾向があり、積極的に社会的橋渡し・連結を行うことが難しい。しかし、日本の場合は、条約難民よりも圧倒的にそうした人々のほうが多い。条約難民であれば、RHQが橋渡し・連結SCを促進する媒体となり職業的地位向上や高等教育進学も望めるが、人道配慮等在留許可者には、そのような仲介者は不在である。

第3節　語りから浮かび上がる難民像——彼らにとって難民とは何か

1　難民としての表明

　来日から難民申請までの期間が10年以上の調査協力者は9人、1年以上10年未満が3人、1年未満が4人だった。とくに1990年代（あるいはそれ以前）に来日した調査協力者は、1人を除いて、すべて難民申請までの期間は10年以上

であった。彼らのうち、来日当初は難民性はなかったが、途中で本人及び出身国の事情により、難民申請に至ったケースは1人だけだったが、その場合も難民申請に至るまで約5年を費やしている。

　彼らの家族や親戚が先に日本に滞在している場合や、エスニック・グループ／コミュニティにつながっている場合は、彼らは来日後にそれらのサポートを受け、直ちに難民申請をすることができていた。

　　「難民申請は一番上のお兄さんが知っていた。弁護士さんと相談したり、　　書類も書いた。2000年半ばに難民申請をする。」**（クルド、女性）**

　しかし、1990年代頃は難民／申請者を支援する団体は少なく、難民／申請者がその存在を知ることも難しく、日本政府は主な支援対象をインドシナ難民に限定していた。また、エスニック・グループが組織化されていないこと、そして現在のようにネットが普及していない等の理由により、日本の難民制度の情報が欠如していたことは否めず、調査協力者たちは来日直後に難民申請をするわけではなかった。

　　「知らなかったですね。あの頃は日本で支援だったりとかあることも知　　らなかったし、難民が日本でそういう制度があるということも知らなか　　ったので。」**（ビルマ、男性）**
　　「2000年半ばにX支援団体で難民申請する。もっと早くわかればよかった。　　情報がなかった。」**（ビルマ、女性）**
　　「日本に行って、その中で、何とか生きれるように段取りをすればいい　　と思って、そこに希望があったんですけど……。ただ、その当時、ぜんぜ　　ん頭の中に、日本に難民申請っていう制度があることを知らなかった。」
　　（イラン、男性）

　むしろ、「難民」という性質上、身の危険を感じて、国の情勢を伺いながら、わざわざ難民として名乗り出ないほうが良いと感じていたり、また身の安全が確保できれば、難民としての表明をする必要性を感じなかった者もいた。1990年代から2000年半ば頃までの日本は、外国人を雇う雇用先も多く存在していたため、在留資格がなくても何とか暮らしていくことができた。ある意味では潜伏するには絶好の場所だったかもしれない。

「何の（政治的）活動もできず、生活のことで精一杯で、いずれ帰るからと思っていて、難民申請はしないでいた。国が良くなったら帰ると思っていた。……2005年アウン・サン・スーチーさんを殺そうとしていた事件があって……これはもう（ミャンマーは）変わらないわ、と思って……この状態なら、帰ったら捕まってしまう。国がよくなるまで、安定して住めるところと思って……日本で難民申請できることがわかって、2000年半ばに申請した。」（**ビルマ、女性：来日10年以上経て申請**）

　「難民（申請）はね、前は、その難民っていうものは、ほとんどわからなかったね。みんなは。あと、いろんな国の関係でも、難民申請できる国もできない国もあるから。日本はそれをやってる国かどうか、あと、やったら、どんな感じになるかどうか、今、やっとわかったんだけど、例えばキャンプに入れたり、違う環境みたいにつくって、そこにみんな入れて、いろんなあるじゃない、いろんなやり方。もう一つは、前は、こんなに捕まらなかったから、みんな……やる必要はなかったみたい。入管は捕まえなかったから、今みたいに。自分に国の問題があって、日本も難民申請出さなくても平気でいることができるから、安全だから。そのままいったほうが、そんな面倒くさいこと（しなくても）。」（**スリランカ、男性：来日5年で申請**）

　そして、難民／申請者を支援する弁護士や支援団体等の存在がわかり、出身国の情勢も変化がないことがわかってくると、それらを通じて難民申請に踏み出す者もでてきた。

　「最初は難民申請の情報がわからなかった。2000年代初めから、ビルマ弁護団が難民申請の説明会をした。それに参加して、難民申請をすることになり、そこからX支援団体と関わるようになった。」（**ビルマ、女性**）

　「（出身国で）旦那さん捕まって……199×年×月に息子も捕まったから。……捕まったから、Aさん（弁護士）と一緒に、難民ビザを入管に行って相談しました。」（**ビルマ、女性**）

　自ら名乗り出る調査協力者もいる一方で、彼らの半数近くの7名は、警察の職務質問や入管の摘発にあい、強制的に身柄を拘束された後に難民申請に至っ

ていた。そこで初めて日本で難民申請ができることを知った者や、弁護士や支援団体の存在を知り、それらとつながったことで難民申請をした者もいた。

「200X年頃で……仕事行く途中でA駅前に私服の警官に止められて……（パスポートの）在留期限が切れて生活してたので、いきなり交番につれられて……N警察署につれられまして、それで初めて、僕は日本へ来た理由をちゃんと話したことですね。……在留資格はないので、あなたは今日は帰れない、今日からお泊まりになりますってことで、逮捕された感じだったですね。……それで次の日は入国管理局のほうに送られまして……そこで初めて、僕が日本にきた理由、いまのところ、ビルマの状況、今の政権の下では送ろうとしても、国には帰れません、国に帰ると身の危険性があるので、難民申請しますよっていうことで、初めて難民申請した。……（収容所の）中で申請したときに、日本へ来てから半年、6ヶ月以内に難民申請しなきゃいけないって制度が書いてあるので、それは知らなかったですし、14年たってから難民申請した理由で、難民として認めず、却下されました。……その時、初めてX支援団体のことを知り、連絡を取ったんです。……中に公衆電話みたいなのが置いてあるので、そこでかけられます。……（収容所の）中にいろんな人がいまして、ビルマ人だけでもなく、たくさんの外国人の収容所なので、その中から誰かにX支援団体の連絡先、電話番号を教えていただき、それで自分で電話したら、向こうが面会に来てくれた。」（**ビルマ、男性**）

「私とスリランカの人とモンゴルの女の人と韓国の人と、（畑の）仕事終わって車（の中）にいました。N警察の人は、車をストップ、チェックしました。日本語で……私は日本語ぜんぜんわかんない。でも警察の人は『名前は何ですか？ ビザありますか？』私はビザないです。……みんなに面接する。……車の中で『パスポートどこですか？』、私のアパートの中あります。あとでN警察（が自宅に来て）もっていった。……私は日本の難民システムわからない……私は、話した。警察で。私は難民です。私のいろいろな紙、私のアパートにあります。警察の面接おわった。だいたい8時間ぐらい面接。……6人の警官がインタビューした」（**スリランカ、男性**）

「そうあの時は、僕はバス停に行くときに急に警察、プレインクローズ（私服）の警察。ユニフォームじゃなかった。急に『はいビザ』。私、（英語の）先生の名刺あった。あの時まで15回ぐらい以上も、他の警察も僕をス

トップしましたけど、いつも名刺あげてスマイルした。……あの時、この方（警察官）たちは、すごく厳しい。『名刺じゃなくてビザ』。ちょっと厳しいから。僕どうしようと思った。……ビザないから一緒に警察署行きましょう。この方は、パトロールカー呼んだ。一緒に警察署オフィスに行きました。そこで2時間、3時間ぐらい。入管の人が来ました。この人はいろいろインタビューしました。警察の人たちとアパートへ帰りました。少し大切なものを……送ってもらいました。そこに。あとは警察と一緒に入管に行きました。」（**アフリカ、男性**）

「警察に言われて『あなた入管に行って自分は、オーバーステイですって報告して下さい』と言われて……。私はイランに帰ることできないって言った。……私まだ日本に難民申請制度あること、知らなかった。警察に連れて行かれて、結局警察から『あなたのことを大使館に電話してここにいることを言いましょうか？』って話になって、でも私は、絶対、大使館に通さないで、私イランに帰ることできないから、電話しないでって言ったら、1人の警察（官）ちょっと優しいほうが、『あなたは難民申請すればいい』って言われて、初めてその時それを聞いた。」（**イラン、男性**）

「200X年のX月X日で捕まって、働いているところで、ドンドンやって、それでドア開けてから捕まった。ビザなくて……そこで、入管に捕まって……その時に、私の家族も私に会いに日本にいたね。その時、私は捕まった。家族がいるとき。……お父さんと家族は（3日後）帰ったね。……2週間（日本に）遊びに来たから。すごい心配して帰った。私が捕まったから……そこで難民申請した。」（**スリランカ、男性**）

「捕まったのは、私と奥さんはアパートに住んでた、一緒に働く。一緒に住む。だから朝、入管きて、寝ているとき、捕まった。」（**スリランカ、男性**）

2　主観的難民像

　調査協力者たちは「難民」をどのように捉えているのだろうか。ここでは、それを「主観的難民像」と呼び、彼らの語りから読み取れる「難民」の表象について浮彫にする。

(1) 難民という存在

　日本で難民／申請者として生きていくことについて、調査協力者たちはどのように捉えているのであろうか。

1) 主観的存在のない存在

　存在感をもてず、自分自身を【動物】や【ゴミ】に例える調査協力者もいた。滞在資格の有無は存在感と強く結びついているようであった。

> 「この国では、なんか難民って、何の存在感ない……何人かが私たちの声を発信したんですけど、発信するけど、聞いてる側もそこで聞いて、そこで終わりで。……（入管の）インタビュー呼ばれたとき、……<u>私ゴミだから、私を燃やしたいのか</u>、私、どうしたいのか、それを決めて下さいって。私は、別にあんたたちに要求するもの、お願いすることはないから。私、ゴミだから、どうやって処理するんですか、って（言った）。」（**イラン、男性**）

> 「仮放免になった今もつらい。日本人すべてじゃなくて。<u>俺たちを動物みたい</u>。今、携帯とかも買わない（買えない）。何も出来ない。ビザもないと何も買えない。」（**クルド、男性**）

> 「収容されたことがないが……最初は申請して、ビザ更新して、それで裁判でビザがないから仮放免。働けない。S県から出ちゃダメ。登録証ない……<u>日本にいない感じがする</u>。……私と同じ20代の日本人は学生かそれくらい……辛いことが少ないと思う。……一個いいことあれば続いていく……そういう道がない。働くもできない、保険証もない……ずっと家にいるときは<u>からっぽみたい</u>。」（**クルド、女性**）

　信念上、自殺を容認できない調査協力者は、死を待つだけと語った。主体的に生きることを放棄し、いわば生きる屍のようであった。彼は20年以上滞在し、現在は安定した滞在資格を得ているが、収容所の生活は数年に及び、現在は精神科に通院している。

> 「<u>私、20数年前から、明日ない</u>。……今日起きるとき、夜まで待ってる。……すべてをもう、なんていうんですかね、もう放棄してる、すべてのものを、何も考えない。……もしイランいって、イランですぐそっから死刑

にしたりとかそういうのしたら、たぶん、それ今でもやりたい……<u>直行死刑なら喜んでいく</u>。……ただ取り調べとか拷問とか、そういうのとつきあうのはうんざりだから。今、本当は帰って、即死刑なら、明日でももしかしてやりたい。……絶対、自殺って言葉を受け入れたくないし、絶対キライだから、絶対それないけど、もしちょっとでもそれを受け入れる体制あれば、たぶん今まで何回もそれをやってた。3回も。それをやろうと思った。」(**イラン、男性**)

　「俺、この本好きです。すごいタイプです。だから、俺もこれをねらいたい。『今日は死ぬのにもってこいの日』(本のタイトル)、俺もそれを逆にねらいたい。……これはアメリカのインディアンの(本)。……結局インディアンにとって、いつ死ぬべきなのか、その日は何か。例えば、晴れて、美しい日は死ぬか。」(**イラン、男性**)

　彼らの存在感を「他人との交渉」という形で確認していた者もいた。彼にとっては「家」が唯一の存在感を実感できる証であるようだった。彼は保証人がいらない代わりに高い家賃を請求されるアパート(外国人が多数入居)に住んでいた。

　　「この世の中で唯一、<u>俺に存在感を与えたのは</u>、この家。なぜか。俺の電話は名義違う。俺、今だって毎月、電話、金払いに行くと、けんかです。だって、俺は、請求書、俺の所に来ないから、名義の人は遠い(ところにいる)、だから俺、払いに行くと、あなたの名義の生年月日とか、そういうのを言われて、わざと(店員が)俺をいじめる。金払いに行ってるのに……だから、<u>俺、世の中で何の存在感もないの</u>。結局、入管のせいで、すべてボイコットされてるから、電話も他の人の名義。銀行カードも、俺、昔作ったけど、今作れない。だから、ここだけなの。……(家賃を支払う)交渉は私となっているわけ。世の中で唯一の俺の名前であって……<u>存在感はここしかないから</u>。(**イラン、男性**)

2) **客観的存在が認知されていない存在**
　「難民」の存在は、日本社会では「知られていない存在」であるということを語る調査協力者もいた。日本では難民の数は少なく、日本人が彼らと接触する機会が少ないことも、認知度が低いことに影響しているかもしれない。また、

難民が本人やその家族に危険が及ぶことを憂慮し、難民であることを表明しにくいという難民ならではの特性も、難民が世間に可視化されることを難しくさせている要因ともいえるだろう。

> 「日本の中で難民を知っている人は少ない。……難民といったら、日本人は困っている人というイメージがある。……職場でも、難民のことわからない。社長もわからない。……説明してもよくわからない。……こういう人が日本にいるんだなあと、もっと知ることによって、コミュニケーションが増える。知るのが大事かな。シンポジウムや大学生に話すことで広まるし……地域の人に話すのも大事と思う。」（ビルマ、**女性**）

また、在留資格が無いことは、他人に自分を証明できないことであり、それ自体を【恥辱】に感じている調査協力者もいた。それは彼のせいではなく、制度的な問題であるにもかかわらず、彼は制度への怒りよりも、自分が排除されているような【寂しさ】を表現した。

> 「自分が何者か今、分からないじゃないですか。前からもそうだし、外国人登録証で在留資格なしって書かれてるのは、どこへ見せても<u>恥ずかしい</u>っていうか、……今の状況のままでは。働いてもいけないし。20年いても身分証一つも持ってなくなってきたのをみると<u>寂しくなってた</u>ことは、今だんだん強くなってきたかな。」（ビルマ、**男性**）

3) 人権が侵害されている存在

難民申請したとしても、生存・生活権が保障されるわけではなく、そのための支援もない。むしろ法律上の制約を受け、彼らの自由が制限されてしまうことなどが語られた。

> 「人間の必要なもの、子どもの勉強、身体のこと……仮放免でも保険出してほしい。」（クルド、**女性**）
>
> 「難民として認める、認めないよりは、人を自由にさせるって、この国で、ここで生きるためになにが必要（かが重要）。働けなきゃどうやって生きていかれるとか。病気になったらどこへ病院行けるとか、そういう権利っ

ていうか、そういうとこが今のところ僕にはないので。」(ビルマ、男性)

　「私のファミリー日本で難民（申請）したね、すぐ難民（申請）したけど面倒みる（人は）誰もない、いる場所ない、あと病気の人だったら、薬もらうところない……難民（申請）したい言ったら、そこからどうやって生活するの。それはどこもないね。最初の6ヶ月の間、仕事ダメ言ってる。でも、その人たちはどこで住んでる（どこに住むのか？）。どうやって食べ物もらうか、これ何もないね。決まったところない。そんな（面倒見る）友達いないね。1日、2日は（面倒みて）あげるけど、6ヶ月、面倒みることはできない、誰も……。」(スリランカ、男性)

　「すぐビザあれば、ああ天国。いろいろ旅行できるしビジネスできるし……。」(アフリカ、男性)

　一方、条約難民として難民認定はされなかったが、人道配慮等在留許可を得た調査協力者は、その立場があいかわらず不安定で、支援の対象から外れた不確かな存在を中途半端な意味を込めて【あやふや】という言葉で表現した。

　「ビザはあるけど、難民でないし……。あやふやな立場にある難民はRHQは（支援を）やらない。……あやふやな人のアフターケアが必要ではないか？……他の国には理解されない。難民でしょと聞かれると難民というが、でもパスポートがない。難民の証明書もない。……在特（特定活動）は生保（生活保護）もあいまい。永住もらったけど、パスポートもらっているわけではない。」(ビルマ、女性; 永住権取得)

　人間的な権利が保障されていないことに加えて、【搾取】されている存在であることも語られた。

　「あともう一つは、50万円とか、100万円とか、20万円とか、仮放免に、高いお金ね、難民の人は、もともとお金ないんですよ……どうやってお金……そのお金ないから、仮放免、OKになっても、外にでられない人が結構いる。10万円もなしで……。」(スリランカ、男性)

4）　**永久難民としての存在**
　エスニック・コミュニティのリーダー的存在である調査協力者は、日本でさ

まざまな難民に関する会合や委員会等の活動に参加している。しかし一方で彼はそれらの存在を疑問視していた。彼は他国では、難民認定された後は数年で国籍を付与されるという例をあげ、日本はいつまでもたっても「難民」から抜け出せないことを語った。

>「なんか日本だけ……難民連携委員会（のようなもの）がある……。他の国は（そういうのは）いらないよ。なんで（かというと）レフジー（難民）で行って、レフジーはもう２、３年で終わっちゃって、すぐ向こうの国籍になるから。国籍とったら、これで終わり。」**（ビルマ、男性）**

「難民」以外の側面を考慮してもらえないことへの憤りもあった。難民ということよりも人柄を見て欲しいという調査協力者もいた。

>「<u>在留資格あるかどうか、難民性あるかどうか見るよりは、この人はどんな人っていうの</u>（を見てほしい）、今だに日本へ来てから一度も犯罪もしたこともないし、誰かとけんかして警察行ったこともないので、無免許で運転したこと一度もないので。真面目に生活してきたのを、そういうところを見ていただけないのが寂しい。……在留資格取って、変な悪いことしてる外国人がたくさんいる中、何もないで真面目にしてる、どっちの人間が日本のためにいいかを見て頂ければ……。」**（ビルマ、男性）**

また、「難民」という枠から離れて、日本社会で活用できることをアピールする者もいた。

>「難民をもっと日本社会で生活できる場を広げて欲しい。」**（ビルマ、女性）**

(2) 難民が抱く「生きづらさ」の感情

　難民／申請者は、日本でさまざまな苦難を強いられ、「生きづらさ」を感じている。収容所での体験や感情については、前節で明らかにしたが、調査協力者たちは、それぞれの生活の場面においても、生きづらさ──「憤り」、「もがき」、「諦め」、「焦燥」、「落胆」、「破壊」、「空虚」等──を感じているようだった。調査協力者たちの感じている「思い」は、それぞれかもしれないが、おそらく共通する感情あるいは理解ができる部分もあるのではないだろうか。

難民として認めてもらうために、家族で東京や埼玉等の街頭に立ち、署名活動をした調査協力者もいた。1万人以上の署名を集めて入管に提出したが認めてもらえず、【疲労困憊】し、【落胆】の表情は隠せなかった。

　　「1万3千署名を入管に出したけど何も変わらない。……今はやめた。Oさん（弁護士）も俺も疲れた。1万3千集めたのに何も変わらない……そうだね俺は疲れたよ。……今あんた（筆者に向かって）こういう仕事やっているんだよね。仮放免の人はこれからどうなるか、だいたいわかるでしょ？　どうなの。」（クルド、**男性**）

　日本での長期的な滞在は、もはや出身国において帰る場所がないことを意味していた。しかし日本に永久的に安心して定住できる保障もなく、居場所のない【悲しさ】を抱えていた者もいた。

　　「帰る場所なくなってるから、これから日本に安定して住めないのが<u>悲しい</u>。」（ビルマ、**女性**）

　収容された調査協力者は、収容によって今までの生活を【破壊】された気持ちを味わい、こみあげる【寂しさ】を語った。彼は突然の収容によって自宅に戻れず、収容期間中に部屋の中の物がすべて捨てられてしまったという。また収容によって、彼が築いてきた家主との信頼も裏切らざるを得なかった。それは責任感の強い彼にとっては、【屈辱】であった。

　　「前の部屋は収容所の行った頃に、全部解約っていう感じ、家賃も払えなくなっていたので。全部、全てがゴミにされたって、片づけられたって感じですね。10年以上一緒に、同じところで、必要品とかも、思い出のものとか、いっぱいたくさん買って置いてたものが、<u>全部ゴミにされたのはとても寂しいなって</u>。ビルマが民主化になって、国へ帰ったら、日本的なものとか持って帰って、記念として持って、買い集めてたものとか置いてたのが、その収容所入ってからは、全部、全ての日本での生活というかな、それを<u>破壊された</u>ていう感じですね。……中（収容所に）入った頃、いつ出られるかは分かりませんし、2ヶ月は住まなくても、家賃7万2,000円

だったですね、払ってたけれども、それ以上は、もう外へ出られるっていう感じも見えないので。……大家さんに申し訳ないと今でも思って、そういうつもりもなかったのに、そういう形になったというのは、とても、自分でも恥ずかしくて、寂しいですね。」(ビルマ、男性)

長期間の収容所暮らしによって、全てのものやプライドが【喪失】された。

「なんか、もういろいろすべてのものを、なんか出る時、入る時普通の人間としてプライドもってたりとか、いろんなものをもってたけど、でも出るとき、すべての、私もってた人間として、1人、もってるものをすべて失って出たんですけど、結局そこにおいて出たんです。プライドからすべてのものから。」(イラン、男性)(再掲)

20年以上滞在して、難民として認められず、滞在資格もない。これをこの先同じように続けられるのかと自問自答する。今までの日本での人生が【無駄】に思えてきている。

「今から、これから22年はちょっと長いかもしれないけど。これから日本にまた22年いて下さいって、それだったら帰りますっていうかもしれない。時間的に僕もったいないと思ってますけどね。」(ビルマ、男性)

在留資格が無い状態が長期に及び、ようやく在留資格を得た時には、30代半ばを超えていた。一番勉強したいと望んだ20代は【台無し】にされ青春が奪われたと感じている。

「それから、在留資格がでて……難民として認められず……在特とって、安定した仕事がしたいと思って……学校に行きたいと思ったけど、大学に行って4年いって、就職するのは、(自分の年では)現実的ではない、と思って……。」(ビルマ、女性; 人道配慮等在留許可者)

民間の支援機関に【すがる思い】で日本脱出を懇願していた調査協力者もいた。

「アムネスティに、難民申請者として、あなたたち協力できない、することできないってわかっているけど、人間としてなんか協力することあるなら、ひとりの人間としてもし私をみたら、なんとか私を案内して下さい、って言った。もし可能なら、私の声を届けて下さい。もし力あれば、<u>できれば私を違う国に送って下さい。</u>」（**イラン、男性**）

　ある調査協力者は、自分の人生は、神のみぞ知るという【超越した感覚】を抱いていた。彼がキリスト教の信者であることも、そう思わせるのかもしれない。何かに執着すると、精神的なストレスになることも語っているが、彼が、日本で難民として生きる知恵だったかもしれない。

「<u>私は（日本に）居続けたいと思うも思うけど、思わないも思わない。</u>……私は日本にどのぐらいまで住んでるか、居るか、いつに亡くなるか、何歳まで生きてるかとかは私は知らないけど、決まってるのはあると思いますね。……キリスト教の考えでも、キリスト教はあんたは何年から何年はここ、何年から何年にはあんたは亡くなる、何年は病気、何年には入院するとかは決まってあると思いますね。……逆に仏教もそうですけど。……そういうことを私は判断はできない。もし判断するんだったら、私もデップレッション（落ち込む）ね。……日本にはずっと私居たいよと思うとうつ病になっちゃうから……。」（**ビルマ、男性**）（再掲）

　自分の辛い境遇を出身国の民主化のリーダーに重ね合わせた調査協力者は、リーダーに感情移入しながら【忍耐】を表現した。

「私はとても悲しい（泣きだす）……私は60代よ、私は老いた女性……私は夫を疑わなかった。刑務所の中捕まったね、11年間、とても長い。とても辛い……悲しい。時々、何と言ってよいのか、私はスーチーさんの父親が好きです。しかし、スーチーさんは我慢ね、なにも話さないね。誰が彼女の父を殺したか……、それはとても辛い。死ぬまでスーチーさん言わない、（私も）同じ。」（**ビルマ、女性**）

　日本に逃れてきた調査協力者は、日本社会の中で生きていくだけで精一杯で【余裕のない】な状態であり、当初の目標を見失っていった。

「まだ、そのときは2X歳（20代半ば）です。……物事は、私たち知らない間に変わって、本当に、だから、本当の本質からだんだん、だんだんずれてって……。こういう日本みたいになると、こんな物価高いとか、そういうのって、とにかく自分の目標を達成するためとか（というより）、取りあえず1日どうやって生きていかなきゃならないって。日常でも、それにもういっぱいいっぱいで、だんだん本当の自分らは何すべきなのかとか（考えられなくなる）。」（イラン、男性）

さまざまな支援に感謝しつつも、その一方で、人との関係や煩わしさや日本での生活からの【苦悩からの解放】を望んでいるようだった。筆者が自宅でインタビューした際に、ネットの映像画面とともにピアノの演奏を流してくれた調査協力者は、森の一軒家の画像をみて【孤独】をうらやんだ。そして彼にとっては普段から酒が良き友だった。

「曲が終わるまで、画面が8回くらい変わる……これ何、地球でこんな所あり得るかって。すべて、森の中で、一つの家しかない。そこの家に住んでる人、どのくらい幸せなのかって。……多分、無理だけど、結局いつも周りに人いて、助けてもらって、いろいろやってるけど、でもどこかでもう疲れてるんです。変な話で、イランに行ったとき、テヘランの大都会に行って、日本に来て、ずっと東京に行って、もうちょっと何か、もうあと何年生きるか、あと何ヶ月生きるか分かんないのは、ちょっと。ゆっくり人生を（送りたい）。大体、飲み屋で飲むのももう疲れたから、こんな所でお酒を飲みたい。ここで座って酒飲んだら、どのくらいおいしいもんかって。酒が不思議なのは、両方でできるから。すごい喜んでるときも飲めるし、残念ながら、俺はあんまりそれを飲んだことはないけど、すごい悲しいときも（飲める）。」（イラン、男性）

日本に残るか、または出身国に送還されるかの選択肢しかないならば、そこで【もがき】ながら自分ができることをするしかない。しかし、運命が一変に好転するような奇跡が【切望】されていた。ある調査協力者は、彼を応援してくれた日本人の検事に、奇跡について尋ねたことを語った。

「私たちもう、選択はないんです。だから、もうこの道しかないから、だからどのくらいやられても、どのくらい打たれても……もしもう一つ、選択があれば、自分から命を去っていくか、それかめちゃくちゃ、俺みたい、例えば壊れて、もうボロボロになっても、最後まで通すしかない。結局、ここの入管と戦うか、イランに帰って、死刑場に行って銃殺されるか、どっちかしかないから。だから、今の状況に、一応まだここで座って話せるから、取りあえずその中で<u>奇跡を待ってて</u>。……俺、検事さんに聞いたことある。『俺は、自分の人生で分かんない言葉あるけど、<u>奇跡</u>って、あるから奇跡なのか、起きないから奇跡なのか、どっちかですかって』言ったら、それは自分の好きなように解釈していいんじゃない。奇跡はあると思えばあるし、無いと思えば無いし。だから俺みたいのはもう、変に何か奇跡を、あした朝起きて、イランで、例えば革命が起きましたとか何かを、どこかで待つか……。」（**イラン、男性**）

　難民／申請者であれ、非正規就労者であれ、犯罪者であれ、同列に扱われることに対する【理不尽さ】は否めない。例えばかつて犯罪者であっても、日本人と結婚すれば、配偶者ビザが提供される人々もいることに対して、【嫉妬】の感情も見え隠れする。

「だって、俺らの当時、最初（収容所に）入ったとき、犯罪歴ある人は絶対ビザ取れないって言っていて……。俺の見てる間、10年刑務所に入っても、2週間で結婚してすぐ子どもを作って、すぐビザ下りた（人がいた）。……一番かわいそうと思うのは、その生まれる子ども。愛情の上で生まれた子どもなのか、ただ一つ<u>ビザ、手に入れたいから</u>……。この子どもどうなるのか、将来。俺の周りに、日本人と結婚している人はみんな離婚してるの。ずっと一緒にいるのは1人もいない。みんな結局、<u>永住権を入れたら、もう終わり</u>。愛情も何も、最初からないわけ。でも日本はこの仕組みを作って、この国は結婚するしかないって、教えてるわけ。入管の場合は、結婚と子ども。入管が一番弱いのは、子ども。子どもたちの未来はどうなるか……。」（**イラン、男性**）

　最初の難民申請の手続きの段階で、間違った情報を得て申請をしてしまった調査協力者は、日本政府との【隔たり・乖離】が、【誤解】を招いていること

に慣っている。

> 「今、政府から全然それは関係ないみたいになってるんですよ。自分でなんか知りたいとき、政府に連絡できない。<u>すごい長いギャップになっている。政府と自分達は、misunderstanding、誤解になってる</u>。……例えば、私は最初難民するときは、友達からインフォメーションもらったんですよ。それが嘘になってるでしょ、だからそれで間違ったんですよ。そんなことないように。（日本）政府から最初に聞いたなら、それは間違いならないですよ。それはすごく、政府の人たちとの間でミスコミュニケーションになってるんですよ。」（ビルマ、男性）

日本に20年以上住んでいるが、在留資格の無い調査協力者は、日本を選んだことを悔いていないと言いつつも【アンビバレント】な気持ちを抱き、【束縛】された【不自由さ】からの【解放】を強く望んでいる。

> 「アメリカに行って（いれば）良かったとは今は少し思ってくるようになった。……でも、日本へ来て、そういう今の生活、こんな目にあっても<u>後悔はしません</u>、自分で選んだことであって、でも寂しい気持ちありますよ。……僕は<u>在留資格欲しい</u>とは思って。入管には僕は<u>自由を求めて</u>、民主化活動に参加した人として自由が欲しいっていうこと。自由があれば何でもできる。行きたいところ行かれるし、やりたいこともやれる。会いたい人に会える。……今、僕は日本に来てから<u>日本から一度も出たこともない</u>し、出たいとは思ってます。海外でも旅行に行かれたら、僕は日本に来てから父と死に別れじゃないですか。……収容所にいたころ父が他界しまして、今、母も病気で寝たきり状態になったので。ビルマにはまだ帰れないけれども、ビルマでタイの故郷のところまで行って、自分が生まれた場所を眺めてみたいとか、そういう気持ちは最近強くなってきたですね。それを考えると寂しい。母が生きている間に会いたいとは思っているけど。そのためには、海外行くためにはなにが必要っていうのは、在留資格。」（ビルマ、男性）

(3) 難民としての誇り

難民認定制度は、前述したように非正規滞在者の制度の濫用が懸念されてい

るが、調査協力者たちは、短期滞在の資格で入国したとしても、好んでオーバーステイになったわけではない。むしろ日本の法律を遵守したいと強く望んでいた。

「何かの勝負で負けてる感じて……それだから、負ける気分で……オーバーステイなったし、自分もだいたい、自分の知識のなかで、オーバーステイになれば絶対法律的に許されない。世の中の先進国とかでは、許されないことわかってたから。……絶対そうなりたくなかった。」(イラン、男性)

そして生半可な気持ちではなく【覚悟】をもち、彼らは難民申請の正当性を主張する。そこには、正しいことをしているという【信念】や【プライド】があった。その確固たる考えが支えとなり、彼らの【尊厳】が保たれ、20年以上もこの日本社会で生き抜いてこられたのかもしれない。

「お金稼ぐためだけだったら僕は、今、日本語も話せるので、今、ビルマで日本企業入り込んでるのは多いじゃないですか。そういうの、声かけられたんですよ。ビルマへ帰って一緒にそこでって……。僕はそういう稼ぎはあとです。とりあえず、ビルマはちゃんと民主化になったら、今のビルマ政権と付き合ってるより以上、日本で難民として来られた人たちがみんな帰るときはもっと今以上に交流ができるかと思ってます。……だから、その時まではそういうところで働いてもないし、そういうのしたくないので、民主化のためだけでやっていきたいなと僕は思っている。…………食べるために生きる、生きるために食べることは正しい僕は思ってる。」(ビルマ、男性)

「僕も入管にも言いましたけども、在留資格だけ見るか、人間の誠実さ、真面目なことを見るかって。僕は在留資格取りたいんだったら、日本へ来て、日本のお嫁さんもらったら(いい)。……僕が日本へ来たのはそういう在留資格取るために来たわけでもない。命の危険性があったので避難するために来たわけであって、……それで来てから真面目に今まで生活しました。それを見て欲しい。在留資格、在留資格って、有る無いだけで決めつけられるととても寂しい。」(ビルマ、男性)

Ⅰ「自分を支えているっていうのは、何ですか。」

> R「自分で正しいと思っているから。だって、自分、間違ってないもん。……例えば俺収容されても、別に府中刑務所へ行って、覚せい剤を打ってとか、そういうんじゃない。……俺を知っている人はみんな、背中を押してるの。頑張れ。俺は別に間違ったことをやったら、多分もうそこで引き下がるけど。ただ、俺をやっつけようとしている人はみんな、黒であって、俺は白だから、白は別に引き下がることないと思う。」(イラン、男性)

3　将来への展望

日本社会で複雑な感情を抱きながら、調査協力者たちは彼らの今後の将来をどのように考えているのだろうか。

在留資格の無い調査協力者の中には、夢を描けない者もいた。

> I「夢とか、こういうことをしたいとかいうことはありますか？」
> R「ないね。一番はビザあったら自分で生活できる。安心かな安全かなそう思ってるだけ。一番はビザない。どこいっても、どうなるかなどうなるかな困ってる。元気ない。いつも元気ない。いつもビザない。」(ネパール、女性)

調査協力者の多くは安定した生活を望んでいる。滞在資格が無い調査協力者はもちろんのこと、滞在資格の有る者も、日本での永住が保障されていないこともあり、同様に安定した生活を希求していた。

> 「日本に住んでいきたい。私の夢は、赤ちゃんを産んで、お母さんになって、日本に住むこと。子どもが日本語勉強して。だから、ビザあって、保険あって。」(**クルド、女性**)
> 「ビザがあれば幸せになれる。……ビザがあれば。俺も奥さんも仕事すれば幸せになれる。」(**クルド、男性**)
> 「生活安定しない。できれば帰化ほしい……安定するから……（今は）３年ビザで更新に6000円1人かかる。」(**ビルマ、女性**)
> 「真面目にそういう民主化だけを集中してやりたいけれども、でも。生

活がかかってるじゃないですか。日本で生きるために、それの悩みもあるので。……例えば、在留資格をもらって向こう（民主化）だけ集中してやりたいと思ってますけど。在留資格を持ってないので、いつどうなるか分からないですし、まだ収容されるか、強制送還されるか。いろいろ考えるとあまりにも。……不安ですね。」**（ビルマ、男性）**

「将来もちょっと不安じゃないですか。子どもをつくりたい気持ちもある。ビザはない。奥さん、（もし）妊娠あったら、私もう一回、捕まったらどうなるの？」**（スリランカ、男性）**（再掲）

　調査協力者自身の仕事やスキルアップに関することや、日本あるいは出身国でビジネスをしたいと夢一杯に語る人もいた。

「介護のこともっと勉強したいし、日本語もそうだけど、英語も習いたい。仕事の都合で空いている時間帯にあえばよいけど。」**（ビルマ、女性）**

「夢は、自分の部屋でネイルサロンを開くこと。みんなにキレイになれるチャンスを与えたい。ネイルは高いというイメージ。とくに子どもがいるお母さん。生活節約しないとだめだから……高い値段のネイルもやるけど、それなりの費用でのネイルをする。そのためには大きいリビングが必要。うちにいながら……ミシンもやったり……夢はいっぱいある。」**（ビルマ、女性）**

「ミャンマーで、私、日本のスクールを作って。……学校ね。娘は今、イギリスで勉強します。……彼女は、（イギリスの）大学で勉強しますから、英語とコンピューターだから……私のドリームの学校は、英語と日本語を作って。……日本人の先生はミャンマーに住んで、日本語をミャンマー人に教えて、日本のミャンマーのコミュニケーション、カルチャー……。」**（ビルマ、女性）**

「私はすごくお金持ちになりたいです。マイドリーム。僕の夢。だから難民ビザももらった後は、いろいろ大きい夢あります。僕の夢は自然学の病院作って、日本でもアフリカでも早く作って、あとはもういろいろ店と会社も作りたいです。おっきい、すごくおっきい社長になりたいです。ビジネスタイクーン（実業家）。」**（アフリカ、男性）**

　子どもについて将来を語る調査協力者もいた。

I「将来、やりたいことは何ですか？」
R「子どもにとっての良い教育を与えることだけ、子どもの勉強。」
I「子どもの勉強ね。子どもさんは大学に行かせたいですか？」
R「うん。」
I「子どもさんは、何になりたの？」
R「パイロット。」

　出身国の民主化を願ったり、社会貢献をしたいと語る者また出身国の情勢が安定すれば、帰国を検討する者もいた。

　「私の夢は今民族の自由。……自由。60年前から今まで戦争なってるから、そういうの長い問題を早く終わらせて、それですね。」（ビルマ、**男性**）
　「自分と同じように困っている人を助けられれば良いと思う。自分の時は何一つ情報がなかったから。」（ビルマ、**女性**）
　「僕たちが目指してる民主化でもないので。だから、2015年の、あと2年後の総選挙に、その結果によってどう変わるかって。それによって、帰国するかなと思っています……選挙の結果によって、ほんとにそういう国民民主連合党、スーチーさんの政党が、ほんとに政権取れれば、少し様子を見て、国帰ろうとは思ってます。」（ビルマ、**男性**）

　老後や失業を懸念する調査協力者もいた。年金や介護保険に加入しているかどうかは、彼ら自身がよく理解していないようだった。

　「老後の不安、年金のこと。年金は払ってない。（デイサービスの）利用者の人と話をして、日本も年金がもらえるかどうかわからないから、とも言われると、どうしていいのか。ミャンマーなら、老後は親戚などいるから安心と思うけど。（私は）介護保険は払っているみたい。40歳になってから、国民健康保険が100円増えたと市役所の人から言われた。」（ビルマ、**女性**）
　「働けない時はどうなるか心配（今は雇用保険、雇用年金あり）。」（ビルマ、**女性**）

チン族のコミュニティ議長は、現在のコミュニティの懸念事項は年金問題と話した。メンバーが高齢化しているが、ほとんどは国民年金未加入である高齢者なので老後の生活不安があるという（2015年11月5日談話）。難民／申請者の高齢者や年金に関する十分な実態調査はないが、彼らの多くが日常生活に追われ、また十分に日本の制度を知らない環境では、国民年金に未加入あるいは未納であることは推察される。

第4節　難民の主観的統合

　調査協力者の大半は、来日した当初は、日本に中長期的に滞在するつもりはなかった。彼らは日本社会の中で暮らしながら、日本社会をどのように感じているのだろうか。また日本社会の一員という感覚や認識をもっているのだろうか。

1　日本の印象

　調査協力者の日本社会や日本人の印象について、来日前と来日後を含めて、ポジティブな側面及びネガティブな側面が語られた。

(1)　ポジティブな側面

　ポジティブな側面として、日本の治安の良さや紛争のない平和な国について言及する者は多かった。紛争に絶えない国から来ている難民という背景をもつ人たちならではの答えともいえる。

>　「Japan is very safety country.（日本はとても安全な国）。安全、何のトラブルもない。先週、私たちはミスした。私の息子がバスの中で新しい携帯電話を失った。私達は帰ってから、バス会社に電話をする、彼らは私の名前を聞き、携帯番号を聞き、チェックして知らせるという。1日後、彼らから電話があり、携帯が見つかったといった。住所を聞き、郵送するという。次の日、それが（自宅に）郵送された……（親戚の）お兄さんがいるオーストラリアでは、これはない。」（感嘆しながら話す）**（スリランカ、男性）**
>　「トルコの街は、いつも喧嘩、戦争、殺したり……好きな国じゃない。

トルコの警察はすぐにたたく。女でもたたく。日本の警察はそんなことしない。トルコはすぐに拷問したりする。日本の一番気に入っていることは、偉い人でも普通に話せる。」（**クルド、女性**）
　「テレビとか見るといろんなところ戦争あるでしょ。ここ日本の戦争ないね。で、それ安心、良かったかな安心、そう気持ちそう思った。喧嘩とか戦争とかないから、アフガニスタンとかいろんなところ戦争だからいっぱいひどいことになったしすごい大変なところみたでしょ。でも日本はそうじゃないから良かったかな。安全と心の安心を思いました。」（**ネパール、女性**）
　「アメリカ、いっつも喧嘩とか、なんかいっつも毎日あるんですよ。アメリカ、いろんな民族。日本ではそれはないですよ。……ほかの民族、いろんな民族、戦い、ファイトしている、それはない。アメリカではあるんですよ。」（**ビルマ、男性**）

　また、「日本人」のマナーの良さや誰とでも挨拶をかわす親しみやすさ、日本人の前向きな精神を高く評価する調査協力者もいた。

　「日本人はだいたい、たくさんの人が静かです。サイレンス（沈黙）ね。電車とか。」（**スリランカ、男性**）
　「日本は綺麗だから、話も日本あんまりうるさくないから。」（**ビルマ、女性**）
　「どこへ行っても知らないでも、おはようございます、どうもどうも、ね。すごい、いいかな思ったね。知らない人もおはよう言ったら働くときね、おはようございます。ちょっとあるときにどうもありがとう。電車に乗ってもちょっと場所をいったら、すごい優しいところみたいね。」（**ネパール、女性**）
　「日本の人はすごく、仕事、頑張ってるし、法律守ってるし……。『頑張りましょう』のこと、一番大切、好きなことです。頑張りましょうは、それは、正しい。仕事頑張ってるの意味だけじゃなく、それはとても深い意味をもっている。諦めることなし、私達は目的地を得るまでに働く、それが頑張りましょうの意味、私達は、終わりまで働くだろう。成功するしないにかかわらず、それは良いこと。そしてそれは日本人の精神です。頑張りましょう。」（**ビルマ、男性**）

その他、日本の高い技術力を称えたり、言語や文化に対して親近感をもっていた調査協力者もいた。

　　「『モノ』がよい。お母さんが時計が好きで、セイコーが有名だったから。電化製品が良い。第二次世界大戦では、日本の兵士が来て、おじいちゃんが『ハンゴー』（飯盒）のことを話した。C州（自国の州）でも日本の言葉『ハンゴー』が使われている。」**（ビルマ、女性）**
　　「日本というはアジアの国にあって、顔色も文化的も近いなと思い、それで日本を選んだこと、選んだっていうよりは、僕は16歳の頃にビルマにある映画館で日本映画、あの頃、山口百恵さんの映画を見て一度、日本へ行ってみたいと思ったのが印象的だった。」**（ビルマ、男性）**（再掲）
　　「俺（イランで）『赤ひげ』見て、今でも尊敬してる。たまに（ビデオを）借りて見ます。……俺、黒澤明の全部、映画、イランで見た。あの『赤ひげ』って、俺ら、どっちみち俺ら大体、左派で、マルクス・エンゲルス主義にあこがれて、『赤ひげ』のもその世界、まさに平等社会、逆に恵まれてない人のために一生懸命、必死にやってる医者とか……。」**（イラン、男性）**
　　「（日本の食べ物）大好き。……はい。全部。寿司とかさしみ、納豆とか。あとは納豆とかいろいろ好きです。」**（アフリカ、男性）**

(2) ネガティブな側面

　一方、一般的な日本社会についてのネガティブな側面は調査協力者からはほとんど語られなかった。ある者は第二次世界大戦中の日本についての歴史を学んだ中で、来日前に日本の悪いイメージを抱いていたことを語った。

　　「学校で、ちょっとだけ、ビルマの学校で、歴史的なこと、私達はファシストを勉強した。私はファシストの意味が何か知らない。ナチス、ドイツとファシスト日本。私たちはドイツと日本の悪いイメージをもった。」**（ビルマ、男性）**

　また、出身国と比べて、生活スタイルが違うことによる生活のしづらさや経済的な面での不安も語られた。

「物価が高い。……自分が健康でいるなら良いが、生活するには働けなくなったら大変という不安がある。生活保護を受けるのも大変。働けるうちは住み続けられるが、病気になったりお金がなくなったら……（ミャンマーでは）親せきが精神的にも助けてくれるし……年とってから最近になって、考えるようになった。」（ビルマ、女性）

2　日本社会での差別・排除の経験

　前述したように、住居・雇用問題及び制度的側面において、調査協力者たちは酷い差別や排除を経験していた。それ以外の差別についてはそれほど深刻な差別や排除の経験が語られることはなかった。また彼ら自身は、日本人と比較的良い関係を築いていたようであったが、一般的な日本人に対しての排外主義を語る者もいた。

　　I「日本人で、すごく嫌な経験はありますか？」
　　R「問題はない。優しい、みんな。」（スリランカ、男性）
　　I「日本人の印象は？」
　　R「それは人間によってさまざまな（方が）いらっしゃいますけども、でも、だいたい、どこでもケンカとかはあまりなかったけどね、仲良くしながら、可愛がっていただいたこともたくさんありましたけど、あの頃、まだ若かったし、お店の店長さんとか、責任者の方から○○ちゃんとか、△△とか（あだ名）言われて。」（ビルマ、男性）
　　I「日本で嫌な思いや差別とかにあったことありますか？」
　　R「あまりとっても強くないけど、でもときどきだけね。普通の日本人はほんとにやさしい。あまりディスクリミネイション（差別）ない。」（アフリカ、男性）
　　「結局、日本人って多分、俺から見たら、分けて考えるのは。徹底的に外人嫌いな人絶対、ほとんど過半数がそうですよ。でも、その中に何人かやっぱり、純粋な人も、人間として見る人もいるわけ。」（イラン、男性）
　　（再掲）

　差別や排除以前の問題で、日本人との接点が少ないという者もいた。

Ｉ「日本人の人から差別とか嫌な思いとかはしたことありますか？」
Ｒ「それは大体ないけど、それは、みんな日本人は、どこのコミュニティの中でもいろんな人いるけど、自分でも日本人とあんまり会ってないから……でも大体、会った日本人は、それはないですよ。」(**ビルマ、男性**)

　差別や排除といった深刻な様相を帯びていないが、言語や文化・習慣の差異により、困った経験について語る者もいた。例えば、日本語の微妙なニュアンスやジェスチャー等の違いであった。日本の「いいよ」が「はい」か「いいえ」かわからないこと、そして「腕を組む」ことは立場が偉い人や年配者の前では日本では失礼にあたるが、彼らの文化ではその反対であることが話された。

　「嫌な経験はないですけど、なんか言葉の問題とかちょっとありますね。それで私もちょっとイライラなってる。例えば『いいよ』とか『いい』だったら、『やっていいですか？』、『いい』（という会話があったとして）とかだったら、（『やっていい』と思って）やっちゃったら『やっちゃ駄目よ』とか。『いい』だったら『やっていい』と『やらなくていい』の二つ（意味が）ありますね。……そういうのとか。あと文化関係とか……（腕を組むジェスチャーをしながら）、日本人と私たちの文化が逆なんですけど。偉い人の前にいるんだったら、みんな先生の前にこう（腕を組む）……ただ日本だったらちょっと違う。（日本は）これ（腕を組むこと）だったら偉い人になってるから。……私はこっち（日本）は文化は逆よ（とミャンマーの人に教える）。」(**ビルマ、男性**)

3　日本社会のメンバーとしての感覚

　調査協力者たちは日本社会における彼ら自身の統合をどのように捉えているのだろうか。この問いについて「日本社会に溶け込んでいるか」、「日本社会の一員と思うか？」という質問を投げかけてみた。客観的な統合ではなく、彼ら自身の主観的な統合に対する「思い」を聞いた。

(1)　肯定的統合感――主観的統合の意識が高い
　日本社会に統合していると感じている要素はさまざまであった。日本の滞在が中長期化するにつれ、日本社会に親しみ、日本語や日本の文化・習慣等、日

本社会そのものへの好意等が示された。

　出身国よりも日本の滞在のほうが長くなっている調査協力者は、日本を故郷と感じており、【日本語】そのものが好きなことを語った。

　　Ｉ「日本社会にあなたは溶け込んでいると思うか？」
　　Ｒ「自分でも思っている（自信をもって力強く即答する）。自分の人生の半分を過ごした。ミャンマーでは10才くらいまでは子どもだし……日本でのまるごと20年は大人で過ごしている。日本のほうが長い。自分の国だと思っている。日本好きになっちゃった。最初からは知らないのに好き。日本のことばが好き。バンコクに11ヶ月いたけど、そこではタイ語、ぜんぜん好きじゃないから、一言もしゃべれなかった。あいさつ程度。日本に来て、6ヶ月でしゃべれるようになり、これいいなあ、しゃべりたいなと思った。自分でも運命なのかと思う。……20年も住んできて、自分たちが育ってきた場所。今どこにいっても、思い出のところ行くというと、それは日本。ミャンマーにはない。」（ビルマ、女性）

　日本滞在10年未満の者の中にも【日本社会への好意】が語られた。この質問をする前に、彼は日本社会の安全性や日本人のマナーの良さ等日本を賛美する多くのことを語っており、日本に好意を頂いていることは明白だった。

　　Ｉ「あなたは日本社会のメンバー、一員と感じますか？」
　　Ｒ「はい、はい。」（笑みを浮かべて即答する。）
　　Ｉ「どうして？　Why（なぜ）？」
　　Ｒ「I like very much（私はとても好きだから），I feel, Yes.（私はそう感じる）。」
　　（スリランカ、男性）

【日本人とともに活動】していることを理由にあげた者もいた。

　「（私は）日本の社会のメンバーと思います。……ちょっと長く住んでるし、あといろいろ活動も、日本人とか政府とかも一緒にやってるから、それでそう思ってるです。」（ビルマ、男性）

　以下の2人のスリランカの男性調査協力者は、【日本人化】している自分を

みて、日本に溶け込んでいると感じていた。

 I「日本に10年くらい住んで、日本の社会に溶け込んでるとか、日本の社会のメンバー、一員と感じますか？」
 R⑴「すごいいいことたくさんあるね。日本のライフで。例えば、私たちも、そんなきれいのことは国にないね。ごみのこと。私の子ども見ても、ちゃんとやることやるね。例えばDVD取っても、またちゃんとケース入れて、それする。私は30代だけどそれやらないね。子どもは1歳半で、ちゃんと、全部してる、やるね。それみたら、ほんとは私の国よりも、すごい上あるね。」
 R⑵「（私も溶け込んでいるという）感じは、気分はしますよ。日本にいるから、奥さんと私、この家買って、こっちに来たんだけど、みんなと、同じ村、同じ日本人と思っているんですよ。だから、野菜、今は畑つくるお仕事、みんな日本人、畑つくるじゃない、花植えて、だいたいそういう感じね。みんな何か、日本人やる、私も同じことをやらないといけないなあと思って。」
 I「日本人がやっていることをなんか自分もやるって……。」
 R⑴⑵「なんか自分もやる。」
 R⑵「だから、ごみ入れるところを掃除したり、周りみんな、夕方散歩するから、うちの前は、きれいじゃないと見た目悪いじゃないとか……そんな気分ね。（来日）前とまた全く違うね。」
 R⑴「違うね。私も同じ。（来日）前もそんな考えてないけど、今はちゃんと、日本の、私もずっと日本に住んだから。」
 I「やっぱりそういう、日本の人の習慣というか、それに自分も……」
 R⑴「入ってあるから、」
 I「入っているから、そういう感じがあるんですね。」
 R⑵「みたら（外見は）外国人ですけど、今は、だいたい、日本人の同じみたいであるからね。」
 R⑴「あと、時間、守る。」
 R⑵「なかなか、外国人守らないけど、日本人と約束したら、じゃあ、この時間に行かないといけないとか……。」
 R⑴「（日本人の感覚と）いっしょになってる。」

また、調査協力者の一人は、約20年ぶりに会った娘（イギリス在住）に、【日本人化】している自分を指摘されていた。また、東日本大震災の後の【日本への共感】も、彼女にとって日本人としての一員を感じさせる要素の一つだった。彼女は「ハチ公」の忠誠心とも、その感情を重ね合わせていた。

　I「あなたは日本社会の一員と感じますか？」
　R「feel.（感じる）。」
　I「なぜ？」
　R「私は、40歳くらいまではミャンマーね。あと20年は日本ね。…日本問題ね。テレビで見ました。私はフィーリングしました。今、地震ありますよ。……私のホテル（職場）で防災（訓練）しました。地震やファイヤー（火事）あるね。プラクティス（実地訓練）がある。……日本の問題ある。私は日本人と一緒。助けしたい。……それから娘（が最近日本に）きました。私はね、娘に会ってない。20数年。娘は『日本人は余り話さない。サイレント（静か）』と話す。……あとね、外に出たとき、自分のゴミをこっちという*。『ママ日本人と同じよ』、彼女がそう言ったから I think I'm one parts of Japanese.（私は日本人の一部と思う）。……地震あるから日本人と一緒。……渋谷のハチ公、私、犬大好き、オーナーさんを待ってる。私もまた同じよ。」**（ビルマ、女性）**

　*日本では静かに話をすることやゴミを分別することについて彼女の娘に説明している。

　また、滞在10年未満で滞在資格の無いビルマ（ロヒンギャ）の男性調査協力者は、出身国で「外人」扱いされ冷遇されていたが、日本では「外人」でも【開かれた平等な機会】があることを涙ながらに語り、それを高く評価していた。

　「自分では今日本人みたいな感じになってるんですよ。……（日本は）日本の国をどういうふうに発展させるか、いかに活動に参加させるか、誰もが目的をもっている。あなたはあなたの国を国際社会で有名にさせようとする。そうでしょ？　私の国では、私はビルマでは外人のように扱われているのを感じる。大学に行った後、私達は卒業してこの社会のメンバーになる。（自国では）私たちは外人として扱われているのでそれができない。……でも日本では私達はここにきて、外人だけれども、例えば、難民やなんかでも、私の子どもたちがここへ来て勉強することができる。日本の学

校に行くことができ、日本人のように行くことが出来る。彼らは彼らがなりたいものの権利をもっている。外人だったとしても。彼らは日本人のために働くために参加するチャンスをもっている。私は日本人の一部になる。その権利を彼らはもっている。彼らは日本人にもなれる。私は外国人だけど、私が（難民）認定されるなら、私は働くことができる。そう、それが理由……私はビルマ、差別の社会、支配された社会からきた。……私は日本に来て、私は魚のように太平洋にきたように感じる。私は私の国では感じない、私の場所のように……しかし、私は日本人じゃないけれども、私は統合されているように感じる、私はこの社会の部分、私の感じ。公式的には私は日本社会の部分ではないけれども、私は感じる、私の感じは、私は（日本）社会の部分だと。」**（ビルマ、男性）**

　ロヒンギャ族は、1982年の国籍法によって国民の規定から外され、不法移民としてビルマ（ミャンマー）政府から扱われている。移動制限、強制労働、資産や土地の没収、教育を受ける機会が奪われる等、民族的・宗教的迫害を受けている（渡邉 2011; 小田川 2013）。1978年と1991〜92年にはそれぞれ約25万人が難民化しバングラデシュに流出し、その後も周辺国に漂着が続いており、2012年にはラカイン州の多数派の仏教徒と衝突し多数の死傷者がでている（朝日新聞2014年11月29日付、2015年9月24日付）。

　滞在20年以上のビルマ人女性調査協力者は、ようやく最近になって日本社会に溶けこんでいると感じるようになった。彼女は自分が日本で【必要とされている存在】になってきたことを語った。

　　I「日本社会に溶け込んでいると思うか？」
　　R「最近になって少しづつ溶け込んでいる感じがしてきた。仕事を通して。介護の仕事をして……。私が休みのとき、次の日、（利用者の人が）何でいないの？　何で来ないの？　やめちゃったのかな？　と、求めている人がいる。会社としては必要としているかわからないけど。……自分の民族、困っている人のために関わることによって、自信をもつようになった。……言葉ができたこと……日本語ができたことで役に立つ、プラスに活かせる。……だから、若い人に日本語ができたことは損ではないと言う。日本で住んでいくには最低限必要と言っている。」（ビルマ、

女性)

(2) 否定的統合感——主観的統合の意識が低い

日本社会に溶け込んでいると感じられないとする理由は、制度的な排除で占められていた。【在留資格が無い】ことやそれに伴う送還の恐怖等が要因であった。

> I「日本の社会に溶け込んでいると思うか？」
> R「何もない。いつ送還する（される）かわからない。……気分としても……ビザがあれば、同じと思うかも……ビザが一番大切だね。」
> I「ビザが貰えたら日本の中にいるという感じがするのか？」
> R「そうだね。ビザがあれば。」**(クルド、男性)**
> R「日本に住んでいるけど、日本にいない感じがする。ドアあけたら日本人がいて、外出したら日本人ばかり……。ビザがすごい欲しい。心配していることが半分に減る。ビザがあれば、自分は働くこともできる。保険ももらえる。日本の入管はクルド人を差別している。クルド人は国はないけど文化はある。みんな難民申請をしている。たくさん書類……いくら出しても変わらない。クルド人でも難民の人にはビザ出してほしい。……みんな国籍ない。子どもは学校行ってない。……仮放免の子どもは保険がない。保育園や幼稚園いけない。子どもが家の中で大変。小学校は行っているけど。」**(クルド、女性)**

第1章第2節で述べたように、2005年クルド人難民送還事件で国際社会から批判を受けた日本であるが、その後もクルド人は条約難民として認められず、代わりにほとんどが人道配慮等在留許可者である。日本政府がクルド人を認定しない理由として、日本政府とトルコ政府の友好関係ゆえに、日本政府がトルコ政府のクルド人弾圧を認めないことが言われているが（クルド人難民二家族を支援する会 2005:162）、政府の公式な発表はない。「日本クルド文化協会」[19]の事務局長であるチョラック・ワッカスによれば、川口・蕨周辺のクルド人で難民申請した人のうち、300人余りが却下され、仮放免の状態であるという（朝

---

[19] ジャーナリストの根本かおる氏が入管の難民認定室にインタビューしたところ「クルド人が条約難民として該当する場合は認定する」という形式的な解答であった（根本 2013:76）。

日新聞2016年1月30日付)。

　日本に20年以上滞在し、既に安定した滞在資格を得た調査協力者は、自分から日本に積極的に溶け込もうと努力したようだったが、壁が立ちはだかっていたと感じていた。彼は職場で冷遇された経験をもち、また収容所でも送還の恐怖を幾度となく感じていた。

　　Ｉ「日本社会の一員、メンバーというふうに感じられますか？」
　　Ｒ「私はそれをずっと感じたかったけど、ずっと感じたくて、感じたくて、ただみんな私を逆に、遠ざけた。……みんなは、みんなじゃない、すべてのみんなじゃない。友達とか何人かは別だけど。」
　　Ｉ「自分自身は、日本社会に溶け込んでいるという感じはしない？」
　　Ｒ「ない。」
　　Ｉ「どうしたら感じるようになると思いますか？」
　　Ｒ「いつも必死でやってるけど、溶け込むため、いつも壁にぶつかってる感じ。」**(イラン、男性)**

　日本人の友人の多いイラン人男性の調査協力者は、友人たちには感謝しているが、日本社会の一員としては感じていなかった。一部の日本人は外人を受け入れるが、大半はそうではなく、外人を根本的に排除する制度的体質があると感じていた。彼は、日本は外国人の観光は歓迎するが、外国人の滞在については冷たく薄情であることを、あるインド人の例を取り上げ皮肉交じりに語った。日本のために30年余入管で翻訳等の仕事をしていたインド人が、結局強制送還されたという。そして、日本では「外人」は死んだ後も名もない存在として扱われると話した。

　　Ｉ「日本社会の一員と思えますか。」
　　Ｒ「だから、思うのは、一部の、私、偶然に知り合った人はすごい親切な人で、懐深くて、人をいくらでも受け入れて、私と他の日本人の差をつけなかったけど……。でも、根本的な話、俺はだから逆に、日本のシステムから見て、どのくらい日本は外人を受け入れにくく作ってるのか。だって、世界に声掛け、インドネシア、シンガポールとか、観光で日本に来てって言っていて……。昔、入管に収容されて、30年、インドの人、日本にいて、結局送還されて。ビザを１回、更新するの忘れて、その人

泣きながら俺に言って……。書類や資料とかそういうのを、日本語を英語にして、英語を日本語にして、訳してる仕事をやって……だから、30年、この国家にいるのに、強制送還して……それで日本のことを知らない人（外国人）にラブコールを送って、日本に（観光に）来て下さいという。その矛盾は、俺には分かんない。……昔、アメリカ人に言われて……一番寂しいのは、日本に40年いても、30年いても、多分死ぬとき、死んだら、例えばピーター死んだって言わないんだ。<u>あの外人死んだ。</u>外人は一生、外の人、内に入らない。他の先進国はどうやって外人を受け入れるか、そのための法律を作ってる。<u>日本の場合は、どうやって追い出すか、そのための法律（を作ってる）</u>。」（**イラン、男性**）

(3) アンビバレントな感情

調査協力者の中には、肯定的統合感を抱きつつも、複雑な感情を示す者もいた。

20年以上滞在し、日本語の読み書きも堪能なビルマ人男性は、【日本人化】する自分を日本社会の一員として感じながらも、他方で【身分が不安定】なことについて複雑な思いを抱いていた。また、統合を感じるためには、「つなぐ役割」の必要性を説く調査協力者もいた。

「それ（日本人の一員）は感じますね。……僕にとっても、日本来てから今まで、日本のお米、日本のお水を飲んで生きて来たことをやって、僕にとって第二のふるさとと思ってます。日本で日本人のように生活してましたけれども……今、在留資格ないことがとても寂しい。……20年以上経って生活してるのに、今、僕には身分証明書っていうのは何一つも無い。……お寿司でも納豆でもなんでも食べれますけども、生ものでも全部。自分は日本語で夢見たりします。海外と話すとき日本語で言っちゃったりしました。」（**ビルマ、男性**）

「（日本社会に）溶け込むしかないかな。溶け込むための架け橋としてS支援団体やX支援団体など、日本社会と私たちをつないでくれる役割の人が必要。困ったときは相談できる役割。そのおかげで日本社会にいられる。……私が日本に来て、前半のほうは、シャットダウンされている社会にいたので、20代の一番やんないといけないときに何もできなかった。30代の半ばから始まっているという感じ。……20代を考えると……学校に行ける

環境ではない。10年間を取り戻したい。その時から、今のような支援があって……今とは違うんじゃないかな。もう少し可能性があるから。今はこれからもっとがんばらないといけないと思っている。」(**ビルマ、女性**)

　一方、調査協力者の一人は、肯定的統合感とも否定的統合感ともいえない感覚を示した。ここでは便宜上、中間的立場としておく。彼は20年以上滞在している申請者であり、日本語能力も高いが、日本社会の一員とは感じていなかった。しかし、否定的統合感は彼の人生にとって肯定的な意味をもっていた。日本で英語教師をしていたことのある彼にとっては、逆に、外人であることはある種の【特権】であり、何らかの心地よさを感じているようにも見えた。

　　Ｉ「自分は日本の社会のメンバーだと思いますか？」
　　Ｒ「これはとてもいい質問ですね。自分の考えはずっとまだ外人です。……それで、たくさん他の外人たちもそう考えるんです。なぜなら日本はホモジニアスソサエティ（単一民族社会）です。ずーっと。……みなさんは同じ。ずーっと外人なかった。外人たちはずっとまだ外人ですと思います。でもクリスチャンだから、外人でも日本人でも私達は同じ人間です。」
　　Ｉ「自分が外人と思うのは、日本の中、社会に入ってない感じですか？」
　　Ｒ「僕の場合は入ってることできる。もしビザもらう、例えば、今のガールフレンド、もしできれば一緒に結婚すればスパウスビザ（配偶者ビザ）もらう。」(**アフリカ、男性**)

(4) 主観的統合の要素

　調査協力者の感じた主観的統合の要因となる要素は**表4-1**のようにまとめられるだろう。しかし、これらの要素は本調査の調査協力者が語ったものであり、一般化するには十分とはいえない。

　肯定的な回答としては、一つは、日本人の文化・慣習等への好意がある。これは、日本語や日本の食べ物等の文化、日本の安全性や先進技術等の日本社会全般に好意を抱いたり、尊敬の念をもっていることである。二つめは、日本社会への好意とも関連するが、滞在が中長期化するにつれ日本人の行動・ふるまいや態度に自分が同化してきたり、災害等で日本人が被害を被ると強く同情や

表4-1　主観的統合の要因となる要素

主観的統合	要因となる要素
肯定的（＋）	①　日本の文化・慣習等の社会全般への好意
	②　日本人化
	③　日本人との対等な関係
	④　外国人への寛容さ
否定的（－）	①　不安定な身分
	②　恐怖体験
	③　差別・排他的な社会

共感を抱くということである。三つ目は、日本人との対等な関係である。これは日本人とパートナーシップを持ちながら難民の利益になるために活動したり、日本社会で仕事等を通じて日本人から必要とされるような感覚をもつことである。四つ目は、外国人への寛容さである。これは、滞在が保障されれば、外国人でも教育や雇用のチャンスがあることや、外国人の存在自体が肯定的に働く社会の度量があることである。

　一方、否定的な回答から見る要因は、一つは不安定な身分であることだ。滞在資格の無いことや中途半端な滞在資格等が、生活関連施策へのアクセスを阻み、彼らの生活を生きづらくさせている根源と感じられている。二つ目は、恐怖体験である。不安定な身分から、常に収容や送還されるかもしれないという恐怖体験を味わっていることである。三つ目は、差別・排他的な社会である。日本人及び日本社会の彼らに対する差別的な扱いや外国人には不寛容な排他的な社会ということである。

　第2章第2節1の中で、現代の統合の概念の傾向として「彼ら自身や彼らの文化的アイデンティティの保持」及び「ホスト社会への参加」が統合のキーであることを示したが、本調査では、主観的統合の要素として前者について言及する者はいなかった。また先行研究におけるイギリスのアットフィールドらの調査（Atifield et al. 2007）では、難民が知覚する統合とは「機能的側面」（仕事をする、学校にいく、住居をもつ等）、「帰属と受容」（イギリス人と混ざること、滞在資格をもつこと、受け入れられていること等）、「平等とエンパワメント」（イギリス人と同等の権利をもつこと、キャパシティの開発等）であったが、機能

的面やエンパワメントの感覚については、本調査では明確ではなかった。

　これらの違いは、本調査が調査協力者に「統合」そのものの意味を問うたのではなく「日本社会の一員だと感じるか、あるいは日本社会に溶け込んでいると思うか」という個人的感情について質問したから生じたのかもしれない。また、さまざま社会サービスから排除されている本調査の協力者たちにとっては、機能面として何かを所有することや彼らのキャパシティを開発する機会が現実的に与えられていなかったために、それらについては思い及ばなかったかもしれない。

4　ソーシャル・キャピタルと主観的統合

　主観的統合に関して肯定的な難民あるいは否定的な難民の差はどこから生じるのであろうか。今回の調査協力者16人中10人は肯定的、5人は否定的、残り1人は中間的な立場であったといえる。彼らの人口的属性や人生経験等、多様な要因が複雑に絡み合い、それを単純化することは難しい。実際、調査協力者の性別、年齢、学歴、家族構成、職業（出身国や日本での職業経験）、滞在資格の違い、滞在期間の長さ、収容経験、日本語レベルの違いによって、主観的統合の感じ方に明確な差が出たわけではなかった。調査対象が少ないため一般化することはできないが、多少なりとも要因の一端を述べたい。

　本調査の関心として「調査協力者が豊かなSCを持っているならば、主観的統合は肯定的である」という一つの仮説をもっていた。実際、調査協力者の中には、主観的統合を高めるためには、支援団体等の日本社会との【接触やつながりを促進する媒介者】の必要性を説く者もいた。

　肯定的な調査協力者は、共通して職場や宗教集会、支援団体を通じてさまざまなタイプの日本人と交わり、橋渡し型SCが形成されているようであった。彼らの中にはエスニック・コミュニティや宗教的コミュニティによって結合型SCを形成している者もいるが、その中だけの関係にとどまっているわけではなかった。また彼らのほとんどは、災害ボランティアやホームレスの支援、日本と難民の架け橋としての役割を果たす、あるいはヒューマンケアサービス等の職場で働く等、互助的な活動に従事している。

　しかし、否定的な調査協力者の中にも、多くの日本人との関係に恵まれ、豊かな橋渡し型SCを構築している者もいた。また東日本大震災のボランティアにも行っている者もいた。そのため、必ずしも豊かなSCが肯定的な主観的統

図 4-8　肯定的な主観的統合の促進要因と障壁

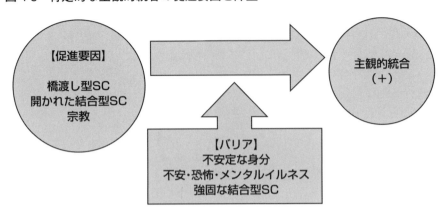

合を導くものではなかった。

　とはいえ、主観的統合を阻む要因として、否定的な調査協力者に比較的共通することは、民族的背景がクルド人とイラン人（それぞれ2名）であること、5人中4人が仮放免中であったこと、PTSDや精神的な悩みを抱えている等のメンタルヘルスに問題があることが挙げられる。精神的な問題は、終わりが見えない収容所生活や強制送還への恐怖あるいは制限された制度による生活不安等で引き起こされている。またクルド人は条約難民としての認定者がいないことや結合型SCが強いことで、否定的な回答となったことが考えられる。

　なおSCとともに「宗教」は主観的統合を高める要因の一つかもしれない。実際、肯定的な調査協力者はすべてキリスト教、仏教、イスラム教を信仰していた。「宗教」の礼拝や行事に定期的あるいは不定期に参加することは、つながりを深め結合型SCを高め、同時に他人への慈愛の精神を育んだり、物事を肯定的に捉える考え方を提供し、それは統合に肯定的に働く側面を持っているといえる。しかしムスリムの調査協力者が述べていたように、極端な原理主義は統合を阻むことにつながるかもしれない（図4-8）。

第5節　二国間の狭間で翻弄される難民

　前節でみてきたように、難民／申請者は、政府の政策・制度により人生や生

活が大きく左右されてきたといえる。ここでは、日本政府のみならず彼らの出身国の政府に対しての調査協力者の不満や要望を整理する。

1 日本政府への訴え

難民条約に加入しているものの、実態としては建前に過ぎないという調査協力者からの批判は多かった。

> 「日本って難民を受け入れているけど、形だけですよね。……（日本は）何年いても安定しない……子どもたちが無国籍のまま……子どもだけじゃない。今の私たちも無国籍。日本からも日本人ではないし、難民とも認めていないし……安定しない生活……安定しないまま生きている。難民のビザ……3年とか1年とか……3年に1回、更新……。私たちはいいんですが、子どもたちは将来がある。」（ビルマ、女性）

> 「日本は難民認めるって、世界に話したんだけど、ちゃんとどんなふうに認める、何にもなしで、ただ口だけいってサインしたみたい。だからほんとの難民なった人のために、国から何かやるかどうか、まだ決まってないみたい。」（スリランカ、男性）

(1) 安定した在留資格の要望

既述のとおり安定した在留資格を望む声は多かった。

> 「少なくても10年（滞在）の外人にオートマティック（自動的）にビザあげて下さい。なぜならこの人はずっと10年に日本にいるでしょ？ クライム（犯罪）ない。何か悪いことしなかっただから。ステイでもビザをあげたほうがいい。なぜならこの人は一生懸命に働いてました。悪いことしなかった。……少なくても10年。多分もっともっと下、5年ぐらい（でもいい）。」（アフリカ、男性）

(2) 包括的な総合相談窓口の欠如

難民／申請者に対するワン・ストップ・サービスのような政府の相談窓口が求められていた。調査協力者の中には条約難民として認められ、政府の難民支援機関から、定住に関わるサービスを提供されていた者もいたが、申請者につ

いては、最低限の生活保障しかなく、しかもすべての者が対象となるわけではなかった。

　また、既述のとおり人道配慮等在留許可者は、条約難民ではないため、政府の難民としての定住支援対象者からは除外され、また民間の支援団体の支援の優先順位は低くなる傾向がある。

　　「Ｘ支援団体とか支援してくれるところがいっぱいあるけど、政府側からの窓口がない。あれば、日本で住みやすい国と思う。……難民を受け入れているのだから、文化を理解して欲しい。いく窓口がない。子どもの名前を変えたいけど、難民だからどの窓口か……行くところがない。子どもは『通称名？ぼくの名前はどっちなの？』、入管は、大使館に行けというが、行けないでしょ。どこに行けばよい。区役所もダメ。国籍のない子どもはどうすればよいの。そういう制度はRHQの人はやってくれないし……日本のニュースみてると、その場だけで解決すれば良いやという感じ。日本政府はあと先考えずにやっている。」（ビルマ、女性）

　また、難民／申請者と制度やサービスの仲介役が求められている。

　　「区役所でもいろいろ支援があると思うけど、情報をもらえないとあるのかわからない。……制度があるけど使えない。……身近な存在で、もっと外国人であっても日本社会の公的（情報がもらえる）仲介役が必要と思う。」（ビルマ、女性）

(3)　既存のサービスへの要望

　RHQからの保護費を支給されている調査協力者は、その費用の少なさを指摘した。

　　「RHQからのやつ（保護費）は、４万円。少なくてもポケットマネー*は、８万円から10万円は大丈夫と思います。働いてなくても大丈夫です。……いま大変、すごく大変。そう。４万円、すぐ全部の分払いました。電車とか水道、電気、ガス払った。」（アフリカ、男性）
　＊ポケットマネーを保護費の意味として使用している。

(4) 法制度への不満

　日本人に対しては好意的でも、日本の法制度への不満は調査協力者たちが共通にもっている意見だった。

> 「もっと優しく（難民に）して欲しい、ほんとに……日本人は優しいけど、助けるは助けるけど、国の法律的にはそんなこと考えてないね。」**（スリランカ、男性）**
>
> 「どんな政府でも、その制度が。今の政権が決めた制度でもない。何十年前からあった制度が。あの頃はそうかもしれない、今の時代が変わったので。それによって、その制度に変えなきゃいけないことはあるんです。……今は時代が変わってきてる。」**（ビルマ、男性）**

　以下は、日本の制度についての矛盾を指摘するスリランカ人男性たちの対話である。偽装結婚や犯罪者と同様に扱われる難民に対する不満がある。彼らの1人は、妻と同居しているにもかかわらず偽装結婚と疑われ、婚姻関係が認められていない。

> R(1)「理由ある人にちゃんと（ビザ）やって（あげて欲しい）、理由ない人は（あげないで欲しい）……。」
> R(2)「ダメな人もいるんだけど、薬や麻薬とかで捕まって刑務所入って、また何年かして（外に出てくる）。」
> R(1)「そういう人は厳しくしていいよ。」
> R(2)「みんな同じ目で見るは、ダメ。だから、私、本当に奥さんと結婚している。入管もわかってるし、一緒に働いて……捕まる時も一緒に、寝ている時捕まって、このうちにも入管きたとき、一緒（だった）。でも偽装結婚に早くビザあげる。ホントの結婚にまだビザあげない。そういうところはおかしい。」
> R(1)「お金で払って、結婚してる人たくさんいる、ビザ貰ってる人。」
> R(2)「入管、いつも同じ話。結婚とき、昨日夜、何食べた？　うちの冷蔵庫、どこにある？　そういういろんな、同じものみたいに、話してそこで決める。日本はこんな技術持ってる国なのに、もうちょっとね、調べて……（ビザ）あげる（べき）人に早くあげて、ダメの人に、ダメって言って。でもお金払って結婚した人に、早くビザをあげている。」

R(1)「私は(配偶者ビザ)早くもらったけど、その時は、同じ人達まだ誰もビザもらってないから。みんな子どもいる人もいるから、それは、厳しいは厳しいけど、みんなかわいそうね。ほんとに大変なことだから。あと、悪いことやってる人が、外に出るは……なんか生活のためじゃなくて、もっとお金欲しいからやるから……麻薬は、お金もちのこと考えてやってるから。」

R(2)「そういう人をもっと厳しくして、何とか、日本で頑張る人たちに優しく、したほうがいいかなあ、と私は思う。」**(スリランカ、男性)**

(5) 諸外国と比較された支援の格差

　諸外国と比較しながら、日本政府の支援の不十分さが、多くの調査協力者から語られた。彼らの家族・親戚や友人・知人等は、日本以外に逃れ、そして安定的な在留資格を得て定住している。第1章でみたように、欧米先進諸国等は難民を大勢受け入れてきた実績があり、日本と比較して難民への保護・支援制度が充実しているといえる。

「アメリカに弟やお姉さんがいる。アメリカは支援がすごい。家賃もいらない。食料も仕事も探してくれる。サポートがある。」**(ビルマ、女性)**

「僕は日本へ来たけれども、もう1人一緒に活動していた仲間でアメリカ選んだ人が2年後に向こうで難民として認定されて10年後にグリーンカード。今8年後でアメリカの市民権取って、向こうで今安定してる。車も家も。そういう生活してるのに、自分がなんだっていうのは考えると寂しい。」**(ビルマ、男性)**

「友達は、ノルウェーとかアメリカとか、難民の人たちは自分たちで、家もっていて、家賃や光熱費いらないし……少し働いて、人間らしく安定して生活できている。……帰化ももらえるし……両親は、難民から帰化して、今はオーストラリア人。」**(ビルマ、女性)**

「その人(親戚)の娘、今22歳でニュージーランド。娘が言ったんだって。私たち、今、7年ニュージーランドへ行って、ここの国籍も持って、全部やって、こんなに寂しいのに、あなたはよく20年もあんな状況で日本で耐えてるのは、かなりのものを持ってるんじゃない、精神的に……(と言われ)。」**(イラン、男性)**

「私の友達は(シンガポール)で、その国のIDのようなものをもらってい

る。日本は、在留カード１枚。(日本の) 永住は７年で、また更新。永住の漢字の意味は何？」(**ビルマ、女性; 永住権取得**)

しかし、最近は西欧諸国も難民の受入れを厳しく制限し始めているため、日本で申請者に保護費が支給されることを好意的に思っていた調査協力者もいた。すでに保護費を支給されている者は以下のように述べる。ただし、他国に関する彼の情報が正しいかどうかは疑問である。

「日本の仮放免のアイデアはとてもいいアイデアです。……なぜかというと他の国ないです。ほかの国は仮放免のアイデアないです。アメリカとかイギリスとか、そう、すごく厳しすぎる。西国（欧米）は厳しすぎる。……いま仮放免ね、それでもRHQからもサポートできる。これとてもいいことです。少ないけど、厳しすぎるけど、でもとてもいいこと。この、このサポート。ほかの国にないです。イギリスにはない。……この仮放免はセカンドチャンスみたいですね。」(**アフリカ、男性**)

(6) 不確かな社会保障制度

日本政府の制度から切り離されている難民／申請者は、社会の構成員としての連帯の仕組みである社会保障制度について組み込まれていない。また貧困な生活ゆえに、社会保険料を支払うことができなかったり、社会保険制度そのものについての情報も不確かである。以下の２人の調査協力者は、20年以上日本に在住し、日本語能力も上級レベルの者である。

「年金は払ってない。介護保険は100円で保険料に入っている。」(**ビルマ、女性**)
Ｉ「保険は今どうなってますか？」
Ｒ「保険は国民保険。……社会保険と年金ないです。……年金は私は払ってない。私から払えない。」
Ｉ「雇用保険とかはどうしてるんでしょうね？」
Ｒ「それちょっとわからないですね。私もまだよく聞いてないです。」
Ｉ「そうですか。じゃあ今は保険としては国民保険。あとは本当は介護保険っていうのがあるんですね。40歳から。聞いたことあります？」
Ｒ「わからない。」(**ビルマ、男性**)

(7) 無国籍問題への対応の欠如

　ロヒンギャ民族の人々に対する無国籍の問題もあるが、難民／申請者の子どもの無国籍も深刻である。日本で出生した子どもは、難民／申請者の親が出身国の大使館に出生届の提出はできず、在留資格を得ても日本国籍を自動的に取得できるわけではない。無国籍であることは、国からの保護やさまざまな権利を付与されず、参政権が認められず、またパスポートを持つことができない。

　　「子どもの将来が心配……無国籍のまま大きくなって……壁が大きくなる前に解決したい。」（ビルマ、女性）
　　「子どもたちが無国籍のまま……子どもだけじゃない。今の私たちも無国籍。日本からも日本人ではないし、難民とも認めていないし……。」（ビルマ、女性）（再掲）
　　「普通考えたら、他の第三国行ってる人（第三国定住の難民）とかは、例えばUNHCRのレコグナイズ（認定）で……3年間か4年間か5年間かは決まって（る）と思うんですけど、一つは子ども生まれたら国籍もらっている。もう一つはオートマティック（自動的）みたい。3年間なったらあんた国籍申請できるよ。……申請して国籍もらってる。……時間たったら国籍もらってる。」（ビルマ、男性）

　チン族のコミュニティ議長は、高齢者の年金問題とともに子どもの無国籍問題も重大であると考えていた。彼女の子どもの一人は大学生であり、交換留学を考えているが、パスポートがないために、再入国許可書の申請手続きが必要と話していた（2015年11月5日談話）。滞在資格を得た条約難民であっても、出入国にともなう不便さはつきまとう。

(8) 困難な家族統合

　条約難民である調査協力者は、母国にいる子どもを呼び寄せたいと考えているが、子どもが養子であり成人しているため呼び寄せが実現していない。

　　R「私達は養子の娘が（本国に）いる。娘……私、もらいました。子どもないから、別の場所からもらいました。英語で、アダプト（養子縁組）……スリランカに住んでいます。……今、成人している。」
　　I「じゃあ、昔アダプトして、今は大きくなって……。その娘をこっちに

呼びたいのですか？」
　　R「できない……アダプトは、子どもは、6才の下だけできる。」(**スリランカ、男性**)

　日本の特別養子縁組制度では、子どもの実親との親族関係は終了し、法律上の親は養親だけになるが、養子となる子どもは6歳未満でなければならない。この調査協力者の場合は、自国において6歳以上で養子の手続きをとったために、日本の法律上は親子関係が認められなかったのではないかと推察する。

2　自国の政府に対する見解

　難民／申請者は、来日理由や背景が出身国の政治と密接に関わっており、それについて語りたい調査協力者もいた。本調査は、当初は来日後の生活について焦点を絞り聞き取りを実施する予定であったが、インタビューをする中で出身国の事情を語る者が多かった。難民／申請者にとって、来日理由は重要であり、彼らが難民性を主張しても入管に十分に理解されないことを物語っているのかもしれない。難民の出身国の事情を理解していなければ彼らの心情についての理解も難しいといえる。調査協力者たちは多様な側面から彼らの出身国について語った。

(1)　自国の政府との対立
　自国で職場を解雇されたり、夫が軍事政権と対立したり、民主化運動に参加して逮捕されたり等の経験をした調査協力者は、家族のこと、来日した理由や経緯について熱心に語った。

　　　「1980年代、旦那さんとarmy（軍）は喧嘩しました。……ミャンマーで。たくさんの大学生は亡くなった。旦那さんはデモやったから。私はDismiss（解雇）、私の名前は、イミグレーションオフィス（移民局）でブラックリスト（にのった）。外国に行けない。私の名前ありました。……しかし、一番大切なことは、私の話ちょっとだけ（聞いて欲しい）。……私は旦那さんと離婚しました。旦那さんは、刑務所から離婚手紙を出しました。On the paper.（紙面上だけ）……。これをイミグレーションに、ほんとに長時間、朝9時から夜9時までよ。説明します。」(**ビルマ、女性**)

母国での紛争により、家族・親戚が逮捕されたり、自殺や死刑を強いられたことを熱心に語る調査協力者もいた。また世代を超えて引き継がれている状況を語った者もいた。

> 「おじいさん。194XのＸ月Ｘ日から戦争になってるんですよ。それでおじいさんの子ども、私お父さんのおじいさんとかみんなそっち（ＸＸ同盟）に入ってるですよ。……おじいさんがペナルティ（penalty）（死刑）になってる。……それで197Xには私のお父さんの兄弟とお父さんのお母さんは、国境に逃げるのことになってる。それでずっとそれ同じも逆。奥さんのほうのお父さんの11人、兄弟の中も７人が国境にみんな逃げることなった。」
> **（ビルマ、男性）**

(2) 自国の政府の冷酷さ

　母国の冷酷さを知って欲しいと訴える調査協力者もいた。彼らが語った出身国の状況は、一般的な日本人の感覚では計り知れない悲惨な有様だった。
　イラン人男性は、母国での惨憺たる人権侵害の事例を示した。筆者のインタビュー中に、インターネットで公開されている痛ましい残酷な画像（首つりや公開死刑等）をみせて訴え続けた。インタビュー時間は３時間を超えたが、彼の話は止まらなかった。とりわけネットの詩人の例をあげながら、いかに「表現の自由」が封印されているかを語った。

> 「（最近）イランで女の人、15歳で、障害者ですよ。世界でも有名ですよ。（その）障害者（の女性）は、３人、男にレイプされて、レイプされた女が死刑になった。……イランの死刑は、すごい多くなってるんです。……歌手、２人歌ってるの。これ、歌の名前、パンとチーズと野菜、最低限のものを欲しいってのこと。結局、内容は、ほとんどサビの部分は、何で誰かこいつらを止めないの。誰かこの国を元に戻してくれない。いつまで声を殺すの。……この女の人（ネットの人を指しながら）、例えば、この人は今、刑務所で、５年も詩を書くのを禁止されてる。……この人の詩、これは英語、サブジェクト（字幕）です。こんな映像を見て下さい。……こんなふうに、何で18歳が選挙権持ってないのに、何で18歳の人を死刑にするんですか。……詩は書くことは禁止で、それで刑務所へ、……（表現の自由は）ないない、絶対ない。……だって、独裁者は表現の自由を与えたら、自分

の命取りになっちゃうから……あり得ない。」（**イラン、男性**）

　ビルマ人（ロヒンギャ）男性は、出身国で自分が受けた差別、とりわけ無国籍によるさまざまな差別について語った。大学に進学できないこと、移動の自由が制限されていること、強制労働等の問題が語られた。

　　「国籍ないから、学校入れないから、偽物の名前で大学に入ったんです。……198X年です。国籍の法律を作って、ロヒンギャ人たちはミャンマーの国籍ではない。……（大学は）1年目入ったんだけど、卒業できなかったんですよ。……（大学は）やめたんじゃなくて、やめさせられたんですよ。……警察に捕まって、3日間ぐらい警察に泊まった。……それ以上学校いかなかったんですよ。……例えばミャンマーでは、一つの村から村にいくときは証明がないとダメ。それは証明がもらうのもお金払うの。僕たちは外国人だから、ビザはないまでもそれは外国人みたい。……ミャンマーの自分の国で、一つの村から一つの村いけない。いつもforce labour（強制労働）、いろんな問題あったんですよ。自分のもの、例えば農園の物、農産物やら何かを私達からとって、お金をとって、そんな感じで……そんな差別があるんで……。」（**ビルマ、男性**）

　また彼は、日本と出身国を比較することによって、出身国においては政府や一部の特権階級の都合の良いように作られた世界で生かされていたことに気づかされたようであった。そして、正しく生きようとする日本人を手本として、自分自身の態度を改めたいと語った。

　　「日本人からいっぱい勉強したことがあります。……例えば日本人は嘘は一切言わないこと。仕事の時もがんばってること。……ミャンマーではそうじゃなくて、自分の心の中が一つ、唇から出てるのが一つ。……自分では、正しいことを言うことを自分の責任とそんな感じになったんですよ。……自分の性格が変わったのは日本に来て変わったんですよ。ミャンマーではすごいいじめられて、差別されて、学校でも行かなくって……。ミャンマーの政府は嘘のこといって、教えたんですよ。例えばこれは、iPadですよね。これはiPadじゃないの、ミャンマーでは。それを言ってるんですよ。そんな感じ。日本きてからは、Aは必ずA（であり）、Bじゃないで

すよ。」(ビルマ、男性)

　しかし、彼はそうした出身国の事情が理解されない日本政府には憤慨していた。

　　「自分の問題は国籍の問題ですよ。でも、ミャンマーのロヒンギャ人たちは、国籍の問題で難民じゃない（難民とは認められない）です。それは日本の政府は入管は認めない。理由は国籍の問題ではないことを言われたんです。でも、（本当のところでは）自分の問題は国籍。ほとんどのロヒンギャの問題は国籍の問題。今日本政府も知ってるんです。前は日本政府が難民を認めたのは差別のこと。それで、政治でデモンストレーションとかいろんなところで関係したら難民と認めているの。」(ビルマ、男性)

　日本政府はロヒンギャ族に対して集団として迫害を受けいている民族的要素を考慮せず、ロヒンギャ族を理由とする難民該当性を否定して、無国籍である彼らをミャンマーに強制送還させようとする（渡邉 2011; 陳 2013; 小田川 2013）。例えば2007年7月にビルマ弁護団が提訴したロヒンギャ難民集団訴訟では、地裁で20名中2名が勝訴し、ついで高裁では、1名については難民性を認められたが、残り16名は認められなかった。[20]

(3) 自国の政府と日本の関係

　スリランカ人男性2人の調査協力者は、彼らが組織するエスニック・コミュニティの主たる目的は、日本の難民制度の批判ではなく、彼らの出身国の支持政党の政権交代であった。彼らは難民問題で日本政府と対立することによって、日本と出身国との歴史的な友好関係を崩したくないと語った。筆者が、彼らのコミュニティの拠点を訪問した時に、室内には歴代の政党の長の写真が掲げられていた。彼らは日本の敗戦後、1951年に行われたサンフランシスコ講和会議の際に、スリランカの大統領が日本を擁護したことを誇らしげに話した。

　　R(2)「私たちは向こうの国の偉い人から、じいさんとか、そういう人から、

---

[20] 全国難民弁護団連絡会議「年別10大ニュース」(http://www.jlnr.jp/refugeenews/tenbiggestnews.html、2016年8月19日閲覧)。

いつも話して、日本でこのU団体やってるんだけど、そういう人達、いつも言うことは、あなたたち、U団体の名前でそれ（日本政府への反発）はやっちゃだめ。日本とスリランカは昔からすごいU団体の関係で仲良くだから、そういう日本の政府に反対ことはしたくない……。」

R⑴「そうそう。これは国からも言われているね。難民の人は、入管前、デモやって、みんな集めて、ガアガアやったら、ビザもらうかなあと思って、それは、私たちにも（難民申請者の人たちが）やって下さいって言うんだけど、私たちがやることは別、違うことだから、（私たちは）難民だけど、U団体の党の支部だから。」

R⑵「最初は、30人くらいで始まって、始まったから、私たちが思ってるのは、国の政府のチェンジ（政権交代）したいね。メインはね。」**（スリランカ、男性）**

第 5 章　考　察

　第4章で調査結果を提示しながら、その解釈及び分析を試みた。日本に中長期的に滞在する難民／申請者の過去から現在に至る生活実態、彼らの生活を支えるネットワークの実態、そして彼らのSCの特質を描いてきた。また、彼らが日本で難民として生きることへの心情、統合の感覚、日本の制度あるいは自国政府に抱く感情や要望等、彼らの心理・情緒的側面について明らかにした。
　筆者が調査した16人の難民／申請者たちの生活は、ひとりひとりユニークな経験をもちつつも、来日当初から現在に至るまで、安心・安全で自立した生活を営んできたということはできなかった。むしろ日常的に苦労の連続で、生活困窮にさらされ、基本的人権を脅かされてきたことが証明されたといえる。そして条約難民として認定された者ですら、決して安定した生活を営んでいるとはいえず将来的にも不安を抱きながら生活していた。彼ら自身が置かれた境遇や難民としての待遇に対する否定的な感情が多く語られた。
　彼らは不安定な滞在身分で日本の中で生き抜いていくためには、非合法的な手段で働くこともいとわず、職場のネットワークに大きく依存せざるを得なかった。いわゆる日本の主流社会である地域社会との接点はほとんどなく、日本人との関係は主に「親切な」雇用主や職場の同僚及び家主、そして支援者及び知識層や学生たちが中心であった。彼らのSCはそのような関係を通じて形成されていったといえる。彼らはそれぞれが特有な経験をもっていたが、きわめて特殊なケースというわけではなく、日本で暮らす難

民/申請者の普遍的な生活を提示したといえる。

　筆者の調査結果はなぜこのような結果を招いたのだろうか。以下、先行研究との比較を踏まえながらSC及び制度のエスノグラフィの観点からの考察を試みる。

1　ソーシャル・キャピタルに関する考察

　本研究は、難民/申請者の生活に大きく関連し、また社会統合における重要な要素であるSCに焦点を絞り、彼らの立場からのSCを明らかにした。

(1)　SCの全体像

　難民が移住先でSCを形成することの難しさは、先行研究（McMichael & Manderson 2004; Goodson &Phillimore 2008; Kivunja et al. 2014）でもみられたように、本研究の調査結果でも同様であった。出身国で築かれたSCは失われ、既に日本に滞在している家族や親戚を頼りに来日することはあったとしても、多くは最初から新たなつながりを形成するしかなかった。しかし本研究では、マクマイケルとマンデルソンの調査（2004）による戦争への影響による精神的問題や人間への不信感、あるいはグッドソンやフィリモアの調査（2008）にみられるような福祉依存や外出する手段がないことによる家庭内のひきこもりがSCの構築を難しくさせていることについては検証できなかった。彼らの調査は、合法的な滞在資格のある難民に対する一定レベルの定住支援のあるオーストラリアにおける調査であり、来日後に独自で住居と雇用を確保しなければならなかった日本の難民/申請者の状況とはきわめて異なるといえる。

　第4章第2節で示したように、本研究では、難民のSCを「仲間うちの結合型SC」と「歪な橋渡し型SC」として整理した。「仲間うちの結合型SC」とは、同族の仲間や宗教的なつながり等の同質のコミュニティで、しかしコミュニティとしては十分に組織化されていない脆弱なグループ間で培われたSCである。一方「歪な橋渡し型SC」とは、非合法的な形態で働くしかない職場や不当な扱いを受ける収容所という、本来は主流社会からは見えにくい場所で日本人との接触を基盤として醸成されたSCである。

　「仲間うちの結合型SC」においても、結合型SCの先行研究（Lamba, K. N. & Krahn, H 2003; A tfield et al. 2007; Goodson & Phillimore 2008; Kalter & Kogan 2014）でみられたように、物質的、機能的、情報的、情緒的サポートを担って

いることは本調査でも証明されたといえる。また結合型SCにみられる負の側面として、コミュニティ内の情報の誤り（Turner & Fozdar 2010）については、本調査の協力者の中にもみられた。難民申請における手続き上、間違った情報を同質のグループ内の友人から得たことで、いまだに現在の手続きに弊害が生じている調査協力者がいた。雇用については、同質のコミュニティから仕事を紹介されることが多いが、非熟練で不安定な職場が多いとする知見があり（Torezani et al. 2008; Goodson & Philimore 2008al）、本調査でも同様な結果がみられた。例えば、本調査協力者たちは飲食業、建築現場、工場等で単純労働の仕事を紹介されていた。

橋渡し及び連結型SCと雇用の研究（Val Tubergen 2011; Seibel & Van Tubergen 2013; Morrice 2008）では、受入れ国のフォーマルな機関の利用や受入れ社会の人々との接触等があるほうが、職業的地位が高いことが示されていた。本調査でも確かに部分的にそのようにいうことができるかもしれない。本研究での「歪な橋渡し型SC」において、多くは単純労働の仕事であったが、熟練工としてのキャリアを積むことができた者もいた。また人道配慮等により滞在を許可され、合法的に日本滞在が認められた3人の女性は、ハローワーク等のフォーマルな職業斡旋機関を利用し、職業訓練の機会を得て、専門職業（CAD、介護、美容）に従事し正規の職員として勤務することができたという例もみられた。

しかし、今回の調査協力者はすべてが申請という手続きを経ているため、申請中の間はフォーマルな制度の利用は制限され、例えば難民の支援団体が彼らを制度につなげ連結型SCを形成していくことはそもそも難しかった。また仮に人道配慮等による滞在を許可された者は、日本政府から難民として定住支援サービスを受けることができないため、制度についての知識や情報を得る機会がなく、先の3人の女性のように独自でハローワークにアクセスするしかなかった。他の調査協力者も「Social Welfare」（ソーシャル・ウェルフェア）の英語表記を偶然に見つけて、自ら地方自治体の福祉課に援助を申し込んでいた。さらにこのような難民ではない中途半端な位置づけは、支援団体からも「難民」としての支援の対象枠から外されたり、支援の優先順位が低くなる傾向にあった。これらは、主流社会の制度への連結を促進する仲介者の不在を意味するといえる。

地域社会の地元住民との交流について、グッドソンとフィリモアの調査（2008）では、難民女性の大半が地元住民と交流したい願望があったが、彼ら

の言語能力や自信のなさ、交流機会がないこと等が理由で、交流がないことを明らかにしていたが、本調査でも地元住民との関係は希薄であった。しかし本調査では言語能力というよりも、交流機会がないこと、あるいは彼らは生活するために長時間労働をせざるを得ず、時間的な余裕がないことが起因しているようであった。また、非合法な滞在であることの恥ずかしさや、難民について説明することの困難さ等も地元住民との交流を阻むものでもあった。また、地域社会とつながる機会がないことは、橋渡し型SCを構築するための仲介者や媒体プログラムと密接にかかわってくるが、先行研究では①宗教団体、②教育機関、③フォーマルな機関・団体や地域社会の体制等が橋渡しに貢献していたことが示されていた。しかし本研究の結果では、そうした仲介者やプログラムは未成熟であったといえる。カトリック、ムスリム、仏教等それぞれの宗教的団体に所属している調査協力者もいたが、宗教団体は地域社会との橋渡しの機能（Ryan 2010）を果たしているとはいえなかった。他方、フォーマルな機関・団体については、そもそも調査協力者は、主流社会の制度からの制限・排除があるため、それ自体の利用が困難であった。日本の場合、橋渡し型SCを形成するための仲介者は、もっぱら難民を支援する諸団体が中心に担っていたといえる。支援団体の中には、橋渡し・連結型SCの重要性を認識し、難民のエスニック・グループが地方自治体や地域社会とつながるような支援を提供していた例もみられたが、それはまだ発展途上の段階にあるといえる。

(2) SC構築の促進要因

　本調査結果から、SC構築の要因として、「安定した滞在資格」、「同質な仲間」、「宗教」、「親切な日本人」、「高い語学力」をあげたが、一方これらを阻む要因として「不安定な滞在資格」、「日本人による差別・排除」、「低い語学力」を示した。これらをより上位概念として集約するならば「文化資本」「社会的基盤」「制度」がSC構築に影響すると言い換えることができるだろう。

　これらの「文化資本」、「社会的基盤」、「制度」は、ピッタウェイ、バリトロメイ、ドーニーらの研究が提唱した「SCイネイブラー」（「個人のキャパシティ」、「コミュニティのキャパシティ」、「社会政治的要因」）の内容と重なる部分がある（Pittaway, Bartolomei & Doney. 2015; Doney, Pittaway, & Bartolomei 2013）。例えば、「文化資本」は「個人のキャパシティ」、「社会的基盤」は「コミュニティのキャパシティ」と「社会政治的要因」（のうち「多様な文化の尊重と受容」）、そして「制度」は「社会政治的要因」（のうち「適切で迅速な定住サービスの提供」、

「難民背景を持つ人々のスキル、資格、経験の認識」、「家族再統合の機会」）に相応するといえよう。

　まず「文化資本」については、個人の資質として、語学力以外にも、たとえば学歴、文化的教養、社交性という要素も関連しているかもしれない。本調査の協力者は、高学歴で（大卒、中退を含めると16人中10人）で、中長期的な滞在者に限定していたこともあり、ある程度日本語能力が高い人々であった。また調査対象者の選定において支援団体から協力を依頼し承諾を得た人物が中心だったため、人づきあいが悪いといえず、見知らぬ他人に自らのことを話すことができるという、社交的能力が高い人ということができる。また同胞のコミュニティ内では、語学力があることで通訳を引き受けたり等、コミュニティ内ではリーダー的な存在であった人も多かった。文化資本とSCは密接に関わりがあり、文化資本が豊かであれば、日本の主流社会への接触を図ることが容易になることが想定される。

　次にSC構築の要因として掲げた「同質な仲間」、「宗教」、「親切な日本人」は、難民を受け入れる土壌のある「社会的基盤」として説明できる。先行研究では、排他的でなく、寛容性があり、相互支援がある地域社会において、難民が肯定的な体験をしていることが指摘されていた（Spicer 2008; Atfield 2007）。スパイサー（Spicer 2008）の調査では、包摂のある地域社会は排他的な地域社会よりSCが形成されやすいことが明らかになっていた。包摂のある地域社会を構成する要素として、エスニック・コミュニティ、宗教団体、人種差別がないこと、住民が差異に寛容であること等が含まれている。

　最後に、「安定した滞在資格」は、受入れ社会の「制度」の一部といえる。「制度」は彼らのネットワークやSC形成に大きく影響を与える。「制度」は単独で存在するのではなく、複合的に交錯しているが、それについては次項の「制度のエスノグラフィ」でさらに考察する。

(3)　主観的統合と互酬性の規範

　本調査では主観的統合の肯定的要素として、「日本の文化・慣習等の社会全般への好意」、「日本人化」、「外国人への寛容さ」、一方、否定的要素として「不安定な身分」、「恐怖体験」、「差別・排他的な社会」として整理した。これらは他の先行研究とも類似していた部分がみられた。例えばアットフィールドらの調査（Atfield et al. 2007）では、イギリス人のような行動様式や文化を学ぶこと等が帰属意識につながっていたし、スパイサー（Spicer 2008）の調査では、

包摂的な地域社会が場の愛着につながることが指摘されていた。またマッケンジーとガンタリックの調査（Mackenzie & Guntarik 2015）でみられたように、人間関係での差別的な取扱いや対立は帰属意識がもてなくなることが示されていた。

　主観的統合について、本調査協力者16人中、10人は肯定的、5人は否定的、残り1人はどちらともいえない中間的な立場を表明した。肯定的あるいは否定的かについての差は、SCの豊かさとは関係がなかったようであった。すなわち、日本人との広範な交流関係があったとしても、制度的な壁や収容・強制送還への不安・恐れが、主観的統合を妨げる要因になっていたといえる。

　ここで、主観的統合と互酬性の規範との関連について考えてみたい。既述のとおり互酬性の規範は「均衡のとれた互酬性（特定の親しく恩恵を受けた個人に対して恩返しをすること）」と「一般化された互酬性（不特定多数の見知らぬ人に対する貢献）」に大別される。とくに「一般化された互酬性」は、社会連帯や調和に結びつき、社会統合においても重要な要素といえるだろう。スメッツとテンケイトのオランダの「地域交流システムサークル」の調査（Smets & tenKate 2008）では、仕事の関係のような利害関係が強い人のほうが「均衡のとれた互酬性」を、一方、仕事に固執しない幅広い交流関係を好んでいる人のほうが「一般化された互酬性」を招きやすいことが示されていた。本調査では、仕事へのこだわりや交友範囲の広さでの違いは確認できなかった。第4章第2節で示したように、本調査協力者には「均衡のとれた互酬性」と「一般化された互酬性」の両方がみられた。主観的統合で否定的な立場であった回答者ですら、「一般的互酬性」が顕著にあらわれていた。より具体的に言えば「在留資格がなく制度的に排除され生活困窮を強いられており、日本社会の一員とは感じていない。しかし、日本人の支援をしたい気持ちがあり、実際に何らかの形で行った経験をもっている」ということになる。これをどのように解釈すればよいであろうか。

　一つは、彼らは日本の制度については憎んでいるが、日本人全般についてはそうではなく、彼らにとっては日本は彼らの自国に比べると民主的で安全な国と理解されている。彼らは少なくとも、日本でサバイバルする上で、仕事上あるいは生活上の支援をうけるために日本人のボランティアや支援団体と大なり小なり関わってきた経験をもっていた。とりわけ、日本人で難民を支援する人は少数派で、難民のために貢献したいという人々に彼らは支えられてきたといえる。そのため、こうした日本人に影響され、特定の恩恵を受けた人への恩返

しのつもりで貢献意識が芽生えたのかもしれない。

また、東日本大震災のような大災害に対しては、国民という枠を超越して、人道的に援助したいという気持ちが沸き起こっても不思議ではない。彼らにとっては、被災者の境遇が「難民」という自らの過酷な境遇に重なり合い、共感的な感情を抱き、援助行動へと駆り立てたのかもしれない。

あるいは日本での存在意義を薄いと感じている彼らにとって、「一般化された互酬性」は存在の証明だったのかもしれない。仮放免中は、就労が許可されず実質的に何もすることがない。先のオランダの地域交流システムも、その目的は地元住民と交流することと同時に、日中何もすることが無いアサイラムシーカーに対して何らかの活動を提供することであった。それは彼らが地元住民にサービス（家事、保育、庭仕事、修理等）を提供することで地域通貨を得る仕組みであったが、地域貢献にもつながる活動だったといえる。

2　実際的な生活経験を解き明かす：制度のエスノグラフィからの考察

第2章第4節2で紹介したニコルズの調査（一人の難民青年の住居を探そうとするプロセス）の中で織りなされた軌跡を手本としながら、筆者の調査した難民／申請者の実際的な生活経験について制度のエスノグラフィの視点から考察する。

(1) 自然な成り行き

難民／申請者たちの立場（スタンドポイント）から眺めれば、彼らの物語の出発点は、生命の危険から始まる。本調査ではそれぞれの生命の危険については尋ねなかったが、彼らは出身国または従前の居住地で危険に遭遇したために、他の場所に逃げる選択をしたことは事実であった。「危険が迫っているのでその場を離れて逃げる」という選択は、全く不自然な行為ではない。そして彼らの逃亡先は「日本」であったが、なぜ日本なのか。16人の理由はさまざまであったが、概ね集約すれば「仲介者が紹介した先が日本だった」、「すでに家族・親戚がいた」、「入国しやすかった」という理由であった。彼らにとって日本は「たまたま」逃げる場所として都合が良かったにすぎなかった。緊急に逃げなければならない状況下で、日本を選択したことは合理的な理由といえる。

しかし来日後、彼らは直ちに日本政府に庇護を求めて難民申請をしなかった。2000年半ばに来日した3名を除き、残りの人々は数年あるいは10年以上経て申

請手続きをした者もいた。警察や入管に逮捕され、そこで初めて申請した者もいた。彼らはなぜ難民申請をしなかったのか。この疑問についても、彼らの立場（スタンドポイント）からみれば、申請しないという選択のほうが、極めて当然な選択であることに気づかされる。本調査結果から見えてきた彼らの心情は、「しばらく日本に滞在し、母国の情勢が安定したらすぐに帰国しよう」、「日本は通過地点で、その後、親戚のいる他の先進諸国に行こう」という日本滞在に執着したものではなく、また「生命の危険があるから、目立たず秘密裡に滞在したかった」、「日本で最低限の生活が営めれば、あえて難民申請をする必要はなかった」という申請の必要性を感じないものであった。そして最も多く語られたことは「日本に難民認定制度があることは知らなかった」、「誰も教えてくれなかった」のである。こうした状況は近年来日する難民には当てはまらないかもしれないが、1990年代に来日した者は、今と比べて申請者数や民間の支援団体数も少なく、またインターネットの普及も未整備で日本の制度の情報を得ることが極めて難しかったことが考えられる。

そして日本にしばらく滞在するが、母国の情勢は変化しないし、帰国すると危険が伴う状態は続いている。日本でさらに滞在するにしても、あるいは他の先進諸国に逃げるにしても、生きるためには働かなければならない。彼らは仕事を探し、生活を維持しようと試みる。1990年代は日本も景気が良く、多くの中小企業は働き手を求めていたので非正規滞在の外国人であっても仕事の獲得にはそれほど苦労しなかった。彼らの行動は単純できわめて自然な成り行きであった。

しかし、生活には福祉的諸問題はつきものであった。病気になったり、事故で怪我をしたり、失業したり、家賃が支払えなくなったり、あるいは子どもが生まれ経済的に苦しくなったり、子どもの教育の問題等、本調査で明らかになったように彼らは生活の諸問題に直面するようになる。また日本社会の情勢も変化し、バブル経済が崩壊し非正規就労外国人の取り締まりが強化されていく中で、警察や入管に捕まる事態にも遭遇する。

(2) 制度の適格性及び制度間の接合点の欠如

一方、日本の入国管理制度という立場（スタンドポイント）に立脚すれば、彼らの行動は異なって見えてくる。入国管理行政の基本方針は、日本の「安全・安心な社会の実現のため、厳格かつ適切な入国審査と不法滞在者等に対する対策を強化していくこと」であり、近年は日本経済社会に活力をもたらす外国人については積極的な受入れ

が推奨されている（法務省 2015:22）。入国審査は、日本の安心・安全を脅かす者を「排除」し、日本の利益になる者かどうかを「選定」する手続きである。入国管理制度は、合法的な旅券と査証等の必要な書類を入国者に要求し、入国目的や滞在日数に応じた在留資格を付与する仕組みである。こうした入国管理制度の方針指令（policy directives）に従わない者は、庇護を希望していても、日本に入国する「適格性」（eligibility）がないと判断され「不法入国者」、すなわち「犯罪者」となる。2005年の入管難民法改正以前は、「60日ルール」（庇護希望者は入国後60日以内に申請しなければならない。2005年の入管難民法で改正）が存在し、本調査の協力者の大半は「適格性」に欠けるものだった。また付与された在留資格は、例外はあるにしろ、通常は日本での一時的な滞在を許可するに過ぎず、状況にあわせて変更・更新するために入国管理局の事務所に行かなければならない規則になっている。筆者の調査の時点では彼らはそれぞれ合法的な滞在資格・身分等を所持していたが難民認定申請手続きをする以前は、「非正規滞在者」であった。そのため、一部の者は、入管の摘発や警察の尋問にあい「非正規滞在・非正規就労」が発覚し、強制収容所に収容された。

　調査協力者のうち、逮捕されたり収容されたりした者は、「行政官（administrator）」である警察や入管職員に初めて「生命が脅かされるので帰国できない」と話すことになる。ある調査協力者は「優しい」（彼の表現）警察官から「難民申請したらどうか？」と告げられ認定制度の存在を知ったと語っていた。調査結果の中で示したように、「行政官」の中でも本来の方針指令を超えて彼らの立場(スタンドポイント)に寄り添いを見せる者もいたが、それはニコルズが指摘していたように「他の誰かのために（彼らが）同じようなことをするかは不明」（Nichols 2008:696）である。入国管理制度から難民認定制度への接合点がいかなる形でなされるのか、それによって彼らの経験は異なってくる。

　調査協力者たちの時間差はあったが、最終的には彼らは難民認定制度の存在を知り難民申請をすることができていた。しかし申請によって彼らの生活が保障されるわけではなく、むしろ入国管理行政の管理体制下で、監視（モニター）された生活が開始された。難民認定制度は、第1章第2節1で示したように「難民の該当性」を判断する制度であり、難民調査官は、難民条約の規定に基づいた「難民」であるかどうかに関心がある。しかし彼らは、難民／申請者の日本での生活の困難さには無関心で、定期的に入管事務所に出頭するように要求する。これは申請者の日常生活のワークとして現れ、それは強制収容や送還の恐怖を連想させ（現にそこで収容された調査協力者もいたが）、彼らの生命・生活を

脅かすものであった。

　公的及び民間支援サービスへのアクセスについては、家族・親戚、同国・同民族出身者、あるいは収容所の中の人たちからの情報が中心であった。入国管理制度・難民認定制度の中では、彼らの日本滞在中の生活の権利保障についての情報は伝えられていないようだった。国際的に難民の生活保障・支援を提唱するUNHCRの日本事務所に直接訪問したら門前払いを受けた調査協力者もいた。実際UNHCRは直接的支援を民間支援団体に委託している。ニコルズの調査の中で難民青年がOW（社会福祉サービス機関）サービスを受けるためには、最初に電話でのアポが必須だったように、UNHCRの手続きに則った制度プロセスには彼のワーク（UNHCRに直接、訪問する）は当てはまらなかったのであろう。ある調査協力者が「民間支援団体はいくつかあるがその有機的な結びつきが分からなかった」と語ったように、難民／申請者にとっては制度間や制度プロセスの接合点は不明であったといえよう。彼らの情報は断片的であり、また間違った情報にも翻弄される危険性もあった。仮放免の調査協力者が最初の難民認定制度の手続きの段階で制度がよく分からずに同胞の友人から言われるままに手続きをし、それが間違っていたことに後から気づいたという発言があった。彼は「日本政府が外国人に日本のルールを正確に教えて欲しい」と切々と語った。一度の制制度のつまずきが人生の転落を招き、そこから這い上がることを難しくさせていた。

　在留資格・身分は密接に就労資格と結びついているので、日本語が堪能な者であっても、正規の滞在資格がない場合は、最近は就労することが難しくなっていた。申請者の経済的支援は、外務省の保護措置によりRHQが保護費を支給するが、支給対象者は「困窮度の度合いの高さ」を基準に面談により審査される。ここではRHQの方針に則る「受給資格」が検討されるが、少なくとも彼らの生活状況についての話を聞いてもらえる仕組みになっている。しかし申請者が保護費を得る彼らのワークは、申請者がいかにRHQの基準に応じて説明できるかの能力にかかっているようであった。ある調査協力者は、RHQの職員との面談は英語だったので「英語が話せる自分はラッキーである」と語っていた。もちろん彼の困窮度が実際に高かったのかもしれないが、受給資格を得る彼らのワークが制度側の方針にいかに合致して進められるかは、彼らの能力に左右されるかもしれない。

　条約難民として認定された者は、RHQによる定住支援の「適格性」をクリアしているため、定住支援サービスの提供に加えてメインストリームの社会

サービスへの橋渡しもされていた。しかし日本の難民認定者数は少なく、多くは人道配慮等在留許可者である。人道配慮等在留許可者には、入国管理制度と定住支援制度及び社会保障・社会サービス制度、そして地域の福祉サービス等との接合点は明らかではなかった。ある高齢の女性調査協力者は、生活保護を受給していたが、彼女自身がたまたま「Welfare（ウェルフェア）」という英語を見かけて自ら申し込んでいた。また20年以上日本に滞在する調査協力者でさえ「国民年金」には加入していなかった。ハローワークを活用して職業スキルを身に付けた協力者もいたが、その情報はエスニック・コミュニティ内で得たものであった。

(3) 制度が引き起こす難民のワーク形成

　彼らの生活では医療問題は深刻で、それは生活の困窮を導く要因にもなる。医療を受診する際の調査協力者たちのエピソードは、典型的な制度の複合体を象徴していた。医療機関にいくと、保険証の提示を求められるが、調査協力者の多くは保険証がなかった。正確にいえば所持したくても持つ資格がなかった。彼らが国民健康保険証をもつためには、居住する各市区町村の窓口で加入しなければならない。しかし市役所職員は「加入要件」をチェックする。「加入要件」には、在留期限切れの者や仮放免の者は加入できないとされている。2012年7月9日の外国人登録制度の改正により、加入要件は大幅に変更したが、それ以前は「外国人は1年以上の在留資格があるか、または客観的な資料等により1年以上日本に滞在すると認められること」が加入要件であった。市役所職員は、彼らの医療問題については関心がない。したがって調査協力者の多くは、その当時認定申請中の者は、加入要件がないと判断された。保険がなければ医療費は全額（それ以上の）支払いとなるため医療費が彼らにとって負担であった。医療保険制度の「加入要件」と入国管理制度の「在留資格」が連動し、難民申請者の受診の妨げになっていた。また医療機関は医療ニーズに応じて医療サービスを提供する場所であるが、医療従事者から在留資格や保険の有無のために嫌な思いをさせられた者もいた。しかし在留資格を懸念する医療従事者は、難民や難民認定制度について十分な知識がなく、ある者は民間支援団体に医療機関に対して難民について説明してもらうというワークによって、医療受診を円滑に行っていた。

　ニコルズの難民青年の例（社会保険番号がなければ、仕事にもつけず、住居も得られない。社会保険番号を入手するには、在留資格を証明しなければならず、そ

れを移民局で取得しなければならない）でみられたような現象が、本調査の協力者たちにも起こっていた。日本の入国管理制度、難民認定制度、そして社会サービスそれぞれの制度がその制度の方針指令である厳格な「適格性」の偏重の下で、支配的な社会関係が存在し、難民／申請者自身の生活諸問題のニーズに関心が向けられずに、またそれぞれの制度及び制度プロセスの接合点の欠如から、彼らのワークが形成され、彼らの実際的な経験が生み出されてきたということができるだろう。そして、このような彼らの経験は、憤り、悲しみ、怒り、落胆等の否定的な感情を抱かざるをえなかったことも十分に理解できる。

　しかし、このような過酷な状況を生き抜いてきた反面、調査結果では肯定的な統合の感覚を抱いている調査協力者は16名中10名と決して少ない数ではなかった。これは彼らのワーク能力の高さが影響しているかもしれない。今回の調査協力者は既述しているとおり、民間支援団体からの紹介者が中心であるため、このような団体を活用する能力をもっている人たちである。しかしワーク能力が低い人の実際的な経験は、いっそう深刻さを増していると予測される。

終　章

1　結論

　本研究で設定した問いに対して、結論をまとめる。

(1)　難民／申請者が経験した生活問題や課題

　調査協力者の多くは希望して来日したわけではなく、来日当初、日本は一時的な避難先あるいは諸外国へ移住する通過点であった。しかし自国の事情や他国への移住がかなわぬ中で、一過性の滞在から中長期的な滞在を強いられるようになった。とくに1990年代に来日した者たちは日本の難民認定制度の存在すら知らず、民間の難民支援団体も未成熟で、またインターネット等の情報ツールも未発達という状況の中で、自助によって難民であることを隠しながら秘密裡に生き抜くしかなかった。

　「在留資格が無いこと」及び「外国人」であることは、生きていくことを困難にさせた要因であった。調査で明白であったように「在留資格が無いこと」はメインストリームの社会福祉・社会保障制度が利用できず、難民に対する特別な保護・支援は制限されていた。それによって調査協力者たちの住宅、雇用、医療、教育等のあらゆる生活部面において困難を強いられていたこと、そして現在及び将来も不安を抱えながら生活していることが確認できた。彼らは生きるために非合法的に働くしか選択肢がなく、いわゆる非正規就労外国人と同様に３Ｋ職場において劣悪な労働条件で働くことを余儀なくされた。また「外国人」であることは、住宅確保において不利な状況（例えば、入居拒否、住宅の保証人獲得の難しさ、日本人が避ける劣悪な住宅貸与等）を伴うものであった。彼らは日本語を学習する機会も与えられず、独自で学習し、主に職場が彼らに

とっての学びの場であった。医療保険には加入できず、高額な医療費を支払うことに躊躇し、子どもの受診をも手控えざるを得ない者もいた。医療機関を受診した場合や出産時に医療行為を受けた者は、高額な医療費を請求されていた。

収容経験のある調査協力者は、自由が制限され、適切な医療が与えられず、犯罪者との同室を強制される等の収容生活を送り、退所の見通しがない不安や送還される恐怖を味わっていた。退所に際しては、保証人や高額な保証金も要求されていた。収容から解放されたとしても、定期的な入管の面接があり、管理・監視は継続され送還の恐怖は常につきまとい、「仮放免」の身分では就労は許可されず他人に依存せざるをえない生活を送っていた。収容経験は、難民に身体的及び精神的な苦痛を与え、調査協力者の中には、PTSD等の精神疾患を患い治療を続けている者もいた。難民保護というよりもむしろ人権侵害の事実も明らかになったといえる。

また、申請後、在留資格を得た調査協力者は、必ずしも生活が安定したわけではなかった。条約難民として認定された調査協力者の一人は、定住支援プログラムの恩恵を受けることができていたが、その一方で、人道配慮等によって滞在資格を得た者は、難民として特別な保護や定住支援が提供されるわけではなく、引き続き自助による生活であることには変わりなかった。定期的に滞在資格の更新をしなければならず、子どもの無国籍の問題や年金のない老後の不安を懸念していた。本調査の結果は、日本の難民／申請者に関する先行調査と同様に、生活の社会的保障のない不安定な生活困窮の一端及び人権が侵害されてきた状況を明確に示したといえる。

⑵　難民／申請者の生活問題とソーシャル・ネットワーク

彼らの生活を支えるネットワークは多様であったが、第4章第2節1で示したように、異質／同質及びフォーマル／インフォーマルを軸に次のように4つに整理された。

　①同質・インフォーマルなネットワーク（同国人・同民族出身あるいは同宗教の人びとのつながり）
　②異質・インフォーマルなネットワーク（異なる背景をもつ人びとのつながり）
　③同質・セミ及びフォーマルネットワーク（同国人・同民族出身あるいは同宗教の人びととの組織的なつながり）
　④異質・セミ及びフォーマルなネットワーク（異なる背景をもつ人びととの組織的なつながり）

これらの複数のネットワーク密度の濃淡は、時代と滞在資格の有無に左右されていた。
　1990年代は、組織的なフォーマルなエスニック・コミュニティや民間支援機関の数が少なかったり、未成熟であったために、調査協力者たちはセミ／フォーマルなネットワークに頼ることはできなかった。そのため、とりわけ1990年代に来日した調査協力者にとっては共通して、同質あるいは異質なインフォーマルネットワークが、彼らの雇用や住居等の生活手段の獲得や情緒的なサポートを支えていたといえる。異質なインフォーマルなネットワークは、非正規就労外国人が絡んだ裏社会のネットワークといえるが、調査協力者たちにとっては日本社会を生き抜いていくには必須なつながりであり、日本社会を学ぶ場でもあり、また窮地に陥ったときの頼れる影の功労者とのつながりでもあったといえる。
　2000年以降になると、民間の難民支援団体・機関や弁護士団体、一部の国・民族においてはエスニック・コミュニティが形成され、それらの認知度が高まってくると、同質あるいは異質なセミ／フォーマルなネットワークから情報や支援を得ることが容易になってきたといえる。また、異質なセミ／フォーマルなネットワークは、その中で他のサポート源につながりやすい利点をもっていた。例えば、難民／申請者が民間支援機関とつながることによって、RHQや公的サービス機関につながることが容易になった。ただし、難民の類型によりサポート源へのアクセスは異なり、つながった関係が途絶える場合もある。例えば滞在資格の有無により、公的サービス機関へのつながりが制限されたり、人道配慮等により滞在資格を得た場合は、制度上、難民には該当しなくなったので難民申請中の時よりも難民を支援対象とする支援機関との関係が希薄になる傾向があった。

(3) 一般の日本人・地域社会との関係

　調査協力者が主に交流しているのは、職場関係の日本人、支援団体の職員、難民問題に関心のある知識層や大学生等が中心であった。また家主は一部の難民にとっては関係が深くサポーティブな存在であった。一方、難民が居住している地域社会では、異質なインフォーマル及びセミ／フォーマルなネットワークはほとんどみられなかった。彼らは滞在資格がなく難民であることを隠し地域の中で潜伏していた時には、とくに地方自治体等のフォーマルな機関に逮捕され送還されることを恐れて近寄らなかったといえる。在留資格を得た調査協

力者ついては、地方自治体との関わりは税金、保険、外国人登録証等の事務的な手続きが主であった。自治体職員には好意的な印象をもっている者もいるが、制度的な厳しさや役所による制度運用の違いも指摘され、自治体の職員の積極的な支援への関与はみられなかった。

　民生委員、社会福祉協議会、自治会、地域国際化協会というようなセミノフォーマルな団体とのつきあいもほとんど見られなかった。このような団体と関わりがあったとみられる調査協力者もいたが、彼らが当該団体を正確に理解しているとは言い難かった。近隣とのつきあいは希薄であり、あいさつ程度の関係がもっとも多く、外国人や同国・同族人出身者だけが集住している賃貸住宅に住んでいた調査協力者もいた。地域社会の行事への参加、災害時関連の地域の取組に関わる参加はほとんどなかった。ただし、これは難民に限ったことではなく、一般の日本人でさえ地域社会との関係の希薄さはあるといえるだろう。

　留意すべき点は、難民が地域社会と関わるにあたり、難民の中には滞在資格の無いことの恥ずかしさ、また難民についての説明をすることの面倒さ等もあり、地域の一般の日本人の輪に入っていくことは難しいように思われた。また、彼らは生活に追われ働くことに忙しく、地域参加をする時間的余裕がなかったと考えられる。

(4) 難民のソーシャル・キャピタル構築とその特徴

　調査協力者たちは、本国で培ったSCを喪失し、日本社会で生きるためには新たなSC形成に励むしかなかった。彼らのSC構築の道は多様であり、すべての者は滞在資格のない時期を経ていることから共通する部分が見られた。本研究では、第4章第2節7で示したように、彼らのSCの特徴を①仲間うちの結合型SC、②歪な橋渡し型SCに大別し、調査協力者によって、どちらかに偏重または両者を含んでいる場合があることを提示した。前者は日本の主流社会との接点が少なく、同質の仲間と交わりながらSCを形成し、後者はアンダーグラウンドな職場や収容所という特殊な場を通じて異質でインフォーマル／フォーマルなネットワークによってSCが形成される。

　難民のSC構築での最大の障壁は、制度の問題が前提であることは、調査協力者全員に共通していたといえる。その問題を除外した場合、SC構築において重要な点は以下、整理された。一つは結合型SCの構築では、【一定規模の同国・同族出身者の仲間】が必要であり、また【宗教】の礼拝や儀式・集会に出

かける敬虔な信徒の場合は、その場でSCを培うことが可能になっていた。橋渡し型SCの構築に関して、職場は格好の場であるが、雇用主や従業員の中に【親切な日本人】がいることが必要不可欠であった。こうした【親切な日本人】との接触が、彼らが居住する地域社会に拡大すれば、さらにSC構築が期待できると思われる。ただし第2章第1節1のSCの批判で述べたように、SCは地域社会や民間の善意をあてにして社会問題の軽減や解決を図ろうとする側面をもっているため、制度的問題に目を向けることを遠ざけてしまうかもしれない。SC促進においては、難民の生活保障における制度の障壁は決して無視されるものではないことに留意しなければならない。

【語学のレベル】は、とくに連結型SC構築において有利に作用していたといえる。語学の上達が、日本語での求職情報を得る機会を増やし、雇用確保のネットワークを拡大し、キャリアアップにもつながることが本調査から示唆された。また支援団体等からの講演依頼を受けやすくなり、日本社会の中で難民への理解や難民の地位向上を図るための参加にも結びつくことになる。従って、以上をまとめると考察でも述べたように、「文化資本」「社会的基盤」「制度」がSC構築に影響を与えるということができる。

一方、調査結果によって、社会的橋渡し・連結を促進する仲介者が、未成熟であることが明らかになった。調査協力者の職場が彼らと日本人や日本社会をつなぐ場として機能し、SC構築に貢献したともいえるが、しかし、繰り返し述べているように、彼らの職場は非正規外国人が働く場もしくは日本語のコミュニケーション能力を必要としない場（工場の工員、清掃、飲食業の洗い場、農家等）であり、秘密裡な側面をもっていた。また宗教団体は、海外の先行研究にみられるように社会的橋渡しを積極的に促進する仲介者であるとは本調査ではいうことはできなかった。

セミ／フォーマルな難民の支援団体・機関にアクセスできた難民／申請者は、そこから主流の日本社会へつながることが可能になっていたが、彼らの居住する地域社会に結びつくには十分ではなかった。調査協力者は役所や地域国際化協会また地域の福祉関係者との積極的な関わりはなく、地域社会とのつながりは希薄だった。民間支援団体の中には、エスニック・コミュニティと地方自治体の社会的橋渡しの促進を難民とともに試みようとしていたが、それはまだ発展途上であったといえる。在留資格や参政権のない難民／申請者の立場が、より社会的連結を困難にさせる要因でもあるだろう。

また、個人の職業的地位向上については、社会的結合よりも社会的橋渡しの

ほうが寄与することが、調査協力者の職業の変化により明らかになったといえる。しかし人道配慮等で滞在資格を得た調査協力者は、独自で公共の職業機関にアクセスし、非熟練労働から移行し専門職の地位を得ていた。制度上、難民に該当しなくなった人道配慮等在留許可者については、援助枠から外れ、日本の主流社会に橋渡し・連結する仲介者はみられなかった。

互酬性の規範については、調査協力者たちには「均衡のとれた互酬性」及び「一般化された互酬性」の両方がみられた。彼らは一方的に支援されるという受動的な立場というよりは、支援する側としても主体的・能動的に働こうとしていた。同質のエスニック・コミュニティで助け合う者、お世話になっている支援者への感謝のための恩返しをする者、東日本大震災をはじめとして災害時の救援活動を行う者、ホームレス等の支援をする者等、さまざまな互恵的な関係がみられた。彼らの生活とは裏腹に日本社会への貢献を望む発言が多かった。

(5) 難民として日本社会で生きること、そして将来の展望

調査協力者にとって「難民」としての表明は、自らの申請あるいは入管や警察等による摘発や逮捕による暴露から始まっていた。しかし、表明したとしても適切に保護され、安全・安心な生活が保障されるわけでは全くなかった。

第4章第3節2で明らかにされたように、調査協力者にとっての「難民」とは「主観的存在のない存在」、「客観的存在が認知されていない存在」、「人権が侵害されている存在」、「永久難民としての存在」であった。そこには「難民」にこだわりをもつ彼らと「難民」を不透明な実体のないものとしてみる日本社会との間に大きな認識の隔たりがみられた。

彼らの日本社会での「生きづらさ」は、多くの否定的な言葉で語られ、焦燥、喪失、屈辱、忍耐等の失意の感情に支配されていた。しかし難民としてのプライドも垣間見られた。彼らは非正規就労者になりたくてなったわけではなく、ならざるを得なかったことや、犯罪者とは異なること、信念をもっていること等も語られた。

彼らは「生きづらさ」を抱えながらも、将来の展望については、悲観的及び楽観的な声の両方が聞かれた。在留資格のない不安、老後の不安が語られた一方で、夢や希望を語る者も多かった。仕事のスキルアップを希望する者、ビジネスをしたい者、子どものより良い将来を望む者、母国の民主化を望む者、社会貢献したい者、帰国して起業したい者等で多様であった。筆者の予想以上に、彼らは前向きな生き方を目指していた。これは、本調査の対象者が既に支援機

関とつながっていたり、日本語での調査に対応できるほど語学レベルに自信があり、自尊心が高く社交性に富んだ人々であったことが影響しているかもしれない。なお調査協力者が悲観的または楽観的展望を抱くかどうかの差異と、人口学的特質や滞在資格、収容所の経験あるいはSC等の関連は見いだせなかった。

(6) 難民の主観的統合とソーシャル・キャピタルとの関連

調査協力者の一部には、来日前に日本の文化や技術力の高さ等の漠然としたイメージや情報をもち、日本に憧れを抱いて来日した者もいるが、大半は、日本社会の具体的イメージを描かぬまま来日していた。しかし中長期的に日本で生活するにつれて、日本の治安の良さや平和であること、日本人のマナーの良さや高い技術力、前向きな精神を評価するようなポジティブな側面が多く語られた。日本人との差別・排除の経験が少ない調査協力者は多かったが、そもそも一般の日本人と十分な接点をもたない者もいて、抽象的な日本人像として捉えられていた側面もあった。

主観的な統合については、本研究では日本社会の構成メンバーとしての所属の感覚について調査協力者に尋ねたところ、肯定的な感覚をもつ者は10人、否定的な感覚をもつ者は5人、中間的な立場の者は1人であった。肯定的及び否定的な感覚の要因はさまざまであった。第4章第4節3でみたように、本研究では、肯定的な感覚の要因となる要素は①日本の文化・慣習等の社会全般への好意、②日本人化、③日本人と対等な関係、④外国人への寛容さ、一方、否定的感覚の要因となる要素は、①不安定な身分、②恐怖体験、③差別・排他的な社会として整理された。

さらに主観的統合に関する肯定／否定的感覚の差が生じる原因について、SCとの関係から考察した。最も興味深かった点は、SCが豊かである調査協力者が、必ずしも主観的統合において肯定的ではなかったという点である。そのため主観的統合の促進要因とともにそれを阻む障壁について説明した。第4章第4節4において、主観的統合の肯定的感覚につながる促進要因として、「橋渡し型SC」と「開かれた結合型SC」、そして「宗教」を提示し、他方、障壁要因として「不安定な身分」、「不安・恐怖・メンタルイルネス」そして「強固な結合型SC」として整理した。

(7) 日本政府及び自国政府への訴え

　調査協力者の人生や日常生活は、日本及び自国の政府の方針・制度に翻弄され、規定されるものであった。そのため、彼らの両政府への不満や憤りそして要望が噴出された。

　日本政府に対しては難民条約に加盟しているにもかかわらず、諸外国と比べて適切に保護していないことや法制度への不満が語られた。具体的な不満として、安定した在留資格提供の欠如、難民に対する包括的な総合相談窓口の欠如、難民への保護サービスの不十分さ、社会保障制度からの恩恵の無さ、無国籍問題、家族統合の困難さ等が挙げられた。

　他方、自国の政府に対する見解として自国の政府との対立や自国政府からの冷遇が語られた。

　自国の事情を十分理解せず難民認定をしない日本政府への憤りをもっている調査協力者もいれば、自国の事情と日本の難民認定制度を切り離し、日本政府とは対立したくないという思いを抱いている者もいた。難民認定や滞在資格を切望しながらも、日本社会と上手くやっていきたいという前向きで複雑な心情であるといえる。

2　仮説

　本結論から導き出される仮説として、SC構築の支援枠組みというイメージ図6-1としてまとめた。これはカナダ精神保健協会が提案しオンタリオ州政府に採用された精神障害者への支援の枠組みに着想を得たものである（Pape & Church 1987）。

　難民／申請者の自立した豊かな生活を保障し、彼らと受入れ社会の双方向のより良い社会統合を実現するには、SCを構築することが必要である。しかし、現在の難民／申請者たちの境遇は、制度や民間の支援団体との支配的・制約的な垂直的な関係の中で、依存的・受動的な生活を強いられているといえる。そこでは調査結果でみられたように、難民／申請者たちの多くは、否定的な感情を抱かざるを得なかった。第2章第1節1で述べたようにSC構築においては、垂直的なネットワークよりも水平的なネットワークが密になるほうが、人々は相互利益に向けて協力的に働くとされている。したがって、難民／申請者と彼らの周囲との水平的な交流が活発化すれば、彼らの自立的・能動的生活が導かれ、肯定的な感情へと変化し、さらには互酬性の規範が醸成し、日本社会への

図 6-1 SC 構築の支援枠組み

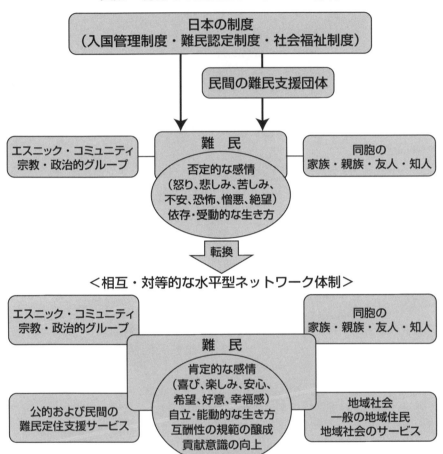

(参照) Pape and Church(1987) Community Reinvestment In J. Trainor, E. Pomeroy, & B. Pape (Eds.), Building a framework for support: A community development approach to mental health policy. Toronto, on CMHA. の支援の枠組みを下に、筆者作成。

統合や貢献意識も高まることが期待される。垂直型から水平型ネットワークへの転換を促進させることが、難民／申請者及び日本社会のSCが豊かになることにつながるだろう。そのためには、そのような転換を図る仲介者が必要であ

り、その役割の担い手として社会福祉専門職の寄与が期待される。

3　福祉実践への示唆

　最後に、本研究の結果を踏まえ、福祉的な援助実践への示唆を述べる。

(1)　難民認定申請者の人権擁護とセーフティネットの保障

　本研究で語られた難民／申請者の生活は、来日直後から現在に至るまで、安心・安全な生活が保障されているとは全く言い難い状況にあった。調査協力者の過酷な生活実態や負の感情が生まれる背景は、制度的な要因が大きく影響していた。「難民」の類型によって身分は異なり、その違いにより日本の社会制度の利用が左右されていたが、とくに在留資格がなく就労が許可されない場合は、生活関連施策から完全に排除され自立した生活が妨げられていた。さらに強制収容所への送致は、彼らに身体的・精神的な苦痛を与え、難民の自国と受入れ国である日本の両国からの二重の人権侵害とも言わざるを得なかった。

　彼らは職場を通して出会い親身に助けてくれた日本人や支援団体の職員に感謝しつつも、日本の法制度への不満や要望を多く語った。法律の専門家たちが、法制度の壁に立ち向かいつつも疲弊している様子も調査協力者の語りから伺われた。滞在資格のない対象者にとっては、安定した滞在資格や難民認定されるという身分保障の獲得は共通した喫緊の課題である。調査協力者の大半は日本語も流暢に話し、日本語で思考し、日本の生活にも馴染み、日本で真面目に暮らしている。長期滞在者をいつまでも先の見えない不安定な身分なままの状態に放置しておくことは、日本政府の非人道的な対応と言わざるを得ない。自分自身のことを「動物みたい」と語った調査協力者の言葉に代表されるように、人間としての尊厳や人間らしい生活が奪われてきた悲惨な人生の一端が本調査によって明らかになったといえる。

　こうした状況を解消・打開するためには、まずは、長期にわたる申請者や仮放免の者については、強制送還の防止及び適切な滞在資格を与え、速やかに難民認定手続きを実施することが必要である。またその間、適切な保護または就労の許可を与え、彼らの生活を保障することが求められる。

　中長期的には、難民認定の対象となる範囲を拡大し、また難民認定申請者も潜在的な難民として補完的保護の必要な対象として制度的に位置づけることが重要である。既にみてきたように日本の難民認定数が少ないことや難民の定義

が狭いことは、国内外から批判を受けている。現在の難民の保護制度は、申請者の一部に対する恩恵的な保護費の支給のみであり、難民認定後に初めて本格的な定住支援が開始される仕組みになっている。しかし審査結果がでるまでに一定の期間がかかり、その間の申請者の生活は保障されていない。そのため申請段階から補完的な保護の必要な人々として、彼らの保護のための受入れ施設を整備し、同時に認定手続きを実施するような一元的な仕組みを創設すべきであろう。そして、その延長上に定住・統合支援を位置づけ、切れ目のない支援サービスの提供が必要である。2010年度に入管難民法の運用面が改正されて以来、制度の濫用や偽装難民の問題が危惧されているが、申請の段階から政府が適切に関与することにより、その問題は回避されやすくなると思われる。国際社会福祉の観点から、国境を超えた普遍的な人権擁護とセーフティネットの保障は然るべき対策であると考える。

(2) 人道配慮等による難民への継続的支援の必要性

日本では条約難民数は僅かであるが、一方で人道配慮等在留許可者数は圧倒的に多い。正規に滞在資格を得ることはできたとしても、その資格を得た調査協力者たちは、引き続き不安定な生活をおくっていた。定期的な在留資格の更新、そのための出費、子どもの無国籍問題、海外渡航の際の不便さ等が常につきまとう。

人道配慮等在留許可者は日本政府による判断では難民に該当しない人々である。調査協力者が述べていたように「難民でもなく、難民でもある」という中途半端な位置にある。政府は「人道配慮」という名の下に、一見、寛容性を示しているようであるが、実質的には、難民に対する特別な保護や支援に関する政府の役割を放棄している。また政府に限らず、難民／申請者を対象とする民間支援団体も、もはや難民と該当しなくなった人道配慮等在留許可者への援助を手控えるという例も調査協力者の語りから垣間見られた。筆者は、長年、多くの民間支援団体に関わっているが、これらの団体の職員及び資金の慢性的な不足のために、支援対象者に優先順位を付けざるを得ない状況にあることは理解できる。

人道配慮等在留許可者は、日本に中長期的に滞在する外国人同様に日本人に準じる待遇は保障され、調査協力者の中には、生活保護受給者、公営住宅への入居者、ハローワークを通じて職業訓練を受けて就職できた者もいる。とはいえ、そうしたサービス利用のアクセスについては、本人自らが手探りで探し求

めたり、同胞のグループ内で情報を入手したり等、それぞれ苦労しながら、ようやくサービスにアクセスできていた。彼らをメインストリームの社会サービスにつなげる適切な相談窓口は見当たらず、まさに彼らは制度の狭間に置かれていた。

　このような人々に対して、条約難民同様に、定住のための安定した在留資格の付与、一定期間の語学学習や日本の社会的制度についての研修、適切な就労支援等の定住支援サービスの提供及び難民特有の問題への対応をする必要がある。

⑶　ソーシャル・キャピタル構築の促進に向けて
　欧米のソーシャルワークまたは日本の地域福祉とSCに関する先行研究でみられたように、ソーシャルワーク・福祉分野へのSC活用の有用性は、難民支援の領域で十分に発揮できると考える。福祉専門職は、ソーシャル・サポートやネットワークを超えて、そこから生じた社会的相互作用の副産物（Hawkins & Maurer 2012）としてのSCに着目する必要がある。

1）　開かれた結合型SC
　調査協力者である難民の語りや支援団体の職員の話から推察すると、エスニック・コミュニティや宗教的コミュニティのような同質な大規模かつ強固な組織的共同体が確立されていたとはいえない。コミュニティは凝集や分裂を繰り返しながら、いまだ発展途上にあった。もともと日本の難民の母数が多いというわけではないので、どちらかといえば少数のグループや友人の仲間うちでの相互関係が中心であるといえよう。
　結合型SCは、ソーシャルワーク実践におけるコミュニティのキャパシティ・ビルディングに相応するといえる（Healy & Hampshire 2002; Aguilar & Sen 2009）。また結合型SCは、彼らのアイデンティティの確立や所属感覚に貢献し、彼らの失われた自信への回復にもつながるものである（Ager & Strang 2004）。結合型SC構築に向けて、民間支援団体は、既にエスニック・コミュニティの開発やキャパシティ・ビルディングの重要性を認識しながら実践活動を展開していた。今後もそのような取組を継続的に行い強化していくことが期待される。エスニック・コミュニティ内で既にリーダーとして活動している人を側面的に支援し、また、そうしたリーダーがまだ十分成熟していないコミュニティには、リーダー育成に向けての支援が必要になると思われる。滞在資格の

ない難民にとっては、現実的には日本の現行制度の利用が制限されるため、エスニック・コミュニティの果たす役割は大きい。

しかし、結合型SCによって、物質的・情緒的・情報的なサポート・ネットワークやそれらを通した信頼関係や互助の関係が強化されることは、ベターであるがベストということはできない。確かに同質なコミュニティ内で生活が完結することは可能だろう。インドシナ難民の中にも、長期的に日本に滞在していても、日本語を話さず日本人とのコミュニケーションが必要ない工場等の職場で働き、日常生活を送っている例もある。調査協力者たちは民間支援団体と関わりがあり、日本語が堪能な中長期滞在者が多く占めていたが、そうではない人々は、日本社会とは隔絶し日本語も話せずエスニック・グループの中でのみ生活していることも予想される。それは、外部接触を制限し排除するという結合型の負の要因としてソーシャルワークにおいてもしばしば指摘されていた点であった (Midgley & Livemore 1998; Healy & Hampshire 2002; Agular & Sen 2009; Hawkins & Maurer 2012)。また、ヒーリーとハンプシャーが指摘していたように、結合型SCに依存すれば、外部から不利益な人たちの現実が見えなくなり、政府が彼らへの適切な支援を控えることになりかねない (Healy & Hampshire 2002)。難民及び日本人との双方向の社会統合の促進という観点を視野にいれて、福祉専門職は、閉じられた結合型SCにならないよう、外部に向けて開かれた結合型SCの構築に努めるべきである。

他方、難民／申請者の中には同質のコミュニティと関わることが必ずしも適当であるとは限らない者もいる。調査協力者の中には、自分の宗教的考えとエスニック・コミュニティの考え方が異なるため、そのコミュニティを脱退した例や同胞出身者との関係よりも日本人の友人とのほうが厚い信頼関係を築いている例もみられた。また同じ出身国であっても、政治的・宗教的・信条的対立があるため、同質の民族的背景をもつからといって一括りにされることが好まれない場合もあることは留意しておかなければならない。

2) 地域社会と橋渡し型SC

本調査結果では、難民／申請者のSCの特徴を「歪な橋渡し型SC」として表現した。それは、彼らと日本人社会との関係が作られていた場が、主に非正規労働者を雇うという、公には視覚化されにくい職場を意味していた。そこでは、彼らはある程度日本語を習得し仕事を得る機会を得たが、日本語を体系的に学べたわけではなく、また単純労働に従事させられていた。また、彼らは難民で

あることを隠し、あえて言う必要もなく、他方、雇用主や職場の同僚も彼らが難民であることを知ることもなく、知ったとしても難民を雇用していることを公言できない場であったといえる。従って、職場で日本人とのつながりがあったとしても、日本社会の表面上での難民の認知は進むことはなかった。

　先行研究では、地域社会の基盤づくり（Midgley & Livemore 1998）、地域社会のコミュニティビルディング（Healy & Hampshire 2002）、集合的効力（Agular & Sen 2009）、地域福祉の推進（所 2008; 竹川 2008）等、コミュニティワーク実践で、橋渡し型SCが期待されていた。しかし本調査では、難民／申請者たちは彼らが居住する地域社会の住民や福祉関係者との接点はほとんどなく、地域社会との関係が希薄であることが明らかになった。民間支援団体は親身に相談にのっていたが、地理的に東京という中央に集中していることもあり、さまざまな地域に散在している難民／申請者の居住地まで足を運ぶことが難しく、また難民自身も交通費がかかる等、支援団体のサービスを利用したくても直ちに行くことができない状況もあった。また、例えば支援団体に病院の紹介を依頼した調査協力者は、当団体にとって身近な病院を紹介されたが、彼の居住地からその病院が遠かった場合もあった。民間支援団体は難民の地域の実情には疎く、地域の社会資源を把握することが難しいといえる。

　地域社会の中で、難民／申請者が気軽に相談できたり、地域の様子を伝える日本人が身近にいれば、彼らが主流の制度にもつながりやすいし、日本語や日本の文化・習慣も身に付きやすくなるだろう。地域社会には、地域国際化協会等の日本語ボランティアや福祉の情報を伝える民生委員、地域のボランティアをマネージする社会福祉協議会等、民間の支援者も大勢いる。難民に特化した支援団体は、そうした地域の日本人ボランティア等の人びととの橋渡し機能も重視すべきであろう。地域住民との接触が増えれば、地域でのサポート・ネットワークも期待でき、また難民が支援されるだけの存在ではなく、地域住民として地域に貢献するという「一般化された互酬性」と「均衡のとれた互酬性」の両方が生成しやすくなるだろう。仮放免で就労許可のない調査協力者は、自分が得意なサッカーを子どもたちに教えたいと語っていたが、地域社会とつながることで自尊心の回復の機会も期待できるかもしれない。同時に、彼が地域福祉の推進の担い手となりうるチャンスにもつながる。地域福祉の分野では、地域の包括的ケアや住民同士のちょっとした支え合いや見守り、地域の気軽に相談できる分野を超えたワンストップ的な相談窓口が重視されるようになってきているが、まさに難民も地域住民として、メインストリームの中に組み込ま

れるべきである。また、一般の日本人の立場からも、難民の理解が深まり、草の根的な「難民」の認知度を上げていくことができるだろう。こうした取組を通じて、豊かな包摂的な地域共生社会を築くことが可能になると思われる。

3) 制度の接合と連結型SC

　連結型SCは、主流社会の制度や政治的プロセスとのつながりに関連し、ソーシャルワーク実践では権利擁護（Healy & Hampshire 2002）に相応する。調査結果からも明らかなように、難民／申請者は、主流の生活関連施策へのアクセスへの機会を奪われ、そこからの利益を享受することができていなかった。同質なコミュニティ内では、単純労働や非熟練労働に従事することが中心になる傾向があった。しかし、繰り返し述べているが、人道配慮等で滞在資格を得た３名の調査協力者は、公共の雇用サービスを利用する機会を得て、正規の専門職として働くことができていた。主流の制度につながったことで、非熟練の単純労働から、熟練技術の専門職へと移行することが可能になった。これは貧困の削減や不平等性の解消に貢献できる側面をもっている（Ersing & Loeffler）。

　ここでの問題は、この３名が日本の主流制度へのアクセスを自力で試みていたことであった。彼女たちは、独学で日本語を学び、日本語能力が高かったため自らアクセスできたのかもしれないが、そこに適切な仲介者がいれば、より迅速にキャリア形成が促進できたかもしれない。日本の社会保障制度や福祉サービスが複雑化する一方で、例えば、認知症や知的障害者に対しては、福祉の利用援助に対するサービスも設けられている。前述の人道配慮等在留許可者への対応で述べたように、主流の制度へ彼らを有機的に結びつけ、彼らの権利を擁護する仲介者が必要である。その仲介者として地域の社会福祉協議会等がその役目を担うことが期待される。

　また、難民／申請者は地域の住民であるが、調査結果では、彼らとの地方行政との関係は希薄であったことが示された。近年、災害時の避難支援体制において外国人に配慮する自治体もみられるが、難民／申請者も同様に体制に組み込まれることが必要である。本調査では、支援団体がその重要性に鑑み、エスニック・コミュニティと行政との災害支援等を通した協働の関係をつなごうと試みていた。また難民のエスニック・グループ自身が自治体に働きかけようとする動きもみられた。地方自治体は、国家を超越し実態に即した難民の保護や支援を提供していく責務があり、難民も地域住民であるという認識のもとで豊かな地域社会を創造する担い手となるという意識をもつことが必要である。そ

のためには、難民／申請者の意見を吸い上げる場を設け、地方行政に意見を言える参加型の仕組み作りも重要となるだろう。引いては、地方自治体から国の難民政策への改善を要求することが期待される。

(4) 難民の自己実現と社会貢献に向けた人材育成

調査協力者の10名は10代または20代の若い時期に来日していた。女性の一人は、日本の大学で学びたいという欲求が満たされないまま、青春時代が奪われたことを嘆いた。彼女のように、若い時に適切な教育サービスや職業訓練を受けられずに過ごした難民／申請者は決して少なくないだろう。来日後、早い段階から日本語及び高等教育もしくは職業訓練の機会を保障していたなら、難民／申請者は遠回りをせずに、自己実現を果たし、自立・自律した人間らしい生活を送ることが可能だったにちがいない。

適切な教育サービスを提供し、難民／申請者の能力を開発し人材育成を図ることは、本人の利益だけではなく、社会全体の利益にもつながることはいうまでもない。受入れ国では、難民は保護の必要な人々であり、しばしば社会保障の負担としてみられる傾向にあるが、第1章第4節の中でオーストラリアでは難民の社会貢献者としての見方も注目されていた（Parsons 2013; Hugo 2011）。また移民の統合プロセスにおいて最終段階として「貢献」段階が重視されている（Quell 2002）。「貢献」の段階は、移民が受入れ社会の中で完全に平等な参加者となり、制度的支援に依存することなく、自発的に活動し社会に貢献できるようになることを目指すものである。社会貢献は、個人よりも国策優先とみられかねない側面ももっているが、社会福祉学の視点からみれば、個人の社会生活上の基本的要求としての「社会参加・社会的協同」の要求（岡村1983）に相応するといえる。介護職として働いている調査協力者は、彼女の主観的統合意識を（デイサービスの）利用者から「必要とされている」感覚として表現していた。社会から必要とされていることは、まさに「社会参加・社会的協同」の要求と言えるだろう。したがって、このような要求を満たすことが福祉的援助といえるが、社会貢献の考えを国策のみの考えに偏重させないように留意することは必要である。

調査結果で示したように、本研究の調査協力者たちは「一般化された互酬性」を備え、既に貢献の実績をもつ者ばかりであった。東日本大震災時に被災地に駆けつけボランティアをした人、日本人ホームレスを支援している人、電車に落ちた日本人を命がけで助けた人等、あるいは将来、得意なサッカーを日本の

子どもに教えたい人、自国に帰って日本語学校を作りたい人等、日本への貢献を強く望んでいた人々であった。彼らのほとんどは望んで日本に来たわけではなく、また不安定な滞在身分におかれ、強制収容や送還の恐怖を受けたにもかかわらず、日本に好意的で愛着も強かった。彼らにとっては、長引く戦渦や不平等に曝されている自国に比べれば、日本社会は平和で安心・安全な民主的な社会なのかもしれない。多くの「生きづらさ」を経験している彼らであるが、ある種の「日本のファン」としての側面ももっていた。

少子高齢化社会において、法務省の第5次出入国管理基本計画（2015年）では外国人の積極的受入れによる日本社会の社会経済の活性化が期待されている。今回の調査協力者のように、すでに日本に中長期的に滞在している難民／申請者は、ある程度日本語を理解し、日本に安心して住み続けたいと願っている人たちは少なくないだろう。このような人々を「ヒューマン・リソース（人的資源）」として捉え、日本社会で十分に活躍できる場をつくっていく政策的視点が必要である。

具体的には既に中長期的に日本で生活し、仮放免等の不安定な身分を強いられている人々には、滞在身分を保証し、教育や職業訓練の機会を提供することが早急に求められる。本調査や既存の調査から推察すると、滞在資格のない中長期滞在者は、不安定就労あるいは家族・友人に依存した生活をおくっている生活困窮者が多いことが予測される。2015年度から開始された生活困窮者自立制度において、このような人びとを支援対象として位置づけ、地方自治体による適切な教育及び就労支援につなげていくことが重要である。日本語が不自由で直ちに就労に結びつかない人については、生活保護の受給対象者とし、その間、地域のボランティア等を「中間的就労」の場として提供し、そこで日本人と触れ合いながら日本語やコミュニケーションを学ばせたり、あるいは日本語学校に通学して日本語の習得を義務づけること等を条件とすることが考えられる。就労支援の中に、日本語学習を位置づけ、その後職業訓練、就職といったキャリア形成の道筋をたてていくことが重要である。またキャリア形成の際には、本人が自国で培った資格や職業的スキル等を考慮して進められるべきであろう。また将来的には日本社会のみならず、難民の自国の情勢が安定した際は、彼らの自国の再建にも貢献することも可能になるかもしれない。難民保護にとどまらない国境を超えたグローバルな視野での人材育成・「ヒューマン・リソース」の開発を図ることは真の意味での国際貢献といえるだろう。

(5) ソーシャルワーカー養成課程における国際的課題の学習の必修化

　メインストリームのソーシャルワーカーが移民・難民支援の分野に十分に精通し関与しているとは必ずしもいうことはできない。例えばカナダのブリテッシュコロンビア州のソーシャルワーカー協会（BCASW）による調査（Yan & Chan 2010）では、移民の定住に関わるソーシャルワーカーはごく僅かで、多数のワーカーが新規移民に対する十分な準備がないという報告もみられる。

　日本でも同様なことがいえる。日本のソーシャルワーク教育にあたる社会福祉士や精神保健福祉士の資格教育の中では、国際的な社会問題や文化・エスニシティに配慮したソーシルワークに関して学習する教科は必須科目として位置づけられていない。必修科目である『現代の社会福祉』の中で、グローバルな課題が僅かに触れられているに過ぎない。日本で1989年以来、ソーシャルワーカーが国家資格化され、福祉分野におけるソーシャルワーカーの活躍が期待されたが、資格化の弊害として、受験の際に必要な最低限の科目しか勉強しないという事態を招いてしまった。そのため養成校で「国際社会福祉」や「多文化ソーシャルワーク」等を選択科目として設定していても、必ずしも国家資格を取得したすべての専門職が学習しているとは限らない。

　調査協力者の中には、病院で受診する際に医療関係者が「難民」について知識がないので、常に支援団体から「難民」について医療関係者に説明してもらうと語った者もいた。主流の医療福祉専門職が「難民」についての理解が不十分なために、迅速な支援が期待できない場合もある。筆者は、民間の支援団体の職員から、日本人の行政や福祉関係者と話をするほうが、難民当事者と話をするよりも難しいと言われたこともあった。また福祉関係者が難民の出身国の大使館に支援を依頼する例を聞いたこともあるが、大使館に話すことが難民にとって危険であることが福祉関係者には理解されていなかった。難民に特化して援助している支援団体は、地域社会や病院等の福祉専門職に橋渡ししたいと願っても、主流社会の福祉専門職が難民のことを理解していなければ、迅速に支援をバトンタッチすることができない。メインストリームの福祉専門職は、「難民」の共通する特徴や難民条約に日本が加盟している等の基本的な知識や、彼らの支援の技術を学ぶことが求められる（森 2016）。

　そして、より積極的には、本調査が示したように、日本政府の難民保護が十分でないこと、制度から排除され不安定な生活を強いられていること、強制収容所や強制送還の恐怖で人権が脅かされている状況にあること等の現状に敏感になり、地域社会の中で難民に対する理解促進のための啓発活動や、普遍的な

人権擁護に向けてのソーシャル・アクションの一端を担えるような専門職となることが期待される。そのためには、専門職養成の中で、国際的な課題を扱う科目を新設し、必修科目として設定することが望ましい。このような科目は、難民問題に限らず、国際結婚、仕事や留学等さまざまな理由で中長期滞在や永住する外国人が抱えている福祉問題にも対応することができる。異なる文化的な背景をもつ人々への理解や普遍的な人権意識を身につけた国際的視野をもつ専門職の育成が求められる。

4　研究の課題

　最後に、本研究の意義を踏まえ本研究結果の限界や今後の研究課題について述べ、結びとする。
　本研究は、中長期的に日本に滞在する難民／申請者の生活問題や課題について、16人の個別のインタビューを中心に明らかにした。日本では難民／申請者の質的調査が少ない中で、彼らの多面的な生活と、それを支える具体的なネットワークや日本社会との関係の一端を描き出すことができたといえる。また彼らが抱いているさまざまな感情――難民としての知覚、生きづらさ、日本社会への帰属の感覚、日本政府や自国の政府への思い等――への接近を試み、その深い赤裸々な内面の一部を表出することができた。このように多面的な生活実態と彼らの心情に深く切り込んだ難民の質的調査研究は余り類をみないといえよう。そして本研究は、社会統合との関連、とくに帰属の感覚という難民の主観的統合に着目し、それとSCの関連について検討することを試みたが、これ自体は先駆的かつ挑戦的な研究だったと考える。
　本研究の調査協力者は、民族、宗教、性別、年齢、滞在資格、滞在期間もさまざまであり、調査結果が日本の難民／申請者の代表を表しているとは決して言うことはできない。しかし難民／申請者の現実の生活は厳しかったこと、そして彼らのレンズを通してみられた日本社会は福祉社会とは縁遠い社会であったことは紛れもない事実であったといえる。
　しかし研究の課題は多い。まず、本調査は予想以上に調査協力者を得ることが難しかったために、対象者数が少なく人口学的特質等による彼らの生活経験やSC、主観的統合の感覚等の差異を述べることが困難だった。例えば、出身国や民族、宗教、性別、年齢等の違いによって、それらの特徴が見出せると思われる。また来日時期の違いは、時代背景と関連して、それらの相違に影響し

ているかもしれない。

　第二に、本研究は、難民／申請者の生活のラフなスケッチにとどまり、俯瞰的に生活全般を眺めたにすぎない。難民に対する深い質的インタビューが少ない中で、生活全般について広く浅く聴くことになった。雇用、教育、医療、住居等それぞれの生活領域別について焦点を絞れば、さらに各領域での問題点が抽出され、SC構築への具体的な支援に向けての示唆を提示することができるだろう。

　第三に、地域性である。本調査は関東エリアに限定したが、地域によって滞在する難民／申請者の生活やSCの違いがみられるかもしれない。また本研究は難民の個人レベルからのSCを眺めたが、難民が居住する地域社会の集合的レベルのSCについては全く検討しなかった。例えば、その地域社会の外国人住民に対する寛容性等の地域のSCを測定し、それと個人の生活満足度、主観的統合、SC形成への影響についても研究する余地は多い。

　第四に、本研究は制度のエスノグラフィを活用し考察を試み、難民／申請者側の声を中心としているため、彼らの視点からのワークについて言及することはできた。しかし、彼らの周囲を取り巻く関係者——例えば制度側である入国管理局の職員、難民認定制度の調査官、社会サービスを提供する行政職員等——の話については直接聞くことはなく、またそれらの文書についての分析をしなかったため、制度側のワークについて述べることができなかった。制度のエスノグラフィを採用するのであれば、より多面的に両方の側での調査が必要といえる。

　以上、いくつか残された課題があるが、難民／申請者の研究の場合、調査協力者を集めることは至難の業である。調査者の地道な努力の積み重ねによって、難民／申請者や支援団体と信頼関係を構築することが必須と考える。

引用文献

阿部浩巳（2014）「『国際的保護』の境界」『法律時報』86巻11号、4-9頁。
Ager, A.and Strang, A. (2004) *Indicators of Integration: Final Report* (London: Home Office Development and Practice Report, Research, Development and Statistic Directorate.
Aguilar, J. P. and Sen, S. (2009) Comparing conceptualizations of social capital, *Journal of Community Practice,* 17, 424-443.
Anirudh, K. and Uphoff,N. (1999) Mapping and measuring social capital: A conceptual and empirical study of collective action for conserving and developing watersheds in rajasthan, India, *Social Capital Initiative Working Paper,* No. 13, World Bank, Washington, D.C.
青柳まちこ（1996）「序章　エスニックとは」青柳まちこ編・監訳『エスニックとは何か』新泉社、8 -21頁。
新井圭太（2011）「質的データを用いた地域ソーシャル・キャピタルの推定——地域アンケート調査を用いて」『生駒経済論叢』第9巻第2号、117-132頁。
朝日新聞　2009年7月24日夕刊、2012年1月21日夕刊、2014年10月26日朝刊、2015年3月11日朝刊。
浅川晃広（1999）「オーストラリアにおける移民定住団体助成制度——多文化主義政策との関連で」『オーストラリア研究』12号、18-32頁。
――――（2003）「オーストラリアの移民政策と不法入国者問題——『パシフィック・ソリューション』を中心に」『外務省調査月報』No. 1、1-32頁。
――――（2012）「オーストラリア移民政策論」中央公論事業出版.
浅川聖（2013）「日本の『内』への難民政策の特徴——難民認定申請者に対する『管理』と『保護』を中心に」『横浜国際経済法学』第21巻第3号、377-409頁。
アジア福祉教育財団難民事業本部（1993）『インドシナ難民の定住状況調査報告』。
――――『平成15年度事業報告書』。
――――『平成24~26年度事業報告書』。
――――難民事業本部「本部のプロフィール　沿革」(http://www.rhq.gr.jp/japanese/profile/outline.htm、2012年6月4日閲覧）。
――――「RHQセンターで学ぶ難民」(http://www.rhq.gr.jp/lapanese/know/rhq.htm、2015年6月7日閲覧）。
Atfield, G., Brahmbhatt,K. and O'Toole,T. (2007) *Refugees' Experiences of Integration,* Refugee Council and University of Birmingham.
Australia Human Rights Commission (2014) *The Forgotten Children: National Inquiry*

into Children in Immigration Detention.
Balatti, J. and Falk, I. (2002) Socioeconomic contribution of adult learning to community: A social capital perspective. CRLRA discussion paper, *Adult Education Quarterly,* 52,281-298.
Baumann, M. (2010) Civic social capital and Hindu Tamil priests and temples in Switzerland, *Journal of Ethnicity & Migration,* Vol. 5 (2),7-15.
Berry, W.J. (1986) The acculturation processes and refugee behavior, in C.L. Williams and J. Westermeyer (Eds.) *Refugee Mental Health in Resettlement Countries,* Hemisphere Publishing Corporation, 25-38.
Bourdieu, P. (1986) The forms of capital, J. G. Richardson (Ed.), *Handbook of Theory and Research for the Sociology of Education,* New York, Greenwod press, 241-258.
陳天璽（2013）「日本における無国籍者の類型」『移民政策研究』Vol. 5、4-21頁。
Cohen,S.U. and Gottlieb, B. (2000) *Social Support Measurement and Intervention: A Guide for Health and Social and Scientists,* Oxford University Press, Inc.（= 2005、小杉正太郎・島津美由紀・大塚泰正・鈴木綾子監訳『ソーシャルサポートの測定と介入』」川島書院）。
Commission of the European Communities (2003) *Communication on Immigration, Integration and Employment, Commission of the European Communities,* Brussels, 3.6.2003 COM (2003) 336 final.
Commission on Integration and Cohesion (2007) *Our Shared Future* (http://heller.brandeis.edu/coexistence/pdfs/complementary-approaches/oursharedfuture.pdf).
Council of Europe Ministry of Foreign Affairs (2008) *White Paper on Intercultural Dialogue: Living Together As Equals in Dignity,* Council of Europe (http://www.coe.int/t/dg4/intercultural/source/white%20paper_final_revised_en.pdf).
Deuchar R. (2011) 'People look at us, the way we dress, and they think we're gangsters': Bonds, bridges, gangs and refugees: A qualitative study of inter-cultural social capital in Glasgow, *Journal of Refugee Studies,* Vol. 24, No. 4,672-689.
Dolan, N. and Sherlock,C. (2010) Family support through childcare services: meeting the needs of asylum-seeking and refugee families, *Child Care in Practice,* Vol. 16 (2), 147-165.
Dominguez, S. (2008) Social Capital, *Encyclopedia of social work 20th,* NASW Press New York : Oxford University Press,34-38.
Doney, G. Pittaway, E. and Bartolomei,L. (2013) *'The Glue that Binds' Social Capital in Refugee Communities Settling in Australia,* STARTTS.
Emirbayer, M. and Williams, E.M. (2005) Bourdieu and social work, *Social Service Re-*

view Dec., 689-724.

Ersing, R.L. and Loeffler, D.N. (2008) Teaching students to become effective in policy practice: Integrating social capital into social work education and practice, *Journal of Policy Practice*, 7 (2-3), 226-238.

European Council (1999) *Tempere European Council 15 and 16 October 1999 Presidency Conclusion* (http://www.europarl.europa.eu/summits/tam_en.htm).

─── (2009), *The Stockholm Programme: An open and secure Europe serving and protecting the citizens,* (http://ec.europa.eu/home-affairs/doc_centre/docs/stockholm_program_en.pdf).

Field, J. (2008) *Social Capital, 2nd ed,* London, Routledge.

藤澤由和・濱野強・小藪明生（2007）「ソーシャル・キャピタル概念の適応領域とその把握に関する研究」『新潟医療福祉学会誌』7(1)、26-32頁。

藤田恭啓（2010）「ミャンマー・コミュニティへの健康支援：心身ともに健やかに過ごしてもらうために」森恭子監修、NPO法人難民支援協会編『外国人をめぐる生活と医療──難民たちが地域で健康に暮らすために』現代人文社、54-68頁。

外務省「難民問題と日本Ⅲ──国内における難民の受け入れ」（http://www.mofa.go.jp/mofaj/gaiko/nanmin/main3.html、2015年12月12日閲覧）。

─── 「平成25年行政事業レビューシート（外務省）：事業名・難民等救援業務」（http://www.mofa.go.jp/mofaj/annai/yosan_kessan/kanshi_kouritsuka/gyosei_review/h25/h24jigyo/saisyu/pdfs/042.pdf、2015年12月8日閲覧）。

Goodson L. J.and Phillimore, J. (2008) Social capital and integration: The importance of social relationship and social space to refugee women, *International Journal of Diversity in Organizations,* Communities & Nations, vo.l7,181-193.

Graeme Hugo (2011), *A Significant Contribution :The Economic, Social and Civic Contributions of First and Second Generation Humanitarian Entrants Summary of Findings,* Australian Government Department of Immigration and Citizenship.

墓田桂（2014）「序論　難民・強制移動研究の新たな課題」墓田桂・杉木明子・池田丈佑・小澤藍編『難民・強制移動研究のフロンティア』現代人文社、8-22頁。

埴淵知哉・市田行信・平井寛・近藤克則（2010）「『健康な街』の条件──場所に着目した健康行動と社会関係資本の分析」『行動計量学』第37巻第1号、53-67頁。

原口律子（2001）「インドシナ定住難民の社会適応：サポート・システムの分析を基軸として」『人間科学共生社会学』1号、1-45頁。

播磨優子・佐々木久長（2013）「地域住民のソーシャル・キャピタルと精神的健康との関連」『秋田大学保健学専攻紀要』21（2）、91-111頁。

橋本直子（2014）「混在移動　人身取引と庇護の連関性」墓田桂・杉木明子・池田

丈佑・小澤藍編著『難民・強制移動研究のフロンティア』現代人文社、244-262頁。
長谷中崇志・高瀬慎二（2014）「地域福祉計画評価の指標開発――主観的健康感へのソーシャル・キャピタルと社会経済的地位の関連」『名古屋柳城短期大学研究紀要』第35号、119-125頁。
Healy, K. and Hampshire, A. (2002) Social capital: a useful concept for social work?, *Australian Social Work,* Vol55, No3, 227-238.
東澤靖（2014）「出入国管理手続きにおける収容と視察委員会――人権基準と政策から見た課題」『明治学院大学法科大学ローレビュー』第20号、53-66頁。
樋口直人（2005）「第11章　共生から統合へ」梶田孝道ほか編『顔の見えない定住化――日系ブラジル人と国家・市場・移民ネットワーク』名古屋出版会、285-305頁。
樋口弘樹（2002）「UNHCRの日本における難民保護政策」『国際公共政策研究』第7巻第1号、156-7頁。
平井寛（2010）「高齢者サロン事業参加者の個人レベルのソーシャル・キャピタル指標の変化」『農村計画学会誌』28巻、201-206頁。
菱沼幹男（2007）「ソーシャルサポートネットワーク」岡本民夫他編『エンサイクロペディア社会福祉学』中央法規出版、1138-1141頁。
Hodgkin, S. (2011) Participating in social, civic, and community life: Are we all equal?, *Australian Social Work,* 64(3), 245-265.
Holloway, I. and Wheeler,S. (2002) *Qualitative Research in Nursing 2nd Ed.,* Blackwell Science Ltd.,Oxford, UK（=2006、野口美和子監訳『ナースのための質的研究入門　研究方法から論文作成まで〔第2版〕』医学書院）。
本間浩（1990）『難民問題とは何か』岩波書店。
法務省「新たな在留管理制度に関する提言」(http://www.moj.go.jp/nyuukokukanri/kouhou/nyukan_nyukan44-11-3.html、2015年12月7日閲覧)。
―――「難民認定手続き案内」(http://www.immi-moj.go.jp/tetuduki/index.html、2012年6月4日閲覧)。
―――「平成23年における難民認定者数等について」(別表5-(1))平成24年2月24日（http://www.moj.go.jp/PRESS/090130-1.html、2012年12月12日閲覧)。
―――「平成26年における難民認定者数等について」(別表1-(3))平成27年3月11日（http://www.moj.go.jp/PRESS/090130-1.html、2012年12月12日閲覧)。
―――「難民認定審査の処理期間の公表について」(http://www.moj.go.jp/nyuukokukanri/kouhou/nyuukokukanri03_00029.html、2015年12月8日閲覧)。
―――「統計に関するプレリリース」(http://www.moj.go.jp/nyuukokukanri/kouhou/nyuukokukanri01_00013.html、2015年12月12日閲覧)。

Howkins, L.R.and Maurer, K. (2012) Unraveling social capital: Disentangling a concept for social work, *British Journal of Social Work*, 42, 335-370.

池田丈佑「序章 庇護と保護の理念 その内容と変遷」墓田桂・杉木明子・池田丈佑・小澤藍編著『難民・強制移動研究のフロンティア』現代人文社、23-40頁。

稲葉陽二（2011）『ソーシャル・キャピタル入門──孤立から絆へ』中公新書。

井上智代・片平伸子・平澤規子・藤川あや・飯吉令枝・髙林知佳子（2013）日本におけるソーシャル・キャピタルと健康に関する文献研究」『新潟県立看護大学紀要』第2巻、10-15頁。

井上正志（1986）「P.ブルデューの「文化資本」概念の社会的基礎と制度的位置」『社会学研究』第41集、166-181頁。

石井宏行（2010）「難民支援──日本の現場を中心に」森恭子監修、NPO法人難民支援協会編『外国人をめぐる生活と医療──難民たちが地域で健康に暮らすために』現代人文社、9-17頁。

石川えり（2009）「難民政策の推移──NGOから見た10年間」『移民政策研究』Vol1、55-69頁。

─────（2014）「日本における難民の状況と社会統合の課題」墓田桂・杉木明子・池田丈佑・小澤藍編著『難民・強制移動研究のフロンティア』現代人文社、43-59頁。

伊藤大介・近藤克則（2013）「要支援・介護認定率とソーシャル・キャピタル指標としての地域組織への参加割合の関連」『社会福祉学』第54巻第2号、56-69頁。

Ives, N. and Sinha, W. J. (2010) The religious congregation as partner in refugee resettlement : An overview of theory and practice for social workers, *Canadian Social Work,* vol.12 issue 1, 210-217.

岩田陽子（2011）「我が国の難民認定制度の現状と論点」国立国会図書館 ISSUE BRIEF NUMBER 710、1 -11頁。

Jacobs, J.B. (1961) *The Death and Life of Great America Cities,* Vintage Books,（= 1969、黒川紀章訳『アメリカ大都市の死と生』鹿児島出版）。

Justice and Home Affairs (2004) *Press Release: Common Basic Principles for Immigrant Integration Policy in the European Union*（http://www.consilium.europa.eu/uedocs/cms_data/docs/pressdata/en/jha/82745.pdf）.

Kalter,F. and Kogan,I. (2014) Migrant networks and labor market integration of immigrants from the former Soviet Union in Germany, *Social Forces,* Vol. 92 Issue 4, 1435-1456.

梶村美紀（2012）「在日ビルマ難民コミュニティの現状」『Migrants Network』No. 150、10-11.

カレイラ松崎順子・杉山明枝（2012）「日本の医療通訳システムの現状と今後の展

望」東京未来大学研究紀要、21-29頁。
川上郁雄(1999)「越境する家族――在日ベトナム人のネットワークと生活戦略」『民俗学研究』63（4）、359-381頁。
─── (2001)『越境する家族――在日ベトナム系住民の生活世界』明石書店。
川島ゆり子（2008）「ソーシャル・キャピタル論の社会福祉研究への援用――地域を基盤とする社会福祉実践の展開に向けて」『日本の地域福祉』21、43-57頁。
川内規会（2011）「日本の医療通訳の課題」『青森県立保健大学地域連携・国際センター青森保健大雑誌』12、33-40頁。
Khosravi, R., Hodshire, C.R. and Lotfi,S. (2014) Social capital and suicide: Social workers' obligation toward contemporary suicide prevention, *International Journal of Humanities and Social Science,* Vol4 No.4, 83-91.
木戸裕（2008）「10　EUの移民政策」国立国会図書館調査及び立法考査局『人口減少社会の外国人問題：総合調査報告書』、277-282頁。
木村真理子（1997）『文化変容とソーシャルサポート：多文化社会カナダの日系女性たち』東海大学出版。
木村美也子（2008）「ソーシャル・キャピタル――公衆衛生学分野の導入と欧米における議論より」『保健医療科学』57(3)、252-265頁。
Kivunja, C.,Kuyini, A.B. and Maxwell, T.（2014）Settlement experiences of African refugees: A case study of the Armidale, Tamworth and Coffs Harbour Regions of New South Wales, *Australia Journal of Asian & African Studies,* Vol. 49 Issue 1, 64-79.
クルド人難民二家族を支援する会編著（2005）「難民を追いつめる国　クルド難民座り込みが訴えたもの」緑風出版。
小泉康一（1998）『「難民」とは何か』三一書房。
近藤克則（2012）「健康格差問題と社会政策」『社会政策学会誌　社会政策』第４巻第２号、41-52頁。
近藤克則・平井寛・竹田徳則・市田行信・相田潤（2010）「ソーシャル・キャピタルと健康」『行動計量学』第37巻第１号（通巻72号）、27-37頁。
神坂仁美（2014a）「日本における類似難民の保護の課題と展望（1）――平等原則アプローチとEU Qualification Directiveの2011年改正からの示唆」『国際公共政策研究』18（2）、139-156頁。
─── (2014b)「日本における類似難民の保護の課題と展望（2）――平等原則アプローチとEU Qualification Directiveの2011年改正からの示唆」『国際公共政策研究』19（1）、181-195頁。
─── （2015）「日本における類似難民の保護の課題と展望（結）――平等原則アプローチとEU Qualification Directiveの2011年改正からの示唆」『国際公共政

策研究』19（2）、37-53頁。

厚生労働省（1954）「生活に困窮する外国人に対する生活保護の措置について」（昭和29年5月8日付、社発第382号厚生省社会局長通知）。

―――（2012a）「国民健康保険法施行規則及び高齢者の医療の確保に関する法律施行規則の一部を改正する省令（平成24年厚生労働省令第7号）」。

―――（2012b）「国民健康保険法施行規則第一条第一号の規定に基づき厚生労働大臣が別に定める者の一部を改正する件」（平成24年厚生労働省告示第23号）。

国会・質問（2010）第176回国会・質問第86号、衆議院議員山内康一議員「複数回申請者の難民認定状況に関する質問主意書」（2010年10月25日）（http://www.shugiin.go.jp/internet/itdb_shitsumon.nsf/html/shitsumon/a176086.htm、2015年12月8日閲覧）。

―――（2015）第189回国会・質問第233号、参議院議員石橋通宏議員「我が国における難民認定の状況に関する質問主意書」（2015年8月10日）に対する答弁書第233号（2015月8月18日）。

古藤吾郎（2010）「難民たちは、国民健康保険に入れるのか、入れないのか」森恭子監修、NPO法人難民支援協会編『外国人をめぐる生活と医療――難民たちが地域で健康に暮らすために』現代人文社、44-53頁。

―――（2012）「滞日難民申請者の脱貧困をめぐる困難と葛藤――ソーシャルワークの現場から」『難民研究ジャーナル』No.2、61-71頁。

空閑睦子（2010）「ソーシャル・キャピタルに関する先行研究の整理――今日までにおける定義の概要と文献サーベイから見た日本の研究の動向」『千葉商科大学Policy Studies Review』27、39-49頁。

京極高宣著（2002）「福祉社会を築く」中央法規。

Lai, M. and Mulayim, S. (2011) Training interpreters in rare and emerging languages: The problems of adjustment to a tertiary education setting, *International Journal of Social Inquiry,* Vol. 4 Issue 1,159-184.

Lamba, K.N. and Krahn, H. (2003) Social capital and refugee resettlement: The social networks of refugees in Canada, *Journal of International Migration and Integration,* Vol.4 No.3, 335-360.

Lin, N. (2001) *Social capital: A theory of social structure and action.* New York: Cabridge University Press.（＝筒井淳也ほか訳（2008）『ソーシャル・キャピタル――社会構造と行為の理論』ミネルヴァ書房）。

Loeffler, D.N., Christiansen, D.C., Tracy, M.B., Secret, M.C., Ersing, R.L., Fairchild, S.R. and Sutphen, R. (2004) Social capital for social work: Toward a definition and conceptual framework, *Social Development Issues,* 26 (2/3), 22-38.

Loury,G.C. (1977) A Dynamic Theory of Racial Income Differences, In P.A. Wallace &

A.L.Mund (Eds.), *Women, Minorities, and Employment Discrimination,* Lexington, MA:Health.

Nichols N. E. (2008) Gimme shelter! Investigating the social services interface from the standpoint, *Journal of Youth Studies,* 685-699.

Mackenzie,L. and Guntarik, O.（2015）Rites of passage: Experiences of transition for forced Hazara migrants and refugees in Australia, *Journal of Migration & Culture,* Vol.6, 59-80.

Marshall, S.,Pillai S. and Stack, L. (2013) Community detention in Australia: a more humane way forward, *Forced Migration Review*（http://www.fmreview.org/detention/marshall-et-al.html、2016年2月26日閲覧）。

丸山英樹（2009）「欧州における移民の社会統合と教育政策」『国立教育政策研究所紀要』第138集、223-238頁。

増田あゆみ（2010）「オーストラリア多文化主義政策の変遷――政策をめぐる環境の変化と政府の対応の分析」名古屋学院大学論集社会科学篇、第47巻第1号83-84頁。

Mclellan, J. and Marybeth, W. (2005) Social capital and identity politics among Asian Buddhists in Toronto, *Journal of International Migration,* Vol6, issue2, 235-253.

McMichael, C. and Manderson, L. (2004) Somali women and well-being: Social network and social capital among immigrant women in Australia, *Human Organization,* Vol 63 (1), 88-99.

Midgley. J. and Livermore, M. (1998) Social capital and local economic development: Implications for community social work practice. *Journal of Community Practice,* 5 (1/2), 29-40.

三浦文夫(1997)『社会福祉政策研究――福祉政策と福祉改革』全国社会福祉協議会。

宮川公男・大森隆編（2004）『ソーシャル・キャピタル――現代経済社会のガバナンスの基礎』東洋経済新報社。

Mori K. (1999), The current situation and future direction of migrant resource centre in Sydney, *Australian Studies,* 12, 1-17.

森恭子（1994）「不法就労外国人への新たな国際援助実現の方向について」『日本女子大学紀要　社会福祉』35、85-101頁。

────（2005）「日本のアサイラムシーカーの生活問題および支援の現状」『ソーシャルワーク研究』通巻123号、Vol31 No.3、44-50頁。

────（2013）「難民のソーシャル・キャピタルに関する先行研究――論文検索データベースからみる研究の動向」『難民研究ジャーナル』No.3、59-69頁。

────（2016）「移民・難民支援とソーシャルワーク」『ソーシャルワーク研究』42（2）、102-113頁。

森恭子・櫻井美香（2010）「在日難民女性の生活実態と地域社会の関わり──在日ビルマ難民女性の聞き取り調査を通して-」『日本女子大学紀要　社会福祉』50、67-81頁。

森岡清志（2011）「ソーシャル・キャピタルの集合効果」『放送大学研究年報』第29号、1-11頁。

森谷康文（2010）『日本で生活する難民・庇護希望者の医療・健康問題』（https://www.refugee.or.jp/library/postfile/200604report_medical.pdf、2015年11月16日閲覧）。

─────（2011）「エスニック・コミュニティのない難民申請者へのグループワークによる支援」『難民ジャーナル』No 1、101-110頁。

─────（2012）「日本における難民問題とソーシャルワーク研究の到達点－アサイラムシーカーを中心に」『難民研究ジャーナル』No.2、24-36頁。

Morrice, L. (2007) Lifelong learning and the social integration of refugees in the UK: the significance of social capital, *International Journal of Lifelong Education,* Vol.26 issue2, 155-172.

─────(2009)Journeys into higher education: the case of refugees in the UK,Teaching in Higher Education Vol. 14, No. 6, 661-672.

内閣府（2011）『幸福度に関する研究会報告──幸福度指標 試案（平成23年12月5日）』（http://www5.cao.go.jp/keizai2/koufukudo/koufukudo.html、2012年12月14日閲覧）。

内閣府国民生活局編（2003）『ソーシャル・キャピタル：豊かな人間関係と市民活動の好循環を求めて』国立印刷局。

─────（2005）『コミュニティの機能再生とソーシャル・キャピタルに関する研究調査報告書』（http://www.esri.go.jp/jp/archive/hou/hou020/hou015.htm）。

中村安秀（2012）「医療通訳士：コミュニケーションを支援する専門職」『自治体国際化フォーラム』Oct. 2012、2-4頁。

難民支援協会（2002a）「難民認定申請者等に対する生活状況調査　平成13年度」。

─────（2002b）「マンデート難民・POC・人道的配慮による在留を認められた者に対する生活実態調査」。

─────（2003）「難民申請者の住環境に関する状況調査　平成14年度」。

根本かおる（2013）『日本と出会った難民たち』英治出版。

日本弁護士連合会（2009）「難民認定申請者の生活状況をめぐる制度の改善に関する意見書」（2009年6月18日）（http://www.nichibenren.or.jp/library/ja/opinion/report/data/090618_3.pdf、2015年12月8日閲覧）。

日本国際社会事業団（1985）「我が国におけるインドシナ難民の定住実態調査報告（外務省委託調査）」。

西中誠一郎（2006）「いまだ悪夢から覚めることができない――新しい難民認定制度と難民申請者の現在」『アジア太平洋研究センター年報』9-5頁。

西野史子・倉田良樹（2002）『日本におけるベトナム人定住者の社会的統合』一橋大学経済研究所世代間利害に関する研究ディスカッションペイパーシリーズ第74号。

OECD（2001）*The Well-being of Nations: The Role of Human and Social Capital,*（=2002、社団法人日本経済調査協議会訳『国の福利――人的資本及び社会的資本の役割』）。

Osterling, K. L. (2007) Social capital and neighborhood poverty: Toward an ecologically-grounded model, *Jounal of Human Behavior in the Social Environment,* Vol. 16(1/2), 123-147.

Potocky-Tripodi, M. (2008) Immigrants and refugees, *Encyclopedia of Social Work 20th ed,* NASW Press New York : Oxford University Press,441.

小田川綾音（2013）「国籍・無国籍認定の現状と課題――改正入管法を踏まえて」『移民政策研究』Vol.5、22-33頁。

小川昂子（2010）「難民認定申請者への生活保護費の打ち切り」『部落解放』630号増刊、114-117頁。

荻野剛史（2013）『「ベトナム難民」の「定住化」プロセス』明石出版。

―――（2014）「インドシナ難民の生活問題解消に向けた地域支援者によるサポートの特性」『社会福祉学』第55巻第1号、100-112頁。

岡久慶（2008）「2 英国の移民統合政策――共有されるべき価値観とアイデンティティの模索」国立国会図書館調査及び立法考査局『人口減少社会の外国人問題：総合調査報告書』、227-235頁。

岡村重夫（1983）『社会福祉原論』全国社会福祉協議会。

小内純子・都築くるみ・藤井史朗（2009）「第6・7章 町内活動と外国人居住者（1）（2）」小内透編『在日ブラジル人の労働と生活』お茶の水書房、153-201頁。

小内透（2009）「序章 在日ブラジル人の生活と共生の実現」小内透編著『在日ブラジル人の労働と生活』お茶の水書房、16-19頁。

大谷尚（2008）「4ステップコーディングによる質的データ分析手法 SCATの提案――着手しやすく小規模データにも適用可能な理論家の手続き」『名古屋大学大学院教育発達科学研究科紀要（教育科学）』第54巻第2号、27-44頁。

―――（2011）「SCAT：Step for Cording and Theorization――明示的手続きで着手しやすく小規模データ適用可能な質的データ分析法」『感性工学』Vol.10 No.3、155-160頁。

Pape, B. and Church, K. (1987) Community reinvestment. in J. Trainor, E. Pomeroy, and B. Pape (Eds.), *Building a Framework for Support: A Community Develop-*

ment Approach to Mental Health Policy. Toronto, ON: Canadian Mental Health Association.

Pedersen A., Watt, S. and Hansen, S. (2006) The role of false belief in the community's and the federal government's attitude towards Australian asylum seekers, *Australian Journal of Social Issues,* Vol.41, 105-124.

Pittaway, E., Bartolomei, L. and Doney,G. (2015) The glue that binds: An exploration of the way resettled refugee communities define and experience social capital, *Community Development Journal,* Advance Access published online August 4, 1-18.

Putnam, R. (1994) *Making Democracy Work: Civic Traditions in Modern Italy,* Princeton University Press (=2001、河田潤一訳『哲学する民主主義——伝統と改革の市民的構造』NTT出版)。

―――― (2000) *Bowling Alone: The Collapse and Revival of American Community,* New York. Simon & Schuster (=2006、柴内康文訳『孤独なボウリング——米国コミュニティの崩壊と再生』柏書房)。

Quell, C. (2002) *Official Languages and Immigration: Obstacles and Opportunities for Immigrants and Communities,* Ottawa: Office of the Commissioner of Official Languages. (http://www.officiallanguages.gc.ca/docs/e/obstacle_e.pdf).

Ramsden, R. and Taket, A. (2013) Social capital and Somali families in Australia, *Journal of International Migration & Integration,* Vol.14 issue1, 99-117.

Reingold, D. (1999) Social networks and the employment problem of the urban poor, *Urban Studies,* 36 (11), 1907-1932.

Richards, M. and Morse, J. (2007) *Readme First for a User's Guide to Qualitative Methods, 2nd Ed.,* Sage Publications, Inc. (=2008、小林奈美監訳 (2008)『はじめて学ぶ質的研究』医歯薬出版)。

Ryan, A. (2010) The bonding and bridging roles of religious institutions for refugees in a non-gateway context, *Ethnic and Racial Studies,* Vol. 33 No. 6,1049-1068.

Robinson (2014) Voices from the front line: Social work with refuges and asylum seekers in Australia and the UK, *British Journal of Social Work,* 44, 1602-1620.

齋藤克子 (2008)「ソーシャル・キャピタル論の一考察——子育て支援現場への活用を目指して」『現代社会研究科論集　京都女子大学』(2) 71-82頁。

佐藤富雄 (1990)「階層性と〈文化〉の位置ブルデューの理論枠組みから」『跡見学園女子大学文化学会フォーラム8』、11-18頁。

Schuller, T., Baron, S. and Field, J. (2000) Social capital: A review and critique, in S. Baron, J. Field and T. Schuller (Eds.), *Social Capital: Critical Perspectives,* Oxford, Oxford University Press,1-38.

Seibel, F. and Van Tubergen, F. (2013) Job-search methods among Non-Western immigrants in the Netherlands, *Journal of Immigrant & Refugee Studies,* 11, 241-258.

関聡介（2012）「続・日本の難民認定制度の現状と課題」『難民研究ジャーナル』No. 2、2-23頁。

新宿区（2015）『新宿区多文化共生実態調査　概要版』（平成27年度）（http://www.city.shinjuku.lg.jp/content/000187021.pdf、2016年8月17日閲覧）。

新藤慶・菅原健太（2009）「第4章　公立小中学校における日本人と外国人」小内透編著『在日ブラジル人の教育と保育の変容』お茶の水書房、103-135頁。

塩原良和（2008）「オーストラリアの移住者定住支援サービスと官民連携──『改革』の時代における『多文化共生』施策の在り方とは」『シリーズ多言語・多文化協働実践研究』No. 3、30-34頁。

─────（2011）「越境的社会関係資本の創出のための外国人住民支援──社会的包摂としての多文化共生に向けた試論」『法学研究』84巻2号、279-305頁。

Smets, P. and Ten Kate, S. (2008) Let's meet! Let's exchange! LETS as an instrument for linking asylum seekers and the host community in the Netherlands, *Journal of Refugee Studies.* Vol. 21 Issue 3, 326-346.

Smith E. D. (2005) *Institutional Ethnography: Sociology for People,* Altamira press.

Spaaij, R. (2012) Beyond the playing field: Experiences of sport, social capital, and integration among Somalis in Australia, *Ethnic & Racial Studies,* Vol.35, 2012,1519-1538.

Spicer, N. (2008) Places of exclusion and inclusion: Asylum-seeker and refugee experiences of neighborhoods in the UK, *Journal of Ethnic and Migration Studies,* Vol. 34 (3),491-510.

Strang, A. and Ager, A. (2010) Refugee integration: Emerging trends and remaining agenda, *Journal of Refugee Studies,* Vol.23 No.4, 589-607.

杉田弘也（2013）「『タフで人道的な』対策を模索するオーストラリアのボート・ピープル政策──オーストラリア多文化主義の『ドリアン・グレイの肖像』」国際経営論集46、1-22頁。

舘葉月（2014）「難民保護の歴史的検討　国際連盟の挑戦と「難民」の誕生」墓田桂・杉木明子・池田丈佑・小澤藍編著『難民・強制移動研究のフロンティア』現代人文社、43-59頁。

高瀬慎二・長谷川崇志（2013）「地域福祉計画評価へのソーシャル・キャピタルの活用──A市におけるアンケート調査の結果から」『名古屋柳城短期大学研究紀要』第35号、119-125頁。

高藤昭（1999）「第1章　外国人労働者とわが国の社会保障法制」社会保障研究所編『外国人労働者と社会保障』東京大学出版。

Takeda, J. (2000) Refugee resettlement and sources of their social support : Implications for resettlement policy and social work practice, *Kwansei Gakuin University, Social Sciences Review,* Vol.5, 75-93.
武田丈(2009)「日本における多文化ソーシャルワークの実践と研究の必要性」『ソーシャルワーク研究』Vol.35 No.3、4-16頁。
武川正吾（2001）『福祉社会』有斐閣アルマ。
竹川俊夫（2008）「ソーシャル・キャピタル（信頼）構築への地域福祉の可能性」井岡勉監修牧里毎治・山本隆編『住民主体の地域福祉論　理論と実践』法律文化社、69-81頁。
瀧則子（2005）「社会的組織化のアクチュアリティ——「制度のエスノグラフィー」における日常世界の探求－」『国際開発研究フォーラム』30,167-182.
瀧澤三郎（2016）「『第三国定住』の現状と課題」『国際人流』第348、6-9頁。
寺本信生（2005）「難民認定申請者緊急宿泊施設（ESFRA）の現状と課題」『難民 refugees　UNHCRニュース』(1)(32)、7頁（http://warp.da.ndl.go.jp/info:ndljp/pid/243837/www.unhcr.or.jp/news/pdf/refugees32/ref32_p07.pdf、2012年12月14日閲覧）。
所めぐみ（2007）「ソーシャル・キャピタル概念と地域福祉についての一考察」『龍谷大学社会学部紀要』第30号、11-20頁。
―――（2008）「地域福祉とソーシャル・キャピタル」井岡勉監修,牧里毎治・山本隆編『住民主体の地域福祉論　理論と実践』法律文化社、55-68頁。
Torezani, S., Colic-Peisker, V.and Fozdar, F. (2008) Looking for a 'Missing link': Formal employment services and social networks in refugees' job search, *Journal of Intercultural Studies,* vol.29, 135-152.
Turner, M. and Fozdar,T.F. (2010) Negotiating "Community" in educational setting: Adult South Sudanese students in Australia, *Journal of Intercultural Studies,* Vol. 31 Issue 4, 363-382.
鵜川晃・野田文隆「日本に在住する難民・難民認定申請者の生活実態調査とその福祉的支援に向けた研究——難民認定申請者のこころの問題に焦点をあてて」『難民研究ジャーナル』No3、81-88頁。
UNHCR (2005) *Conclusion on Local Integration,* 7 October 2005, No. 104 (LVI), (http://www.unhcr.org/4357a91b2.html).
―――（2010）『難民の第三国定住　難民の受入れと社会統合のための国際ハンドブック』（日本語版）（http://www.unhcr.or.jp/html/protect/pdf/resettlement-workbook.pdf、2016年9月19日閲覧）。
―――（2011）『UNHCR第三国定住ハンドブック』（日本語版）（http://www.unhcr.or.jp/html/ref-unhcr/pdf/Resettlement%20Handbook%202012%20JPN.

pdf、2016年9月19日閲覧）．
――――（2012）「庇護希望者の拘禁及び拘禁の代替措置に関して適用される判断基準及び実施基準についてのガイドライン」（http://www.refworld.org/cgi-bin/texis/vtx/rwmain/opendocpdf.pdf?reldoc=y&docid=51b9bc174、2016年9月19日閲覧）．
――――（2013a）*A New Beginning Refugee Integration in Europe*（http://www.refworld.org/pdfid/522980604.pdf）．
――――（2013b）*Global Resettlement Statistical Report 2013*（http://www.unhcr.org/52693bd09.html、2015年12月12日閲覧）．
――――（2016）*Global Trends Forced Displacement in 2015,*（http://reliefweb.int/sites/reliefweb.int/files/resources/576408cd7.pdf、2016年7月24日閲覧）．
UNHCR/WHO（1996）*Mental Health of Refugees*（http://www.unhcr.org/3bc6eac74.pdf、2016年7月25日閲覧）．
UNHCR東京「UNHCRの基準による『援助対象者』の概念（仮訳、原文英語）」（http://www.unhcr.or.jp/html/protect/pdf/040929note_j.pdf、2016年9月19日閲覧）．
Valtonen, K. (2008) *Social work and Migration: Immigrant and Refugee Settlement and Integration,* Ashigate.
Van Tubergen,F. (2011) Job search methods of refugees in the Netherlands: Determinants and consequences, *Journal of Immigrant & Refugee Studies,* Vol.9,179-195.
Wallin, A. and Ahlström, G. (2005) Unaccompanied young adult refugees in Sweden, experiences of their life situation and well-being: A qualitative follow-up study, *Ethnicity & Health,* Vol. 10 (2), 129-144.
若松邦弘（2012）「2000年代初めの西欧政治における政策志向性の変化――移民・難民の社会統合をめぐる政策論争」『東京外国語大学　国際関係論叢』第一巻、第二号、164-122頁．
和喜多裕一（2009）「EUにおける共通移民政策の現状と課題――海外調査報告」『立法と調査』No.293、24-32頁．
渡辺晴子（1998）「ソーシャルサポートネットワークのパースペクティブ――その概念と分析枠組みの検討」『社会問題研究』48（1）、大阪府立社会福祉学部、117-138頁．
渡邉直樹・安倍幸志・竹田茂生（2012）「学生キャラバンと自殺予防――地域高齢者のソーシャルキャピタルと抑うつ感について」『関西国際大学研究紀要』第13号、139-148頁．
渡邉彰悟（2011）「難民認定手続の実務について」『山梨学院大学ロー・ジャーナル』、51-83頁．

─────（2014）「日本の難民認定手続きの実際」『法律時報』86巻11号、10-15頁。
Wollersheim,D.,Koh, L., Walker, R. and Liamputtong, P. (2013) Constant connections: piloting a mobile phone-based peer support program for Nuer (southern Sudanes) women, *Australian Journal of Primary Health,* Vol. 19 Issue 1, 7-13.
Woolcock, M. and Narayan, D. (2000) Social capital: Implications for development theory, research and policy, The *World Bank Observer,* 15 (2), 225-249.
World Bank (2000) *World Development Report 2000/2001:Attacking Poverty,* Oxford University Press, New York（=2002、西川潤、五十嵐友子訳『世界開発報告〈2000/2001〉貧困との闘い』シュプリンガー・フェアラーク出版）。
山本薫子（2006）「外国人の社会的統合・排除とはなにか：日系人、超過滞在者の事例から」『山口大学紀要』56巻1号、1-15頁。
山村淳平（2004）「医事刻々　傷つけられた在日難民──入国管理センターに収容された難民の健康状態およびセンター内の医療状況」『Medical ASAHI2004 February』52-55頁。
山村靖彦（2010）「地域福祉とソーシャル・キャピタル論の接点に関する考察」『別府大学短期大学部紀要』(29)、39-49頁。
─────（2012）「社会資源としてのソーシャル・キャピタル──地域福祉の視座から」『別府大学短期大学部紀要』(31)、23-33頁。
Yan M. C. and Chan S. (2010) Are social workers ready to work with newcomers?, *Canadian Social Work* 12, 1, 16-23.
Zetter, R.,Griffiths, D.,Sigona, N. and Hauser, M. (2002) *Survey on policy and practice related to refugee integration* (Oxford: European Refugee Fund Community Actions 2001/2; School of Planning, Oxford Brookes University, 201-233.

付録－1

調査協力の同意書

この同意書は以下の調査研究に関するものです。
内容をご理解いただき、調査への協力、調査結果の公表についてのご承諾をお願いいたします。

1．研究テーマ：「在日難民及び難民認定申請者の生活体験と地域レベルの
　　　　　　　　ソーシャルキャピタルに関する研究」
2．研究者　　：森恭子（文教大学　准教授／日本女子大学　博士課程所属）
　　連絡先　　：〒343-8511　埼玉県越谷市南荻島3337　文教大学
　　　　　　　　人間科学部
　　　　　　　：TEL：048-974-8811　　FAX：048-974-8869
　　　　　　　：E-mail：××××＠×××××××

3．研究の目的
・私は文教大学の教員で「地域福祉」「国際社会福祉」を教えています。
・また、今、日本女子大学で学位論文のために、日本の難民と福祉について研究しています。
・この研究は、難民や難民認定申請者の人々が、日本政府の福祉の支援がない中で、どのように生活してきたのか、どのようなことで困ってきたのか、どのように困難を乗り越えたのか、またどのようなサポートを受けたのか、日本人の人々とどのように関わってきたのかについて調べるものです。
・この研究は、難民の人々への社会福祉・保障制度をより良くすること、日本のソーシャルワーカーたちの支援の向上に役に立ち、また難民の人々と日本人が共に生きていくためのヒントを与えることができると思います。

4．調査の方法
・あなたの今までの日本での生活体験についてのお話を伺います。
・お話の内容はレコーダに録音させていただきます。録音がいやな場合は、言ってください。
・録音せずに変わりにメモをとらせていただきます。

・話したくないことについては話さなくてもかまいません。

5．倫理的配慮
・調査の協力は任意です。
・この調査に参加することに同意しない場合でも、なんら不利益を被ることはありません。
・また、一度、同意した後でも、いつでも参加を取り消すことができます。
・調査の結果は、学会や学術雑誌や本などに発表することがありますが、そのときには個人を特定できないようにし、個人情報を守ります。
・データは適切に保管・管理し、研究の目的以外には一切使用しません。研究が終了したら、録音テープなどの資料は消去します。
・この研究は、日本女子大学倫理審査委員会の承認を受け行われます。

私は上記の内容をよく理解し、この同意書のコピーを得たうえで、自らの自由意志で調査に協力することに同意します。

なまえ（活字体で）＿＿＿＿＿＿＿＿＿＿＿＿＿＿＿＿＿＿＿＿＿

署名＿＿＿＿＿＿＿＿＿＿＿＿＿＿＿＿＿＿（日付　　年　　月　　日）

付録-2

Consent Form of Research Cooperation

This consent document is related to the following research study.

I would like you to understand the contents and please give me your consent to cooperation in the research study and the official announcement of results of this study.

1. Subject of Research: Research on the life experiences of refugees and asylum seekers in Japan and their social capital on the local level

2. Researcher: Kyoko Mori (Associate Professor of Bunkyo University /Ph.D. student at Japan Women's University)
   Contact: Faculty of Human Science, Bunkyo University
   　　　　　Address: 3337 Minami-Ogishima, Koshigaya-City,
   　　　　　　　　　　Saitama 343-8511
   　　　　　Tel：048-974-8811　Fax：048-974-8869
   　　　　　E-mail：××××＠×××××××

3. The purpose of the research

I am a teacher of Bunkyo University and am teaching courses in "community social work" and "international social welfare."
Also, I am in doctoral course at Japan Women's University and am studying about social welfare policy and practices for refugee and asylum seekers in Japan for my doctoral dissertation.

This research investigates the following: how refugees and asylum seekers have lived without any welfare support from the Japanese government ; what kind of difficulties they have confronted in their lives and troubles; how they have overcome such hardships; what kind of support they have had and how they have related to Japanese people.

I believe that this research can contribute to improvement in social welfare and social security policy for refugees and asylum seekers in Japan and to promote Japanese social workers for improvement in quality social services, and can give hints about living together between refugees/asylum seekers and Japanese people.

4. The ways of doing the research

I will ask you about your life experiences in Japan so far.
I will record the contents of your talking into a recorder.
If you disagree to recording, please say 'No'. I will take a memo without recording.
You need not talk about anything that you do not want to talk about.

5. Ethical consideration

Participation in this research is voluntary.
You are not be disadvantaged by choosing not to participate in this research.
Participation can be canceled at any stage even after agreeing to participate in this research.
Although the result of the research may be announced publicly including academic conferences, journals and books, I will avoid specifying an individual's personal details and protect personal information.
Information data will be appropriately stored and managed and no use will be made in addition to the purpose of the research.
Information data, such as a recording tape, will be destroyed after research is completed.
This research is done by receiving the approval of the Ethical Review Board, Japan Women's University.

I sufficiently understood the above-mentioned contents and receive a copy of this consent document, and therefore agree to cooperate in this research of my own free will.

_____

Name (Block letters)

_____ (Date:)

Signature

付録-3

調査協力の依頼書

関係各位

　以下の調査研究に関して、調査協力のご依頼を申し上げます。内容についてご理解いただき、ご承諾をお願いいたします。

研究題目：　「在日難民及び難民認定申請者の生活体験と地域レベルのソーシャル・キャピタルに関する研究」
研究実施者：森恭子（文教大学　准教授／日本女子大学　博士課程所属）
研究指導者：木村真理子（日本女子大学　教授）
連絡先：　　〒343－8511　埼玉県越谷市南荻島3337　文教大学
　　　　　　人間科学部　人間科学科
　　　　　　TEL　048-974-8811　FAX　048-974-8869
　　　　　　Email　××××@×××××××

　本研究は、日本女子大学の博士学位論文の一環で行われます。
　本研究の目的は、在日難民及び難民認定申請者の社会福祉・社会保障制度の改善、日本のソーシャルワーカー等の福祉従事者の難民支援の質の向上、難民との共生を図る地域福祉の推進に貢献することを目指しています。
ついては、在日難民及び難民認定申請者のインタビューを実施し、彼らの生活体験や日本人との関わりについてインタビューを実施し、データ収集をすることが必要となります。
　以下のような条件で、貴機関でのデータ収集をご承諾頂きますようお願い申し上げます。
調査の条件：
(1)　調査によって収集されたデータは、研究の目的以外には使用されません。
(2)　調査は、調査実施者、調査協力機関、調査対象者との信頼関係のもとに実施されます。
(3)　データ収集上の具体的な方法や期間等については、当該機関、調査対象者との相談の上、決定するものとします。

⑷ 調査結果は、学会や学術雑誌、書籍に発表することを目指していますが、その際は、調査対象者の個人名が特定されないように匿名化を図り、個人情報を保護します。
⑸ 録音されたインタビューデータやその文字化資料は、厳重に保管し、研究終了後は破棄します。
⑹ 本研究は、日本女子大学倫理審査委員会の承認を受けて実施されます。

以上、よろしくご査証いただきますようお願い申し上げます。

調査協力の承諾書

本期間は、調査協力依頼書の条件のもとで、上記の調査に協力することに同意し、調査を承諾します。

機関名　　　　　＿＿＿＿＿＿＿＿＿＿＿＿＿＿＿
担当者氏名　　　＿＿＿＿＿＿＿＿＿＿＿＿＿＿＿
担当者所属・役職＿＿＿＿＿＿＿＿＿＿＿＿＿＿＿
署名　　　　　　＿＿＿＿＿＿＿＿＿＿＿＿＿＿＿　（日付　　年　　月　　日）

付録－4

インタビューの主な質問項目

質問項目は、対象者の基本的属性（年齢、性別、出身国あるいは民族、在留資格、家族構成、学歴、日本語習熟度、在日期間等）に加えて、以下が主な内容である。

1）生活実態・問題・課題
　①難民／申請者が体験してきた生活問題、そして現在の生活課題はどのようなものか。
　②彼らは、「難民」として生活をどのように捉えているのか。

2）ソーシャル・サポートとソーシャル・ネットワークについて
　①彼らの生活問題に対して具体的に誰が関与しサポートを提供したか（サポート源）。
　②彼らにどのようなサポートが提供されたか（サポートの機能）。
　③彼らはどのようにサポートを入手したか（サポートへのアクセス）。
　④彼らが獲得したサポートを彼らはどのように感じているか（サポートの評価）。
　⑤彼らがサポートを利用、獲得するために、どのような障害があったか。
　⑥彼らがサポートを利用、獲得できないために、どのような生活困難が生じたか。
　⑦適切なサポートがない場合に、どのようなサポートが生成、維持、発展していったか。

3）ソーシャル・キャピタルと社会統合について
　①どのような同国人・同民族出身者とつきあっているか。またどのようなつきあいをしているか。
　②どのような日本人及び同国人・同民族出身者以外の人々とつきあっているか。またどのようなつきあいをしているか。
　③日本人との関係において、肯定的な気持ちや体験、あるいは否定的な気持ちや体験はどのようなものなのか。
　④彼らはどのような地域社会の活動に参加しているか。

⑤彼らが日本社会(日本政府、地域住民など)をどのようにみているか。
⑥彼らは今後日本に住み続けたいと思っているか。
⑦彼らは日本社会の一員と感じているか。

付録−5

日本の難民受入れと支援の動向（年表）

年	日本政府の動き	民間の支援団体の動き	その他（国内事件・世界の動き）
1975 (S50)	5月：日本に初めてボート・ピープル上陸	・UNHCRは民間の一時滞在施設に受入れ委託 （例）日本赤十字社（1975-90年代半ば）／カリタスジャパン（1975-90年代半ば）／立正佼成会（1977-95）／天理教（1978-84）	4月：カンボジアのプノンペン陥落、ポル・ポト政権の樹立／南ベトナムのサイゴン陥落 12月：ラオス人民民主共和国成立
1976 (S51)			1月：民主カンボジア成立、大量の難民発生 7月：ベトナム社会主義共和国成立
1978 (S53)	4月：閣議了解により日本に一時滞在するベトナム難民の定住許可が承認		
1979 (S54)	4月：閣議了解により500人の定住枠設定、海外の難民キャンプに滞在するインドシナ難民を受け入れる。 11月：アジア福祉教育財団に難民事業本部が発足（政府委託） 12月：姫路定住促進センター開設（1996.3閉所）	・「社会福祉法人日本国際社会事業団（ISSJ）」（1959年設立、UNHCRの委託によりインドシナ難民援助事業が開始され、個別難民支援へ拡大）	1月：ポル・ポト政権が崩壊し、カンボジア人民共和国（ヘン・サムリン政権）が成立 2月：中越戦争、大量の難民発生 5月：UNHCR、ベトナム政府間で合法出国計画（ODP）実施に関する覚書締結 7月：インドシナ難民問題国際会議の開催
1980 (S55)	2月：大和定住促進センター開設（1998.3閉所） 6月：閣議了解により定住枠を500人から1,000人に拡大、ベトナムからの家族呼寄せの許可		

年			
1981 (S56)	4月：閣議了解により定住枠を1,000人から3,000人に拡大、母国の政変以前から日本に住んでいる留学生などの定住が認められる。 6月：通常国会にて、難民条約（1951年の難民の地位に関する条約）及び議定書（1967年の難民の地位に関する議定書）への加入が承認。 10月：難民条約加入	・「曹洞宗ボランティア会」（現「シャンティ国際ボランティア会」1980年設立、カンボジア難民の緊急救援活動として発足)	
1982 (S57)	1月：難民条約・議定書の発効 1月：「出入国管理及び難民認定法」施行 2月：大村難民一時レセプションセンターを開設（1995.3閉所）	・「難民を助ける会」（1979年設立、インドシナ難民支援、その後、姉妹団体「さぽうと21」が1992年に設立され、インドシナ難民支援から個別難民への支援も拡大）	6月：民主カンボジア連合政権樹立
1983 (S58)	4月：国際救援センター開設 7月：閣議了解によりインドシナ難民定住枠を3,000人から5,000人に拡大	・「日本国際ボランティアセンター（JVC）」（1980年設立、1983-1995まで主にインドシナ難民中心) ・「法律扶助協会」（1952設立、現「日本司法支援センター」、12月よりUNHCRの委託で法律支援）	
1984 (S59)		・「日本福音ルーテル社団（JELA）」（1909年設立、外務省の要請により個別難民支援開始；1989年と2011年に東京都内2ヶ所に難民申請者入居用のアパート開設)	
1985 (S60)	7月：閣議了解によりインドシナ難民定住枠を5,000人から10,000人に拡大	・「幼い難民を考える会」（1980年設立：インドシナ難民中心）	

年			
1989 (H1)	9月:閣議了解によりボート・ピープルのスクリーニング(難民資格審査認定制度)の実施	・「難民・移住労働者問題キリスト教連絡会」発足(難民や外国人労働者の問題に取り組む超教派キリスト教団体)	6月:インドシナ難民国際会議の開催 包括的行動計画(CPA)の開始
1991 (H3)			6月:タイ政府、ラオス政府及びUNHCRの三者会合の開催により、タイに滞留するラオス難民帰還計画が合意 10月:パリ和平協定成立、カンボジア難民の帰還計画を実施
1992 (H4)	5月:「第1次出入国管理基本計画」の策定	・「社会福祉法人さぽうと21」設立	
1993 (H5)		・アムネスティインターナショナル日本支部(現「社団法人アムネスティインターナショナル日本」、1970年設立)が『日本における難民の保護』(評論社)を出版。個別難民への人権擁護や相談実施	4月:UNHCRの支援するカンボジア難民・避難民の本国への帰還の終了
1994 (H6)	3月:閣議了解によりボート・ピープルのスクリーニングの廃止 12月:閣議了解により10,000人であったインドシナ難民定住枠の廃止	・「牛久入管収容問題を考える会」設立(東日本入国管理センターの被収容者に対する面会活動等の支援の実施)	2月:インドシナ難民国際会議第5回運営委員会の開催
1996 (H8)	3月:姫路定住促進センターを閉所 6月:関西支部を開設 6月:インドシナ難民定住者10,000人突破		3月:インドシナ難民国際会議第7回運営委員の開催 CPAの終了
1997 (H9)		・「全国難民弁護団連絡会議」(全難連)設立。	
1998 (H10)	3月:大和定住促進センター閉所		

1999 (H11)		・「NPO法人難民支援協会 (JAR)」が設立され、包括的な個別難民支援を展開	12月:タイ、バンナポキャンプのラオス難民帰還終了
2000 (H12)	3月:「第2次出入国管理基本計画」の策定		12月:国連総会で毎年6月20日を「世界難民の日」と決議
2001 (H13)		・「カトリック東京国際支援センター (CTIC)」(1990年設立:日本に滞在する外国人のサポートを開始) ・弁護士らが「アフガニスタン難民弁護団」結成	8月:オーストラリア政府によるタンパ号入港拒否事件 9月:アメリカで同時多発テロ事件 10月:日本でアフガン出身の難民申請者9名が摘発・収容
2002 (H14)	8月:閣議了解により、条約難民に対して定住支援策の措置(03年4月から開始)	・在日難民との共生ネットワーク」(RAFIQ)、関西を拠点に個別難民支援	5月:中国の瀋陽における脱北者の日本領事館への駆け込み事件
2003 (H15)	3月:閣議了解により、04年3月末での家族呼寄せ(ODP)の申請受付終了 7月:難民対策連絡調整会議により国際救援センター閉所決定 12月:難民認定申請者緊急宿泊施設(ESFRA)の提供		
2004 (H16)	6月:改正入管難民法公布(2005年5月施行) 7月:難民対策連絡調整会議により難民認定申請者への支援について決定	・NGO10団体が集まり、ネットワーク「レフジーカウンシルジャパン」設立、後に「NPO法人なんみんフォーラム」(2008)へ継承	7月:日本の国連大学前にて、クルド難民座り込み事件
2005 (H17)	5月:平成16年改正入管難民法施行により、60日ルール撤廃、仮滞在許可制度の新設、難民審査参与員制度等導入		1月:クルド難民座り込みの親子2名が日本政府によって、トルコに強制送還

年			
2006 (H18)	3月:国際救援センターを閉所 4月:RHQ支援センターを開設		
2007 (H19)		・「難民自立支援ネットワーク」(REN)発足(→2009年NPO法人に認証)	3月:41万人のアンゴラ難民、本国への帰還終了
2008 (H20)	12月:閣議了解により、第三国定住による難民の受入れに関するパイロットケースの実施を決定 12月:難民対策連絡調整会議により、第三国定住による難民の受入れに関するパイロットケース実施の具体的措置を決定	・「NPO法人なんみんフォーラム(FRJ)」が設立	
2009 (H21)	7月:改正入管難民法公布(2012年7月施行)	・筑波大学生による学生中心の難民支援団体「CLOVER」が設立	
2010 (H22)	3月:難民認定制度の運用変更(申請半年経過後に就労許可) 3月:「第4次出入国管理基本計画」の策定 4月:入管難民法施行規則の一部を改正する省令」の一部施行(難民認定申請者に対して許可される仮滞在の滞在期間の上限を「3月」から「6月」に延長) 9月:第三国定住難民(ミャンマー難民)、第1陣5家族27名、RHQ支援センターで定住支援プログラム実施	9月:難民支援に携わる9団体「難民申請者の生活保障のための措置を求める申し入れ」(外務大臣宛て)	3月:西日本入国管理センターにて収容者のハンガーストライキ事件

年			
2011 (H23)	9月：第三国定住難民（ミャンマー難民）、第2陣4家族18名、RHQ支援センターで定住支援プログラム実施		3月：東日本大震災 3月：シリア内戦による大量難民流出
2012 (H24)	3月：難民対策連絡調整会議により、3年間としていた第三国定住による難民受入れに関するパイロットケース実施を2年間延長することなどを決定 4月：アジア福祉教育財団が公益財団法人格を取得 7月：平成21年改正入管難民法施行により、新しい在留管理制度の導入、外国人登録制度の廃止 ・第三陣は、受入れ決定全家族が来日辞退し、受入れ家族なし	・「NPO法人 名古屋難民支援室」(DAN)名古屋を拠点に個別難民支援	
2013 (H25)	10月：「第6次出入国管理政策懇談会」に「難民専門部会設置」が設置 9月：第三国定住難民（ミャンマー難民）、第4陣4家族18名、RHQ支援センターで定住支援プログラム実施		

2014 (H26)	1月：閣議了解にて、2014年度末で5年間実施のパイロットケースによる受入れを終了し、2015年度から第三国定住難民の受入れ継続を決定。 9月：第三国定住難民（ミャンマー難民）、第5陣5家族23名、RHQ支援センターで定住支援プログラム実施 12月：「今後の出入国管理行政の在り方」及び「難民認定制度の見直しの方向性に関する検討結果」報告書の法務大臣への提出		6月：イスラム国樹立宣言
2015 (H27)	9月：「第5次出入国管理基本計画」策定 10月：第三国定住難民（ミャンマー難民：マレーシア国内での一時滞在者）、第6陣6家族19名、RHQ支援センターで定住支援プログラム実施	5月：FRJ・全難連「難民認定制度の見直し方向性に関する報告」の具体的施策に関する提言	9月：トルコ、ボドルム近郊の海岸でシリア難民の幼児を含む遺体が漂着 9月：ドイツ、シリア難民受入れ 11月：パリ同時多発テロ事件

2016 (H28)	5月:政府は、シリア難民を留学生として2017年から5年間最大150人の若者の受入れを決定 9月:国連サミットにて、安倍首相が、難民・移民への人道支援や受け入れ国の支援として今後3年間で2800億円拠出を表明 9月:第三国定住難民、第7陣7家族18名、RHQ支援センターで定住支援プログラム実施	10月:RAFIQが大阪に「OSAKAなんみんハウス」開設	1月:UNHCRの難民高等弁務官にフィリッポ・グランディ氏が就任 3月:ミャンマー、国民民主連盟(NLD)率いる新政権が発足 6月:イギリス、EU離脱 8月:ブラジル、リオオリンピックにて、初の難民選手団結成 9月:シリア停戦 9月:ニューヨーク国連本部、難民・移民に関する国連サミット開催 10月:国連事務総長に、元ポルトガル首相のグテーレス前国連難民高等弁務官が就任 11月:アメリカ、ドナルド・トランプ氏が、大統領に就任

注)民間団体については、設立年次ではなく、難民支援を開始した時期を記した。
＊以下の文献等をもとに筆者作成。
・法務省入国管理局編「平成27年度　出入国管理」
・石川えり(2009)「難民政策の推移―― NGOから見た10年間」『移民政策研究』Vol.1,55-69頁
・荻野剛史(2013)「ベトナム難民の定住化プロセス」明石書店
・高橋典史(2014)宗教組織によるインドシナ難民支援事業の展開:立正佼成会を事例に『宗教と社会貢献』4(1)、1-25頁
・難民事業本部ホームページ「日本の難民受入れと国際社会の動き」
（http://www.rhq.gr.jp/japanese/know/i-nan_pop1.htm、2015年12月4日閲覧)
・全国難民弁護団連絡会議ホームページ「難民ニュース／声明・提言等」
（http://www.jlnr.jp/statements/index.html、2016年9月27日閲覧)

あとがき

　私がソーシャルワーカーとして難民支援に携わった頃から、早20年以上経ってしまった。当時、職場の先輩が「つくづく日本人に生まれただけで良かったと思うわ」と言ったことをよく覚えている。それは、日本では外国人が生きていくのは大変だということを意味していた。ソーシャルワーカーとして、難民／申請者を支援する中で、利用できる社会資源のなさを痛感し、制度の壁に八方塞がりになることも多かった。20年経った今、現状は在日難民にとって好転していると言えるのだろうか。確かに、以前よりも支援者は増えたが、本書を通しておわかりのように、彼らの生きづらさは変わっていない。むしろ長く暮らしているにもかかわらず日本社会から十分な恩恵を受けることなく、先もわからない不安な日々をおくっている。そして調査に協力して下さった支援現場のワーカーたちは、私が経験した同様な苦労を相変わらず強いられている。

　本書を執筆している最中に、調査を通じて親しくなった難民Aさん（人道配慮等在留許可者）から、永住権が取得できなかったという残念な知らせが届いた。彼女は20年以上日本に滞在し、流暢な日本語を話し、夫婦二人で共稼ぎ、二人の子どもは日本で生まれ、日本の学校に通っている。二度目の永住権の申請であった。このような日本政府の難民への不寛容さを目の当たりにするにつけ、政府が世界に向けて自慢げに発信する「人間の安全保障」を疑わざるを得ない。強い憤りを感じるとともに、長年、福祉の実践・教育・研究に携わる者として無力感に苛まれる。本書の中の16人の難民たちは、日本で暮らしている難民の氷山の一角にすぎない。おそらく多くの在日難民たちが彼らと同様あるいはそれ以上に生きづらさを抱えていることが十分に予想される。

　現場のワーカーから大学の研究者に転じた私であるが、以前から難民問題をテーマに何かまとまったものを書きたいと思っていた。しかし日々の仕事に追

われて40代でようやく実現したものの、自らの怠け癖もあり完成までに7年も費やしてしまった。その間、インタビューした難民の人たちの何人かとは、親しくなり今でも継続してつきあっている。ちょっとした支援を頼まれることもある。正直いえば調査後に、彼らの本音や日常生活がようやくみえてきたように思う。私は既に現場のワーカーではないので、職場に判断を仰ぐことなく、近所のおばさんの感覚で自由に彼らの相談にのることができる。本書で示した「親切な日本人」の役目をいまや私が担うようになっている。もちろん、私は福祉の専門家であるので、ソーシャルワーク実践を意識しながら、支援のために出会う人々に難民の背景を説明しながら歩き回っている。最近は医療機関、不動産屋、ハローワーク等に行ったり、メインストリームの福祉専門職の人たちと直接話をしたりする機会が増えた。実践家としての20年前の記憶が蘇るが、残念ながら現状は昔とさほど変わらない。制度の壁は立ちはだかるし、人々の難民への理解は十分ではない。つくづく難民として日本社会で生きる人たちの大変さが身に染みる。また本書にみられた「親切な日本人」の苦労も多少は理解できるようになった。よくぞ難民／申請者の「保証人」などという重責を引き受けて下さったと思うと、脱帽である。福祉専門職よりも、よっぽど力になって彼らを影で支えてきた稀有な人たちである。平成になって高齢化社会の進展とともに、福祉の担い手の養成や確保が重視され、資格をもつ福祉専門職が次々と誕生した。ソーシャルワーカーは、「社会福祉士」や「精神保健福祉士」と呼ばれ、以前より増して多様な領域で活躍している。しかし、福祉専門職と豪語する私たちは在日難民に十分な支援をしてきたと言えるのか——自らの反省を込めながら、かなり主観的な熱い思いで、終章の福祉実践への示唆を書いた。実は、本書を一番読んで欲しいのは、同業であるメインストリームの福祉専門職の人たちなのである。

　世界の難民・避難民はいまや6500万人を超え第二次大戦以降で最大となっている。難民の受入れ諸国の人道支援ももはや限界となり、受入れ規制の強化、外国人排斥感情の高まり、テロの多発など、国際社会は国内外の分断の危機に瀕している。2014年の新たなソーシャルワークのグローバル定義では、ソーシャルワークが促進すべき重要な任務の一つとして初めて「社会的結束」(social cohesion)が取り入れられた。分断され衝突や対立を繰り返す社会から、調和した安心・安定した秩序ある社会を取り戻す作業が、世界中のワーカーに期待されていると思う。また、定義の中では、ソーシャルワークは「実践に基づいた専門職であり学問である」と唱えられたが、著名な社会福祉学者であった故

岡村重夫の言葉を彷彿させる。「社会福祉学においては対象論は機能論とは不可分」——すなわち、生活問題を認識するだけではなく、問題の実現可能な解決方法を示さなければ、実践科学ないし応用科学としての社会福祉学とはいえないということである。このたび博士論文を書き終えたが、これからが私にとっての本当の意味での社会福祉学研究のスタートに思えてならない。研究者であり教育者であり実践者であることを胸に刻みながら、真のソーシャルワーク・プロフェッションとして、今後、よりいっそう精進していく覚悟である。

　本書が、在日難民の人たちのその人らしい幸せな生活の保障、そして日本人の人たちの難民への理解につながり、真の「地域共生社会」の実現に向けて、多少なりとも貢献できれば幸いである。

　　　　　　　　　　　　　　2017年12月15日　文教大学越谷キャンパスにて

　　　　　　　　　　　　　　　　　　　　　　　　　　　　　森恭子

【著者紹介】

森　恭子（もり・きょうこ）

略歴
日本女子大学社会福祉学科卒業。シドニー大学院文学部社会福祉、社会政策、社会学修士課程修了。日本女子大学人間社会研究科社会福祉学専攻博士課程修了（社会福祉学）。
現在、文教大学人間科学部准教授。

主な著書、論文
・森恭子監修、特定非営利活動法人難民支援協会編『外国人をめぐる生活と医療――難民たちが地域で健康に暮らすために』（現代文化社、2010）。
・「地域における住民参加と福祉教育」（井村圭壮、谷川和昭編著『地域福祉分析論――理論と実践を基盤として』分担執筆）（学文社、2011）。
・「オーストラリアのソーシャルワーカー資格」（秋山智久編『世界のソーシャルワーク――養成・資格・実践』分担執筆）（筒井書房、2012）。
・「難民のソーシャル・キャピタルに関する先行研究――論文検索データベースからみる研究の動向」『難民ジャーナル』No3、2013
・「移民・難民支援とソーシャルワーク」『ソーシャルワーク研究』Vol.42 No.2、2016。その他多数。

難民のソーシャル・キャピタルと主観的統合
在日難民の生活経験への社会福祉学の視座

2018年3月30日　第1版第1刷発行

著　者…………森　恭子
発行人…………成澤壽信
編集人…………北井大輔
発行所…………株式会社現代人文社
　　　　　　　〒160-0004　東京都新宿区四谷2-10八ッ橋ビル7階
　　　　　　　振替 00130-3-52366
　　　　　　　電話 03-5379-0307（代表）
　　　　　　　FAX 03-5379-5388
　　　　　　　E-Mail　henshu@genjin.jp（代表）／hanbai@genjin.jp（販売）
　　　　　　　Web　http://www.genjin.jp
発売所…………株式会社大学図書
印刷所…………株式会社ミツワ
装　幀…………Malpu Design（柴﨑精治）

検印省略　Printed in Japan
ISBN978-4-87798-695-7 C3036
Ⓒ 2018 Kyoko MORI

本書の一部あるいは全部を無断で複写・転載・転訳載などをすること、または磁気媒体等に入力することは、法律で認められた場合を除き、著作者および出版者の権利の侵害となりますので、これらの行為をする場合には、あらかじめ小社また編集者宛に承諾を求めてください。